AF497618

Johann Most

Gesammelte Werke: Anarchistische Schriften + Atheistische Essays + Politische Werke

e-artnow 2018

Franz Kugler
Friedrich der Große

Friedrich Nietzsche
Der Antichrist

Wladimir Iljitsch Lenin
Was tun?

Johann Most
Anarchistische Werke: Die freie Gesellschaft + Die Anarchie + Die Gottespest
+ Die Eigentumsbestie + Der kommunistische Anarchismus

Kurt Aram
Nach Sibirien mit hunderttausend Deutschen - Vier Monate russische
Kriegsgefangenschaft

Erich Mühsam
Gesammelte politische Werke: Parlamentarischer Kretenismus + Die Anarchisten + Tagebuch aus dem Gefängnis + Appell an den Geist + Anarchie + Kulturfaschismus und mehr

Fritz Mauthner
Der Atheismus und seine Geschichte im Abendlande

Paul Lafargue
Das Recht auf Faulheit (Widerlegung des "Rechts auf Arbeit" von 1848)

Johann Most
Kapital und Arbeit

Karl Marx
Das Elend der Philosophie

Johann Most

Gesammelte Werke: Anarchistische Schriften + Atheistische Essays + Politische Werke

Die Freie Gesellschaft + Die Gottespest + Die Eigentumsbestie + Kapital und Arbeit + Die Anarchie + Die Hölle von Blackwells Island + Die Gottlosigkeit + Stammt der Mensch vom Affen ab? und mehr

e-artnow, 2018
Kontakt: info@e-artnow.org

ISBN 978-80-273-1818-6

Inhaltsverzeichnis

Die Gottlosigkeit

I. – Vom Glauben.

Ueber Gott wird *vieles geglaubt,* während man thatsächlich *nichts* über ihn *weiss.* Denn der Glaube ist eine Negation des Wissens; man glaubt nur, was man nicht weiss; was man weiss, das braucht man nicht mehr zu glauben.

Man kann etwas vermuthen, man kann etwas für möglich halten; aber etwas zu glauben, ist absurd. Das Wissen ist positiv, der Glaube illusorisch. Der Glaube ist Wahnsinn; denn der Gläubige erklärt, ein eingebildetes Etwas nicht zu wissen, und dennoch behandelt er diese Einbildung für eine Thatsache. Wenn Einer sagt: »Ich glaube an Gott,« so besagt dies, dass er nicht weiss, ob es einen Gott giebt, dass er aber trotzdem von dessen Existenz »überzeugt« ist, wodurch weiss er nicht. Er behauptet wohl, er »fühle« die Existenz Gottes, in der That aber ist dieses »Fühlen« nur eine Täuschung; er *glaubt* einfach an Gott, und das genügt ihm.

Es giebt zwar auch Leute, die nicht nur sagen, sie glauben an Gott, sondern die geradezu behaupten, dass sie mit Gott in direktem Verkehr stehen. In diesem Falle handelt es sich entweder um Hallucination oder Hallunkination.

Der Glaube ermöglicht, ja er bedingt eine unzählbare Menge von Vorstellungen von Gott. Diese haben wohl das gemein, dass sie unter Gott ein Wesen verstehen, welches mächtiger ist, als die Menschen, und diese beherrscht. Diese Vorstellungen von einer höhern Macht steigern bis zum Glauben an eine Allmacht, und variiren in's Grauenhafte. Es ist deshalb auch nicht möglich, eine exakte Definition des Begriffes Gott zu geben, wohl aber ist zu beweisen, dass der Herrgottsglaube nichts anderes als Wahnsinn ist.

Alle die verschiedenen Götter zu behandeln, wäre; wenn nicht unmöglich, mindestens eine überflüssige Arbeit; es mag genügen, die hauptsächlichsten Gottesideen herunterzureissen, was in Nachstehendem geschehen soll.

II. – Kein allmächtiger und allguetiger Gott.

Wenn ein allmächtiger und allgütiger Gott existiren würde, und wenn er wünschte, dass wir ihn kennen (dies erfordert doch die Allgütigkeit), warum lässt er sich nicht wahrnehmen? Wenn er doch allgütig ist, warum lässt er uns in Unkenntniss von seiner Existenz? Es wäre doch von grosser Wichtigkeit, zu wissen, dass ein allgütiger Herrgott existirt! Da er ja allgütig wäre, so wäre doch nicht zu befürchten, dass uns sein Erscheinen in Furcht und Schrecken setzen würde. (Oder sollte etwa das göttlich Gute ein menschlich Böses sein?) Und da er ja allmächtig wäre, so könnte er sich und uns leicht gegen mögliche Unfälle schützen.

Da sich aber kein Herrgott kundgiebt, so kann es keinem Zweifel unterliegen, dass es keinen allgütigen und allmächtigen Gott giebt.

Dieses *eine* Argument beweist schon hinlänglich, dass es keinen allgütigen und allmächtigen Gott giebt; weitere Argumente sind daher überflüssig.

III. – Kein allmächtiger und allweiser Gott.

Wenn ein allweiser und allmächtiger Gott existirt, und die Welt erschaffen hat, wie konnte er dann so viele unweise Wesen schaffen? Wie kann ein Allweiser etwas Unweises schaffen? Ist vielleicht seine Weisheit so weise, dass er es für weise hält, sie nicht weiter zu pflanzen? Oder wollen etwa die Herren Gläubigen behaupten, dass alles weise sei in dieser Welt?

Hieraus geht hervor, dass es keinen allweisen und allmächtigen Gott giebt.

IV. – Kein allmächtiger und allgerechter Gott.

Wenn Gott der Allgerechte und Allmächtige existirt, folglich allwissend ist, und daher unsere ganze Misere kennt, und sie tilgen kann, warum thut er es nicht? Warum lässt der allgerechte und allmächtige Gott der Ungerechtigkeit freien Lauf; warum lässt er ruhig den Tyrannen das hilflose Kind ermorden; warum lässt er den Schwachen untergehen, und den Starken triumphiren? Wie kann man aus solchen Thatsachen auf die Existenz eines allgerechten und allmächtigen Gottes schliessen?

* * * * * *

Wenn dennoch ein allmächtiger Gott existiren würde, so wäre er das vollendetste Scheusal; denn es geschehen Gräuelthaten ohne irgend ein »Halt!« von seiner Seite, Millionen. Wesen seufzen in der Sklaverei, ohne dass er sie erlöst, Millionen werden von rasenden Barbaren erwürgt, und der allmächtige Gott – das Scheusal – sieht ruhig zu, ohne ein Wort zu sagen.

Nicht nur dies! Wenn ein allmächtiger Gott existirt, so ist er der Urheber von allem Elend, denn nichts kann ja ohne ihn geschehen.

Ein solcher Gott wäre zwar nach christlichen Begriffen eigentlich gar kein richtiger Gott, denn es würde ihm die Allgütigkeit und Allgerechtigkeit mangeln. Nun aber frägt es sich, ob überhaupt eine Allmacht existirt.

V. – Kein allmächtiger Gott.

Würde Gott der Allmächtige existiren, so wäre es nöthig – wie Bakounin[1] sagt, – ihn abzuschaffen; denn er könnte, wie wir soeben gesehen haben, nur Tyrann sein. Da er aber der Allmächtige wäre, so wäre jeder Befreiungsversuch unnütz. Selbst wenn der Allmächtige seine Vernichtung selber wollte, wäre eine Befreiung unmöglich; denn da der Allmächtige Alles ist, die Ursache, der Wille des Lebens, so wäre die Vernichtung von ihm geradezu die Vernichtung von Allem – also auch von uns.

* * * * * *

Wenn Gott der Allmächtige wäre, so wäre es nie möglich, dass der Mensch frei wäre. Denn da dieser Gott eben allmächtig wäre, könnte der Mensch nur Sklave sein. Nein, wenn der Allmächtige existirte, so könnte der Mensch nicht einmal Sklave sein, er wäre ein Ding ohne irgend welche Macht und Eigenschaft, was nach gesundem Verstande *nichts* ist. Der Mensch aber ist etwas, folglich giebt es keinen allmächtigen Gott.

Wenn aber Gott der Allmächtige existiren würde, so hätte der Mensch keinen freien Willen. Unzählige Fälle beweisen aber, dass der Mensch einen bis zu hohem Grade entwickelten freien Willen hat, folglich giebt es keinen allmächtigen Gott.

VI. – Kein allgegenwärtiger Gott

Wenn Gott der Allgegenwärtige existirt, und folglich überall ist, so *müssten* wir ihn sehen, hören, riechen, schmecken und fühlen; wenn er überall ist, so muss er auch vor unsern Augen, auf unserer Zunge, etc. sein, so muss er auch da sein, wo wir ihn wahrnehmen können. Da dies aber nicht der Fall ist, so ist der allgegenwärtige Gott nicht überall, und folglich überhaupt nicht. Er ist eben unsichtbar, unhörbar, unriechbar, unschmeckbar und unfühlbar.

Und nun, wie kann man die Existenz eines Wesens behaupten, welches wir gar nicht wahrnehmen können? Man wird sagen, der Allgegenwärtige sei etwas immaterielles, etwas geistiges. Angenommen, nicht zugegeben, dies wäre wahr, wie kann dann Jemand einen Beweis von seiner Existenz haben?

Die Absurdität der Idee von einem allgegenwärtigen, unwahrnehmbaren Gott liegt auf der Hand, wenn man nur einen Augenblick darüber nachdenkt. Dieser Geist, *der keinen Raum einnimmt*, soll trotzdem *überall* sein!

Da bei der Existenz eines allgegenwärtigen Gottes *keine* Stelle sein kann, wo er nicht wäre, so ist er in Folge dessen Alles. Ja, dieser allgegenwärtige Gott ist Alles, also auch eine bunte Blume, ein Brüllaffe, ein duftender Jauchetrog, etc.; und dennoch können wir ihn weder sehen, hören, riechen, schmecken, noch fühlen! Dies ist allerdings komisch; und um dies zu begreifen braucht es wirklich keinen Verstand, aber eine gute Portion Glaube.

Sodann, wer kann sich etwas immaterielles auch nur denken? Immateriell! »etwas,« das aus nichts besteht! Hierüber soll man aber ja nicht nachdenken, dies muss *geglaubt* werden.

VII. – Vom Gott der Pantheisten.

Der Gott der Pantheisten ist total unbrauchbar. Ihr Gott ist die Welt, die Natur, folglich wäre
der Mensch auch ein Stück Gott, und in Konsequenz wäre der Gott der Pantheisten nicht persönlich – ein ganz kurioser Gott. Er ist ein Wesen, ähnlich dem Staat oder der »Gesellschaft.«
Er wäre allmächtig, wenn er nur – eine Person wäre. Er ist aber, gleich dem Staat, überall wo
man – ihn anerkennt; er selbst ist handlungsunfähig, seine Geschäfte müssen von Repräsentanten besorgt werden, weil er eben ein nebelhaftes Hirngespinnst, ein Spuk ist. Er ist (wie Heine[2]
sagt) »ein armes, träumerisches Wesen, ist mit der Welt verwebt und verwachsen, gleichsam in
ihr eingekerkert, und gähnt dich an, willenlos und ohnmächtig.«

Ihr Pantheisten, nennt doch die Natur einfach Natur; nennt doch die Welt einfach Welt!
Warum sollen denn Dinge, die schon einen Namen haben, mit einem andern Namen belegt
werden, der nur zu deutlich ausdrückt, was er eigentlich meint?!

VIII. – Von der Bibel

Die Bibel hat mit dem Herrgott eigentlich gar nichts zu thun. Sie ist ein Buch, voll von Scheusslichkeiten, Absurditäten und Widersprüchen. Die Schöpfungs-Geschichte ist z. B. ein handgreiflicher Schwindel, und zudem im Widerspruch mit sich selbst; erzählt da die Bibel das eine Mal, dass der Mensch *vor* den Thieren, das andere Mal *nach* den Thieren gemacht wurde.

Solche Widersprüche sind in der »heiligen Schrift« nichts Seltenes. – Wie kann der Bibelberichterstatter überhaupt wissen, dass und wie der liebe Herrgott die Welt erschaffen hat? – Immerhin wird es genügen, darauf hinzuweisen, dass die Bibel ein Produkt von Menschenhänden ist, nichts anderes sein kann, und dass *nichts* für ihren hingelogenen göttlichen Ursprung zeugt. Und nichts in ihr zeugt für die unbewiesene Existenz Gottes. Was wir in ihr finden, ist, dass der Mensch nicht ein Produkt des Herrgotts, sondern dass die Herrgotts-Idee ein Produkt von Menschen ist.

IX. – Vom Gott der Christen.

Den Gott der Christen zu beschreiben, ist total unmöglich, denn die Meinungen der Christen über ihren Herrgott weichen meilenweit von einander. Die beste Beschreibung des Gottes der Christen ist wohl diejenige, welche ihn für unbestimmbar erklärt. Etwas Unbestimmbares kann aber nicht kritisirt werden. Und that- sächlich ist der Herrgott der Christen unbestimmbar, – oder man müsste irgend einer Sekte *glauben*.

X. – Von der unsterblichen Seele.

Von den Religions-Schwindlern wurde auch die kollossale Lüge verbreitet, dass dem Menschen eine unsterbliche Seele innewohne. Die Erfahrung hat aber noch nicht konstatirt, dass ein solches Ding, wie eine Seele, existirt, sondern, dass die sogenannten geistigen Funktionen eben nichts anderes als physische Funktionen sind. Doch!

Was beweist die Wissenschaft den Gläubigen?! Sie *glauben* ja, folglich lassen sie sich nicht durch Beweise überzeugen.

Die Christenheit erkennt nur den Menschen, nicht aber den Thieren, eine unsterbliche Seele zu. In diesem Wahnsinn waren die alten Egypter doch konsequenter; sie glaubten, – wie uns berichtet wird, – dass auch Thiere eine Seele haben können, dass nach dem Tode eines Menschen seine Seele eine Wanderung vornehme, und ihren Sitz oft in Katzen, Hunden oder Krokodilen habe. Dies ist ja ein hochkomischer Wahnsinn, wenn man genügend kühles Blut besitz, und unter der Tollheit nicht zu sehr zu leiden hat.

XI. – Wer hat die Welt geschaffen?

Schon oft ist die Frage gestellt worden: Wer hat die Welt geschaffen? Die Gläubigen sagen, es wäre Gott gewesen; andere, ungläubige Gläubige, sagen, die Welt hätte weder Anfang noch Ende. Nun kann ich mir allerdings die Welt *ohne* Anfang und Ende nicht vorstellen, aber ebensowenig *mit* Anfang und Ende. Dieses- Nichtwissen ist mir aber absolut kein Beweis für die Existenz Gottes; denn deshalb, weil ich etwas nicht verstehen kann, etwas zu glauben, ist eine Manifestation des offenen Blödsinns. Gerade dann, wenn man etwas nicht begriffen hat, heisst es erst recht, die Sache zu prüfen und wieder zu prüfen, nicht aber die Flinte in's Korn zu werfen. Noch immer besser als sich dem blöden Glauben zu ergeben wäre es, einen Strich durch die Frage zu machen und nicht mehr darüber nachzugrübeln. Uebrigens was ficht mich das an, wer die Welt erschaffen haben mag. Da sie nun einmal da ist, nehme ich sie wie sie ist, und suche sie so viel und so gut wie möglich zu geniessen. Denjenigen aber, welcher sagt, dass Gott die Welt erschaffen hätte, will ich die Frage stellen : Von wem wurde Gott erschaffen? Hier haben wir wieder die selbe Frage wie oben: die Frage des Ursprungs der ersten Ursache. Und so fällt die ganze Gottesphrase wieder in den Sand. –

Nach Corvin[3] kann es nur *eine* Weltursache, nur *einen* Gott geben. Sodann sagt er: »Die sogenannten Gottesleugner verneinen nicht eigentlich das Vorhandensein Gottes, was eine absolute Dummheit wäre, sondern erklären sich nur gegen die Vorstellung von einem *persönlichen* Gott.« Dies ist einfach Kohl.

Corvin bezeichnet mit dem Namen Gott »die von Jedem geahnte, wenn auch nicht begriffene Macht, welcher er den Ursprung und die Erhaltung alles Bestehenden, der Welt, zuschreibt.«

Corvin richtet sich aber selbst, wenn er sagt: »Jeder Mensch, der überhaupt eines Gedankens fähig ist, macht sich indessen von diesem Wesen eine Vorstellung, welche dem Grade der Ausbildung der ihm mit der Geburt gegebenen Vernunft angemessen ist. *Diese Vorstellung ist sein Gott,* und somit jeder Mensch der Schöpfer seines Gottes.« Dieser letzte Satz genügt. Diese Vorstellung hat also – die Welt erschaffen! Kommentar überflüssig.

XII. – Von den Bestrafern der »Gotteslästerer.«

Eine elende Tyrannenklasse bilden die Gotteslügner, welche die »Gotteslästerer« bestrafen. Wenn doch ein allmächtiger Gott lebt, so kann er doch die »Gotteslästerer« selbst bestrafen. Was haben sich die Gläubigen in die Angelegenheit des »Lästerers« einzumischen? Warum lassen sie der Sache nicht freien Lauf, warum lassen sie Gott nicht selbst die Bestrafung vornehmen, was doch eine viel bessere Wirkung auf den Ungläubigen haben würde, und ihm zugleich die Existenz Gottes beweisen würde?!? Diese Statthalter Gottes werden vielleicht sagen, sie wären von ihm beauftragt, aber – soweit sie nicht Verrückte sind – wissen sie nur zu gut, dass kein Gott existirt, darum maassen sie sich eine vorgelogene Autorität an, um die Atheisten zu bekämpfen. – Doch wenn der Allmächtige in Wirklichkeit wäre, so wäre diese Autorität wirklich auch *sein* Werk, und ebenfalls *sein* Werk wäre die gegen ihn begangene Lästerung. Warum will er nun, dass ihn die Einen lästern, um dann von den Andern bestraft zu werden? Wozu diese Komödie? Ein Allmächtiger kann doch nicht etwa verrückt werden, – sonst wäre es ja mit seiner Allmacht aus.

In Wirklichkeit aber ist die Sache einfach diese: einen Herrgott giebt es nicht, und die Bestrafer der sogenannten Gotteslästerer sind verrückte oder bewusste Tyrannen.

XIII. – Tugend und Suende.

Alle Tyrannen sagen – selbst wenn sie nichts glauben – dass der Glaube zur Aufrechterhaltung der sogenannten Ordnung nöthig sei. Nichts ist richtiger denn dies! So bald diese fixe Idee fällt, so bald fällt auch die Unterscheidung von Tugend und Sünde und deren Substitute, denn jene ist ihre Basis: vom göttlichen Schwindel kommen Tugend und Sünde. Wenn nun der Ursprung wegfällt, und das Nebelprodukt in der Luft hängt, wird sich der Mensch fragen: Warum sollte eine Handlung tugendhaft oder sündhaft sein? Endlich, wenn das Hirngespinnst Gott sich als nichts erweist, wird der Mensch erkennen, dass eine Handlung an sich weder Tugend noch Sünde ist. Die Phrase von einem sittlichen Weltzweck ist ähnlich einer Seifenblase, welche am Interessenkampf sanft auffliegt und zerplatzt.

Die religiösen Schwindler sagen, dass der allgütige und allmächtige Gott die Menschen belohne und bestrafe. Wie kann man aber annehmen, dass der Allgütige die Menschen belohne oder bestrafe, die ER doch tugend- oder sündhaft gemacht hat; denn Alles soll ja nur durch ihn geschehen, Alles sei sein Werk. Wir haben aber gesehen, dass es keinen Allgerechten, noch Allmächtigen giebt, folglich liegt der Schwindel, von Hölle und Himmel klar auf der Hand. Wir haben weder Gott noch den Teufel, weder Himmel noch Hölle gesehen. Der grösste Schwindel aber ist wohl derjenige von der Fortdauer des individuellen Lebens nach dem Tode. Ein solcher Spuk muss geglaubt werden, einen solchen Sparren schafft sich nur ein Dummkopf an.

»Wir sind allzumal vollkommen, (sagt Stirner[4] und auf der ganzen Erde ist nicht Ein Mensch, der ein Sünder wäre! Es giebt Wahnsinnige, die sich einbilden, Gott Vater, Gott Sohn oder der der Mann im Monde *zu* sein, und so wimmelt es auch von Narren, die sich Sünder zu sein dünken; aber wie jene nicht der Mann im Monde sind, so sind diese – keine Sünder. Ihre Sünde ist eingebildet.

»Aber, wirft man verfänglicherweise ein, so ist doch ihr Wahnsinn oder ihre Besessenheit wenigstens ihre Sünde. Ihre Besessenheit ist nichts als das, was sie – *zu* stande bringen konnten, das Resultat ihrer Entwicklung, wie Luther's Bibelgläubigkeit eben Alles war, was er herauszubringen – vermochte. Der Eine bringt sich mit seiner Entwicklung in's Narrenhaus, der Andere bringt sich damit in's Pantheon und um die – Walhalla

»... Du hast den Sünder im Kopf mitgebracht darum fandest Du ihn, darum schobst Du ihn überall unter. Nenne die Menschen nicht Sünder, so sind sie's nicht: Du allein bist der Schöpfer der Sünden: Du, der Du die Menschen zu lieben wähnst, Du gerade wirfst sie in den Koth der Sünde, Du gerade scheidest sie in Lasterhafte und Tugendhafte, in Menschen und Unmenschen, Du gerade besudelst sie mit dem Geifer Deiner Besessenheit; denn Du liebst nicht *die* Menschen, sondern *den* Menschen. Ich aber sage Dir, Du hast niemals einen Sünder gesehen, Du hast ihn nur – geträumt.«

Sündigen kann man nur gegen etwas Heiliges. Sobald nun die Entheiligung vollzogen ist, kann auch nicht mehr gesündigt werden, gerade wie nicht mehr gestohlen werden kann, sobald kein Eigenthum mehr vorhanden ist. Entheiligt das Heilige, und Tugend und Sünde haben keinen Sinn mehr.

Nicht besser als die Sünde ist die Tugend, auch sie ist eingebildet, auch sie ist ein Sparren. Die Tugend ist Gott wohlgefällig; da es aber keinen Herrgott giebt, so kann auch nichts gottwohlgefällig sein, folglich giebt es keine Tugend, Wie es keine Sünder giebt, so giebt es auch keine Tugendhafte.

XIV. – Zu was die Religion dient.

Zu was der ganze Gottes-Schwindel dient, ist klar, nämlich zur Ausbeutung der grossen Volksmasse. So lange der arme Teufel auf ein besseres Loos im Himmel hofft, wird er sich eher dazu bestimmen lassen, hier auf Erden im Elend zu leben. Die Pfaffen, die bekannter- maassen Heuchler sind und waren, sind jedoch als Leute bekannt, die ihren Leib stets gut gepflegt haben. Aber nicht nur den Pfaffen, sondern auch allen andern Gottesgnädlingen, als Kaisern, Königen, Regierern, Land-Lords, Kapitalisten, Rentiers, etc., dient der ReligionsSchwindel als famoses Mittel, um die Volksmassen einzuschläfern und darauf zu betrügen und zu bestehlen. Muss da nicht jeder Tyrann sagen, dass es einen Gott geben *muss*? Ja, die Religion ist das Sicherheits-Ventil, durch welches die zur Sklaverei überflüssige menschliche Intelligenz zum Teufel geht; und es *muss* eine Religion geben, – wenn eine Minderheit über eine Mehrheit herrschen soll.

Die Religion sucht mich zu vernichten, sie sucht mich zu ihrem Sklaven zu machen; sie will *mir* eine Bestimmung geben. Die Religion verlangt, dass ich einem »höhern« Wesen diene, und sucht mich daher zu verhindern, mir zu dienen. Sie verlangt von mir, dass ich mich für ein sog. »höheres Wesen« begeistere, hingebe, aufopfere. Dieses »höhere Wesen« soll für mich Alles sein, folglich sollte ich mir nichts sein. Ich aber bin mir selber Alles, und bin für nichts bestimmt. Diejenigen die dumm genug sind, zu glauben, sie wären für etwas »Höheres« bestimmt, werden dann schon von der Pfaffensippschaft derart gelenkt, dass der Dienst für das »höhere Wesen« auf die Pfaffenmühle fliesst.

Einem »höhern Wesen« zu dienen, ist die Essenz der Religion. Wie sich dieses »höhere Wesen« auch nenne, wer es auch sei, das ändert nichts an der Sache; es zu verehren, oder ihm zu dienen, ist und bleibt Götzendienst. Einem Atheisten geht nichts über sich. Wer einen »Höhern« anerkennt, ist religiös.

Jede Religion ist auf der Idee des Opfers basirt. Sie ist folglich grausam, ungerecht, herrisch, sie raubt mir meine Freiheit und Selbstangehörigkeit.

Die Religion will mir eine Obrigkeit geben, sei es nun eine weltliche oder eine spukliche; obrigkeitslos zu werden bestrebt sich der Atheist. Die Religion will mich unterordnen; sich zu empören bestrebt sich der Atheist. Die Religion will mir einen Herren vorsetzen; herrenlos zu werden ist das Ziel des Atheisten. Die -allgemeine Versklavung ist das Endziel der Religion^ die Entgötterung jedes Spuks, die Sprengung aller Ketten ist das Endziel des Atheisten. Wähle denn, ob du ein Knecht oder ein Herr sein willst. Davon hängt es ab, ob du einen Höhern anerkennen, oder ob du dir selbst der Höchste sein willst.

Es ist nicht wunderbar, dass der Gottes-Schwindel eine so ausgedehnte Verbreitung fand. Nachdem die Religion durch die Schwäche und Furcht der Menschen entstanden war, wurde sie von jenen, welche ein Interesse an ihr hatten, den Pfaffen und andern Schwindlern, mit allen möglichen Mitteln fortgepflanzt. Die Herrgotts-Schwindler erlaubten keine Kritik; sie scheuten die Logik; sie kämpften per Intrigue, sie torturirten die Ungläubigen geheim, sie stahlen im Namen Gottes – kurzum, ihre ganze Kampfweise beruhte auf Heuchelei. Der Scheiterhaufen und die Tortur mittelst dem Rad, der Daumschraube, dem spanischen Stiefel, dem Folterstuhl, etc. sind stumme und doch beredte Zeuge für die grausame Tyrannei der Pfaffenbrut. Nachdem das von verhältnissmässig wenigen Heuchlern regierte und idiotisirte Volk in der Barbarei dahinsiechte, war es da nicht begreiflich. dass die Gottespest triumphiren musste, so lange nur vereinzelte Atheisten auftraten, welche sogleich mit allen Mitteln ruinirt wurden? Solange nicht eine beträchtliche Menschemenge zum Bewusstsein kam, ward jedes öffentliche atheistische Auftreten von den Pfaffen mit Gift, Scheiterhaufen und andern Mitteln verunmöglicht.

Dass die Geschichte der Religions-Männer keinen Beweis für die Existenz Gottes liefert, ist klar; gegentheils, sie spricht für seine Nichtexistenz. Tyrannei in allen Formen, das ist die Frucht der Religion. Die Thaten der Religions-Leute haben – allgemein gesprochen – der von ihnen gepredigten Religion mit Fäusten in's Gesicht geschlagen.

Wie lange blieben die Pfaffen wirkliche Diener Gottes? Bis die Zeit kam, Herren der Gläubigen zu werden.

Und dadurch, dass sie sich aus der Dienerschaft Gottes zu Ausbeutern emporrichteten, traten sie selbst die Religion mit Füssen. Sie thaten und thun gerade das Gegentheil von dem, was sie predigen; anstatt sich zu unterwerfen, empören sie sich; anstatt Diener zu sein, werden sie Herren. So traurig auch die Geschichte des Pfaffenthums ist, so liefert sie doch den unumstösslichen Beweis von der Existenz der empörenden Tendenz der Menschen. Kein Gläubiger wäre zu bekehren, wenn in ihm nicht schon ungläubige Keime vorhanden wären. Diese Neigung zur Ungläubigkeit ist aber trotz aller Pfaffen in den meisten Menschen noch vorhanden, so dass immerhin noch eine Aussicht auf Erfolg im Kampf gegen die Religionspest besteht. Jeder Mensch hat seit seiner Geburt ein Forschungs-Bestreben, er sucht die Dinge zu erkennen, sich dieselben zu erklären. Und dies ist gerade von der Religion verboten; sie verlangt einen Glauben, und wo dieser anfängt, ist alle Kritik zum Teufel. Wer sich dem Glaube ergiebt, der opfert seinen Verstand und seine Eigenheit, der wird ein Idealist, ein besessener Verächter des Materialismus.

Frägt man nach der Basis der Religionspest, so ist die Frage nunmehr leicht zu beantworten: es ist die Krankheit des Denkapparates; gerade wie es Leute giebt, welche an Verfolgungs-Wahn leiden, so giebt es auch Leute, welche an religiösem Wahn leiden. Und fragt man nach der Ursache dieses Wahnsinns, so giebt er hiefür nur eine Erklärung: nämlich die Pfaffen im Bunde mit der Noth. »Noth lehrt beten,« sagt das Sprichwort; und thatsächlich ist die Noth die beste Begründerin der Religion, wie auch die Religion die beste Begründerin der Noth ist. Hieraus folgt, dass bessere materielle Verhältnisse ein gutes Rezept gegen den religiösen Wahnsinn wären. Man kann sich hiervon leicht überzeugen, wenn man einen Blick auf die reichen Klassen der Christenheit wirft. Die Mehrheit derselben glaubt offenbar nicht an ihre Religion, denn ihre Handlungen stehen mit derselben meistens im Widerspruch- Dies lässt sich doch nur so erklären, dass die reichen Klassen infolge ihrer Wohlhabenheit, infolge eines besseren und gesunderen Lebens die Religion losgeworden sind. Das Anklammern an die Herrgotts-Idee geschieht einerseits aus hypnotischen Motiven, anderseits aus Furcht, Schwachheit, Mangel an Selbstvertrauen, geistigem Bankerott. Wenn Einer sich selbst verloren, oder sich nie gefunden hat, ergiebt er sich seinem Spuk. Die Religion ist folglich Gedanken-Herrschaft; der Religiöse ist von seiner Idee besessen.

Trotzdem der an religiösem Wahnsinn Siechende sich für gesund erklärt, ist er dennoch leidend, von Schmerzen beschwert, melancholisch, dünkelhaft gross, etc. Indern er für seine absolute, reine, fixe Idee lebt; verliert er sich selbst, verachtet und verzichtet auf die weltlichen

Freuden (d. h. soweit dies möglich ist), er ist ja über das Weltliche, über das Sinnliche erhaben, er beschäftigt sich nur noch mit dem reinen, absoluten Geistigen, dem Spuck; daher nimmt er auch seine geknechtete Natur nicht richtig wahr; weil sein Körper-System krankt, wähnt er, die Welt sei krank, eitel, etc.

Endnoten.

Kapital und Arbeit

Vorwort

Schon seit dem Entstehen der kapitalistischen Produktionsweise zeigt sich ein Streben, dieselbe wieder zu beseitigen und an deren Stelle eine gerechtere, gemeinnützigere zu errichten. Bald da, bald dort ließen sich diesbezügliche Stimmen vernehmen, allein es waren meist einseitige Klagelieder über die bestehenden Zustände, gepaart mit phantastischen Träumereien über zukünftige Gesellschaftsgebilde, Projekte, welche sich zwar eigneten, dem armen, gequälten Volke Trost und Hoffnung einzuflößen, die aber sonst von gar keiner Bedeutung waren und daher in der Regel bald ins Reich der Vergessenheit wanderten.

Erst in der Neuzeit gewannen die Bestrebungen, welche auf eine Umgestaltung der heutigen Produktionsweise resp. der heutigen Gesellschaft abzielen, festen Grund und praktische Stützpunkte - zum Schrecken aller Volksfeinde. Hier und da treiben zwar noch etliche unklare Köpfe oder bestochene Kreaturen der Reaktion ein frevelhaftes Spiel mit dem Volke, indem sie ihm Utopien vorgaukeln, allein die Erkenntnis bricht sich unter den arbeitenden Klassen zusehends Bahn, so daß die Zeit nicht mehr allzu ferne sein dürfte, wo selbst der schlichteste Proletarier über tragikomische Wahngebilde dieser Art nur noch mitleidig die Achseln zuckt, Eine Zukunft hat eben nur der *wissenschaftliche Sozialismus.*

Seit dem Erscheinen des *„Kapital"* von Karl Marx hat der moderne Sozialismus eine feste Grundlage, eine unbesiegbare Waffe erlangt. Dieses Werk zerstört zwar alle optimistischen Illusionen, weil es darlegt, daß keine Gesellschaft nach individuellen Plänen ausgeklügelt und *gemacht* werden kann; es beseelt aber andererseits jeden klardenkenden Sozialdemokraten mit der vollsten Siegeszuversicht, weil es beweist, daß der Kapitalismus die Keime des Sozialismus resp. Kommunismus in sich birgt und daß ersterer mit naturgesetzlicher Notwendigkeit und durch *seine eigenen Gesetze* sich zum letzteren fortentwickeln muß.

„Das Kapital" hat bereits, obgleich erst der 1. Band erschienen ist, eine große Verbreitung erlangt, allein in die Massen des arbeitenden Volkes ist es noch nicht so recht eingedrungen. Der Preis des Werkes, obgleich derselbe nicht einmal mit dem äußeren Umfange desselben, geschweige denn mit der darin enthaltenen Riesenarbeit im Einklange steht, ist bei der jammervollen Lage, in der die Arbeiter schmachten, einer solchen Verbreitung, wie sie wünschenswert wäre, hinderlich. Außerdem steht dem Verständnis des Buches - ich, der ich selbst Proletarier bin, darf dies schon hervorheben - die Unbildung des Volkes im Wege. Es ist wahr, Marx hat sich Mühe gegeben, so populär zu schreiben, wie es die Wissenschaftlichkeil des Stoffes nur immer zuließ, allein er setzte doch eine Vorbildung voraus, die, dank der systematisch betriebenen Volksverdummung, nicht allgemein vorhanden ist.

Um nun den Arbeitern wenigstens das Wesentlichste dieses hochwichtigen Werkes zum billigen Preis und in leichtfaßlichen Formen gekleidet zugänglich zu machen, habe ich unter anderem meine Zwangsmuße dazu benutzt, das „Kapital" auszugsweise zu popularisieren.

Vieles habe ich wörtlich oder nur mit geringen Abänderungen - hauptsächlich unter Vermeidung der nicht allgemein gebräuchlichen Fremdwörter - wiedergegeben. Manches jedoch glaubte ich nur summarisch ausführen zu sollen, und einiges, was mir unwesentlich zu sein schien, habe ich ganz übergangen. Ungern nahm ich Abstand, die zahlreichen Daten, welche die Lage der arbeitenden Klassen des näheren charakterisieren, anzuführen, allein der gedrängte Raum, welchen eine Broschüre, die agitatorisch wirken soll, nicht überschreiten darf, verpflichtete mich dazu, übrigens dürfte jeder Arbeiter aus eigener Erfahrung wissen, wie es in dieser Hinsicht steht. Eingeteilt habe ich die Arbeit mehr oder weniger willkürlich, wie es mir der größeren Leichtfaßlichkeit wegen geboten erschien.

Wenn die vorliegende Broschüre manchem die Augen öffnet, habe ich meinen beabsichtigten Zweck erreicht. Ich kann aber schließlich nicht unterlassen, jeden, der die Mittel dazu hat, zur Anschaffung des Marxschen Werkes zu ermuntern, was hiermit geschieht.

Zwickau, im Oktober 1873.

Und nun Gruß und Handschlag den Lesern!

Joh. Most

Ware und Geld

Der Reichtum der Gesellschaften, in welchen kapitalistische Produktionsweise herrscht, erscheint als eine ungeheure Warensammlung, die einzelne Ware als seine Elementarform.

Ein Ding, welches sich eignet, menschliche Bedürfnisse irgendeiner Art zu befriedigen, als Gebrauchsgegenstand zu dienen, ist ein *Gebrauchswert*. Um *Ware* zu werden, muß es noch eine andere Eigenschaft besitzen - *Tauschwert*.

Der Tauschwert ist das Größenverhältnis, worin nützliche Dinge einander gleich gelten und daher miteinander austauschbar sind, z. B. 20 Ellen Leinwand = (gleich) 1 Zentner Eisen. Aber verschiedene Dinge sind nur vergleichbare Größen, wenn sie *gleichnamige* Größen sind, d. h. Vielfache oder Teile *derselben Einheit* eines ihnen *Gemeinsamen*. Also können auch in unsrem Beispiel 20 Ellen Leinwand nur gleich 1 Zentner Eisen sein, sofern Leinwand und Eisen etwas Gemeinsames darstellen, wovon gerade soviel in 20 Ellen Leinwand steckt als in 1 Zentner Eisen. Dies Dritte, beiden Gemeinsame, ist ihr *Wert,* welchen jedes der beiden Dinge, unabhängig vom andern, besitzt. Es folgt daher, daß der *Tauschwert* der Waren nur eine *Ausdrucksweise ihres Wertes* ist, nur die Form, die ihr Wertsein zum Vorschein bringt und so zur Vermittlung ihres wirklichen Austauschs dient. Wir kommen später auf diese *Wertform* zurück, wenden uns aber zunächst zu ihrem Inhalt, dem Waren*wert.*

Der Wert der Waren, der sich in ihrem Tauschwert ausdrückt, *besteht* aus nichts andrem als der *Arbeit,* die in ihrer Erzeugung verbraucht wird oder in ihnen vergegenständlicht ist. Doch muß man sich genau klarmachen, in welchem Sinne die Arbeit die einzige Quelle des Wertes ist.

In unentwickelten Gesellschaftszuständen verrichtet derselbe Mensch abwechselnd Arbeiten sehr verschiedener Art; bald bestellt er den Acker, bald webt, bald schmiedet, bald zimmert er usw. Aber wie mannigfach seine Beschäftigungen seien, sie sind doch immer nur *verschiedene nützliche Weisen,* worin er sein eigenes Hirn, seine Nerven, Muskeln, Hände usw. verwendet, worin er mit einem Wort *seine eigene Arbeitskraft* verausgabt. Seine Arbeit bleibt stets Kraftaufwand - Arbeit schlechthin -, während die nützliche Form dieses Aufwands, die Arbeitsart, je nach der von ihm bezweckten Nutzleistung wechselt.

Mit dem gesellschaftlichen Fortschritt vermindern sich nach und nach die verschiedenen nützlichen Arbeitsarten, welche dieselbe Person der Reihe nach, verrichtet; sie verwandeln sich mehr und mehr in selbständige, nebeneinanderlaufende Berufsgeschäfte verschiedener Personen und Personengruppen. Die kapitalistische Gesellschaft aber, wo der Produzent von vornherein nicht für eigenen, sondern für fremden Bedarf, für den Markt produziert, wo sein Produkt von Haus aus bestimmt ist, die Rolle der Ware zu spielen, ihm selbst daher nur als Tauschmittel zu dienen - die kapitalistische Gesellschaft ist nur möglich, sobald sich die Produktion bereits zu einem vielgliedrigen System selbständig nebeneinander betriebener nützlicher Arbeitsarten entwickelt hat, zu einer weitverzweigten *gesellschaftlichen Teilung der Arbeit.*

Was aber früher für ein Individuum galt, welches abwechselnd verschiedene Arbeiten verrichtet, gilt jetzt für diese Gesellschaft mit ihrer gegliederten Arbeitsteilung. Der nützliche Charakter jeder besonderen Arbeitsart spiegelt sich wider in dem besonderen *Gebrauchswert* ihres Produkts, d. h. in der eigentümlichen Formveränderung, wodurch sie einen bestimmten Naturstoff einem bestimmten menschlichen Bedürfnisse dienstbar gemacht hat. Aber der selbständige Betrieb jeder dieser unendlich mannigfachen nützlichen Arbeitsarten ändert nichts daran, daß eine wie die andere Verausgabung menschlicher Arbeitskraft ist, und nur in dieser ihnen gemeinsamen Eigenschaft von menschlichem Kraftaufwand bilden sie den Warenwert. Der Wert der Waren besagt weiter nichts, als daß die Herstellung dieser Dinge Verausgabung menschlicher Arbeitskraft gekostet hat, und zwar der *gesellschaftlichen* Arbeitskraft, da bei entwickelter Teilung der Arbeit jede individuelle Arbeitskraft nur noch als ein Bestandteil der gesellschaftlichen Arbeitskraft wirkt. Jede Menge individueller Arbeit - im Sinne von Kraftaufwand - zählt daher fortan auch nur als größere oder geringere Menge von gesellschaftlicher *Durchschnittsarbeit,* d. h. von Durchschnittsaufwand der gesellschaftlichen Arbeitskraft. Je mehr Durchschnittsarbeit in einer Ware vergegenständlicht ist, desto größer ist deren Wert.

Würde die zur Herstellung einer Ware notwendige Durchschnittsarbeit sich beständig gleichbleiben, so bliebe auch deren Wertgröße unverändert. Dies ist aber nicht der Fall, weil die Produktivkraft der Arbeit durch den Durchschnittsgrad des Geschickes der Arbeiter, die Entwicklungsstufe der Wissenschaft und ihre technische Anwendbarkeit, die gesellschaftlichen Kombinationen des Produktionsprozesses, den Umfang und die Wirkungsfähigkeit der Produktionsmittel und durch Naturverhältnisse bestimmt wird, also sehr verschiedenartig sein kann. Je größer die Produktivkraft der Arbeit, desto kleiner die zur Herstellung eines Artikels erheischte Arbeitszeit, desto kleiner die in ihm kristallisierte Arbeitsmasse, desto kleiner sein Wert. Umgekehrt, je kleiner die Produktivkraft der Arbeit, desto größer die zur Herstellung eines Artikels notwendige Arbeitszeit, desto größer sein Wert. Daß hier nur von der jeweiligen *gesellschaftlich normalen* Produktivkraft und der ihr entsprechenden gesellschaftlich notwendigen Arbeitszeit die Rede ist, versteht sich von selbst. Der Handweber braucht z. B. mehr Arbeit als der Maschinenweber, um eine bestimmte Anzahl Ellen zu liefern. Er erzeugt deshalb keinen höheren Wert, sobald die Maschinenweberei einmal eingebürgert ist. Es wird dann vielmehr die ganze Arbeit, welche bei der Handweberei *mehr* verbraucht wird, als zur Herstellung einer gleichen Warenmenge durch die Maschinenweberei nötig wäre, *nutzloser* Kraftaufwand und bildet daher keinen Wert.

Dinge, welche nicht durch Arbeit entstanden sind, wie z. B. Luft, wildwachsendes Holz etc., können wohl Gebrauchswert haben, nicht aber *Wert.* Andererseits werden Dinge, welche die menschliche Arbeit erzeugt, nicht zu *Waren,* wenn sie nur zur Befriedigung von Bedürfnissen ihrer unmittelbaren Erzeuger dienen. Um Ware zu werden, muß ein Ding fremde Bedürfnisse befriedigen, also *gesellschaftlichen* Gebrauchswert haben.

Kehren wir jetzt zum *Tauschwert* zurück, also zur *Form,* worin sich der *Wert* der Waren ausdrückt. Diese Wertform entwickelt sich nach und nach aus und mit dem Produktenaustausch.

Solange die Produktion ausschließlich auf den Selbstbedarf gerichtet ist, kommt Austausch nur selten vor und nur mit Bezug auf den einen oder anderen Gegenstand, wovon die Austauschenden gerade einen Überfluß besitzen. Es werden z. B. Tierfelle gegen Salz ausgetauscht, und zwar zunächst in ganz zufälligem Verhältnisse. Bei öfterer Wiederholung des Handels wird das Austauschverhältnis schon näher bestimmt, so daß sich ein Tierfell nur gegen eine gewisse Menge Salz austauscht. Auf dieser untersten Stufe des Produktenaustausches dient jedem der Austauschenden der Artikel des andern als Äquivalent (Gleichwertiges), d. h. als ein *Wertding,* das als solches nicht nur mit dem von ihm produzierten Artikel austauschbar ist, sondern auch der Spiegel ist, worin der Wert seines eigenen Artikels zum Vorschein kommt.

Die nächst höhere Stufe des Austausches finden wir noch heute, z. B. bei den Jägerstämmen Sibiriens, die sozusagen nur einen für den Austausch bestimmten Artikel liefern, nämlich Tierfelle. Alle fremden Waren, die man ihnen zuführt, Messer, Waffen, Branntwein, Salze etc., dienen ihnen als ebenso viele verschiedene *Äquivalente* ihres eigenen Artikels. Die Mannigfaltigkeit der Ausdrücke, welche der Wert der Tierfelle so erhielt, machten es zur Gewohnheit, sich ihn vom Gebrauchswert des Produkts getrennt vorzustellen, während andererseits die Notwendigkeit, denselben Wert in einer stets wachsenden Anzahl verschiedener Äquivalente zu berechnen, zur festen Bestimmung seiner Größe führte. Der Tauschwert der Tierfelle besitzt also hier schon eine viel ausgeprägtere Gestalt als bei dem früher nur vereinzelten Produktenaustausch, und diese Dinge selbst besitzen daher nun auch in ungleich höherem Grade schon den Charakter von *Ware.*

Betrachten wir jetzt den Handel von Seiten der fremden Warenbesitzer. Jeder derselben muß den sibirischen Jägern gegenüber den Wert seines Artikels in Tierfellen ausdrücken. Letztere werden so das *allgemeine Äquivalent,* welches nicht nur gegen alle die fremden Waren unmittelbar austauschbar ist, sondern auch ihnen allen zum *gemeinsamen Wertausdruck,* daher auch zum *Wertmesser* und *Wertvergleicher* dient. In anderen Worten: Das Tierfell wird innerhalb dieses Gebiets des Produktenaustauschs zu - *Geld.* In derselben Art hat überhaupt bald diese, bald jene Ware in engerem oder weiterem Kreise die Rolle des Geldes gespielt. Mit der Verallgemeinerung des Warenaustausches geht diese Rolle auf Gold und Silber über, d. h. auf Warenarten, welche von Natur am besten zu diesem Dienste taugen. Sie werden das allgemeine Äquivalent, welches gegen alle anderen Waren unmittelbar austauschbar ist und worin letztere allesamt ihre Werte ausdrücken, messen und vergleichen. Der in Geld ausgedrückte Wert der Ware heißt ihr *Preis*. Die Wertgröße von 20 Ellen Leinwand z. B. drückt sich in einem Preise von 10 Talern aus, wenn 20 Ellen Leinwand = ½ Unze Gold und 10 Taler der Geldname für ½ Unze Gold ist.

Wie jede Ware, kann das Geld seine eigene Wertgröße nur in *anderen* Waren ausdrücken. Sein eigener Wert ist bestimmt durch die zu seiner Produktion erheischte *Arbeitszeit* und drückt sich in dem Quantum jeder anderen Ware aus, worin gleich viel Arbeitszeit geronnen ist. Man lese die einzelnen Posten eines Preiskurantes rückwärts, und man findet die Wertgröße des Geldes in allen möglichen Waren ausgedrückt.

Vermittelst des Geldes wird der Produktenaustausch in zwei verschiedene und einander ergänzende Vorgänge zerlegt. Die Ware, deren Wert bereits in ihrem Preise ausgedrückt ist, wird in Geld verwandelt und dann wieder aus ihrer Geldgestalt in eine andere, zum Gebrauche bestimmte Ware von gleichem Preise rückverwandelt. Was aber die handelnden Personen betrifft, so veräußert ein Warenbesitzer erst seine Ware an einen Geldbesitzer, verkauft und tauscht dann mit dem gelösten Gelde Artikel eines anderen Warenbesitzers ein, er kauft. *Es wird verkauft, um zu kaufen.* Die Gesamtbewegung der Ware nennt man - *Warenzirkulation.*

Auf den ersten Blick scheint es, als ob die Menge des in einem Zeitabschnitt umlaufenden Geldes lediglich durch die Preissumme aller räumlich nebeneinander zum Verkauf gelangenden Waren bestimmt sei, allein dem ist nicht so. Werden z. B. 3 Pfd. Butter, 1 Bibel, 1 Flasche Schnaps und 1 Kriegsdenkmünze von vier verschiedenen Verkäufern an vier verschiedene Käufer gleichzeitig zu je 1 Taler entäußert, so sind in der Tat zur Bewerkstelligung dieser vier Verkäufe zusammen 4 Taler nötig. Verkauft aber der eine seine Butter und trägt den erlangten Taler zum Bibelhändler, der seinerseits wieder für 1 Taler Schnaps kauft, und schafft sich der Schnapsbrenner für diesen Taler eine Kriegsdenkmünze an, so ist zur Bewerkstelligung des Umlaufs von Waren, die zusammen einen Preis von 4 Taler haben, nur 1 Taler nötig. Wie im Kleinen, so im Großen. Die Menge des umlaufenden Geldes wird daher bestimmt durch die Preissumme der räumlich nebeneinander zum Verkauf gelangenden Waren, dividiert durch die Anzahl der gleichzeitigen Umläufe der nämlichen Geldstücke.

Zur Vereinfachung des Zirkulationsprozesses werden bestimmte Gewichtsteile der als Geld anerkannten Dinge mit eigenen Namen belegt und in festen Gestalten ausgeprägt, d. h. zu *Münze* gemacht.

Da sich aber Gold- oder Silbermünzen im Umlauf verschleißen, ersetzt man sie teilweis durch Metalle von niederem Wert. Die geringsten Bruchteile der kleinsten Goldmünze z. B. werden durch Marken aus Kupfer etc. (Scheidemünze) vertreten; endlich stempelt man fast wertlose Dinge zu Geld, z. B. Papierzettel, welche eine bestimmte Menge von Gold oder Silber *symbolisch* (sinnbildlich) darstellen. Letzteres ist ganz unmittelbar der Fall bei Staatsnoten mit Zwangskurs.

Wird Geld aus der Zirkulation herausgenommen und festgehalten, so entsteht *Schatzbildung*. Wer Waren verkauft, ohne neuerdings solche zu kaufen, ist Schatzbildner. Bei Völkern mit unentwickelter Produktion, z. B. bei den Chinesen, wird die Schatzbildung ebenso emsig als planlos betrieben; man *vergräbt* Gold und Silber.

Aber auch in Gesellschaften mit kapitalistischer Produktionsweise ist Schatzbildung notwendig. Da Masse, Preise und Umlaufsgeschwindigkeit der in Zirkulation befindlichen Waren beständigem Wechsel unterworfen sind, erfordert auch ihre Zirkulation bald weniger, bald mehr Geld. Es sind also *Reservoirs* (Behälter) nötig, wohin Geld aus dem Umlauf abfließt und woraus es, je nach Bedarf, wieder in Umlauf kommt. Die entwickeltste Form solcher Zufuhr- und Abzugskanäle des Geldes oder Schatzkammern sind die *Banken*. Als Notwendigkeit stellen sich solche Einrichtungen um so mehr heraus, je weniger in der entwickelten bürgerlichen Gesellschaft der Warenumlauf: Ware-Geld-Ware sich in bezug aufs Geld in direkt greifbarer Form vollzieht. Abgesehen vom eigentlichen Kleinhandel funktioniert vielmehr das Geld vorzugsweise als bloßes *Rechengeld* und in letzter Instanz als *Zahlungsmittel*. Käufer und Verkäufer werden Schuldner und Gläubiger. Die Schuldverhältnisse werden durch Bescheinigungen festgestellt, mittelst welcher die verschiedenen, bei der Warenzirkulation beteiligten, bald kaufenden, bald verkaufenden Personen die gegenseitig sich schuldenden Summen ausgleichen. Nur die Differenzen werden von Zeit zu Zeit durch eigentliches Geld getilgt. Tritt bei diesem Verfahren eine allgemeine Stockung ein, so nennt man dies eine *Geldkrise,* die sich dadurch fühlbar macht, daß jedermann *leibhaftiges* Geld verlangt und vom ideellen nichts wissen will.

Von besonderer Wichtigkeit sind die Schatzreservoirs für den Weltverkehr, da das Weltgold in der Regel in Form von Gold- und Silberbarren auftritt.

Kapital und Arbeit

Wie wird nun Geld in Kapital verwandelt?

Von Kapital kann überhaupt nur die Rede sein in einer Gesellschaft, die Waren produziert, bei welcher Warenzirkulation besteht, die *Handel* treibt. Nur unter diesen historischen Voraussetzungen kann Kapital entstehen. Von der Schöpfung des modernen Welthandels, und Weltmarkts im 16. Jahrhundert datiert die moderne Lebensgeschichte des Kapitals.

Historisch tritt das Kapital dem Grundeigentum überall zunächst in der Gestalt von Geld gegenüber, von *Geldvermögen,* Kaufmannskapital und Wucherkapital, Geld als Geld und Geld als Kapital unterscheiden sich zunächst nur durch ihre verschiedene Zirkulationsform.

Neben der unmittelbaren Form der Warenzirkulation, verkaufen, um zu kaufen (Ware-Geld-Ware), tritt nämlich auch noch eine andere Zirkulationsform auf; kaufen, um zu verkaufen (Geld-Ware-Geld). Hier spielt nun das Geld bereits die Rolle des Kapitals. Während bei der einfachen Warenzirkulation *durch Vermittelung des Geldes* Ware gegen Ware ausgetauscht wird, tauscht man bei der Geldzirkulation *durch Vermittelung der Ware* Geld gegen Geld aus.

Wollte man auf diesem Wege Geld gegen *gleich viel* Geld, z. B. 100 Taler gegen 100 Taler austauschen, so wäre dies ein ganz abgeschmacktes Verfahren; es wäre viel vernünftiger, wenn die 100 Taler von vornherein festgehalten würden. Solch ein zweckloser Austausch wird aber niemals beabsichtigt, sondern man tauscht Geld gegen *mehr* Geld aus, man kauft, um *teurer* zu verkaufen.

Bei der einfachen Warenzirkulation fällt sowohl die Ware, welche zuerst, als die Ware, welche zuletzt auftritt etc., aus der Zirkulation heraus, wird konsumiert; wenn hingegen Geld den Anfangs- und Endpunkt der Zirkulation bildet, so kann das zuletzt erscheinende Geld immer wieder aufs neue dieselbe Bewegung beginnen, es bleibt überhaupt nur solange Kapital, als es dies tut. Nur *der* Geldbesitzer, welcher sein Geld diese Art von Umlauf durchmachen läßt, ist Kapitalist.

Der Gebrauchswert ist also nie als *unmittelbarer* Zweck des Kapitalisten zu behandeln. Auch nicht der *einzelne* Gewinn, sondern nur die rastlose Bewegung des Gewinnes. Dieser absolute Bereicherungstrieb, die leidenschaftliche Jagd auf den Tauschwert ist dem Kapitalisten mit dem Schatzbildner gemein, aber während der Schatzbildner nur der verrückte Kapitalist, ist der Kapitalist der gescheite Schatzbildner.

Am augenfälligsten tritt die Tendenz: kaufen, um teurer zu verkaufen, beim Handelskapital hervor, allein auch das industrielle Kapital hat ganz dieselbe Tendenz.

Meist wird angenommen, der Mehrwert entsteht dadurch, daß die Kapitalisten ihre Waren über deren eigentlichen Wert verkaufen. Dieselben Kapitalisten, welche verkaufen, müssen aber auch kaufen, müßten also gleichfalls Waren über deren Wert bezahlen, so daß, wenn jene Annahme richtig wäre, die Kapitalistenklasse niemals ihr Ziel erreichen könnte. Sieht man aber ab von der Klasse und betrachtet nur die einzelnen Kapitalisten, so stellt sich folgendes heraus: Ein Kapitalist kann wohl z. B. Wein zum Betrage von 40 Taler gegen Korn im Betrage von 50 Taler eintauschen, so daß er beim Verkaufe 10 Taler gewinnt, allein die Wertsumme dieser beiden Waren bleibt nach wie vor 90 Taler und ist lediglich anders verteilt. Hätte der eine dem andern direkt 10 Taler gestohlen, so stände es nicht anders. *„Krieg ist Raub"*, sagt Franklin, „*Handel ist Prellerei"*. Mehrwert entsteht also auf solche Weise nicht. Auch der Wucherer, der direkt für Geld *mehr* Geld eintauscht, erzeugt keinen Mehrwert. Er zieht nur *vorhandenen* Wert aus fremder Tasche in die seinige. Es entsteht daher, mögen sich die einzelnen Kapitalisten gegenseitig noch sosehr beschwindeln, durch Kauf und Verkauf allein keinesfalls Mehrwert. Dieser wird vielmehr *außerhalb* der Zirkulationssphäre geschaffen und in derselben nur realisiert, versilbert.

Geld heckt nicht, und Waren vermehren sich auch nicht von selbst, mögen sie noch sooft die Hände wechseln. Es muß also mit der Ware, nachdem sie gekauft ist und ehe sie wieder verkauft wird, etwas passieren, was deren Wert erhöht. Sie muß auf der Zwischenstation *verbraucht werden.*

Um aber aus dem Verbrauch einer Ware Tauschwert herauszuziehen, müßte der Geldbesitzer auf dem Markte eine Ware finden, welche die wunderbare Eigenschaft hätte, sich während ihres Verbrauchs in Wert zu verwandeln, deren Verbrauch also Wertschöpfung wäre. Und in der Tat findet der Geldbesitzer auf dem Markte solche Ware: *die Arbeitskraft.*

Unter Arbeitskraft oder Arbeitsvermögen verstehen wir den Inbegriff der physischen und geistigen Fähigkeiten, die in der Leiblichkeit, der lebendigen Persönlichkeit eines Menschen existieren und die er in Bewegung setzt, sooft er Gebrauchswert irgendeiner Art produziert.

Damit ein Mensch seine eigene Arbeitskraft als Ware feilbiete, muß er vor allem über sie verfügen können, eine freie Person sein, und um dies zu bleiben, darf er sie stets nur zeitweise verkaufen. Verkauft er sie ein für allemal, so würde er sich aus einem Freien in einen Sklaven verwandeln, aus einem Warenbesitzer in Ware.

Ein freier Mensch ist gezwungen, seine eigene Arbeitskraft als Ware zu Markte zu führen, sobald er außerstand ist, andere Waren zu verkaufen, in denen seine Arbeit bereits vergegenständlicht ist. Will jemand seine Arbeit in Waren verkörpern, so muß er Produktionsmittel (Rohstoffe, Werkzeuge etc.) besitzen und zudem Lebensmittel, wovon er bis zum Verkauf seiner Ware zehrt. Entblößt von solchen Dingen kann er platterdings nicht produzieren und bleibt ihm zum Verkauf *nur* die eigene Arbeitskraft.

Zur Verwandlung von Geld in Kapital muß der Geldbesitzer also den *freien Arbeiter* auf dem Warenmarkt vorfinden, *frei* in dem Doppelsinne, daß er als freie Person über seine Arbeitskraft als *seine* Ware verfügt, daß er andererseits andere Waren nicht zu verkaufen hat, los und ledig, *frei* ist von allen zur Betätigung seiner Arbeitskraft nötigen Sachen. Mit anderen Worten: Der Arbeiter darf kein Sklave sein, darf aber auch außer seiner Arbeitskraft kein Besitztum haben, muß ein Habenichts sein, wenn ihn der Geldbesitzer genötigt finden soll, seine Arbeitskraft zu verkaufen.

Es ist dies jedenfalls kein Verhältnis, das naturgesetzlich begründet werden kann, denn die Erde erzeugt nicht auf der einen Seite Geld- und Warenbesitzer und auf der andern bloße Besitzer von Arbeitskraft. Die geschichtliche Entwicklung und eine ganze Reihe von ökonomischen und sozialen Umwälzungen haben dies Verhältnis erst geschaffen.

Die Ware Arbeitskraft besitzt wie jede andere Ware einen Wert, der bestimmt wird durch die zur Produktion - hier auch zur Reproduktion - des Artikels notwendigen Arbeitszeit. Der Wert der Arbeitskraft ist daher gleich dem Wert der zur Erhaltung ihres Besitzers notwendigen Lebensmittel. Unter Erhaltung ist hier natürlich *dauernde* Erhaltung, welche Fortpflanzung einbegreift, zu verstehen. So wird der *Tauschwert* der Arbeitskraft bestimmt, ihr *Gebrauchswert* zeigt sich erst beim Verbrauch derselben.

Der Verzehr von Arbeitskraft, wie von jeder andern Ware, vollzieht sich *außerhalb* des Bereichs der Warenzirkulation, weshalb wir letztere verlassen müssen, um dem Geldbesitzer und dem Besitzer von Arbeitskraft nach der *Stätte der Produktion* zu folgen. Hier wird sich zeigen, nicht nur wie das Kapital produziert, sondern auch *wie Kapital produziert wird.*

Haben wir bisher nur freie, kurz, ebenbürtige Personen miteinander verkehren sehen, die nach Gutdünken über das Ihrige verfügen, kaufen und verkaufen, so bemerken wir schon beim Scheiden von unserem bisherigen Schauplatze und indem wir den handelnden Personen zur Produktionsstätte folgen, daß sich die Physiognomien derselben verändern. *Der ehemalige Geldbesitzer schreitet voran als Kapitalist, der Arbeitskraftbesitzer folgt ihm nach als sein Arbeiter; der eine bedeutungsvoll schmunzelnd und geschäftseifrig, der andere scheu, widerstrebsam, wie jemand, der seine eigene Haut zu Markt getragen und nun nichts anderes zu erwarten hat als die - Gerberei.*

Die Grundlage der kapitalistischen Produktionsweise

Der Verbrauch der Arbeitskraft ist die Arbeit selbst. Der Käufer der Arbeitskraft verzehrt sie, indem er ihren Verkäufer arbeiten läßt.

Der Arbeitsprozeß besteht zunächst darin, daß der Mensch Naturstoffe nach seinen Zwecken umformt. Die Naturstoffe selbst sind ursprünglich vorhanden. Alles, was der Mensch unmittelbar vom Erdganzen loslöst, sind von Natur aus vorgefundene Arbeitsgegenstände; Dinge hingegen, an denen bereits menschliche Arbeit vollzogen wurde und die nur weiterverarbeitet werden, sind *Rohstoffe*. Zu den ersteren gehört z. B. das Erz, welches aus seiner Ader losgebrochen wird, zu den letzteren das bereits losgebrochene Erz, welches eingeschmolzen wird. -

Arbeitsmittel sind jene Dinge, welche der Mensch zur Bearbeitung von Arbeitsgegenständen benützt. Solche Arbeitsmittel können bloßes Naturprodukt sein oder bereits menschliche Arbeit in sich bergen: *allgemeines* Arbeitsmittel ist und bleibt die Erde selbst.

Das Resultat des Arbeitsprozesses ist das *Produkt*. Produkte können in verschiedenen Formen aus dem Arbeitsprozeß hervorgehen. Sie mögen nur zur Konsumtion taugen oder nur zu Arbeitsmitteln oder nur als Rohmaterial (Halbfabrikat) verwendbar sein, das weiterer Verarbeitung bedarf, oder in verschiedener Weise dienen, wie z. B. die Traube als Konsumtionsmittel und als Rohmaterial des Weines. Sobald Produkte zur Erzeugung anderer Produkte verwendet werden, verwandeln sie sich in Produktionsmittel.

Kehren wir nun nach diesen allgemeinen Erklärungen zum *kapitalistischen* Produktionsprozeß zurück!

Nachdem der Geldbesitzer Produktionsmittel und Arbeitskraft gekauft hat, läßt er letztere die ersteren konsumieren, d. h. in Produkte, verwandeln. Der Arbeiter verzehrt gleichsam Produktionsmittel, indem er deren Formen ändert. Das Resultat dieses Prozesses sind die umgestalteten Produktionsmittel, in welche während ihres Formenwechsels neue Arbeit eingegangen ist, sich vergegenständlicht hat. Diese verwandelten Dinge, die Produkte, gehören aber nicht den Arbeitern, die sie erzeugt haben, sondern dem Kapitalisten. Denn er hat nicht nur die Produktionsmittel gekauft, sondern auch die Arbeitskraft und die ersteren durch Zusatz der letzteren sozusagen zur Gärung gebracht. Der Arbeiter spielt hierbei nur die Rolle eines selbsttätigen Produktionsmittels.

Der Kapitalist fabriziert Artikel nicht für eigenen Hausgebrauch, sondern für den Markt, also *Waren*. Aber damit allein ist ihm keineswegs gedient. Ihm gilt's, Waren zu fabrizieren, deren Wert *höher* ist als die Wertsumme der zu ihrer Erzeugung nötigen Produktionsmittel und Arbeitskraft, kurz, er verlangt *Mehrwert*.

Die Erlangung von Mehrwert ist eigentlich die *einzige* Triebfeder, welche den Geldbesitzer anspornt, sein Geld in Kapital zu verwandeln und zu produzieren. Sehen wir zu, wie dieses Ziel erreicht wird!

Wie schon bemerkt, wird der Wert jeder Ware durch die zu ihrer Herstellung notwendige Arbeitszeit bestimmt; wir müssen daher auch die vom Kapitalisten produzierte Ware in die darin verkörperte Arbeitszeit auflösen.

Nehmen wir an, das Rohmaterial zur Herstellung eines Artikels koste 3 Taler und das, was an Arbeitsmitteln aufgeht, koste 1 Taler; nehmen wir ferner an, diese 4 Taler repräsentierten das Wertprodukt von 2 zwölfstündigen Arbeitstagen, so ergibt sich, daß zunächst in dem fertigen Artikel 2 Arbeitstage vergegenständlicht sind. Rohmaterial und Arbeitsmittel werden aber nicht von selbst zu Ware, sondern nur durch Vermittelung von Arbeit; es ist also nachzusehen, wieviel *Arbeitszeit* der gedachte Produktionsprozeß beansprucht. Gesetzt, sie daure nur 6 Stunden und es seien auch gerade nur 6 Stunden nötig, um den Wert der angewandten Arbeitskraft zu ersetzen. Der Tageswert der Arbeitskraft ist bestimmt durch den Wert der zu ihrer Erzeugung resp. Erhaltung täglich verbrauchten Waren. Kostet deren Herstellung daher 6 Arbeitsstunden, so wird der Tageswert der Arbeitskraft in 6 Arbeitsstunden ersetzt und drückt sich nach unserer obigen Annahme in einem Preise von 1 Taler aus. In dem fertigen Produkt stecken also im ganzen 2½ Arbeitstage, oder sein Gesamtpreis beträgt 5 Taler; aber 5 Taler hat der Kapitalist selbst dafür gezahlt, 4 für Rohmaterial und Arbeitsmittel, 1 für Arbeitskraft. Daß bei solcher Gelegenheit *kein* Mehrwert herauskommen kann, liegt auf der Hand. Dem Kapitalisten paßt dies aber nicht in den Kram: Er will Mehrwert haben, sonst tut er nicht mit. Das Rohmaterial ist unerbittlich, auch die Arbeitsmittel sind es. Sie enthalten soundso viel Arbeitszeit und haben ihren bestimmten Wert, welchen der Kapitalist bezahlen muß, aber sie vermehren sich nicht. Bleibt noch die angekaufte Arbeitskraft. Der Kapitalist sieht ein, daß der Arbeiter täglich soviel Lebensmittel braucht als in 6 Arbeitsstunden herstellbar sind, d. h. Lebensmittel zum Preise von 1 Taler, somit zahlt er ihm für seine tägliche Arbeitskraft 1 Taler. Er sieht aber *nicht* ein, weshalb sich nun die also angekaufte Arbeitskraft auch nur 6 Stunden täglich *betätigen* solle, verlangt vielmehr, daß sie sich täglich *12 Stunden* lang betätigen, d.h. eine Zeit hindurch, die in unserem Falle einen Wert von 2 Talern erzeugt. Das Rätsel löst sich. Wir sahen, daß innerhalb 6 Stunden für 3 Taler Rohmaterial und für 1 Taler Arbeitsmittel durch die Arbeitskraft, welche ebenfalls 1 Taler kostet, in ein Produkt verwandelt wurden, das 5 Taler wert ist bzw. 2½ Arbeitstage enthält. Ohne der Arbeitskraft gegenüber mehr als 1 Taler auszugeben, läßt nun aber der Schlaumeier von Kapitalist dieselbe nicht 6, sondern 12 Stunden lang wirken, läßt sie in dieser Zeit nicht Rohmaterial für 3, sondern für 6 Taler und nicht Arbeitsmittel für 1, sondern für 2 Taler aufzehren und erhält auf diese Weise ein Produkt, in welchem 5 Arbeitstage vergegenständlicht sind und das somit 10 Taler wert ist. Ausgegeben hat er aber nur: für Rohmaterial 6 Taler, für Arbeitsmittel 2 Taler und für Arbeitskraft 1 Taler, zusammen 9 Taler. Das fertige Produkt enthält also jetzt einen *Mehrwert* von 1 Taler.

Man sieht, es kann nur dadurch Mehrwert entstehen, daß die Arbeitskraft sich in einem höheren Grade betätigt, als zum Ersatz ihres eigenen Werts notwendig ist. Deutlicher: Der Mehrwert entspringt aus *unbezahlter* Arbeit.

Um den *Grad,* in welchem die Arbeitskraft Mehrwert erzeugt, kennenzulernen, muß man das zur Produktion verwandte Kapital in zwei Teile zerlegen, wovon der eine in Rohmaterial und Arbeitsmittel, der andere in Arbeitskraft angelegt ist. Werden z. B. 5000 Taler in der Weise bei der Produktion verausgabt, daß man für 4100 Taler Rohstoffe und Arbeitsmittel und für 900 Taler Arbeitskraft verbraucht, und beträgt der Wert der fertigen Ware 5900 Taler, so scheint es, als ob ein Mehrwert von 18% erzeugt worden sei, wenn man sich nämlich einbildet, der gewonnene Mehrwert entspringe aus dem *ganzen* verauslagten Kapital. Für 4100 Taler Rohmaterial und Arbeitsmittel sind aber ihrem Werte nach unverändert geblieben, nur ihre Form ist eine andere geworden; die Arbeitskraft hingegen, für welche man 900 Taler vorschoß, hat während dem Verbrauch des Rohmaterials und der Arbeitsmittel denselben einen Wert von 1800 Taler zugesetzt und mithin einen Mehrwert von 900 Taler erzeugt. Der Kapitalist hat daher aus der Arbeitskraft einen Mehrwert von 100% herausgeschlagen, denn sie hat ihre Erzeugungskosten *zweifach* ersetzt, aber nur einfach erhalten; sie ist während einer Hälfte der Arbeitszeit umsonst verausgabt worden.

Da mögen sich die Kapitalisten und ihre Professoren drehen und wenden, wie sie wollen, von „Entbehrungslohn", von „Risiko" usw. usw. faseln, es ist umsonst. Arbeitsmaterial und Arbeitsmittel bleiben, was sie sind, und schaffen von selbst keine neuen Werte; *es ist die Arbeitskraft und nur die Arbeitskraft,* welche Mehrwert zu erzeugen vermag.

Der Arbeitstag

Unter gleichbleibenden Produktionsbedingungen ist die *notwendige Arbeitszeit,* welche der Arbeiter braucht, um den vom Kapitalisten ihm gezahlten Wert resp. Preis seiner Arbeitskraft zu ersetzen, eine durch diesen Wert selbst begrenzte Größe. Sie zählt z. B. 6 Stunden, wenn die Erzeugung der im Durchschnitt berechneten täglichen Lebensmittel des Arbeiters 6 Arbeitsstunden kostet. Je nachdem dann die *Mehrarbeit,* welche dem Kapitalisten den Mehrwert liefert, 4, 6 etc. Stunden währt, zählt der ganze Arbeitstag 10, 12 etc. Stunden. Je länger die Mehrarbeit, desto länger unter diesen Umständen der Arbeitstag.

Doch ist die Mehrarbeit und mit ihr der Arbeitstag nur innerhalb gewisser Grenzen ausdehnbar. Wie z. B. ein Pferd durchschnittlich nur 8 Stunden täglich zu arbeiten vermag, so kann auch der Mensch täglich nur eine bestimmte Zeit lang arbeiten. Es kommen dabei nicht nur physische, sondern auch moralische Bedingungen in Rechnung. Es handelt sich nicht allein darum, wieviel Zeit der Mensch braucht, um zu schlafen, zu essen, sich zu reinigen etc., sondern auch darum, welche geistigen und sozialen Bedürfnisse er befriedigen muß, was durch den allgemeinen Kulturzustand einer Gesellschaft bestimmt ist. Diese Schranken, welche dem Arbeitstage gesteckt sind, zeigen aber immerhin so große Dehnbarkeit, daß man Arbeitstage von 8, 10, 12, 14, 16, 18 und noch mehr Stunden nebeneinander antrifft.

Kürzer muß also ein Arbeitstag jedenfalls sein als ein Lebenstag von 24 Stunden, allein es fragt sich: *um wieviel?* Der Kapitalist hat darüber ganz eigene Ansichten. Als Kapitalist ist er nur ein personifiziertes Kapital. Seine Seele ist die Kapitalseele. Das Kapital hat aber einen einzigen Lebenstrieb, den Trieb, sich zu verwerten, Mehrwert zu schaffen, mit seinem konstanten Teile, den Produktionsmitteln, die größtmögliche Masse von Mehrarbeit einzusaugen. Das Kapital ist verstorbene Arbeit, die sich nur vampirmäßig belebt durch Einsaugung lebendiger Arbeit und um so mehr lebt, je mehr sie davon einsaugt. Der Kapitalist kauft die Arbeitskraft als eine Ware und sucht gleich jedem anderen Käufer aus dem Gebrauchswert seiner Ware den größtmöglichen Nutzen herauszuschlagen, aber der Besitzer der Arbeitskraft, der Arbeiter, spricht schließlich auch ein Wort darein, indem er sich etwa folgendermaßen dem Kapitalisten gegenüber vernehmen läßt:

Die Ware, die ich Dir verkauft habe, unterscheidet sich von dem anderen Warenpöbel dadurch, daß ihr Gebrauch *Wert schafft* und größeren Wert, als sie selbst kostet. *Dies* war der Grund, warum Du sie kauftest. Was auf Deiner Seite als Verwertung von Kapital erscheint, ist auf meiner Seite überschüssige Verausgabung von Arbeitskraft. Du und ich kennen auf dem Marktplatze nur ein Gesetz, das des Warenaustausches. Und der Konsum der Ware gehört nicht dem Verkäufer, der sie veräußert, sondern dem Käufer, der sie erwirbt. Dir gehört daher der Gebrauch meiner täglichen Arbeitskraft. Aber vermittelst ihres täglichen Verkaufspreises muß ich sie täglich reproduzieren und daher von neuem verkaufen können. Abgesehen von dem natürlichen Verschleiß durch Alter etc. muß ich fähig sein, morgen mit demselben Normalzustande von Kraft, Gesundheit und Frische zu arbeiten wie heute. Du predigst mir beständig das Evangelium der „Sparsamkeit" und „Enthaltung". Nun gut! Ich will wie ein vernünftiger, sparsamer Wirt mein einziges Vermögen, die Arbeitskraft, haushalten und mich jeder tollen Verschwendung derselben *enthalten.* Ich will täglich nur so viel von ihr flüssig machen, in Bewegung, in Arbeit umsetzen, als sich mit ihrer Normaldauer und gesunden Entwicklung verträgt. Durch maßloses Verlängern des Arbeitstages kannst Du in einem Tag ein größeres Quantum meiner Arbeitskraft flüssig machen, als ich in drei Tagen ersetzen kann. Was Du so an Arbeit gewinnst, verliere ich an Arbeitssubstanz. Die *Benutzung* meiner Arbeitskraft und die *Beraubung* derselben sind ganz verschiedene Dinge. Wenn die Durchschnittsperiode, die ein Durchschnittsarbeiter bei vernünftigem Arbeitsmaße leben kann, 30 Jahre beträgt, ist der Wert meiner Arbeitskraft, den Du mir einen Tag in den andern zahlst, 1:365×30 oder 1/10950 ihres Gesamtwertes. Konsumierst Du sie aber in 10 Jahren, so zahlst Du mir täglich nur 1/10950 statt 3 mal 1/10950 ihres Gesamtwertes, also nur 1/3 ihres Tageswerts und *bestiehlst* mich daher täglich um *2/3* des Wertes meiner Ware. Du zahlst mir *eintägige* Arbeitskraft, wo Du *dreitägige* verbrauchst. Das ist wider unsern Vertrag und das Gesetz des Warenaustausches. Ich verlange also einen Arbeitstag von *normaler* Länge, und ich verlange ihn ohne Appell an Dein Herz, denn in Geldsachen hört die Gemütlichkeit auf. Du magst ein Musterbürger sein, vielleicht Mitglied des Vereins zur Abschaffung der Tierquälerei und obendrein im Gerüche der Heiligkeit stehen, aber *dem Ding,* das Du mir gegenüber repräsentierst, schlägt kein Herz in seiner Brust. Was darin zu pochen scheint, ist mein eigener Herzschlag. Ich verlange den *Normalarbeitstag,* weil ich den Wert meiner Ware verlange wie jeder andere Verkäufer.

Man sieht, Kapitalist und Arbeiter berufen sich beide auf das Gesetz des Warenaustausches; nur die Gewalt kann zwischen ihren entgegengesetzten Rechtsansprüchen entscheiden. Und so stellt sich in der Geschichte der kapitalistischen Produktion die Normierung des Arbeitstages als Kampf *um die Schranken* des Arbeitstages dar - ein Kampf zwischen dem Gesamtkapitalisten, d. h. der *Klasse* der Kapitalisten, und dem Gesamtarbeiter oder der Arbeiter*klasse.*

Aus den Berichten der englischen Fabrikinspektoren geht hervor, daß den Fabrikanten kein Mittel zu kleinlich oder zu schlecht ist, wenn es gilt, Gesetze, welche die Arbeitszeit normieren, zu umgehen resp. zu verletzen. Mit wahrem Heißhunger fallen sie über jede Minute her, die sie erhaschen können, so daß die Inspektoren selbst sie der „Minutendieberei" bezichtigen. Die Berichte aus jener Zeit, wo noch kein Normalarbeitstag existierte, oder über Geschäftszweige, wo er noch nicht existierte, sind ganz und gar haarsträubend. Die Gesundheitskommissäre sprachen sich meist dahin aus, daß eine allgemeine körperliche und geistige Verkrüppelung eintreten müsse, wenn dem Ausbeutungsunwesen des Kapitals nicht feste Schranken gesteckt würden.

Am liebsten wäre es dem Kapitalisten, wenn es anginge, daß man den Arbeitstag auf 24 Stunden festsetzte. Das beliebte *Tag- und Nachtschicht-System* zeugt dafür. Das Kapital fragt nicht nach der *Lebensdauer* der Arbeitskraft. Was es interessiert, ist einzig und allein das Maximum von Arbeitskraft, das an einem Tage flüssig gemacht werden kann. Es hat zwar sicherlich eine Ahnung davon, daß sein menschenmörderisches Gebaren ein Ende mit Schrecken nehmen muß, allein es denkt, dieses Ende werde nicht so bald herannahen. In jeder Aktienschwindelei weiß jeder, daß das Unwetter einmal einschlagen muß, aber jeder hofft, daß es das Haupt seines Nächsten trifft, nachdem er selbst den Geldregen aufgefangen und in Sicherheit gebracht hat. Das Kapital ist daher rücksichtslos gegen Gesundheit und Lebensdauer des Arbeiters, wo es nicht durch die Gesellschaft zur Rücksicht *gezwungen* wird.

Von Mitte des 14. bis Ende des 17. Jahrhunderts wurde auf gesetzgeberischem Wege den Arbeitern Englands ihr Arbeitstag *verlängert;* mindestens ebenso berechtigt ist jetzt die Gesellschaft, den Arbeitstag zu *verkürzen.*

Wie es indes vor der Epoche der großen Industrie um die Arbeitszeit stand, geht daraus hervor, daß z. B. noch gegen Ende des vorigen Jahrhunderts darüber geklagt wurde, daß viele Arbeiter nur 4 Tage per Woche arbeiteten. Ein eifriger Vorkämpfer der Kapitaltyrannei schlug im Jahre 1770 vor, man solle für solche, die der öffentlichen Wohltätigkeit anheimfallen, ein Arbeitshaus errichten, das ein Haus des Schreckens sein, in dem täglich 12 Stunden lang gearbeitet werden müsse. Damals sollte also eine Anstalt durch 12stündige Arbeitszeit zu einem *Hause des Schreckens* gemacht werden, während 63 Jahre später in 4 Arbeitszweigen für Kinder von 13 —18 Jahren die Arbeitszeit auf 12 Stunden durch die Staatsgewalt *herabgesetzt* und hierdurch bei den Kapitalisten ein Sturm des Unwillens erregt wurde!

Der Kampf behufs Kürzung der Arbeitszeit ward von den Arbeitern Englands seit 1802 mit Hartnäckigkeit geführt. 30 Jahre lang kämpften sie so gut wie vergebens, sie setzten zwar 5 Fabrikakte durch, allein in diesen Gesetzen stand nichts, um ihre zwangsmäßige Ausführung zu sichern. Erst mit dem Jahre 1833 begann ein Normalarbeitstag nach und nach Platz zu greifen.

Zunächst wurde die Arbeit von Kindern und jungen Personen bis zum Alter von 18 Jahren beschränkt. Es lobten die Fabrikanten gegen die betreffenden Gesetze, dann, als ihr Widerstand keinen Erfolg hatte, erfanden sie förmliche Systeme behufs Übertretung derselben.

Seit 1838 wurde der Ruf nach einem 10stündigen Normalarbeitstag seitens der Fabrikarbeiter immer lauter und allgemeiner. 1844 wurde auch für alle Frauenzimmer *über* 18 Jahren die Arbeitszeit auf 12 Stunden beschränkt und ihnen Nachtarbeit untersagt. Die Arbeitszeit von

Kindern unter 13 Jahren wurde gleichzeitig auf 6½-7 Stunden herabgesetzt. Auch wurde den Umgehungen des Gesetzes möglichst vorgebeugt und angeordnet, daß weder Frauen noch Kinder ihre Mahlzeiten in Arbeitslokalitäten einnehmen dürfen.

Die Einschränkung der Frauen- und Kinderarbeit hatte zur Folge, daß im *allgemeinen* nur 12 Stunden in den der Zwangsregelung unterworfenen Fabriken gearbeitet wurde. Der Fabrikakt vom 8. Juli 1847 setzte fest, daß der Arbeitstag für Personen von 13-18 Jahren und alle Arbeiterinnen zunächst 11, vom 11. Mai 1848 ab aber 10 Stunden betragen solle.

Jetzt brach unter den Kapitalisten eine wahre Revolte aus. Als Lohnabzüge etc. die Arbeiter nicht bewogen, gegen die „Beschränkung ihrer Freiheit" zu eifern, als alle erdenklichen Kniffe, um die Kontrolle unmöglich zu machen, nichts halfen, wurde das Gesetz offen gebrochen. Nicht selten gaben Gerichtshöfe, die auch aus Kapitalisten bestanden, trotz der handgreiflichsten Gesetzesverletzungen ihren Brüdern Kapitalisten recht. Zuletzt erklärte gar einer der vier höchsten Gerichtshöfe den Wortlaut des Gesetzes für sinnlos.

Endlich riß den Arbeitern die Geduld, sie nahmen eine so drohende Haltung an, daß endlich die Kapitalisten sich zu einem Vergleich bequemen mußten, der durch den zusätzlichen Fabrikakt vom 5. August 1850 Gesetzeskraft erhielt. Er machte dem Schichtsystem ein für allemal ein Ende.

Von nun an regelte das Gesetz allmählich den Arbeitstag, obgleich immer noch bedeutende Kategorien von Arbeitern ausgenommen blieben.

Während in England, der Wiege der kapitalistischen Produktion, der Normalarbeitstag gleichsam Schritt für Schritt unter dem wütendsten Widerstände der Kapitalisten und der bewundernswertesten Ausdauer der Arbeiter erstritten wurde, rührte sich in dieser Hinsicht in Frankreich nichts, bis die Februarrevolution von 1848 *mit einem Schlage* einen Normalarbeitstag von 12 Stunden für *alle* Arbeiter brachte.

In den Vereinigten Staaten von Nordamerika begann der Kampf um einen Normalarbeitstag erst nach Abschaffung der Sklaverei. Der allgemeine Arbeiterkongreß in Baltimore am 16. August 1866 forderte einen 8stündigen Normalarbeitstag, und seitdem wird ohne Unterlaß und mit wachsendem Erfolg hierfür gekämpft.

Im gleichen Jahre proklamierte der Kongreß der Internationalen Arbeiter-Assoziation ebenfalls die Forderung des 8stündigen Arbeitstags.

Kurz: Die Arbeiter aller Kulturländer haben erkannt, daß sie *vor allen Dingen* einen Normalarbeitstag haben müssen. Sie sind derselben Ansicht wie der Fabrikinspektor *Saunders,* welcher sagte: „Weitere Schritte zur Reform der Gesellschaft sind niemals mit irgendeiner Aussicht auf Erfolg durchzuführen, wenn nicht zuvor der Arbeitstag beschränkt und seine vorgeschriebene Schranke streng erzwungen wird."

Eine sozialistische Gesellschaftsform unterstellt höhere Lebensansprüche der Arbeiter, kann also auch den Arbeitstag nicht auf die zur Erzeugung der notwendigen Lebensmittel unentbehrliche Zeit beschränken. Aber es arbeiten die Produzenten hier nur für sich selbst, nicht für kapitalistische Grundeigentümer und vornehme Müßiggänger, und es wird der Arbeitstag ungleich kürzer sein als in der heutigen Gesellschaft, weil jeder Arbeitsfähige arbeitet, weil die in der kapitalistischen Wirtschaft unvermeidliche Kraftvergeudung wegfällt und weil mit der allseitigen Bildung des Arbeiters die Produktivkraft der gesellschaftlichen Arbeit einen bisher ungeahnten Aufschwung nimmt.

Die Teilung der Arbeit

Wird der volle Wert der Arbeitskraft gezahlt und nichts davon abgezwackt, wie die Kapitalisten stets tun, sooft es angeht, so bleibt, *bei gegebener Größe des Arbeitstags,* über den zum Ersatz dieses Werts verwandten Zeitabschnitt hinaus nur eine festbestimmte Stundenzahl übrig, worin Mehrwert produziert werden kann. Um unter solchen Umständen dennoch die Mehrarbeit, also den Mehrwert, zu vergrößern, muß die zur Erhaltung der Arbeitskraft notwendige Arbeitszeit *verkürzt* werden, was nur dadurch erreichbar ist, daß die Produktivität der Arbeit erhöht, der Arbeiter also befähigt wird, dieselbe Summe von Lebensmitteln in weniger Zeit zu erzeugen.

In solchen Geschäftszweigen, welche notwendige Lebensmittel oder auch zu deren Herstellung erforderliche Produktionsmittel erzeugen, vermindert die gesteigerte Produktivität der Arbeit nicht nur die Werte der gelieferten Artikel, sondern zugleich den Wert der Arbeitskraft, da dieser durch jene geregelt wird. In allen anderen Geschäftszweigen sinkt der Preis der Arbeitskraft, wenigstens relativ, d. h. verglichen mit dem Preis der durch sie erzeugten Waren, und zwar während des ganzen Zeitraums, den die Konkurrenz braucht, um diese Waren nach und nach auf ihren neuen, durch gesteigerte Produktivität der Arbeit erniedrigten Wert herabzusetzen. Es ist daher der unwiderstehliche Trieb und die beständige Tendenz des Kapitals, die Produktivkraft der Arbeit zu steigern, um die Ware *und durch die Verwohlfeilerung der Ware den Arbeiter selbst zu verwohlfeilern.*

(Um Irrungen vorzubeugen, schalte ich hier ein, daß man sich hiebei nicht an die Geldausdrücke zu halten hat. Es ist gegenwärtig fast jede Ware billiger als je, besonders die Ware Arbeitskraft, die Warenpreise aber *erscheinen* in Geld ausgedrückt, umgekehrt, so hoch wie noch nie. *Erscheinen!* Denn es ist dies eben nur Schein, weil der Wert des Geldes ebenfalls ungemein gesunken ist.)

Die Entwicklung der Produktivkraft der Arbeit innerhalb der kapitalistischen Produktion bezweckt *den* Teil des Arbeitstages, innerhalb welchem der Arbeiter für sich selbst arbeiten muß, zu *verkürzen,* um gerade dadurch den *andern Teil* des Arbeitstages, innerhalb welchem er für den Kapitalisten *umsonst* arbeiten kann, zu *verlängern.*

Wir gehen jetzt zur Betrachtung der *besonderen Produktionsmethoden* über, wodurch dies Resultat erreicht wird.

Eine solche Produktionsmethode ist zunächst die *Kooperation.* Sie setzt voraus, daß mehr oder minder beträchtliche Kapitalien bereits in den Händen industrieller Unternehmer vorhanden sind, und entwickelt sich von selbst aus der Beschäftigung vieler Lohnarbeiter durch einen Meister.

Die Produktivkraft der Zusammenarbeitenden wird durch die räumliche Konzentrierung und gleichzeitige Wirksamkeit ihrer Einzelkräfte gesteigert, und die Produktionsmittel werden billiger. (Eine Arbeitslokalität für 100 Arbeiter kostet bedeutend weniger als 50 Werkstätten für je 2 Arbeiter. Ebenso verhält es sich mit Lager- und sonstigen Räumen wie auch hinsichtlich verschiedener Werkzeuge.)

Die Kooperation überträgt dem Kapitalisten die Rolle des *Dirigierens,* die in seiner Hand einen *despotischen* Charakter annimmt, der um so entschiedener hervortritt, je großartiger die Kooperation zur Anwendung kommt.

Aus der einfachen Kooperation entspringt die *Teilung der Arbeit innerhalb der Werkstatt,* welche die Manufakturperiode kennzeichnet.

Entweder vereinigte man in einem Arbeitslokal Handwerker von *verschiedenen* Gewerben, z. B. Stellmacher, Schmiede, Schlosser, Sattler, Lackierer etc. etc., um *ein* Gesamtprodukt, sage eine Kutsche, zu machen. Die früher mannigfach ausgeführte Arbeitsart jedes dieser selbständigen Handwerke ward so schließlich in eine nur zur Kutschenmanufaktur gehörige Teilarbeit verwandelt. Oder man ließ viele Handwerker *desselben Gewerbes,* z. B. Nadelmacher, in demselben Arbeitslokal nebeneinander gleichzeitig ihre Arbeit verrichten, wobei dann bald einzelne Partien von Arbeitern nur noch einzelne Teile des betreffenden Produkts fertigten und „Hand in Hand" gearbeitet ward. Diese Arbeitsmethode hat bekanntlich in einigen Produktionszweigen zu hundertfältigen Zerlegungen der Gesamtarbeit geführt und dadurch deren Produktivität großartig erhöht.

Bei solcher Arbeitsteilung wird nicht allein ungemein viel Zeit erspart, die sonst jeder Übergang von einer Teiloperation zu andern erheischte, sondern auch durch die fortwährende Gleichheit der Arbeit eine unglaubliche Gewandtheit und Geschwindigkeit des Arbeiters erzielt.

Ebenso führt eine derartige Produktionsmethode dahin, daß anstelle solcher Werkzeuge, die beim Handwerk zu verschiedenen Arbeiten benützt werden, solche treten, die nur zu ganz speziellen Verrichtungen dienen und deshalb weit tauglicher sind und die Arbeit erleichtern resp. deren Produktivität erhöhen. Zugleich wurden auf diesem Wege die materiellen Bedingungen der Maschinerie geschaffen, die aus einer Verbindung einfacher Instrumente besteht.

Da in der Manufaktur die verschiedenen Bestandteile einer Ware von ebenso vielen verschiedenen Sorten von Arbeitern angefertigt werden, jeder Teil aber nicht gleichviel Arbeit erheischt, so müssen natürlich zur Herstellung des einen Teiles mehr, zu der des anderen weniger Arbeiter verwendet werden. Je mehr Arbeiter in einem Geschäfte vereinigt sind, desto leichter kann in dieser Hinsicht das richtige Verhältnis getroffen werden. Dies ist einer der vielen Gründe für die möglichst großartige Konzentration des Kapitals.

Einige einfache Maschinen, namentlich für solche Verrichtungen, die große Kraftanstrengung erfordern, kommen bereits in der Manufakturperiode vor, wie z. B. in der Papierbereitung das Zermalmen der Lumpen in Papiermühlen, allein die spezifische Maschinerie der Manufakturperiode bleibt der aus vielen Teilarbeitern kombinierte *Gesamtarbeiter.*

Von den einzelnen Arbeitern haben da einige mehr Kraft, andere mehr Gewandtheit, noch andere mehr geistige Aufmerksamkeit zu entwickeln, Fähigkeiten, zu denen die einzelnen spezifisch ausgebildet werden. Der Gesamtarbeiter hingegen besitzt *alle* Eigenschaften, die zu den verschiedenen Teilarbeiten erforderlich sind, und führt jede derselben durch ein ausschließlich für sie bestimmtes Organ aus.

Bei allen Manufakturarbeitern sind die Kosten ihrer Ausbildung geringer als bei den Handwerkern. Sonach sinkt bei der Manufaktur dem Handwerk gegenüber der Wert der Arbeitskraft, und die Verwertung des Kapitals erhöht sich.

Der Vollständigkeit halber sei hier noch das Verhältnis zwischen der manufakturmäßigen und der gesellschaftlichen Teilung der Arbeit angedeutet Im Hinblick auf die Arbeit selbst kann man die Einteilung der Produktion in Gattungen, wie Ackerbau, Industrie etc., als Teilung der Arbeit im allgemeinen, die Unterteilungen dieser Gattungen in die verschiedenen Geschäftszweige als Teilung der Arbeit im besonderen und die Arbeitsteilung innerhalb einer Werkstatt als Teilung der Arbeit im einzelnen bezeichnen. Die Grundlage aller entwickelten und durch Warenaustausch vermittelten Teilung der Arbeit ist die *Scheidung von Stadt und Land.*

Manufakturmäßige Teilung der Arbeit setzt das Vorhandensein einer schon entwickelten *gesellschaftlichen* Teilung der Arbeit voraus. Andererseits wird die gesellschaftliche Arbeitsteilung durch die manufakturmäßige weiterentwickelt.

Der Unterschied zwischen diesen beiden Arten von Arbeitsteilung besteht hauptsächlich darin, daß jeder selbständige Geschäftszweig *Waren* produziert, während die Teilarbeiter der Manufaktur *keine* Waren erzeugen; nur die Produkte ihrer *gemeinsamen* Arbeit verwandeln sich in Ware. Die manufakturmäßige Teilung der Arbeit unterstellt die unbedingte *Autorität des Kapitalisten* über Menschen, die bloße Glieder eines ihm gehörigen Gesamtmechanismus bilden; die gesellschaftliche Teilung der Arbeit stellt unabhängige Warenproduzenten einander gegenüber, die keine andere Autorität anerkennen als die der Konkurrenz, den Zwang, den der Druck ihrer wechselseitigen Interessen auf sie ausübt. Es ist sehr charakteristisch, daß die begeistertsten Verteidiger des Fabriksystems nichts Ärgeres gegen die allgemeine Organisation der gesellschaftlichen Arbeit zu sagen wissen, als daß eine solche die ganze Gesellschaft in eine Fabrik verwandeln würde.

Unter den Zunftgesetzen, wo die Zahl der Gesellen, die ein Meister höchstens anstellen durfte, genau bestimmt war, wie auch die ganze Tätigkeit der einzelnen Zünfte, konnte eine manufakturmäßige Teilung der Arbeit nicht eintreten, diese ist vielmehr eine ganz spezifische Schöpfung der kapitalistischen Produktionsweise.

Je weiter sich die manufakturmäßige Teilung der Arbeit entwickelt, desto *einseitiger* muß sich auch die Arbeitskraft der einzelnen Arbeiter ausbilden, so daß dieselbe eigentlich erst produktiv wird, wenn sie der Kapitalist gekauft und an ihre *bestimmte* Stelle eingesetzt hat. Der einzelne Arbeiter wird unfähig, etwas zu erzeugen, und sinkt zum Zubehör der Werkstatt des Kapitalisten herab. Wie dem auserwählten Volke auf der Stirne geschrieben stand, daß es das Eigentum Jehovas, so drückt die Teilung der Arbeit dem Manufakturarbeiter einen Stempel auf, der ihn zum Eigentum des Kapitalisten brandmarkt. Ferner bewirkt diese Arbeitsmethode mehr oder weniger eine geistige oder körperliche Verkrüppelung der Arbeiter. Letztere zeigt sich in einer ganzen Reihe von Berufskrankheiten. Erstere in allgemeiner geistiger Schlaffheit, Energielosigkeit, ja selbst völliger Stupidität.

Die Manufaktur, deren technische Grundlage das Handwerksgeschick, wie auch immer vereinseitigt, bleibt, liefert aber selbst die *Maschinen,* vermittelst deren die Produktionsweise von Grund aus umgewälzt und die *große Industrie* geschaffen wird.

Die große Industrie

Während bei der Manufaktur die Umwälzung des Produktionsprozesses von der Arbeitskraft ausgeht, geht sie bei der großen Industrie vom Arbeitsmittel aus, an die Stelle der Werkzeuge zum Handgebrauch treten hier Maschinen.

Alle entwickelte Maschinerie besteht aus drei wesentlich verschiedenen Teilen: der *Bewegungsmaschine*, dem *Übertragungsmechanismus* und der *Werkzeug- oder Arbeitsmaschine*. Die Bewegungsmaschine wirkt als Triebkraft des ganzen Mechanismus. Sie erzeugt ihre eigene Bewegungskraft, wie die Dampfmaschine, kalorische Maschine, elektromagnetische etc. Maschine, oder sie empfängt den Anstoß von einer Naturkraft außer ihr, wie das Wasserrad vom Wassergefäll, der Windflügel vom Wind etc. Der Übertragungsmechanismus, zusammengesetzt aus Schwungrädern, Treibwellen, Zahnrädern, Kreiselrädern, Schäften, Schnüren, Riemen, Zwischengeschirr und Vorgelege der verschiedensten Art, regelt die Bewegung, verwandelt, wo es nötig, ihre Form, z. B. aus einer senkrechten in eine kreisförmige, verteilt und überträgt sie auf die Werkzeugmaschinerie. Beide Teile des Mechanismus sind nur vorhanden, um der Werkzeugmaschine die Bewegung mitzuteilen, wodurch sie den Arbeitsgegenstand packt und zweckgemäß verändert. Dieser Teil der Maschinerie, die Werkzeugmaschine, ist es, wovon die industrielle Revolution im 18. Jahrhundert ausgeht. Sie bildet noch jeden Tag von neuem den Ausgangspunkt, sooft Handwerksbetrieb oder Manufakturbetrieb in Maschinenbetrieb übergeht.

Bei der Werkzeugmaschine findet man im großen und ganzen die Werkzeuge des Handwerkers und Manufakturarbeiters wieder, der Unterschied besteht nur darin, daß bei letzteren die Anzahl und der Umfang der Werkzeuge durch die menschlichen Organe beschränkt sind, während bei ersterer diese Schranken nicht existieren. Schon die älteste Spinnmaschine setzte 12 bis 18 Spindeln in Bewegung, der Strumpfwirkerstuhl strickt mit vielen Tausenden von Nadeln auf einmal usw.

Zunächst wurden die Arbeitsmaschinen durch Menschen in Bewegung gesetzt, dann häufig durch Pferde etc., seltener durch den unsteten Wind, mehr und mehr nahm man aber das Wasser in Anspruch. Indes war auch der Gebrauch der Wasserkraft mit verschiedenen Übelständen verbunden, welche erst die Erfindung der Dampfmaschine beseitigte. Der Sitz der Fabrik blieb jetzt nicht länger an die Örtlichkeit, das lebendige Wassergefäll, gebunden. Der Grad der Triebkraft, bisher von vorhandnen Naturumständen abhängig, ward nunmehr ganz und gar menschlicher Regelung unterworfen, und man konnte fortan mit derselben Bewegungsmaschine den weitläufigsten Übertragungsapparat und die zahlreichsten Arbeitsmaschinen treiben.

Die Fabrik weist zwei Hauptarten auf. Entweder vereinigt sie *viele gleichartige* Arbeitsmaschinen, von denen jede das ganze Produkt erzeugt, oder sie umschließt ein Maschinensystem, *verschiedene* Maschinen, von denen jede *einen Teil* des Produkts fertigt, so daß dasselbe durch die verschiedenen Maschinen hindurchlaufen muß, bis es vollendet ist.

Als gegliedertes System automatischer Arbeitsmaschinen, die ihre Bewegung durch Übertragungsmaschinerie von einem zentralen Automaten empfangen, besitzt der Maschinenbetrieb seine entwickelte Gestalt. An die Stelle der einzelnen Maschine tritt hier ein mechanisches Ungeheuer, dessen Leib ganze Fabriksgebäude füllt und dessen dämonische Kraft, erst versteckt durch die fast feierlich gemessene Bewegung seiner Riesenglieder, in fieberhaft tollen Wirbeltanz seiner zahllosen eigentlichen Arbeitsorgane ausbricht.

Die Maschinen selbst wurden zunächst von Handwerkern und Manufakturarbeitern verfertigt, allein bald stellte sich eine solche Produktion als ungenügend heraus, und es wurden auch die Maschinen mittelst Maschinen erzeugt.

Die von der Großindustrie bewirkte Umgestaltung der Produktionsweise ergriff nach und nach auch das Kommunikations- und Transportwesen. Es entstanden Eisenbahnen, Dampfschiffe, Telegrafen etc.

Das Kapital eignet sich alle Entdeckungen und Erfindungen sozusagen rein umsonst an. Was der Kapitalist zur Ausbeutung der Wissenschaft anwenden muß, ist nur ein kostspieliger Apparat, der doch viel billiger ist als jene Menge von Werkzeugen etc., die sonst zur Erzeugung gleich großer Warenmassen erheischt wäre.

Der Wertteil, den die Maschinerie durch ihren Verschleiß verliert, geht aufs Produkt über. Dabei ist dieser Wertteil bei der maschinenmäßigen Produktion im Verhältnis zur handwerksmäßigen kleiner, weil er sich auf eine viel größere Produktenmasse verteilt, während zugleich die Arbeitsmittel ökonomischer angewendet werden und aus dauerhafterem Material bestehen.

Die Arbeit, welche durch Anwendung einer Maschine erspart wird, muß größer sein als die Arbeit, welche zu deren Herstellung nötig ist. Die Produktivität der Maschine mißt sich daher an dem Grad, worin sie menschliche Arbeit erspart. Mittelst einer Selbstspinnmaschine wird z. B. in 150 Arbeitsstunden (die Arbeitszeit der an der Maschine Beschäftigten zusammengerechnet) so viel Garn gesponnen wie mittelst des Handspinnrades in 27 000 Arbeitsstunden.

Sofern die Maschinerie Muskelkraft entbehrlich macht, wird sie zum Mittel, *Arbeiter ohne Muskelkraft* oder von unreifer Körperentwicklung, aber größerer Geschmeidigkeit der Glieder anzuwenden. *Weiber- und Kinderarbeit* war daher das erste Wort nach der kapitalistischen Anwendung der Maschinerie! Das gewaltigste Ersatzmittel von Arbeit und Arbeitern verwandelte sich damit sofort in ein Mittel, *die Zahl der Lohnarbeiter zu vermehren* durch Einrollierung aller Mitglieder der Arbeiter*familie* ohne Unterschied von Geschlecht und Alter unter die unmittelbare Botmäßigkeit des Kapitals. Die Zwangsarbeit für den Kapitalisten usurpierte nicht nur die Stelle des Kinderspiels, sondern auch der freien Arbeit im häuslichen Kreise innerhalb sittlicher Schranken für die Familie selbst. Der Wert der Arbeitskraft war bestimmt nicht nur durch die zur Erhaltung des individuellen erwachsenen Arbeiters, sondern durch die zur Erhaltung der *Arbeiterfamilie* nötige Arbeitszeit. Indem die Maschinerie alle Glieder der Arbeiterfamilie auf den Arbeitsmarkt wirft, verteilt sie den Wert der Arbeitskraft des Mannes über seine ganze Familie. Sie *entwertet* daher seine Arbeitskraft. Der Arbeiter verkaufte früher seine eigene Arbeitskraft, worüber er als formell freie Person verfügte. Er verkauft jetzt *Weib* und *Kind;* er wird *Sklavenhändler.*

Welchen Schaden die Weiberarbeit anrichtet, beweist der Umstand, daß von je 100 000 Kindern *unter einem Jahre* in den bestgelegenen Distrikten Englands 9000 und in den schlimmsten, d. h. industriellen, 24 000-26 000 sterben. Die Weiber können die Kinder nicht pflegen, müssen ihnen statt der Brust schlechte, schädliche Mixturen und behufs künstlicher Erzeugung von Schlaf Opiate geben. - -

Durch den überwiegenden Zusatz von Kindern und Weibern zum kombinierten Arbeitspersonal bricht die Maschinerie endlich den Widerstand, den der männliche Arbeiter in der Manufakturperiode der Despotie des Kapitals noch entgegensetzte. Die Arbeiter werden mehr und mehr verknechtet! -

Maschinen verschleißen nicht nur infolge ihrer Anwendung; elementare Einwirkungen verderben sie, wenn sie *nicht* angewendet werden. Jede verbesserte Maschine entwertet die minder vollkommenen je nach Umfang und Wirkung der Verbesserung. Der Kapitalist ist daher bestrebt, seine Maschinerie in möglichst kurzem Zeitraum auszunutzen, d. h., aus jedem gegebenen Zeitraum soviel Arbeitszeit als möglich auszuschneiden. Er schützt sich dadurch nicht nur vor Nachteilen, sondern erlangt auch wesentliche Vorteile.

Der verlängerte Arbeitstag, ob er nun ganz ohne weiteres oder unter dem Namen „Überstunden" verlängert wird, hat den Vorteil für den Kapitalisten, daß er mehr Ware und also auch einen größeren Mehrwert erzeugen kann, *ohne* den in Gebäuden und Maschinerie angelegten Kapitalanteil erhöhen zu müssen.

Solange die Maschinerie in einem Produktionszweig nur noch von vereinzelten Kapitalisten angewandt wird, besitzen letztere ein Monopol und machen natürlich „sehr gute Geschäfte"; sobald sich aber der Maschinenbetrieb verallgemeinert hat, hängt die Größe des Mehrwerts nur von der Anzahl der gleichzeitig beschäftigten Arbeiter ab und von dem Grad ihrer Ausbeutung. Darum ungeheurer Trieb des Kapitals nach Verlängerung des Arbeitstages.

Indem die kapitalistische Anwendung der Maschinerie so einerseits den Arbeitstag verlängert und eine Menge neuer Arbeitskräfte (Frauen, Kinder) in den Dienst der Produktion preßt, während sie andererseits fortwährend Arbeiter „*überflüssig*" macht, erzeugt sie eine sogenannte Übervölkerung, deren Konkurrenz den Preis der Arbeitskraft herunterdrückt.

Die Maschinerie, welche den Arbeiter befähigt, in *weniger* Zeit mehr zu produzieren, ward also in der Hand des Kapitals zum Mittel, den Arbeitstag *maßlos zu verlängern*. Sobald aber die so in ihrer Lebenswurzel bedrohte Gesellschaft einen Normalarbeitstag gesetzlich feststellte, bemühte sich das Kapital, die Arbeitskraft so *intensiv* als möglich auszubeuten, d. h., den Arbeiter zu zwingen, in kürzerer Arbeitszeit *so sehr* tätig zu sein, wie er es während einer längeren nicht imstande wäre.

Wie wird dies Ziel erreicht? Durch verschiedene Methoden, denen zugleich bestimmte Zahlungsweisen, z. B. der Stücklohn, als Hebel dienen.

Unter den Manufakturarbeitern Englands zeigte sich nach Verkürzung der Arbeitszeit allgemein eine größere Leistungsfähigkeit. In den Fabriken, wo die Tätigkeit der Arbeiter durch die Maschinerie bestimmt wird, glaubte man anfangs, es könne eine verkürzte Arbeitszeit unmöglich die Spannung der Arbeitskraft erhöhen, allein, die Folge lehrte, daß dies eine falsche Annahme war. Bei verkürztem Arbeitstage wird teils die Geschwindigkeit der Maschinerie vermehrt, teils den einzelnen Arbeitern ein größeres Überwachungsfeld zugewiesen. Beides erheischt Verbesserungen und Abänderungen der Maschinerie.

Marx weist ziffermäßig nach, daß in England seit der gesetzlichen Verkürzung des Arbeitstages die Arbeitskraft der einzelnen Arbeiter in so hohem Grade angestrengt wurde, daß nach Verlauf weniger Jahre die Zahl der beschäftigten Arbeiter im Verhältnis zu der kolossalen Vermehrung und Ausdehnung der Fabriken bedeutend *abnahm*. Es wurde also aus jedem Arbeiter weit mehr Arbeit ausgepreßt als früher, ja, die Presserei wurde nach und nach so unverschämt, daß die Arbeiter nur in weiterer Verkürzung der Arbeitszeit ein Rettungsmittel gegen ihren allzu raschen Verbrauch erblickten und nun schon da und dort einen 9- und 8stündigen Arbeitstag sich erkämpft haben.

Wirkungen des entwickelten Fabrikwesens

Während es bei der Manufaktur eine ganze Stufenleiter von Arbeitern mit verschiedener Geschicklichkeit gibt, verschwinden in der Fabrik solche große Ungleichheiten; es gibt da im allgemeinen nur noch Durchschnittsarbeiter, die sich lediglich durch Alter und Geschlecht voneinander unterscheiden und daher auch nach dem Grade der Körperkraft, also nicht nach dem Grade des Geschicks verschieden belohnt werden.

Die Fabrik wendet im wesentlichen nur zweierlei Sorten Arbeiter an: solche, die wirklich an den Maschinen beschäftigt sind (auch Dampfmaschinenwärter etc. gehören hierher), und Handlanger, welche den Maschinen die Rohstoffe reichen (meist Kinder). Neben diesen beiden Hauptklassen erscheint noch das Personal, das mit der Kontrolle und Reparatur der Maschinen beschäftigt ist, wie Ingenieure, Mechaniker etc.

Mußte bei der Manufaktur ein Arbeiter sein Leben lang eines Werkzeuges sich bedienen, so verdammt ihn nun die Fabrik, lebenslänglich einer Maschine zu *dienen.* Die Maschinerie wird mißbraucht, um den Arbeiter selbst von Kindesbeinen an in den Teil einer Teilmaschine zu verwandeln. Die Herstellungskosten der Arbeitskraft werden vermindert, also auch ihr Preis, und die Abhängigkeit des Arbeiters vom Kapitalisten erreicht den höchsten Gipfel. Durch seine Verwandlung in einen Automaten tritt das Arbeitsmittel während des Arbeitsprozesses selbst dem Arbeiter als Kapital gegenüber, als tote Arbeit, welche die lebendige Arbeitskraft beherrscht und aussaugt.

Handarbeit und geistige Arbeit sind in der Fabrik vollkommen getrennt; es gibt Handarbeiter und Arbeitsaufseher. Es waltet eine *kasernenmäßige Disziplin,* ein *despotisches Regiment.* Der Kapitalist *herrscht* wie ein absoluter Monarch, die verschiedenen Offiziere (Direktoren, Werkführer etc.) *befehlen,* und die Gemeinen, die Arbeiter, haben schweigend zu *gehorchen. An die Stelle der Peitsche des Sklaventreibers tritt das Strafbuch des Aufsehers.* Alle Strafen lösen sich natürlich auf in Geldstrafen und Lohnabzüge, und der gesetzgeberische Scharfsinn der Fabrik-Lykurge macht ihnen die Verletzung ihrer Gesetze womöglich noch eindringlicher als deren Befolgung.

Dies sind aber nicht die einzigen schlimmen Seiten der Fabrik; der Arbeiter wird vielmehr in der *mannigfaltigsten* Weise durch sie geschädigt. Die hohe Temperatur, das Getöse, der Staub wirken auf alle Sinnesorgane höchst nachteilig ein, abgesehen von der beständigen Lebensgefahr, in welcher der Arbeiter schwebt und die ihre Illustration durch zahllose Unglücksfälle jahraus, jahrein erhält. Unter solchen Umständen wird die kapitalistische Produktion nicht nur zum Ausbeutungsmittel, sondern zum *systematischen Raub an den Lebensbedingungen des Arbeiters* während der Arbeit, wie an Raum, Luft, Licht und persönlichen Schutzmitteln wider die lebensgefährlichen und gesundheitswidrigen Einrichtungen der Produktion, von Vorrichtungen zur Bequemlichkeit des Arbeiters gar nicht zu reden. Nennt Fourier mit Unrecht die Fabriken *„gemäßigte Bagnos" (Zuchthäuser)?* – –

Und welche Leiden haben die Arbeiter zu bestehen, wenn ein neuer Geschäftszweig vom Handwerk- oder manufakturmäßigen Betrieb in fabrikmäßigen übergeht?! Entweder es erfolgt solch ein Übergang langsam, und die Handarbeit versucht gegen die Maschinenarbeit zu konkurrieren, oder er erfolgt rasch und wirft plötzlich eine Masse Arbeiter aufs Pflaster. Im ersteren Falle ringt eine ganze Gattung von Arbeitern jahrzehntelang mit dem Hungertod, wie die englischen Handbaumwollweber zu Anfang dieses Jahrhunderts (unter den Handwebern Sachsens, Schlesiens, Böhmens etc. spielt sich gegenwärtig ein ähnliches Schauerdrama ab); im letzteren Falle verhungern oft Tausende auf der Stelle. So schrieb 1834-35 der Gouverneur Ost-Indiens, wo die mechanische Baumwollweberei Englands plötzlich die dortigen Handfabrikate verdrängte: *„Das Elend findet kaum eine Parallele in der Geschichte des Handels. Die Knochen der Baumwollweber bleichen die Ebenen von Indien."*

Jede Verbesserung der Maschinerie wirft einen Teil der Arbeiter aufs Pflaster oder verdrängt die Männer durch Weiber und diese durch Kinder. Schon um jeden Widerstand der Arbeiter unmöglich zu machen und deren Sklaverei fester zu begründen, ist das Kapital ununterbrochen darauf bedacht, ihr Geschick durch neue Maschinen überflüssig zu machen.

Man braucht sich daher nicht darüber zu verwundern, daß die Arbeiter lange Zeit die Maschinen, die Grundbedingungen der Fabrik, fanatisch bekämpften und gar oft der Zerstörung weihten. (Ihr Fehler bestand nur darin, daß sie nicht einsahen, wie vorteilhaft die Maschinen für die Menschheit an und für sich sind, und daß das Übel nur in den verkehrten herrschenden Eigentumsverhältnissen besteht, die es einzelnen ermöglichen, diese Dinge ausschließlich zu ihrem Nutzen zu verwenden.)

Durch die ungeheure, stoßweise Ausdehnungsfähigkeit des Fabrikwesens und dessen Abhängigkeit vom Weltmarkt wechseln natürlich fieberhafte Produktion und Überfüllung der Märkte mit allgemeinen Stockungen ab. Daher ist die Beschäftigung und Lebenslage der Arbeiter eine höchst unbeständige.

Zwischen den Kapitalisten rast, ausgenommen zu Zeiten besonders günstigen Geschäftsganges, heftiger Kampf ums Absatzgebiet, der durch die Waffe größtmöglicher Wohlfeilheit der Waren ausgefochten wird. Ermöglichen Maschinenverbesserungen etc. keine Unterbietung, dann muß neuerdings der Arbeiter herhalten; der Preis seiner Arbeitskraft wird heruntergedrückt.

Meist hat die Einführung des Maschinenbetriebs in einem Geschäftszweig unmittelbar zur Folge, daß in ihm die Arbeiterzahl verringert wird, während bei anderen Geschäftszweigen, die Rohstoffe für jenen beschaffen oder dessen Produkte weiterverarbeiten, die Zahl der Arbeiter zunimmt.

Neben der Manufaktur- und Fabrikarbeit läuft noch die sogenannte Hausarbeit her, eine Arbeitsart, bei welcher die Ausbeutung des Arbeiters am tollsten betrieben wird. Durch die Zerstreuung der Hausarbeiter sind dieselben weit weniger widerstandsfähig als die in den Manufakturen und Fabriken Beschäftigten. Obendrein arbeiten sie meist mit veralteten Werkzeugen, und drängen sich verschiedene Agenten zwischen sie und die Kapitalisten und saugen sie aus.

Nach und nach verwandelt sich indes in der Regel Hausarbeit in Manufaktur- und diese in Fabrikarbeit. Ein zwangsgesetzlich auferlegter Normalarbeitstag untergräbt sie, da sie neben der Fabrikarbeit überhaupt nur bei völlig schrankenloser Ausbeutung des Arbeiters haltbar ist.

Die Fabrikgesetze haben zahlreiche Erfindungen ins Leben gerufen, durch welche nicht allein ein plötzliches Beginnen und Aufhören der Arbeit, wie es ein Normalarbeitstag bedingt, ermöglicht, sondern auch der ganze Produktionsprozeß verwohlfeilert wurde. So z. B. in den Töpfereien, Tapetendruckereien, Schwefelholzfabriken etc.

Meist setzt man einen Termin fest, an welchem solche Gesetze in Kraft zu treten haben, und die Fabrikanten benützen die Zwischenzeit, um während derselben die Proletarier der Wissenschaft zur Ausklügelung neuer Erfindungen zu bestimmen, damit gleichzeitig mit dem betreffenden Gesetze resp. dem kürzeren Arbeitstage auch Einrichtungen in Kraft treten, die womöglich für den Kapitalisten mehr Gewinn eintragen als die früheren.

Im Durchschnitt können die kleineren Kapitalisten mit den großen in dieser Hinsicht nicht Schritt halten und gehen daher zugrunde. Folge hiervon ist stetige Konzentrierung des Kapitals.

Daß das Kapital gegen jedes neue Fabrikgesetz zetert und dessen Durchführung so lange für absolut unmöglich erklärt, bis dieselbe *erzwungen* ist, bringt schon seine Vampirnatur mit sich. Und doch ist die Fabrikgesetzgebung ein ganz natürliches Produkt des Kapitalismus, dessen eigener Fortbestand eine solche bedingt.

Dabei ist zu erinnern, daß viele dieser Gesetze leicht umgangen werden können und in der Tat in zahllosen Fällen umgangen werden, daß für die Gesundheit der Arbeiter und für Erziehung der Kinder noch immer wenig Vorkehrungen getroffen sind und daß noch eine Unmasse von Übelständen existieren, um die sich die Fabrikgesetzgebung gar nicht kümmert. (Marx hat hier vorzugsweise England im Auge; in den meisten anderen Staaten kann der Arbeiter fast *ohne jedwede* Schranke ausgebeutet werden.)

Bekanntlich war man zur Zeit der Handwerkerzunft bemüht, die Erzeugungsweisen der verschiedenen Waren auf das zäheste vor Umänderungen zu bewahren. Anders bei der Großindustrie, die keine Form eines Produktionsprozesses als endgültig anerkennt, vielmehr alle Produktionszweige beständig revolutioniert.

Es werden nicht nur ältere Maschinen fortwährend durch neuere verdrängt, sondern die gesellschaftliche Teilung der Arbeit erleidet ebenfalls beständige Umgestaltungen.

Wenn die Verallgemeinerung der Fabrikgesetzgebung als physisches und geistiges Schutzmittel der Arbeiterklasse unvermeidlich geworden ist, verallgemeinert und beschleunigt sie andererseits, wie bereits angedeutet, die Verwandlung zerstreuter Arbeitsprozesse auf Zwergmaßstab in kombinierte Arbeitsprozesse auf großer Stufenleiter, die Konzentration des Kapitals und das Fabriksregime selbst. Sie zerstört alle altertümlichen und Übergangsformen, wohinter sich die Herrschaft des Kapitals noch teilweise versteckt, und ersetzt sie durch seine direkte, unverhüllte Herrschaft. *Sie verallgemeinert damit auch den direkten Kampf gegen diese Herrschaft!*

Die Umgestaltung des Ackerbaues durch die große Industrie bringt für die Arbeiter zwar nicht die physischen Nachteile, welche der Fabrikarbeit anhaften, dafür macht sie aber desto mehr „überzählig", ohne anderweitige Verwendung zu schaffen.

In der Sphäre der Agrikultur wirkt die große Industrie insofern am revolutionärsten, als sie das Bollwerk der alten Gesellschaft vernichtet, den „*Bauer*", und ihm den Lohnarbeiter unterschiebt. Der Gegensatz zwischen Stadt und Land wird so ausgeglichen und ihr soziales Umwälzungsbedürfnis ein gemeinsames.

Je mehr die Agrikultur großindustriell betrieben wird, desto entschiedener wird nicht nur der Arbeiter ausgebeutet, sondern auch *der Boden*. Die kapitalistische Produktionsweise entwickelt daher nur die Technik und Kombination des gesellschaftlichen Produktionsprozesses, indem sie zugleich die Springquellen allen Reichtums *untergräbt:* die Erde und den Arbeiter.

Der Arbeitslohn

Der Artikel, den der Kapitalist vom Arbeiter erhält, ist eine bestimmte Menge Arbeit, wofür er eine bestimmte Menge Geld zahlt, ganz wie für bestimmte Mengen jedes anderen Artikels, für Pfunde Eisen, Ellen Tuch, Scheffel Weizen etc. Das Geld, das der Arbeiter seinerseits in Zahlung empfängt, scheint also auch, wie bei allen anderen Waren, den *Wert* resp. *Preis* der gelieferten Ware zu ersetzen, also den *Wert resp. Preis der Arbeit.* Man nennt dies Geld daher *Arbeitslohn.* Wenn man erwägt, wie fest Vorstellungen, welche unmittelbar aus den Vorgängen des täglichen Verkehrs herauswachsen, sich dem menschlichen Hirn einprägen und ihm als selbstverständliche Wahrheiten gelten, so ist leicht begreiflich, warum Kapitalisten und Arbeiter, politische Ökonomen und Sozialisten niemals auch nur die Frage aufwerfen: Existiert wirklich ein Wert resp. Preis der Arbeit, daher auch der Arbeitslohn, der nichts ist als die Versilberung jenes angeblichen Wertes resp. Preises?

Unser Leser weiß bereits, daß der Arbeitslohn nichts anderes ist als eine bloße *Erscheinungsform,* eine verkehrte Ausdrucksweise des Äquivalents, welches für den *Wert resp. Preis der Arbeitskraft,* nicht der Arbeit, gezahlt wird, daß in der Tat die Arbeitskraft selbst nur einen Wert hat, weil auch sie ein Produkt der Arbeit ist, weil ihre Produktion und Erhaltung Arbeit kostet. Aber man muß sich klarmachen, daß alle Staatsanwälte, Polizisten und Soldaten zusammengenommen der „Gesellschaft" keinen so großen Dienst leisten als diese Form - *Arbeitslohn.*

Der Arbeiter erhält, wie wir gesehen haben, überhaupt nur die Erlaubnis zu arbeiten, also zu leben, wenn er *Zwangsarbeit* für den Kapitalisten verrichtet; denn alle Arbeit, die ein Mensch anderen Menschen umsonst leisten muß, bei Strafe des Hungertodes oder auch nur auf die Gefahr hin, als Vagabund eingesperrt zu werden, ist von Natur Zwangsarbeit und zeigt, daß dieser Mensch in einem *Hörigkeitsverhältnis* zu einzelnen anderen Menschen oder zu einer bestimmten Klasse anderer Menschen steht, daß er also in der Tat ein Sklave und kein Freier ist. Sehen wir nun, wie dieser wirkliche Sachverhalt durch die gang und gäbe Form des Arbeitslohnes verkleidet wird.

Knüpfen wir wieder an unser früheres Beispiel an, wonach der Arbeiter täglich 12 Stunden arbeiten muß, erstens 6 Stunden, um seinen Lebensunterhalt zu gewinnen, d. h., um den ihm vom Kapitalisten gezahlten Tageswert seiner Arbeitskraft zum Betrag von 1 Taler zu ersetzen - zweitens 6 Stunden, um demselben Kapitalisten einen Mehrwert von 1 Taler zu liefern. Wird nun der *Tageswert resp. Tagespreis seiner Arbeitskraft* von 1 Taler als *Wert resp. Preis seiner Tagesarbeit* ausgedrückt, so stellt 1 Taler den *Arbeitslohn* zweistündiger Arbeit vor, und zwar einen dem Wert dieser Menge Arbeit genau entsprechenden Arbeitslohn, keinen Pfennig darüber noch darunter. Dem Anschein nach hat der Arbeiter daher keine Minute seiner Arbeit umsonst verrichtet. So ist jede Spur seiner Zwangsarbeit und damit seines Hörigkeitsverhältnisses ausgelöscht. Und das ist nicht alles. Wenn die Arbeit, statt Schöpferin des Werts zu sein, vielmehr selbst ein Wertding ist, kann sie auch, gleich jedem anderen Produktionsmittel, dem Produkt, in dessen Erzeugung sie verbraucht wird, nicht mehr Wert zusetzen, als sie selbst besitzt, also in unsrem Falle nicht mehr als den Wert von 1 Taler. Der zweite Taler, der dem Produkt zugewachsen ist und als Mehrwert in die Tasche des Kapitalisten wandert, kann unter dieser Voraussetzung platterdings nicht auf der zwölfstündigen, durch den Arbeitslohn von 1 Taler bereits zu ihrem vollen Werte vergüteten Arbeit des Arbeiters entspringen: Er muß aus andrer Quelle herkommen, sei es aus geheimnisvoller Selbstbefruchtung des Kapitals, sei es aus der Herkulesarbeit des Kapitalisten, und ware in diesem Fall nur ein anderer Name für seinen eigenen Arbeitslohn.

Bei der Fronarbeit ist die Sachlage handgreiflich. Soundso viel Tage lang arbeitet der Fröner für sich selbst, und soundso viel Tage hat er Zwangsarbeit zu verrichten. Bei der Sklavenarbeit erscheint sogar derjenige Teil der Arbeitszeit, worin der Sklave nur den Wert seiner eigenen Lebensmittel ersetzt, als unbezahlt. Während hier das Eigentumsverhältnis, in welchem sich der Sklave befindet, dessen Für-sich-selbst-Arbeiten verdeckt, wird bei der Lohnarbeit durch das Geldverhältnis das Umsonst-Arbeiten des Lohnarbeiters verborgen.

Ist man aber einmal hinter das Geheimnis des Wertes resp. des Preises der Arbeit und daher auch hinter das Geheimnis des Arbeitslohnes gekommen, so kann man auch in dieser verkehrten Ausdrucksweise die Gesetze darstellen, die den Wert resp. Preis der Arbeitskraft bestimmen.

Die beiden Hauptarten des Arbeitslohnes sind *Zeitlohn* und *Stücklohn*. Da die Arbeitskraft stets nur für eine bestimmte Zeitdauer verkauft wird, nimmt auch der Lohn zunächst die Form von Taglohn, Wochenlohn etc. an. Beim Stücklohn scheint die Arbeit dagegen nicht nach ihrer Menge, sondern im Verhältnis zu dem von ihr gelieferten Produkt bezahlt zu werden.

Um beim Zeitlohn den sogenannten Arbeitspreis richtig zu schätzen, muß man als Maßeinheit die Stunde annehmen, also den Taglohn durch die Stundenzahl des Arbeitstages dividieren. Tut man dies nicht, so gelangt man zu einem irrigen Resultate. Wenn z. B. ein Arbeiter 10 und ein anderer 12 Stunden täglich arbeitet, beide aber je 1 Taler erhalten, so ist zwar ihr Tagelohn ein gleicher, nicht aber der Preis ihrer Arbeit, denn der eine erhält für die Stunde 1/10, der andere 1/12 Taler.

Wo sogenannter Stundenlohn herrscht, kann leicht eine gefährliche Situation für die Arbeiter entstehen. Es kann nämlich der Kapitalist bald verlangen, daß täglich ungewöhnlich viele, bald nur ganz wenige Stunden gearbeitet wird, so daß einmal Überanstrengung stattfindet, ein andermal selbst nicht so viel Lohn erlangt wird, als zur bloßen Lebensfristung absolut nötig ist.

Besteht ein Arbeitstag von bestimmter Dauer und wird außerdem noch sogenannte *Überzeit* eingeführt, was ein sehr beliebter Gebrauch ist, so deckt der gesamte Tageslohn, *die Bezahlung für Überzeit eingeschlossen,* nicht mehr und sehr oft weniger als den Tageswert der Arbeitskraft.

Je länger der Arbeitstag (ob ein Teil desselben als *Überzeit* gilt oder nicht), *desto niedriger der Arbeitslohn.* Je mehr eben *ein* Arbeiter produziert, desto *weniger* Arbeiter sind zur Herstellung einer bestimmten Warenmenge nötig, und das *Angebot* von Arbeitskraft muß *steigen,* deren Preis aber *sinken.* In den Geschäftszweigen, wo der Arbeitstag *ausnahmsweise* lang ist und der Kapitalist daher ungewöhnlichen Profit macht, sowohl durch die Ausdehnung der Mehrarbeit als den Abbruch am normalen Arbeitslohn - in solchen Geschäftszweigen werden allmählich auch die Warenpreise vermittelst der Konkurrenz unter ihre normale Höhe herabgedrückt, weshalb die Rückkehr zu kürzerer Arbeitszeit und höherem Arbeitslohn seitens der Kapitalisten doppelt hartnäckig bekämpft wird.

Der Stücklohn ist nur die verwandelte Form des Zeitlohns, obgleich es den *Anschein* hat, als ob bei dieser Lohnart der Preis der Arbeit durch die Menge des gelieferten Produkts bestimmt würde. Bei Feststellung des Stücklohnes fragt es sich immer um folgendes: Wie lange währt der übliche Arbeitstag? Wieviel Ware verfertigt ein Arbeiter von durchschnittlichem Fleiß und Geschick in dieser Zeit? Wie hoch ist unter diesen Umständen der tägliche Arbeitslohn? Stellt sich z. B. heraus, daß von einer Ware durchschnittlich 30 Stück in einem 12stündigen Arbeitstage durch einen Arbeiter erzeugt werden, der einen Tagelohn von 1 Taler erhält, so beträgt der Stücklohn für 1 Stück dieser Ware 1 Silbergroschen, für 30 Stück 1 Taler. Für den Arbeiter erwächst somit aus diesem Wechsel der Lohnform kein Vorteil, wohl aber weiß der Kapitalist, [dar] aus manchen Nutzen zu ziehen.

Während es beim Zeitlohn möglich ist, daß ein Arbeiter zuweilen weniger Ware erzeugt, als durchschnittlich erzielt werden sollte, während also der Arbeiter den Kapitalisten - um in der Kapitalsprache zu reden - manchmal „betrügen" kann, *muß* beim Stücklohn unter allen Umständen für eine bestimmte Lohnsumme auch ein bestimmtes Warenquantum gefertigt werden. Hinsichtlich der Qualität der Ware steht es ebenso; es muß dieselbe von bestimmter Güte sein. Bekrittelung der Ware und Lohnabzüge sind mit dem Stücklohn enge verwandt und werden von den Kapitalisten in Gestalt systematischer Prellerei angewendet. Auch kann der Kapitalist die Aufsichtskosten großenteils ersparen.

Bei der früher schon erwähnten Hausarbeit herrscht der Stücklohn allgemein, weil er die Aufsicht, die hier nicht möglich ist, ersetzt.

In Manufakturen und Fabriken schließt auf Grundlage des Stücklohnes der Kapitalist Kontrakte mit sogenannten Hauptarbeitern (Partieführer etc.), die unter Zuhilfenahme einer Anzahl anderer Arbeiter eine bestimmte Warenmenge für eine bestimmte Lohnsumme erzeugen und natürlich ihre Hilfsarbeiter soviel als möglich übers Ohr hauen. Der Arbeiter wird somit durch den Arbeiter ausgebeutet, dem Kapitalisten aber die Ausbeuterei erleichtert.

Der Stückarbeiter strengt, um seine Einnahme zu erhöhen, seine Kräfte bis zum äußersten an und strebt nach Verlängerung der Arbeitszeit, was aus gleichen Gründen, wie beim Zeitlohn, eine *Lohnverringerung* schließlich zur Folge hat. Die Arbeiter erarbeiten sich unter der Herrschaft des Stücklohnes Krankheiten und frühen Tod und sind am Ende noch schlimmer daran, als wenn sie bei Zeitlohn mäßiger arbeiten. *Die Unkenntnis, welche die Arbeiter von den Gesetzen der kapitalistischen Produktionsweise haben, trägt die Hauptschuld daran.*

Der Stücklohn kommt zwar schon im 14. Jahrhundert vereinzelt vor, allgemeinere Anwendung findet er aber erst mit Einführung der großen Industrie, die denselben zur Zeit ihres ersten Anstürmens hauptsächlich *als Hebel zur Verlängerung der Arbeitszeit und Herabsetzung des Arbeitslohnes benutzt.*

Der Erhaltungs- und Anhäufungsprozeß des Kapitals

Sowenig eine Gesellschaft aufhören kann zu konsumieren, sowenig kann sie aufhören zu produzieren. In seinem stetigen Zusammenhange und dem beständigen Flusse seiner Erneuerung betrachtet, ist jeder gesellschaftliche Erzeugungsprozeß zugleich Rückerzeugungs-, Erhaltungsprozeß. Hat der erstere kapitalistische Form, so auch letzterer.

Der Produktionsprozeß wird eingeleitet mit dem Kauf der Arbeitskraft für eine bestimmte Zeit, und diese Einleitung erneuert sich beständig, sobald der Verkaufstermin der Arbeit fällig und damit eine bestimmte Produktionsperiode, Woche, Monat etc., abgelaufen ist. *Gezahlt* wird der Arbeiter erst, *nachdem* seine Arbeitskraft gewirkt hat. Es ist ein Teil des vom Arbeiter selbst produzierten Produkts, welcher ihm in der Form des Arbeitslohns beständig zurückfließt.

Nehmen wir nun an, ein Kapitalist sei ursprünglich z. B. im Besitze von 1000 Talern gewesen, deren Quelle wir nicht erforschen wollen, die er nun aber kapitalistisch anwendet, und zwar so, daß sie ihm jährlich einen Mehrwert von 200 Taler einbringen, den er verzehrt, so verzehrt er in 5 Jahren eine Summe, die genau so groß ist als das ursprünglich vorgeschossene Kapital. Ob sich der Kapitalist nun auch vorstellt, er habe nur Profit aufgegessen, sein ursprüngliches Kapital aber einfach erhalten, und ob auch Teile dieses Kapitals, z. B. Gebäude, Maschinerie etc., noch handgreiflich in seiner ersten Form fortbesteht, tut das alles nichts zur Sache. Der Kapitalist hat den vorgeschossenen Kapitalwert von 1000 Talern verzehrt. Hätte er ihn nicht durch unbezahlte Arbeit ersetzt, so wäre also sein Kapital alle geworden, oder er wäre zum Betrag desselben Schuldner einer dritten Person. In diesem Falle hat sich also das Kapital in 5 Jahren reproduziert. Der vorgeschossene Kapitalwert, dividiert durch den jährlich verzehrten Mehrwert, ergibt die Jahreszahl oder die Reproduktionsperioden, nach deren Ablauf *der ursprünglich vorgeschossene Kapitalwert vom Kapitalisten aufgezehrt und daher verschwunden ist.* Stamme das Kapital aus eigener Arbeit oder wo immer ursprünglich her, früher oder später verwandelt es sich in *Verkörperung unbezahlter, fremder Arbeit.*

Die ursprünglichen Voraussetzungen für die Verwandlung von Geld in Kapital waren nicht nur Warenproduktion und Warenzirkulation. Auf dem Warenmarkt mußten Besitzer von Wert oder Geld und Besitzer der wertschaffenden Substanz, Besitzer von Produktions- und Lebensmitteln und Besitzer von Arbeitskraft, einander als Käufer und Verkäufer gegenübertreten. Diese gegebene Grundlage des kapitalistischen Produktionsprozesses wird durch ihn selbst forterhalten. Der Arbeiter selbst produziert daher beständig den sachlichen Reichtum als Kapital, ihm fremde, ihn beherrschende und ausbeutende Macht, und der Kapitalist produziert ebenso beständig die Arbeitskraft als rein persönliche, von ihren eigenen Vergegenständlichungs- und Verwirklichungsmitteln getrennte, in der bloßen Leiblichkeit des Arbeiters existierende Reichtumsquelle, kurz, *den Arbeiter als Lohnarbeiter.*

Selbst die individuelle Konsumtion des Arbeiters gehört zur Produktion und Reproduktion des Kapitals, sofern sie nur die Arbeitskraft instand hält, wie z. B. Maschinen durch Ölen, Putzen etc. instand gehalten werden. Was der Arbeiter persönlich verzehren *muß*, um arbeiten zu können, verzehrt er zum Vorteil des Kapitalisten, gleichwie Lasttiere zum Vorteil ihrer Eigentümer fressen.

Vom gesellschaftlichen Standpunkt ist also die Arbeiterklasse *auch außerhalb* des unmittelbaren Arbeitsprozesses ebensosehr Zubehör des Kapitals als die toten Arbeitsinstrumente. *Der römische Sklave war durch Ketten, der Lohnarbeiter ist durch unsichtbare Fäden an seinen Eigentümer gebunden.*

Früher machte das Kapital, wo es ihm nötig schien, sein *Eigentumsrecht auf den „freien Arbeiter" durch Zwangsgesetze geltend.* So war z. B. die Auswanderung der Maschinenbauer in England bis 1815 bei Strafe verboten. Zur Zeit des amerikanischen Bürgerkrieges, als die englische Baumwollindustrie total darniederlag, verlangten die Arbeiter Nationalhilfe zur Erleichterung der Auswanderung. Da gebärdeten sich die Baumwoll-Lords wie toll und meinten, man solle den Arbeitern gegen gewisse Arbeitsleistungen (Steinklopfen etc.) zwar eine geringe „Unterstützung" gewähren, damit sie nicht umkommen, aber ja nicht die Auswanderung erleichtern.

Sie sprachen es ziemlich unverblümt aus, daß die Arbeiter ihre Melkkühe seien, die sie später wieder brauchten, da ohne dieselben keine Mehrwertmacherei denkbar. Das Kapitalisten-Parlament mißkannte seinen Beruf auch keineswegs und tat, wie die Baumwollritter wünschten.

Der kapitalistische Produktionsprozeß reproduziert also durch seinen eigenen Vorgang die Scheidung zwischen Arbeitskraft und Arbeitsbedingungen. Er reproduziert und verewigt damit die Ausbeutungsbedingungen des Arbeiters. Er zwingt beständig den Arbeiter zum Verkauf seiner Arbeitskraft, um zu leben, und befähigt beständig den Kapitalisten zu ihrem Kauf, um sich zu bereichern. Es ist nicht mehr der Zufall, welcher Kapitalist und Arbeiter als Käufer und Verkäufer auf dem Warenmärkte gegenüberstellt. Es ist die Zwickmühle des Prozesses selbst, die den einen stets als Verkäufer seiner Arbeitskraft auf den Warenmarkt zurückschleudert und sein eigenes Produkt stets in das Kaufmittel des anderen verwandelt. In der Tat gehört der Arbeiter dem Kapital, bevor er sich dem Kapitalisten verkauft. Seine Hörigkeit ist zugleich vermittelt und zugleich versteckt durch die periodische Erneuerung seines Selbstverkaufs, den Wechsel seiner individuellen Lohnherren und die Schwankungen im Marktpreis der Arbeit. Der kapitalistische Produktionsprozeß im Zusammenhange betrachtet, oder als Reproduktionsprozeß, erzeugt nicht nur Ware, nicht nur Mehrwert, er erzeugt und erhält das *Kapitalverhältnis* selbst, auf der einen Seite den Kapitalisten, auf der anderen den Lohnarbeiter.

Bisher war die Rede davon, wie aus Kapital Mehrwert entsteht, betrachten wir nun, wie aus Mehrwert Kapital entsteht!

Angenommen, ein Kapital beträgt 10 000 Taler, dasselbe bringe jährlich einen Mehrwert von 2 000 Taler, und dieser werde stets unter gleichbleibenden Verhältnissen abermals zur Produktion verwendet, so werden aus diesen 2 000 Talern wiederum jährlich 400 Taler Mehrwert hervorgehen. Man mag nun dahingestellt sein lassen, woher die ersten 10 000 Taler stammen, man mag annehmen, ihr Besitzer (derselbe ist vielleicht ein moderner Herkules) habe sie durch eigene Arbeit geschaffen, so weiß man doch ganz genau, wie die 2 000 Taler Mehrwert entstanden, daß sie in Geld verwandelte *fremde, unbezahlte Arbeit* sind. Und nun erst die 400 Taler! Um diese zu produzieren, hat der Kapitalist nur dasjenige vorgestreckt (riskiert?), was er sich bereits notorisch von fremder Arbeit aneignete. Je mehr sich daher der Kapitalist unbezahlte Arbeit aneignet, desto mehr ist er befähigt, sich fernerhin unbezahlte Arbeit anzueignen. Mit anderen Worten: Je schamloser ein Kapitalist Arbeiter ausbeutet, desto leichter ist er imstande, *immer mehr* Arbeiter auszubeuten. „Die Arbeit", sagt Wakefield, „schafft das Kapital, bevor das Kapital die Arbeit anwendet."

Wir hatten erst angenommen, der Kapitalist verwende den ganzen Betrag des Mehrwerts zu Genußzwecken, sodann unterstellten wir, er verwandle den ganzen Mehrwert in neues Kapital. In Wirklichkeit findet weder das eine noch das andere *ausschließlich* statt, sondern es wird der Mehrwert auf *beide* Arten verwendet.

Die Summe des in einem Lande produzierten Mehrwerts, die in Kapital verwandelt werden *könnte*, ist daher immer *größer* als jene, welche tatsächlich in Kapital verwandelt *wird*. Je entwickelter die kapitalistische Produktionsweise ist, je mehr Mehrwert entsteht, desto größer sind auch *Luxus und Verschwendung der Kapitalisten.*

Der Kapitalist hat aber nur insoweit historischen Wert und historische Existenzberechtigung, als er vom produzierten Mehrwert möglichst wenig selbst verzehrt und möglichst viel kapitalisiert. Tut er dies, dann zwingt er die Menschheit zur Produktion um der Produktion willen und zur Schöpfung solcher Produktionsbedingungen, welche allein die Grundlage einer höheren Gesellschaftsform bilden können übrigens zwingt schon die Konkurrenz den Kapitalisten zur stetigen Ausdehnung seines Kapitals. Auch wächst ja die Herrschaft des Kapitalisten mit seiner Kapitalvermehrung, so daß Herrschsucht sich mit dem Bereicherungstrieb verbindet.

In den historischen Anfängen der kapitalistischen Produktionsweise - und jeder kapitalistische Emporkömmling macht dies historische Stadium individuell durch - herrschen Bereicherungstrieb und Geiz als absolute Leidenschaften vor.

Aber der Fortschritt der kapitalistischen Produktion schafft nicht nur eine Welt von Genüssen. Er eröffnet mit der Spekulation und dem Kreditwesen tausend Quellen plötzlicher Bereicherung. Auf einer gewissen Entwicklungshöhe wird ein konventioneller Grad von Verschwendung, die zugleich Schaustellung des Reichtums und daher Kreditmittel ist, sogar zu einer Geschäftsnotwendigkeit des Kapitalisten.

Geiz und Genußsucht werden somit in der Kapitalistenbrust zur Doppelseele. Der Geiz selbst veranlaßt indes den Kapitalist nicht so sehr zu der berühmten „Entsagung" von Genüssen als zu möglichster Steigerung der Arbeiterausbeutung, Herabdrückung des Arbeitslohnes etc.

Das kapitalistische Bevölkerungsgesetz

Da, wie wir gesehen haben, ein Teil des Mehrwerts stets dem Kapital zugesetzt resp. zum Produktionsprozeß verwandt wird, also das Kapital - und mit ihm der Umfang der Produktion - fortwährend wächst, so muß sich auch jener Kapitalteil beständig vermehren, der zum Ankauf von Arbeitskraft dient: der Lohnfonds.

Erwägt man nun, daß durch die kapitalistische Produktionsweise das Kapitalverhältnis selbst, auf der einen Seite der Kapitalist und auf der andern Seite der Lohnarbeiter, reproduziert wird, so begreift man, daß mit der Reproduktion des Kapitals auf erweiterter Stufenleiter auch auf der einen Seite *mehr oder größere* Kapitalisten und auf der anderen Seite *mehr* Lohnarbeiter entstehen müssen. Manchmal treten zwar Umstände ein, wie Öffnung neuer Märkte, Entstehung neuer Produktionszweige etc., welche das Wachstum des Kapitals in einem so hohen Grade steigern, daß die Zufuhr von Arbeit nicht damit Schritt hält, und dann steigt der Arbeitslohn, was dem Kapitalisten schrecklichen Kummer verursacht, allein solche Ausnahmen ändern nichts an der Regel. (Auch bei diesen Ausnahmen wartet der Kapitalist nicht, bis sich die Arbeiter durch Fortpflanzung so stark vermehrt haben, daß der Preis der Arbeitskraft sinkt. Er überläßt es ruhig den Theoretikern, ihm eine derartige Lammsgeduld zuzumuten; als schlauer Praktikus setzt er lieber demjenigen eine Prämie aus, der eine Maschine erfindet, durch welche Arbeiter *freigesetzt* werden können.)

Es wurde früher gezeigt, daß die Methoden, welche die Fruchtbarkeit der Arbeit erhöhen, Produktion auf stets erweiterter Stufenleiter voraussetzen, und es versteht sich von selbst, daß letztere, eine Gesellschaft vorausgesetzt, wo die Produktionsmittel Privateigentum sind, nur in dem Grade ausdehnbar ist, worin sich Produktions- und Lebensmittel in den Händen individueller Kapitalisten aufhäufen.

Der Übergang vom Handwerk und vom Kleinbetrieb überhaupt zur kapitalistischen Produktionsweise konnte sich daher nur bewerkstelligen, weil *vor dem Beginne* der eigentlich kapitalistischen Produktionsepoche bereits eine gewisse Kapitalanhäufung (Akkumulation) in den Händen individueller Warenproduzenten stattgefunden hatte. Man kann dieselbe die *ursprüngliche Kapitalbildung* nennen: Wie sie sich vollzog, wird sich später zeigen.

Kapitalanhäufung ermöglicht also die kapitalistische Produktionsweise, und diese ermöglicht wiederum Kapitalanhäufung. Nun bekämpfen sich aber gegenseitig die einzelnen Kapitalisten beständig, und ihre Waffe ist die Verwohlfeilerung der Waren. Je größer ein Kapital, desto vorteilhafter kann es zur Produktion verwendet werden, somit müssen die kleineren Kapitalisten im Konkurrenzkampfe nach und nach den größeren erliegen. Die kleineren Kapitalien werden von den größeren aufgesaugt, das Kapital konzentriert sich mehr und mehr, die Produktion findet auf immer größerer Stufenleiter statt, der Produktionsprozeß selbst erleidet fortwährende Umwälzungen, alle erdenklichen Produktionszweige werden allmählich kapitalistisch betrieben, und die Produktivität wird durch dies alles beständig erhöht.

Hingegen wird gleichzeitig mit dem Wachstume des Kapitals ein stets *größerer* Teil davon in Arbeitsmitteln, fest, und ein *kleinerer* Teil in Arbeitskraft, beweglich, angelegt. Die notwendige Folge dieser fortschreitenden Veränderung des Größenverhältnisses seiner beiden Bestandteile ist, daß in demselben Grad, worin die Produktivkraft der gesellschaftlichen Arbeit zunimmt und worin die Arbeiterklasse den Kapitalreichtum vermehrt, sie gleichzeitig die Mittel schafft, eine stets zunehmende Anzahl ihrer eigenen Glieder *überflüssig* zu machen, *freizusetzen,* in sogenannte *Übervölkerung* zu verwandeln.

Es ist dies ein der kapitalistischen Produktionsweise *eigentümliches* Bevölkerungsgesetz, wie in der Tat *jede* besondere historische Produktionsweise ihre *besonderen* historisch gültigen Bevölkerungsgesetze hat. Ein von Natur endgültiges Vermehrungsgesetz existiert nur für Pflanze und Tier.

Wenn aber die Anhäufung des Kapitals Arbeiter überzählig macht, werden die überzähligen ihrerseits wieder *ein Hebel* der Kapitalaufhäufung. Da sich die große Industrie unaufhörlich in Umgestaltung befindet, da sie ihr gegebenes Operationsfeld oft plötzlich ausdehnen und stets neue Operationsfelder erobern muß, bedarf sie unbedingt freigesetzter, d. h. mehr oder minder unbeschäftigter, zu ihrer Verfügung stehender Arbeitermassen. Das Kapital braucht also nicht nur aktive Arbeiter, sondern auch eine industrielle *Reservearmee,* die es jeden Augenblick in die Produktion eingreifen lassen und wieder abstoßen kann, je nach Bedarf. Es ist natürlich, daß diese Reservearmee nicht beständig aus denselben Arbeitern besteht; *jeder* Arbeiter, der zeitweilig unbeschäftigt ist, gehört ihr während seiner Arbeitslosigkeit an.

Die ganze Bewegungsform der modernen Industrie erwächst also aus der beständigen Verwandlung eines Teiles der Arbeiterbevölkerung in unbeschäftigte oder halbbeschäftigte „Hände". Dieses spezifisch kapitalistische Bevölkerungs- resp. *Über*völkerungsgesetz ist *Lebensbedingung* der kapitalistischen Produktion.

Man hat gesehen, daß die Entwicklung der kapitalistischen Produktionsweise und Produktivität der Arbeit - zugleich Ursache und Wirkung der Kapitalvermehrung - den Kapitalisten befähigt, mit *derselben* Auslage von beweglichem Kapital *mehr* Arbeit durch größere Ausbeutung der einzelnen Arbeitskräfte flüssigzumachen. Man hat ferner gesehen, daß der Kapitalist mit demselben Kapitalwert *mehr* Arbeitskräfte kauft, indem in stets größerem Verhältnisse geschicktere durch ungeschicktere, reife durch unreife, männliche durch weibliche, erwachsene durch jugendliche verdrängt werden. Daraus ergibt sich, daß die Freisetzung von Arbeitern *rascher* vorangeht, als ohnehin bedingt wird, durch die mit dem Fortschritte der Kapitalausdehnung beschleunigte technische Umwälzung des Produktionsprozesses und die dem entsprechende Vermehrung des feststehenden (in Arbeitsmitteln angelegten) und Verringerung des beweglichen (in Arbeitskraft angelegten) Kapitalteils.

Ein Teil der Arbeiter arbeitet *über* die durchschnittliche Zeitdauer mit mehr als durchschnittlicher Kraftverausgabung, *vermehrt* dadurch die Überzähligen, und diese zwingen die ersteren (durch die Konkurrenz) zur Überarbeit! Dieses Verhältnis wird ein gewaltiges Bereicherungsmittel der einzelnen Kapitalisten und beschleunigt zugleich die Erzeugung der industriellen Reservearmee auf einem, dem Fortschritt der gesellschaftlichen Kapitalvermehrung entsprechenden Maßstab.

Im großen und ganzen sind die allgemeinen Bewegungsgesetze des Arbeitslohns *ausschließlich* geregelt durch das Einrücken und Austreten der industriellen Reservearmee, welche dem periodischen (in bestimmter Zeit sich stets erneuernden) Wechsel von mittlerer Produktion, Überproduktion, Stockung, Krise, mittlerer Produktion etc. entsprechen, ein Wechsel, der mit dem Fortschritt der großen Industrie immer rascher durchlaufen und selbst wieder von unregelmäßigen kleineren Schwankungen durchkreuzt wird.

Das Steigen und Sinken des Arbeitslohnes wird also nicht durch die Bewegung der *ganzen* Anzahl der Arbeiterbevölkerung bestimmt, sondern durch das wechselnde Verhältnis, worin die Arbeiterklasse in aktive Armeen und Reservearmeen zerfällt, durch die Zu- und Abnahme des Umfanges, in welchem die Überzähligen beschäftigt werden.

Die moderne Industrie würde auch sehr schlecht dabei fahren, wenn sich Nachfrage und Angebot der Arbeit nicht nach den jedesmaligen *Verwertungsbedürfnissen* des Kapitals regelten, sondern umgekehrt die Bewegung des Kapitals von der absoluten Bevölkerungsmenge abhängig wäre.

So denken sich aber die Professoren der Ökonomie den Vorgang. Nach ihnen hat die Kapitalvermehrung eine Steigerung des Arbeitslohnes im Gefolge, welche hinwiederum eine so starke Vermehrung der Arbeiterbevölkerung veranlaßt, daß die Kapitalvermehrung nicht dauernd damit Schritt halten kann, daher schließlich viele Arbeiter unbeschäftigt bleiben müssen und der Arbeitslohn wieder sinkt. Umgekehrt bewirke niedriger Arbeitslohn allmählich eine solche Abnahme der Arbeiterbevölkerung, daß die Nachfrage nach Arbeit deren Zufuhr überhole, oder aber der sinkende Arbeitslohn und die gleichzeitige stärkere Ausbeutung der Arbeitskraft beschleunigten die Kapitalvermehrung, während die Arbeitervermehrung durch den niedrigen Lohn in Schach gehalten werde. Beide Fälle bewirken schließlich wieder ein Steigen des Lohnes - bis die Folgen dieses Steigens abermals zum Sinken führen.

(Diese Theorie ist *anscheinend* so klar, daß sich z. B. Lassalle stark davon bestechen ließ und Veranlassung nahm, das Wesentlichste davon den Arbeitern als „ökonomisches Lohngesetz" ganz besonders ans Herz zu legen.)

Marx hingegen blickt tiefer und ist in der Tat der erste, der das spezifisch kapitalistische Bevölkerungsgesetz erforschte und darlegte. Es ist *noch niemals* durch den Notstand der Arbeiter und - derselbe zeigt sich in einzelnen Distrikten wahrlich schlimm genug und währt oft jahrzehntelang - eine *solche* Verringerung der Arbeiterbevölkerung eingetreten, daß hierdurch eine Erhöhung des Arbeitslohnes hätte Platz greifen müssen. Der Mensch kann eben Unglaubliches dulden, ehe er total zugrunde geht. Man gehe doch in die Weberdistrikte und sehe nach, ob nicht trotz der jammervollsten Notlage fast lauter zahlreiche Familien angetroffen werden! Nötigenfalls wird Armenunterstützung gewährt, welche die Ärmsten der Armen zwischen Leben und Sterben erhält. Ebenso bewirkt Arbeitermangel kein Steigen des Lohnes. Wo es an Arbeitern fehlt, stellt sich eben ein dringendes Bedürfnis nach *Verbesserung der Arbeitsmittel heraus, neue Maschinen werden erfunden etc., kurz, der Produktionsprozeß so umgestaltet, daß die vorhandenen Arbeiter ausreichend resp. zum Teil überzählig werden.* Mit solch langweiligen Dingen wie das Warten, bis sich die Arbeiter durch hohen Lohn zu rascherer Fortpflanzung verleiten lassen und dadurch mit der Zeit eine so zahlreiche Arbeiterbevölkerung schaffen, daß der Lohn wieder sinken muß, mit solch langweiligen Dingen befaßt sich das Kapital nie und nimmermehr. Wenn es mehr Arbeiter braucht, so braucht es dieselben *sofort* und nicht erst in 10 bis 20 Jahren.

Die Zahl der beschäftigten Arbeiter wächst nicht in demselben Verhältnis wie das Kapital, sondern vielmehr mit dem Fortschritt der großen Industrie in beständig abnehmendem Verhältnis. Wenn die Anhäufung des Kapitals von der einen Seite die Nachfrage nach Arbeit vermehrt, vermehrt sie zugleich von der anderen Seite durch den Anstoß, den sie der Ausdehnung und Fortentwicklung der kapitalistischen Produktionsweise gibt, die Zufuhr *„freigesetzter"* Arbeiter und deren Druck auf die Beschäftigten. Die Bewegung des Gesetzes von Angebot und Nachfrage *auf dieser Basis* (Grundlage) vollendet die Despotie des Kapitals.

Sobald sich daher die Arbeiter organisieren, um gegen dieses Gesetz anzukämpfen resp. dessen Folgen zu brechen oder abzuschwächen, gerät das Kapital in Tobsucht und zetert über Verletzung des „ewigen und heiligen Gesetzes" der Nachfrage und Zufuhr und macht *Zwangsgesetze.* (Man denke z. B. an den Entwurf des Gesetzes wider den „Kontraktbruch"!)

Die verschiedenen Formen der kapitalistischen Volksvermehrung —
Massenarmut

Die Erzeugung überzähliger Arbeiter geht in verschiedenen Formen vor sich.

In vielen Zweigen der Großindustrie werden männliche Arbeiter nur bis zu einem gewissen Alter in Massen verbraucht, wovon später nur noch ein kleiner Teil in dem gleichen Geschäftszweige verwendbar bleibt, eine große Anzahl aber beständig herausgeworfen wird. Ein Teil dieser „Überflüssigen" wandert aus resp. läuft dem auswandernden Kapital nach. Eine Folge davon ist, daß die weibliche Bevölkerung rascher zunimmt als die männliche.

Auch der scheinbare Widerspruch, daß gleichzeitig Mangel und Überfluß an Arbeitern vorhanden sein kann, erklärt sich aus den Eigentümlichkeiten der kapitalistischen Produktionsweise. Einesteils braucht das Kapital verhältnismäßig größere Massen jugendlicher als erwachsener männlicher Arbeiter, andernteils kettet die Teilung der Arbeit die Arbeiter an bestimmte Geschäftszweige. So lagen im Jahre 1866 zu London 80 000 bis 90 000 Arbeiter auf dem Pflaster, und gleichzeitig wurde in den Fabrikdistrikten über Mangel an „Händen" geklagt.

Bei dem raschen Verbrauch der Arbeitskraft durch das Kapital ist der Arbeiter von mittlerem Alter meist schon überlebt und fällt in die Reihen der Überzähligen oder muß sich bequemen, statt der bisherigen höheren niedrige (schlechter bezahlte) Arbeiten zu verrichten. Es liegt im Interesse des Kapitals, daß sich die Arbeitergenerationen *rasch* ablösen, so daß trotz der frühzeitigen Abnutzung immer frische Arbeitskraft in hinlänglicher Menge vorhanden ist. Dies wird erreicht durch frühzeitige Ehen, die eine notwendige Folge der Verhältnisse sind, in welchen die großindustriellen Arbeiter leben, und durch den Umstand, daß die Arbeiterkinder schon sehr bald ausgebeutet werden, „verdienen" helfen, was zu deren Erzeugung anspornt oder wenigstens nicht davon abschreckt.

Sobald sich die kapitalistische Produktion der Landwirtschaft bemächtigt, nimmt in demselben Verhältnis, in welchem auf diesem Gebiete die Kapitalvermehrung zunimmt, die Nachfrage für die ländliche Arbeiterbevölkerung ab. Je mehr der Landbau maschinenmäßig betrieben wird, desto weniger Arbeiter sind natürlich erheischt, und hier geht es nicht wie bei der Fabrikindustrie, wo die Freigesetzten wenigstens zum Teil wieder in den neuentstehenden Fabriken Unterkommen finden, während der fabrikmäßig betriebene Landbau einen immer größeren Teil des Bodens in Viehweide verwandelt. Ein Teil der Landarbeiter befindet sich daher fortwährend unterwegs vom Ackerbau zur Industrie und bildet so eine beständig fließende Quelle der *städtischen* Arbeitervermehrung.

Es setzt dies natürlich einen stetigen, wenn auch *versteckten Arbeiterüberfluß* auf dem Lande voraus, der in seinem ganzen Umfang nur dann sichtbar wird, wenn die Industrie zeitweis ungewöhnlich viele Arbeitskräfte in Anspruch nimmt. (Die Übervölkerung der Landarbeiter und deren steter Zuzug zur Industrie ist vorläufig nur in England besonders augenfällig zu beobachten, muß sich aber mit der Ausbreitung der kapitalistischen Produktionsweise nach und nach *allenthalben* in der gleichen Weise offenbaren.)

Die stockende Übervölkerung bildet eigentlich einen Teil der tätigen Arbeiterarmee, ist jedoch nur höchst unregelmäßig beschäftigt. Ihre Lebenslage sinkt *unter* die durchschnittliche Lage der arbeitenden Klassen, und gerade dieser Umstand macht sie zur breiten Grundlage eigener Ausbeutungszweige des Kapitals. Längste Arbeitszeit und niedrigster Lohn sind hier zu Hause. Wir haben bei Erwähnung der sogenannten Hausarbeit die Hauptgestalt dieser Arbeitergattung kennengelernt.

Und gerade *dieses* Element der Arbeiterklasse vermehrt sich *am raschesten.* So sonderbar es ist, ist es doch eine Tatsache, daß diejenigen Arbeiterkategorien die *stärksten* Familien haben, deren Arbeitslohn der niedrigste ist. Es erinnert dies an die massenhafte Vermehrung Schwacher und vielgehetzter Tierarten.

Den Bodensatz der Übervölkerung bildet die *totale Verarmung,* der Pauperismus. Wenn man absieht von Vagabunden, Verbrechern, Prostituierten etc., so findet man hier im wesentlichen drei verschiedene Gattungen. Erstens *Arbeitsfähige,* d. h. solche, die nur zeitweilig Arbeit finden können, zeitweilig aber von Unterstützung leben, Bettler sind. Zweitens *Waisen-* und *Armenkinder,* echte Kandidaten der industriellen Reservearmee, welche zu Zeiten guten Geschäftsganges massenhaft zur Produktion herangezogen werden. Drittens *Verkommene, Verlumpte, Arbeitsunfähige* etc. Es sind dies teils solche, welche an den durch die Teilung der Arbeit verursachten Einseitigkeiten zugrunde gehen, teils solche, die über das Normalalter eines Arbeiters hinausleben, teils Opfer der Industrie, deren Zahl mit gefährlicher Maschinerie, Bergbau, chemischen Fabriken etc. wächst, z. B. Verstümmelte, Erkrankte, Witwen etc.

Die Erzeugung resp. Verewigung dieser Elenden ist eingeschlossen in der Erzeugung der Übervölkerung und bildet mit dieser eine Existenzbedingung der kapitalistischen Produktion und der Entwicklung des Reichtums. Das Kapital weiß jedoch stets die Erhaltung der durch seine Ausbeuterei produzierten Verarmten auf die Schultern des arbeitenden Volkes abzuwälzen.

Es zeigte sich bei Erörterung der Produktion des Mehrwerts, daß alle Methoden zur Steigerung der gesellschaftlichen Produktivität der Arbeit in der kapitalistischen Form sich auf Kosten des individuellen Arbeiters entwickeln, daß alle Mittel zur Bereicherung der Produktion in Beherrschungs- und Ausbeutungsmittel der Produzenten, des Arbeiters, umschlagen, daß sie denselben in einen Teilmenschen verstümmeln, ihn zum Anhängsel der Maschine entwürdigen, mit der Qual der Arbeit ihren Inhalt vernichten, ihm die geistigen Mächte des Arbeitsprozesses entfremden, im selben Maße, worin derselbe sich die Wissenschaft als produktive Macht einverleibt, die Bedingungen, innerhalb denen er arbeitet, beständig unregelmäßiger machen, ihn während der Arbeitsverrichtung der kleinlichst gehässigen Despotie unterwerfen, seine Lebenszeit in Arbeitszeit verwandeln und sein Weib und Kind dem Kapital in den Rachen werfen. Aber alle Methoden zur Erzeugung des Mehrwerts sind zugleich Methoden der Kapitalanhäufung, und jede Kapitalanhaufung wird umgekehrt Mittel zur Entwicklung der Methoden.

Es folgt daher, daß im Maße, wie das Kapital wächst, die Lage des Arbeiters, welches immer seine Zahlung (also auch, wenn *scheinbar* eine Verbesserung eintritt), sich *verschlechtert.* Das Gesetz endlich, welches die industrielle Reservearmee stets mit Umfang und Energie der Kapitalausdehnung im Gleichgewichte hält, schmiedet den Arbeiter fester an das Kapital als (nach der griechischen Sage) den Prometheus die Keile des Hephästos an den Felsen. Es bedingt eine der Vermehrung des Kapitals entsprechende Vermehrung von *Elend.* Die Vermehrung von Kapital auf dem einen Pol ist also zugleich Vermehrung von Elend, Arbeitsqual, Sklaverei, Unwissenheit, Brutalisierung und moralische Degradation auf dem Gegenpol, d. h. auf Seite *der* Klasse, die ihr eigenes Produkt als Kapital erzeugt.

(Der engbegrenzte Raum einer Broschüre, welche auf eine massenhafte Verbreitung berechnet ist, gestattet leider die Wiedergabe der vielen statistischen und sonstigen Daten des Marxschen Werkes nicht; allein es dürfte für jeden Arbeiter unschwer sein, mit eigenen Augen zu be[ob]achten, wie der Reichtum der Ausbeuter zunimmt und wie gleichzeitig die Arbeiter immer tiefer in Knechtschaft, Not und Elend versinken.)

Der Ursprung des modernen Kapitals

Man hat gesehen, wie Geld in Kapital verwandelt, mittelst des Kapitals Mehrwert und durch den Mehrwert abermals Kapital gemacht wird. Indes setzt die Kapitalbildung den Mehrwert, der Mehrwert die kapitalistische Produktionsweise, diese aber das Vorhandensein größerer Kapitalmassen in den Händen von Warenproduzenten voraus. Der ganze Vorgang scheint also eine Kapitalbildung zu unterstellen, welche *nicht* das Resultat der kapitalistischen Produktionsweise ist, sondern ihr Ausgangspunkt: eine *ursprüngliche Kapitalansammlung*. Die bürgerlichen Ökonomen machen es sich gewöhnlich leicht, Sie erklären einfach, daß es Anno dazumal eine Anzahl fleißiger Menschen gab, welche sich nach und nach durch Arbeit Reichtümer erwarben, während die übrigen Leute Faulenzer waren, bald in bittere Not versanken und darum nichts mehr besaßen als ihre Arbeitskraft, die sie schließlich, um leben zu können, verkaufen mußten, wodurch sie in ein Abhängigkeitsverhältnis gerieten. Und dies Verhältnis soll sich nun bis auf unsere Tage vererbt haben. Alles, was auf ökonomische Entwicklung Bezug hat, scheint recht idyllisch hergegangen zu sein, während in der Geschichte bekanntlich Eroberung, Unterjochung, Raubmord, kurz, *Gewalt* ausschlaggebend ist.

Die Vorbereitungen der kapitalistischen Produktionsweise sind den Lesern bekannt. Sie wissen, daß auf der einen Seite Besitzer von Produktionsmitteln und auf der andern Seite Besitzer von Arbeitskraft stehen müssen, die über das Ihrige frei verfügen können. Ferner weiß man, daß die Besitzer von Arbeitskraft nicht nur frei sein müssen insofern, als sie niemandem leiblich angehören, sondern auch frei von aller weiteren Habe, weil sie sonst nicht gezwungen wären, ihre Arbeitskraft freiwillig zu verkaufen. Endlich weiß man, wie dieses Verhältnis erhalten wird. Die *Erzeugung* desselben kann nichts anderes sein als die Trennung des Arbeiters von den Produktionsmitteln. Diese Operation bildet daher die „ursprüngliche" Kapitalbildung. Sie schließt eine ganze Reihe historischer Prozesse ein, und zwar eine doppelte Reihe, einerseits Auflösung der Verhältnisse, welche den Arbeiter selbst zum Eigentum dritter Personen machten, andererseits Auflösung des Eigentums der unmittelbaren Produzenten an ihren Arbeitsmitteln.

Dieser Scheidungsprozeß umfaßt die ganze Entwicklungsgeschichte der modernen bürgerlichen Gesellschaft, welche die Sache von selbst erklären würde, wenn die Geschichtsschreiber nicht bloß die Emanzipation des Arbeiters vom Feudalzwang, sondern auch die Umwandlung der feudalen in die moderne Ausbeutungsweise darlegen wollten. Der Ausgangspunkt dieser Entwicklung war die *Knechtschaft des Arbeiters*. Ihr Fortgang bestand in einem *Formwechsel dieser Knechtschaft*.

Obgleich die kapitalistische Produktionsweise schon im 14. und 15. Jahrhundert vorübergehend ihren Sitz in den Ländern am Mittelmeere aufschlug, datiert die Ära doch erst vom 16. Jahrhundert. Dort, wo sie aufblüht, ist die Aufhebung der Leibeigenschaft längst vollbracht und das mittelalterliche Städtewesen bereits in das Stadium seines Verfalls getreten.

Historisch epochemachend in der Geschichte des Scheidungsprozesses sind die Momente, worin große Menschenmassen *plötzlich und gewaltsam* von ihren Subsistenz- und Produktionsmitteln geschieden und als vogelfreie Proletarier auf den Arbeitsmarkt geschleudert werden. Die gewaltsame Vernichtung des Grund- und Bodenbesitzes der Arbeiter bildet die Grundlage des ganzen Prozesses. Dieselbe wurde in den verschiedenen Ländern unter verschiedenen Formen vollzogen. Wir nehmen England als Beispiel, weil sich dort dieser Prozeß am augenfälligsten vollzog.

In England war gegen Ende des 14. Jahrhunderts die Leibeigenschaft verschwunden. Der größte Teil der Einwohnerschaft beschäftigte sich mit Ackerbau, meist gab es selbstwirtschaftende Bauern und nur eine geringe Anzahl Lohnarbeiter, welche aber zugleich ein paar Morgen zur Selbstbebauung erhielten und Anteil an den Gemeindeländereien hatten. Zu den Feudalen standen die Bauern nur noch in einem Untertanenverhältnis.

Zu Ende des 15. und Anfang des 16. Jahrhunderts, wo das Königtum zu absoluter Macht gelangte, ordnete dasselbe die Aufhebung der feudalen Gefolgschaften an, wodurch eine Menge Menschen auf den Arbeitsmarkt geschleudert wurden. Dies war aber nur ein kleines Vorspiel der

Umwälzung. Ein ungleich größeres Proletariat schufen die Feudalen, indem sie bald darauf die Bauern von Grund und Boden jagten und die Gemeindeländer annektierten resp. nach Belieben Land *stahlen.*

Das damalige Aufblühen der flandrischen Wollmanufaktur bewirkte ein Steigen der Wollpreise, weshalb die Feudalen riesige Strecken Ackerlandes in Weideland umwandelten. Unzählige Bauernhäuser zerfielen oder wurden niedergerissen, aber die Schafzucht blühte!

Die Arbeiterklasse wurde so ohne Übergang aus dem goldenen Zeitalter ins eiserne gestürzt. Die Gesetzgebung erschrak zwar vor den Folgen dieser Umwälzung, allein die Gegenmittel, welche sie anwandte, waren ebenso erfolglos wie zweckwidrig.

Zur Zeit der Reformation wurden die Kirchengüter auch noch gestohlen und deren Untersassen verjagt resp. ins Proletariat geschleudert. Mit der Herrschaft des Oraniers Wilhelm III. gelangten auch die Kapitalmacher zur Herrschaft, welche damit eingeleitet wurde, daß der bisher nur bescheiden betriebene Diebstahl an den *Staatsdomänen* auf kolossaler Stufenleiter ausgeübt wurde. Endlich ging man so weit, auch die *Gemeindeländereien* durch *Gesetze* der räuberischen Lordschaft zuzusprechen, d. h., die Lords, welche diese Gesetze fabrizierten, schenkten sich selbst Volkseigentum! - -

An die Stelle der unabhängigen Bauern traten neben einigen großen viele kleine, abhängige, servile Pächter. Der systematisch betriebene Landdiebstahl schuf großartige Güter für die Landlords, während derselbe gleichzeitig das Landvolk als Proletariat für die Industrie „freisetzte", desto rascher freisetzte, je entschiedener die Umgestaltung der Landwirtschaft vom Klein- zum Großbetrieb mit den Landräubereien Schritt hielt. *„Lichten"* nannte man es, wenn man die Landbevölkerung scharenweis vertrieb! - Im 18. Jahrhundert verbot man den Vertriebenen auch noch das Auswandern in andere Länder, um sie gewaltsam der Industrie zuzutreiben.

Somit waren Raub der Kirchengüter (die freilich ursprünglich auch nur durch Trug und Schwindel erworben waren), Erschwindelung von Staatsdomänen, Diebstahl am Gemeindeeigentum und Verwandlung des feudalen in modernes Staatseigentum samt der damit verbundenen Landvolksverjagung lauter hochedle Methoden der *ursprünglichen Kapitalbildung.* Durch sie ward das Feld für die kapitalistische Landwirtschaft erobert, der Grund und Boden dem Kapital einverleibt und der städtischen Industrie die nötige Zufuhr von vogelfreiem Proletariat geschaffen.

Die durch Auflösung der feudalen Gefolgschaften und durch Länderraub von der Scholle Verjagten, dies vogelfreie Proletariat konnte unmöglich ebenso rasch von der aufkommenden Manufaktur verwendet werden, als es entstand. Andererseits konnten die plötzlich aus ihrer gewohnten Lebenslage Herausgeschleuderten sich nicht ebenso plötzlich in die Disziplin des neuen Zustandes finden. Sie verwandelten sich massenhaft in Bettler, Räuber, Vagabunden etc. - Ende des 15. und während des ganzen 16. Jahrhunderts existierte daher in ganz Westeuropa eine *Blutgesetzgebung wider Vagabundage.* Die von Grund und Boden Gejagten wurden wegen „Arbeitsscheu" etc. *gebrandmarkt, gepeitscht, gefoltert, zu Sklaven gemacht, ja selbst hingerichtet.* Die Landräuber aber waren respektable Leute! - -

Es ist nicht genug, daß die Arbeitsbedingungen auf dem einen Pol als Kapital auftreten und auf dem andern Pol Menschen, welche nichts zu verkaufen haben als ihre Arbeitskraft. Es genügt auch nicht, sie zu zwingen, sich „freiwillig" zu verkaufen. Im Fortgang der kapitalistischen Produktion entwickelt sich eine Arbeiterklasse, welche sich von Geburt auf in ihr Abhängigkeitsverhältnis hineinlebt, die Organisation des Kapitals bricht jeden Widerstand, und die beständige Erzeugung von überzähligen hält den Arbeitslohn auf der möglichst niedrigen Stufe. So erhält sich die Herrschaft des Kapitalisten über den Arbeiter durch die „Naturgesetze" der kapitalistischen Produktion. Anders bei *Entstehung* derselben. Die aufkommende Bourgeoisie braucht und verwendet die *Staatsgewalt,* um den *Arbeitslohn* zu „regulieren", d. h. möglichst niedrig festzusetzen, um den *Arbeitstag zu verlängern* und den Arbeiter selbst in Untertänigkeit zu erhalten. Auch dies spielt eine Hauptrolle bei der sogenannten *ursprünglichen Kapitalbildung.*

Im 14. und 15. Jahrhundert waren die Lohnarbeiter noch nicht sehr zahlreich und standen den Meistern sozial ziemlich nahe. Die Gesetzgebung über die Lohnarbeit aber war den Arbeitern stets feindlich und auf deren Ausbeutung gemünzt.

Von der gewaltsamen Verlängerung des Arbeitstages war schon früher die Rede, weshalb hier nur zu erwähnen ist, daß auch der Arbeitslohn in der ersten Zeit der kapitalistischen Produktion gesetzlich „geregelt" wurde. Es wurden nämlich die höchsten Lohnsätze festgestellt und jedem schwere Strafe angedroht, der *mehr* geben oder nehmen würde, *weniger* konnte nach Belieben gegeben oder genommen werden. Arbeiterverbindungen wurden in England vom 14. Jahrhundert bis 1825 als schwere *Verbrechen* behandelt!

Nachdem wir die gewaltsame Erzeugung vogelfreier Proletarier betrachtet, die blutige Disziplin, welche sie in Lohnarbeiter verwandelt, die schmutzige Haupt- und Staatsaktion, die mit dem Ausbeutungsgrade der Arbeit die Vermehrung des Kapitals *polizeilich* steigert, fragt es sich: *Wo kommen die Kapitalisten ursprünglich her?* Denn die Landräuberei schuf unmittelbar nur große Grundbesitzer.

Die Pächter, welche an die Stelle der Bauern traten, waren meist reine Habenichtse, welchen die Landlords Samen, Vieh und Ackergeräte vorschossen und sich dafür einen bestimmten Anteil am Bodenertrag ausbedungen. Sobald der Pächter durch Ausbeutung von Lohnarbeitern und Ausnutzung der vom Grundherrn geraubten Gemeindeweiden es dahin gebracht hatte, ein Betriebskapital selbst stellen zu können, machte jene ursprüngliche Teilungsweise der Zahlung einer durch Vertrag festgesetzten Bodenrente Platz. Verschiedene günstige Umstände ermöglichten es dieser neuen Art von Pächtern, sich nach und nach zu bereichern. So z. B. die noch im 16. Jahrhundert üblichen Pachtkontrakte auf 33 Jahre, die gleichzeitige Wertabnahme der edlen Metalle, die damit verbundene Preiserhöhung der Ackerbauerzeugnisse und Erniedrigung des Arbeitslohnes etc. etc. Endlich liefert die große Industrie der kapitalistischen Landwirtschaft mit den Maschinen eine feste Grundlage und vollzieht deren vollständige Trennung von der Industrie. Ein Teil der Pächter verwandelt sich in *„Kapitalpächter"*, ein anderer in Proletarier.

Die Entstehung des *industriellen* Kapitalisten ging weniger allmählich vor sich. Zweifelsohne verwandelte sich mancher kleine Zunftmeister, selbständige Handwerker oder Lohnarbeiter in einen kleinen Kapitalisten. Die kleinen Kapitalisten beuteten die Lohnarbeiter energisch aus, vergrößerten so ihr Kapital und wurden schließlich Kapitalisten im wahren Sinne des Wortes. In der Kindheitsperiode der kapitalistischen Produktion ging es vielfach zu wie in der Kindheitsperiode des mittelalterlichen Städtewesens, wo die Frage: wer von den entlaufenen Leibeigenen soll Meister sein und wer Diener? großenteils durch das frühere oder spätere Datum ihrer Flucht entschieden wurde. Indes entsprach der Schneckengang dieser Methode in keiner Weise den Handelsbedürfnissen des neuen Weltmarkts, welchen die Entdeckungen Ende des 15. Jahrhunderts geschaffen hatten. Aber das Mittelalter hatte zwei verschiedene Formen des Kapitals überliefert, die fast in *jeder* uns geschichtlich bekannten Gesellschaft existierten: das *Wucher- und Kaufmannskapital.*

Das durch Wucher und Handel resp. durch allerlei Schwindelei gebildete *Geldkapital* wurde durch die Feudalverfassung auf dem Lande und durch die Zunftverfassung in den Städten an seiner Verwandlung in industrielles Kapital behindert. Diese Schranken fielen mit der Auflösung der feudalen Gefolgschaften, der Bodenberaubung und teilweisen Verjagung des Landvolks und dem Verfall der zünftigen Städter. In Ausfuhrhäfen und auf dem flachen Lande, wo die Zünftler machtlos waren, wurden nun die Manufakturen errichtet.

Die Entdeckung der Gold- und Silberländer in Amerika, die Ausrottung und Versklavung etc. der dortigen Eingeborenen, die Eroberung und Ausplünderung von Ostindien, die Verwandlung von Afrika in ein Geheg zur Handelsjagd auf Schwarzhäute bezeichnen die Morgenröte der kapitalistischen Produktionsära. Diese sauberen Vorgänge trugen Wesentliches zur ursprünglichen *Kapitalmacherei* bei. Auf dem Fuße folgt der Handelskrieg der europäischen Nationen mit dem Erdrunde als Schauplatz. Die Methoden der ursprünglichen Kapitalmacherei verteilen sich mehr oder minder in gesellschaftlicher Reihenfolge namentlich auf Spanien, Portugal,

Holland, Frankreich und England. In England werden sie Ende des 17. Jahrhunderts systematisch zusammengefaßt in *Kolonialsystem, Staatsschuldensystem, modernes Steuersystem und Protektionssystem.* Sie beruhen zum Teil auf brutalster Gewalt, wie z. B. das Kolonialsystem; alle aber benutzen die *Staatsgewalt,* die zentralisierte und organisierte Gewalt der Gesellschaft, um die Verwandlung der feudalen in die kapitalistische Produktionsweise treibhausmäßig zu beschleunigen und die Übergänge abzukürzen. *Die Gewalt ist der Geburtshelfer jeder alten Gesellschaft, die mit einer neuen schwanger geht.*

Das Kolonialsystem reifte Handel und Schiffahrt und sicherte den entstehenden Manufakturen Absatzmärkte wie auch hohe Warenpreise. *Der außerhalb Europas direkt erplünderte, heraus gesklavte und herausgemordete Schatz floß ins Mutterland zurück und verwandelte sich hier in Kapital.*

Mit den Staatsschulden entsprang zugleich ein internationales Kreditwesen, welches oft die Quelle der ursprünglichen Kapitalentstehung in einem bestimmten Lande versteckt. Die Gemeinheiten des venezianischen Raubsystems z. B. bilden eine verborgene Grundlage des Kapitalreichtums in Holland, dem das verfallene Venedig große Geldsummen lieh. Ebenso verhält es sich zwischen Holland und England im 18. Jahrhundert und jetzt zwischen England und den Vereinigten Staaten von Nordamerika.

Manch Kapital, was heute ohne Geburtsschein in den Vereinigten Staaten auftritt, ist erst gestern in England kapitalisiertes Kinderblut.

Das Protektionssystem (Schutz- und Begünstigungssystem) war ein Kunstmittel, Fabrikanten zu fabrizieren, unabhängige Arbeiter um ihr Eigentum zu bringen, die nationalen Produktions- und Lebensmittel zu kapitalisieren und den Übergang aus der altmodischen in die moderne Produktionsweise gewaltsam abzukürzen. Auf dem europäischen Festlande floß das ursprüngliche Kapital der Industriellen zum Teil sogar *direkt aus dem Staatsschatze.* „Warum", ruft Mirabeau, „so weit die Ursachen des Manufakturglanzes Sachsens vor dem Siebenjährigen Kriege suchen gehen? *180 Millionen Staatsschulden!"*

Kolonialsystem, Staatsschulden, Steuerwucht, Protektion, Handelskriege etc., diese Sprößlinge der eigentlichen Manufakturperiode schwellen riesenhaft während der Kinderperiode der großen Industrie. Die Geburt der letzteren wird gefeiert durch den großen herodischen *Kinderraub.* Die Kinder der Armen- und Waisenhäuser wurden scharenweis den Fabrikanten verschachert und halb durch lang anhaltende Arbeit bei Tag und Nacht zu Tode geschunden, halb ausgehungert. Mit der Entwicklung der kapitalistischen Produktionsweise ging nach und nach alles Schamgefühl der öffentlichen Meinung verloren. Man rühmte alles, was Kapitalvermehrung bewirkte, sogar den infamen Negerhandel.

Gleichzeitig mit Einführung der Kindersklaverei in Europa wurde in den Vereinigten Staaten die Negersklaverei verschärft, weil der Aufschwung der englischen Baumwollfabrik die Vermehrung der Baumwollproduktion nötig machte.

Die Scheidung der Arbeiter von Arbeitsmitteln zu vollziehen, auf der einen Seite die gesellschaftlichen Produktions- und Lebensmittel in Kapital und auf der andern Seite die Volksmassen in besitzlose Lohnsklaven („freie Arbeiter") zu verwandeln, ist Kunstprodukt der modernen Geschichte.

Wenn das *Geld,* nach Augier, „mit natürlichen Blutflecken auf einer Backe zur Welt kommt", so das Kapital *von Kopf bis Zeh aus allen Poren blut- und schmutztriefend.*

Worauf läuft also die ursprüngliche Kapitalmacherei hinaus? Soweit sie nicht unmittelbare Verwandlung von Sklaven und Leibeigenen in Lohnarbeiter, also *bloßer Formwechsel* ist, bedeutet sie nur *die Auflösung des auf eigener Arbeit beruhenden Privateigentums.*

Schlußbetrachtungen

Das Privateigentum des Arbeiters an seinen Produktionsmitteln ist die Grundlage des Kleinbetriebs, die notwendige Bedingung für die Entwicklung der gesellschaftlichen Produktion und der freien Individualität des Arbeiters selbst. Mit der Zeit aber steht der Kleinbetrieb der durch ihn selbst hervorgebrachten Entwicklung der Produktion im Wege; er muß der Großindustrie Platz machen. Diese kann keine zersplitterten Produktionsmittel brauchen, bedarf vielmehr der Konzentration derselben und führt daher eine solche herbei. Das zwerghafte Eigentum vieler geht in die Hände weniger über, und zwar unter schonungslosester Anwendung jeglicher Gewaltmittel.

Ist dieser Umwandlungsprozeß bis zu einem gewissen Grade vollzogen, dann beginnt eine neue Form der Beraubung der Privateigentümer, die durch die Gesetze der kapitalistischen Produktion selbst durchgeführt wird. Je ein Kapitalist schlägt viele tot. An die Stelle *vieler* kleiner Kapitalisten tritt eine immer kleiner werdende Anzahl *großer* Kapitalisten.

Gleichzeitig wächst die Masse des Elends, des Drucks, der Knechtung, der Verkümmerung und der Ausbeutung, *aber auch die Empörung* der stets anschwellenden und durch den Mechanismus des kapitalistischen Produktionsprozesses selbst geschulten, vereinten und organisierten Arbeiterklasse.

Das Kapitalvorrecht wird zur Fessel der Produktionsweise, die mit und unter ihm aufgeblüht ist. Die Konzentration der Produktionsmittel und die Vergesellschaftung der Arbeit erreichen einen Punkt, wo sie unverträglich werden mit ihrer kapitalistischen Hülle. *Sie wird gesprengt. Die Stunde des kapitalistischen Privateigentums schlägt. Die Aneigner fremden Eigentums werden enteignet.*

So wird das individuelle Eigentum *wiederhergestellt,* aber auf Grundlage der Errungenschaften der modernen Produktionsweise. Es *entsteht eine Vereinigung freier Arbeiter, welche die Erde und die durch die Arbeit selbst erzeugten Produktionsmittel gemeinsam besitzen.*

Die Verwandlung des zersplitterten Eigentums in kapitalistisches dauerte sehr lange, weil es sich hier um die Aneignung des Eigentums der Volksmassen durch wenige Gewalthaber handelte; rascher wird die Umwandlung des kapitalistischen Eigentums in gesellschaftliches sich vollziehen, weil es sich hierbei nur um die Verdrängung weniger Gewalthaber (Eisenkönige, Baumwollbarone und sonstige Schlotjunker wie auch Grund-Tyrannen) durch die Volksmassen handelt.

Die Leser werden durch die im Vorstehenden auszugsweise mitgeteilten Marxschen Ausführungen so weit belehrt sein, um zu erkennen, daß die kapitalistische Produktionsweise eigentlich nur eine Übergangsform ist, die durch ihren eigenen Organismus zu einer höheren, zur *genossenschaftlichen* Produktionsweise, zum Sozialismus führen *muß*.

Nichtsdestoweniger dürfte die Frage sehr nahe liegen: auf welche Weise zuletzt das gedachte hohe Resultat realisiert wird. Nun, es wird zwar die Fortentwicklung der kapitalistischen Produktion gleichsam im Sturmschritt darauf lossteuern, allein von selbst wird die reife Frucht der Menschheit nicht in den Schoß fallen; dieselbe wird vielmehr seinerzeit *gepflückt* werden müssen.

Ob die *allmähliche* Ablösung des kapitalistischen Eigentums oder die Wegnahme des Kapitals *mit einem Schlag* von der Gesellschaft beliebt werden wird, oder wie sonst die Umwälzung zu besiegeln und die Eröffnung einer neuen Kulturepoche zu vollziehen ist, wird sich eben zeigen und hängt von Umständen ab, die sich nicht voraussehen lassen.

Das aber steht fest, *daß jedenfalls das Volk im Vollbesitz der politischen Macht sein muß,* ehe es seine soziale Neugeburt bewerkstelligen kann.

Auch darf diese Machtvollkommenheit nicht etwa bloß darin bestehen, daß jedermann freies Stimm- und Wahlrecht besitzt, denn die „Freiheit" des „auf dem allgemeinen Wahlrecht beruhenden Staats" ist nur eine Lockspeise, womit bonapartistische und borussiakische Agenten leichtgläubige Gimpel fangen. Es muß vielmehr die *Selbstverwaltung* des Volkes an die Stelle seines Regiertwerdens treten.

Und das Volk wird sich eine solche politische Macht erobern, desto eher, je eher es das innere Wesen der heutigen Gesellschaft erkennt und je fester es das anzustrebende Ziel ins Auge faßt.

Jeder einzelne, welcher durchdrungen ist von der Überzeugung, daß die heutige Gesellschaft fallen und einer höheren, edleren Platz machen muß und *daß die arbeitenden Klassen* berufen sind, mittelst des allgewaltigen Hebels politischer Macht das jetzige Gesellschaftsgebäude aus den Angeln zu heben, darf und kann keinen andern Lebensberuf haben, als seine Prinzipien auch andern einzuimpfen, ohne Unterlaß die Werbetrommel zu rühren, um der roten Fahne, dem Symbol der allgemeinen Menschheitsverbrüderung, fort und fort Soldaten der sozialen Revolution zuzuführen und die glühendste Begeisterung für das anzustrebende Ideal in deren Herzen zu verpflanzen.

In Fabriken und Werkstätten, in den Dachstuben und Kellerwohnungen des Proletariats, in Gasthäusern und bei Spaziergängen, kurz, überall, wo Arbeiter sind, muß agitiert, von den Städten aufs flache Land muß die Erkenntnis getragen werden. Der Proletarier in der Bluse muß seinem Bruder im bunten Rock die Augen öffnen. Die Männer müssen ihre Frauen, die Eltern ihre Kinder in diesem Sinne unterrichten. Alle auf Volksknechtung abgesehenen, durch die Feinde der Menschheit künstlich erzeugten Vorurteile, wie z. B. der Nationalitätenschwindel, müssen verscheucht werden, und an deren Stelle muß die Bruderliebe treten, über die Grenzsteine und Fürstenkronen hinweg müssen sich die Arbeiter die Hände reichen und immer fester aneinander schließen, bis die *Internationale Arbeiterassoziation* eine vollzogene Tatsache ist.

Ist einmal das allgemeine Verbrüderungswerk durchgeführt, wer wollte dann den Völkern noch die Stirne bieten? Wer sollte sie hindern, kraft des geschichtlichen Rechts sich über alle sog. „erworbenen Rechte" hinwegzusetzen? Niemand. Nur so lange kann eine Klassenherrschaft bestehen, als sich ein Teil des Volkes zur Knechtung des andern Teils mißbrauchen läßt, d. h. solange *Massendummheit* herrscht. Bis diese geschwunden, müssen alle Vorwärtsstrebenden unter Aufgebot ihrer ganzen Kräfte Aufklärung verbreiten, und niemals darf abgelassen werden vom Kampfe, dessen Feldgeschrei lautet:

Proletarier aller Länder, vereinigt Euch!

Die Hölle von Blackwells Island

Der 2. Juni 1886 war einer jener herrlichen Sommertage, welche New York nur in beschränkter Zahl geniesst. Bei massiger Temperatur strahlte die Sonne in ihrem herrlichsten Glanze und eine leichte Brise wellte über der wasserreichen Landschaft. Es war ein Tag, so recht geeignet, in jedem Menschen den Gedanken zu erwecken: Das Leben ist doch schön!

Nachmittags 2 Uhr landete nach kurzer Fahrt der stolze Dampfer »Thomas S. Brennan« an Blackwells Island, einer Insel, welche zwischen Long Island und Manhattan Island gelegen ist, und die sich das New Yorker städtische Departement für »Charities and Corrections« zur Errichtung ihrer traurigen Institutionen ausersehen hatte.

Die dunkelste derselben präsentirte sich im Vordergrunde in massigem Gemäuer. Plump, scharfkantig, grau, felsenfest ragte die Penitentiary (Strafanstalt) empor. Dem Schiff entstiegen 3 Männer, mit Handschellen aneinander gefesselt und gefolgt von 2 Hülfssheriffs. Kein Wort wurde gesprochen während die kleine Gesellschaft dem Portal des Schreckenshauses entgegenschritt. Die 3 Gefangenen liessen ihre Blicke über die sonnenreiche Landschaft gleiten, als wollten sie ein letztes Mal für lange Zeit die Herrlichkeiten dieser Erde im Beschauen in sich saugen. In den Mienen der Büttel aber war so Etwas wie leise Schaam zu lesen, die sie ob des traurigen Berufs empfinden mochten, den sie da erfüllten, als sie, dem Gebote eines Criminal-Barbaren folgend, diese Männer einem Schicksal überlieferten, das einem Höllendasein gleichen sollte.

Schenck zu meiner Rechten, Braunschweig zu meiner Linken, so schritten wir drei »Staatsverbrecher« über die Schwelle des obgedachten, schauerlichen Baues.

Man führte uns in einen Baum, der halb einer Barbier-, halb einer Badestube glich. Da nahm man uns die Fesseln ab, befahl uns, Rock und Weste abzulegen, und ehe wir es uns versahen, hatten uns 3 Gefangene die Haare dicht an der Haut abgeschoren und den Bart mittelst längst ausgedientem Rasirmesser aus dem Gesicht geschunden. Wer mich kennt, wird sich vorstellen können, wie ich da ausgesehen habe. – –

Sodann mussten wir uns vollends entkleiden und ein eiliges Bad nehmen. Unsere Kleider schnürte man in Bündel und gab uns zunächst Hosen von ganz burleskem Aussehen, der Quere nach schwarz und weiss gestreift, als ob sie aus Zebrafellen erzeugt worden wären. Nachdem wir unsere Beine in diese sonderbaren Doppelsäcke gesteckt, gab man uns blau und weiss gestreifte Hemden, die wir aber noch nicht anziehen durften, sondern über den Rücken zu hängen hatten, wie die »wilden Männer« von ehedem Bären- oder Büffelhäute zu tragen pflegten.

So standen wir wohl eine halbe Stunde lang da bis die Oberbeamten kamen. Dann wurden die üblichen Personalfragen gestellt, bei deren Beantwortung insbesondere die Verneinung jeder Religionseigenschaft Aufsehen und Unwillen zu erregen schien. Man mass und wog uns und manipulirte überhaupt an uns herum, wie man früher auf den Sclavenmärkten mit den Negern zu verfahren pflegte.

Der Deputy Warden *Osborne* betrachtete unsere Rücken, wobei wir die Arme ausstrecken mussten. Diese Inspektion hatte den Zweck, unsere Muskelkräfte zu beurtheilen und darnach die Helotendienste zu bemessen, welche uns nun aufgegeben wurden.

Schenck wurde für geeignet befunden, Schusterwerke zu verrichten; *Braunschweig* erhielt den Auftrag, in der Tischlerwerkstatt anzutreten; mich fand man für tauglich, in der Schmiede zu arbeiten.

Der Warden *Pilsbury* machte uns sodann darauf aufmerksam, dass wir alle Befehle und Anordnungen unverweigerlich zu befolgen haben, widrigenfalls uns Einsperrung im Dunkelarrest nebst Hungerkur erwarte. Mir speciell wurde ein kleines Büchlein gegeben, aus welchem zu ersehen war, dass ich bei »guter Aufführung« 2 Monate vor Ablauf meiner Strafzeit entlassen werden könne. (Diese Bestimmung gilt nämlich nur für Strafen von mindestens einem Jahr).

Inzwischen waren diverse Reporter erschienen, welche uns wie frischgefangene Bären beschnüffelten und Notizen machten, um am nächsten Tage in den Blättern an uns, den völlig Wehrlosen, ihren schamlosen Spott und Hohn zu üben.

Nun konnten wir die Hemden anziehen und unsere Füsse in grosse Futterale aus hartem Leder stecken. Es sollten diese Dinger Schuhe sein, sie würden aber eher für Ochsen, als für Menschen, zur Fussbekleidung gedient haben.

Hernach verbrachte man uns nach dem eigentlichen Gefängnissgebäude, welches einen geradezu niederdrückenden Eindruck machte. Dasselbe besteht aus drei Flügeln, von denen jeder etwa 300 Gefangene beherbergen kann. In vier Stockwerken übereinander sind da lange Reihen kleiner Höhlen gleichsam in die Mauer der einen Seite eingelassen, die hievon etwa 25 Fuss abstehende andere Mauer hat ebenso viele kleine, schiessschartenartige Fenster, als ihr gegenüber Kerkerlöcher sind, welche auf solche Weise gleichsam indirekt mit ein wenig Licht versehen werden. Da jedoch die untere grössere Hälfte der Kerkergitter mit Eisenplatten beschlagen ist und der obere Theil derselben nur diverse Luftlöcher von je Quadratzoll hat, so herrscht stets Halbdunkel.

Nachdem man uns je 3 wollene Decken, eine Weste, eine Jacke und eine Mütze – letztere drei Gegenstände ebenso verrückt gestreift, wie die Hosen – verabfolgt hatte, wurden wir getrennt; Jeder hatte eine andere Abtheilung des Gefängnisses zu beziehen; Jeder wurde in einer der vorbemerkten Pferchen, Zellen genannt, eingeschlossen.

Ich hatte ja schon oft zuvor die Ehre, wegen meiner freiheitlichen Gesinnung und Neigung zur Wahrheit von den Bütteln einer tyrannischen »Ordnung« und verlogenen Moral hinter Schloss und Riegel verbracht zu werden; und es hatte sich meiner stets ein peinliches Gefühl bemächtigt, wenn ich meinen Fuss über die Schwelle eines Gefängnisses setzen und dabei bedenken musste, dass dasselbe auf so und so lange Zeit mir als »Wohnung« dienen sollte; allein etwas Aehnliches, wie dieses Loch, wohin mich hier die Schergen einer Republik gebracht, hatte ich denn doch auf den Macht gebieten des europäischen Despotismus nie *gesehen,* geschweige dass ich selbst davon umschlossen worden wäre. Ich befand mich ja in einem *Grabe* aus Stein und Eisen. Dasselbe hatte eine Länge von 7 Fuss, eine Breite von 3 und eine Höhe von 6 Fuss. An der Wand war ein eiserner Rahmen, der mit Segeltuch überspannt war, empor gestemmt. Das war die Lagerstätte, die durch einen Strohkopfpolster und die mitgebrachten groben Pferdedecken seine Vervollständigung fand, und, wenn herabgelassen, nahezu den ganzen Flächenraum in der Zelle ausfüllte. Auf dem Fussboden stand ein schmutziger hölzerner Kübel, dessen Deckel nicht passte und der in Folge dessen die spärlich bemessene Lebensluft verpestete. Dicht daneben stand ein kleiner, alter, verrosteter Becher aus Blech, worin sich angebliches Trinkwasser befand. An der Wand hing die Hausordnung, aus der ich ersehen konnte, dass in der Zelle weder geraucht, noch geschrieben, noch gesprochen, noch gesungen, noch gepfiffen werden dürfe, sowie, dass sich ein amerikanischer Gefangener überhaupt wie ein Hund benehmen müsse, wenn er nicht disciplinarisch bestraft werden wolle.

Alle sonstigen Gefangenen befanden sich auf ihren Arbeitsplätzen, das Gefängniss war wie ausgestorben und glich so mit seinen zahlreichen Grüften vollkommen einem Friedhof

Da stand ich denn am Gitter; ich hatte weder etwas zu lesen, noch sonst eine Möglichkeit, mich zu beschäftigen. Ganz und gar meinen eigenen Gedanken überlassen, bemächtigte sich meiner ein Gefühl von ungeheurer Bitterkeit, gemischt mit dem Hasse gegen Jene, welche mir diese Situation bereitet, verschärft durch das Bewusstsein absoluter Ohnmacht, zur Unausstehlichkeit gesteigert durch die Unmöglichkeit, mit irgend einer Menschenseele einen Austausch von Gedanken zu betreiben. Mechanisch schweiften meine Blicke durch das Gitter über den Vorplatz hinweg, wo sie in der schmalen Wasserlandschaft, welche das jenseitige Schiessscharten Fenster sichtbar machte, eine Art Ruhepunkt fanden. Da rauschten die Wellen, das Getöse einer Dampfmaschine wurde hörbar, und bald zog eines jener malerischen Excursionsboote vorbei, welche die Meeresarme, zwischen denen New York gelegen ist, zur Sommerszeit so lebendig machen. Alles wimmelte da von Menschen; es war eine schwimmende Welt im Kleinen; Gesang ertönte, lustige Musik schmetterte durch die Lüfte und heitere Paare drehten sich im Tanze. Einige Augenblicke später dehnte sich aufs Neue nur die graue Wasserfläche vor meinem Auge. Es schien, als ob ein boshafter Kobold Lebenslust und Freude, in ein wandelndes Tableau gedrängt, an mir vorbei geführt und so meine Lage mir drastisch vollends klar gemacht hätte. – –

Einem langen Abend folgte eine längere Nacht. Das Urtheil am Vormittag, der Transport am Nachmittag, die Isolirhaft am Abend hatten zusammen das Ihrige gethan, den Kopf genugsam zu beschäftigen, um den Schlaf auszuschliessen.

Am andern Morgen harrten meiner neue Ueberraschungen.

Etwa um 5 Uhr wurde es lebendig auf den Gängen. Die Sclaventreiber (Keeper) stürtzten von allen Seiten herbei und schlossen die Gitter auf. Mein Nachbar rief mir zu, ich sollte von innen die Thüre halten und leicht nach auswärts drücken. Bald darauf ertönte ein Glockenschlag und ein Gefangener rannte den Gang entlang, wobei er an jedem Gitter auf einen Knopf schlug und so einen Riegel hob, der durch den Druck von innen über eine Klammer geschoben wurde, so dass der Käfig offen stand. Ein weiterer Glockenschlag erfolgte. Auf dieses Signal hin stürtzten alle Gefangenen hastig heraus und formten eine Linie. Einer dicht hinter dem Anderen. Der Keeper commandirte; »Face this side!« Das bedeutete, dass Jeder seine Blicke nach ihm zu richten hatte. Hernach hiess es: »Head on!« Und nun begann ein unbeschreibliches Gezappel. Alle Beine mussten in gleichem Tempo bewegt werden, weil man sonst überhaupt nicht laufen konnte. Ich brachte das natürlich nicht fertig, wesshalb der Commandeur, ein gewisser *Metzler* (Deutsch-Amerikaner) – wie ich später herausfand, der ärgste Lümmel des ganzen Hauses – fluchte, wie ein preussischer Corporal. »Most«, sagte er, »ich dachte, Du seiest ein Rebellengeneral, aber Du kannst ja nicht marschiren!« – Nachdem man etwa 500 Schritte weit gezappelt war, hatte man den Waschplatz erreicht. Da standen mehrere grosse Bottiche voll Wasser und etwa 40 hölzerne, kleine Kübel. Auf Commando griff Jeder nach einem solchen Gefäss, füllte es mit Wasser und wusch sich. Es wurde hiezu indessen höchstens eine Minute Zeit gegeben. Kaum hatte man das Gesicht ein wenig nass gemacht, so hiess es auch schon wieder: »Back out!« An der Wand hängen – sage und schreibe – fünf Handtücher. Diese sollten den Gefangenen des ganzen sogenannten »alten Flügels« – 300 Mann – zum Abtrocknen genügen! – – Der Rückmarsch wurde genau so verrückt ausgeführt, wie der Auszug. Nachdem Jeder in seine Höhle getreten war, wurden die Gitter bis zur Klinke angezogen; dann ertönte das Commando: »Close!« worauf mit einem Schlag die Gitter von innen geschlossen wurden.

Mir kam das ganze Gebahren vor, als ob ich in eine Irrenanstalt gerathen sei, in welcher aber die Narren den Ton angaben. Denn so absurd mitunter die Schuhriegeleien waren, denen die gewöhnlichen »Verbrecher« europäischer Gefängnisse, welche ich kennen gelernt hatte, unterzogen wurden, ich selber war in der Regel davon verschont geblieben – eine derartige Chikanirerei, wie sie auf Blackwells Island herrscht, war mir eben noch niemals vorgekommen. Noch hatte ich aber erst den kleinsten Theil davon bemerkt.

Kurz nach 6 Uhr ging der Tanz aufs Neue los, Glockenzeichen, Gitterschlag, geschlossener Gänsemarsch, (Lockstep) Geschrei der Keeper Diesmal ging es zum Frühstück in den sogenannten »Messroom«. Derselbe ist zur gleichzeitigen Fütterung für 900 bis 1000 Gefangene eingerichtet. Zwei Reihen ganz schmaler Tische, hinter welchen sich noch schmälere Bänke befinden, dehnen sich da ähnlich den Betstühlen einer Kirche. Da setzt man sich aber nicht so ohne Weiteres nieder, sondern auch das, sowie das spätere Aufstehen, geschieht auf Commando. Das Frühstück bestand aus einem Stück Brod und einer Blechschüssel voll gelben Wassers. Letzteres sollte »Kaffee« vorstellen, Ersteres schmeckte, als ob es aus Sägemehl bereitet worden wäre. Etwa 5 Minuten müssen genügen, die Massenfütterung vorzunehmen. Eine Anzahl von Bütteln sitzt auf hohen Stühlen und passt auf, dass Niemand ein Wort spricht.

Ungefähr eine halbe Stunde nach Beendigung des »Frühstücks« erfolgte abermaliger Colonnen-Ausmarsch. Nun musste aber Jeder seinen Nachtkübel in der rechten und seine Mütze in der linken Hand halten. Letztere durfte erst beim Verlassen des Gebäudes aufgesetzt werden. Die Excursion ging nämlich nunmehr nach dem Flussufer. Da schwärmte jede Colonne dicht am Wasser aus. Auf Commando wurden die Deckel der Eimer geöffnet, auf ein weiteres Commando die Letzteren entleert. Dann hiess es wieder; »Close up!« Die Colonne schwenkte links im rechten Winkel bis zum Commando »Hold!«, welchem der Befehl »Down!« folgte, worauf Jeder seinen Eimer zur Erde setzte. Sodann trippelte und zappelte die Colonne unter beständigem Gebrüll des Keepers »Head on!« »Face this side!« »Close up!« etc. rechts im Bogen zum ganzen

Haufen, der jetzt, wie ein Bataillon Soldaten, in zwei Gliedern eine compakte Masse bildete, während die Keeper in regelmässigen Abständen eine eigene Linie bildeten. Diese Kerle hatten ausser geladenen Revolvern martialische Stöcke in den Fäusten und glichen Ochsentreibern oder sonstigen Thierbändigern.

Bald rief jetzt der Head Keeper Kennedey eine Anzahl Namen aus, denen ein für die Betreffenden gewiss sehr tröstliches »Time expired!« folgte. Die zu Entlassenden traten aus den Reihen; und gleich darauf fing ein dürres, schwindsüchtiges, bösartig aussehendes Männchen an, seine defecten Lungenflügel zu Strapaziren. Es war das der Deputy Warden Osborne. Mit krähender Stimme rief er die einzelnen Gewerbe auf, zu allererst die Blacksmiths, zu denen ja auch ich gehörte.

Meine Collegen und ich formten nun neuerdings eine separate Colonne, welche im unvermeidlichen Lockstep zur Schmiede marschirte. Dort angekommen, hiess mich ein Mann in Civilkleidern – der Boss Namens Conklin – meine Jacke ausziehen und mein ungewohntes Handwerk beginnen. Ich wurde an eine Bohrmaschine gestellt, die ein wegen Raufereien inhaftirter Corner Loafer in Bewegung setzte, während ich die Eisenstücke einzusetzen und den Bohrer zu ölen hatte.

Etwa 50 Mann waren in diesem Shop beschäftigt, die theils an den fünf vorhandenen Feuerherden, theils an Schraubstöcken etc. arbeiteten. Es wurden da Wagenbeschläge, Schlösser, eiserne Bettstellen, Gitter und dutzenderlei andere Dinge gemacht, wie sie von den städtischen Anstalten benöthigt waren.

Bald merkte ich, dass man hier gut aufpassen muss, wenn man nicht wie ein Hund behandelt sein will. Die Stimme des Boss war fast immer zu hören. Bald war er hier, bald da, immer raisonnirend, schimpfend, fluchend. Trotzdem ich von diesen Brutalitäten nicht selber betroffen wurde, war ich auf das Tiefste darüber empört; und der blosse Gedanke, dass ich auch einer solchen Behandlung ausgesetzt werden *könnte,* trieb mir das Blut zu Kopfe.

Kurz nach 12 Uhr Mittags schlug der Boss mit einem Hammer auf ein an einer Kette hängendes Stück Eisen.

Auf dieses Signal wusch Jeder seine Hände. Wer, wie ich am ersten Tage, kein eigenes Handtuch hatte, trocknete sich am Schnupftuch ab. Waschen und Trocknen musste jedoch in eiliger Hast geschehen, denn schon eine Minute nach dem obgedachten Hammerschlag ward der Befehl gegeben, sich zum Abmarsch aufzustellen. Von einer gründlichen Reinigung der russigen und öligen Hände konnte also keine Rede sein, ein Umstand, welcher meinerseits bald umso unangenehmer empfunden wurde, als ich im Esszimmer eine Art Urzustand antraf, Messer und Gabeln gab es da nämlich nicht; man griff einfach wesentlich mit den Fingern zu. – –

Der Marsch zum und vom Mittagstisch unterschied sich natürlich in Nichts von den sonstigen Paraden – immer der gleiche Affentanz. Die Kost bestand an diesem Tage aus Brod, Suppe und Fleisch. Letzteres war leider von einer Qualität, welche eher Rindsleder, als etwas Anderes, dahinter vermuthen liess. Einschaltend will ich hier gleich bemerken, dass ein solches Mittagbrod alle Wochen viermal vorgesetzt wurde; zweimal gab es Bohnen und Salzfleisch, das man rein fasernweise mit den Zähnen herunterzerren musste, so zahe war es. Am schlimmsten sah es aber an Freitagen aus. Da gab es warmes Wasser und Brod, denn die sonstigen Gerichte waren für Jeden *absolut ungeniessbar.* Kalte verfaulte Kartoffeln und stinkige Salzfische, welche Einen durch ihren blossen Geruch und durch ihr ekelhaftes Aussehen hätten krank machen können, schämte man sich nicht, den Leuten nach schwerer Arbeit vorzusetzen. Ich habe in keinem anderen Gefängniss eine solche bodenlose Gemeinheit angetroffen! – –

Im Messroom verweilt man in der schon angedeuteten eingepferchten Form von 12 bis 1 Uhr. Man soll da weder sprechen, noch schlafen und kommt sich deshalb vor, wie ein eingesalzener Häring in der Tonne.

Nachmittags kamen etwa 20 »vornehme« Tagdiebe in den Shop und stellten sich um mich her auf. Es waren das lauter Prominenzen, die den gefangenen Anarchisten einmal in Augenschein nehmen wollten. Die Kerle grinsten vor Vergnügen. Ohnmächtig, musste ich auch diese Gemeinheit über mich ergehen lassen. Ich konnte lediglich thun, als bemerkte ich das Gesindel gar nicht. In meinem Innern aber regte sich der Wunsch, dass sich das Blättchen recht bald wenden möge, damit das Hohnlachen auf anderer Seite sei.

Abends um 5Â½ Uhr war das Tagwerk vollbracht. Man marschirte in der mehrfach beschriebenen verrückten Weise nach dem Vorplätze, wo, wie am Morgen, *alle* Gefangenen eine Colonne in zwei Gliedern bildeten. Dann rief man die einzelnen Stationen auf, und der Einmarsch erfolgte, wie der Ausmarsch in der Frühe. Das Abendbrod, eingenommen im Messroom, glich genau dem Frühstück. Endlich ging es in den Stall.

Ein Tag, ein langer, langer Tag war vollbracht. Vor mir lag noch eine ganze Reihe solcher Tage. Und in der That glich da ein Wochentag dem andern auf ein Haar. Der Mensch wurde zum Bestandtheil eines Uhrwerks. Eine Abweichung von der Alltäglichkeit fand nur am Sonnabend Nachmittags und Sonntags statt, indem da nicht gearbeitet wurde, wohingegen man diese ganze Zeit über in dem elenden Kerkerloch weilen musste. Der Aufenthalt in diesen schändlichen Käfigen wirkte auf Jeden ungefähr so, wie das längere Verweilen im Zwischendeck eines Auswanderungsschiffes. Man athmete stets erleichtert auf, wenn man am Montag wieder zur Arbeit getrieben wurde.

Allerdings gab es am Sonntag eine kleine Zerstreuung – in der Kirche. Davon konnten aber meine beiden Genossen und ich natürlich keinen Gebrauch machen, obwohl Einer der Pfaffen, die da ihr Blech zu schmieden pflegten, es nicht an Extraeinladungen fehlen liess! »Ich glaube ja gerne«, sagte derselbe eines Sonntags am Zellengitter zu mir, »dass Sie nicht zu bekehren sind; aber Sie sollten doch der *Abwechselung* halber zur Predigt kommen«. Umsonst! Etliche Wochen später wiederholte er seine Verlockungen. Diesmal setzte er hinzu: »Ich werde es *kurz* machen!« – Wieder wartete er eine Weile. Bei seinem dritten und letzten Versuche, mich nach der Gottesherberge zu bauernfängern, kam er mit der Neuigkeit, dass »zwei feine, hübsche Sängerinnen auftreten werden«. Als auch das nicht zog, gab er, scheint es, jede Hoffnung auf und überliess mich meinem Höllenschicksal.

Zur anderweiten geistigen Anregung gibt man den Gefangenen Bücher aus einer Bibliothek, wie sie armseliger kaum bei einem deutschen Dorfschulmeister angetroffen werden dürfte. Ausserdem kann sich Jeder Schundromane und dergleichen durch etwaige Freunde schicken lassen. Dagegen sind Zeitungen strikte verboten. Letztere Anordnung ist offenbar darauf berechnet, die allgemeinste Ignoranz zu fördern, intelligentere Menschen auf jene viehartige Stufe herabzudrücken, welche die Erfinder solcher Unmenschlichkeiten und mehr noch die Executoren derselben einnehmen.

Ist ein Insasse dieses Zuchthauses hinsichtlich seiner Lektüre solchermassen zur Entbehrung des Allernothwendigsten verdammt und gewissermaasen in seiner Geistesnahrung auf Wasser und Brod angewiesen, so wird sein Reflexionsvermögen sozusagen gänzlich unter Verschluss gebracht. Nur alle 4 Wochen darf Jeder einen harmlosen (familiären) Brief schreiben, zu welchem Behufe er ein kleines Stück Papier erhält. Im Uebrigen sind Schreibmaterialien total verpönt – gerade wie bei den Wilden. Diese republikanischen Strafbarbaren scheinen die Entwicklung der intellectuellen Kräfte des Menschen für gefährlich und die Idiotisirung ihrer Opfer für gemeinnützig zu halten. Oder befürchten sie vielleicht, dass ohne eine solche systematische Entmenschung der Gefangenen dieselben nicht so leicht »rückfällig« werden und damit das Büttelgeschäft schädigen könnten? Ich bin sehr stark geneigt, Solches anzunehmen.

Monatlich einmal ist der Empfang von Besuchern erlaubt. Die Letzteren werden alle gleichzeitig in den Messroom gelassen, die Gefangenen im Gänsemarsch und Lockstep vorgeführt. In etwa 20 Minuten ist das ganze »Vergnügen« vorbei, und die Sträflinge müssen, nachdem sie vom Scheitel bis zur Zehe gründlich betastet und beschnüffelt worden, in ihre Bärenhöhlen zurück kehren. Da bei diesen Gelegenheiten jeder Gefangene, welcher eine Unterredung mit Freunden hatte, gleichzeitig den Blicken *sämmtlicher* Anwesenden ausgesetzt wurde, wohlgemerkt, in dem schon seizzirten scheuslichen Anzüge und mit der von stumpfen Messern zerschundenen Fratze – ich sah beispielsweise aus, wie ein maskirter und blessirter Chimpanse, – so wird das Ehrgefühl eines Jeden in der denkbar empfindlichsten Weise mit Füssen getreten. Es ist, als ob man so eine allgemeine Schamlosigkeit und Selbstverachtung erzeugen wollte.

Mit *diesen* Schaustellungen war aber das moralische Spiessruthenlaufen, das uns zugedacht worden, nicht erschöpft. Beinahe täglich kamen Dutzende von reichen Bummlern beiderlei Geschlechtes, welche sich den Spass erlaubten, sich die Sträflinge im Allgemeinen, uns drei Anarchisten aber im Besonderen zeigen zu lassen. Da ohne Zweifel bei diesen Schaustellungen für die Büttel Trinkgelder abfielen, so bildeten sie sicherlich eine nicht unbeträchtliche Quelle von Nebeneinnahmen. Ich bin überzeugt, dass eine solche bodenlose Gemeinheit, wie sie in diesen Ausstellungen Gefangener liegt, selbst im uncivilisirtesten Despotenstaate Europas nie und nimmer vorgekommen ist. Der hartgesottenste Tyrannenknecht würde sich bis unter die Haarwurzeln hinein schämen, wenn er auch nur auf den Gedanken käme, mit wehrlosen, geplagten Menschen einen solchen Sport zu treiben, welcher an die öffentlichen Henkereien des Mittelalters erinnert. In dieser sauberen »Republik« von Nordamerika findet man eine solche Rohheit ebenso wenig anstössig, wie die ebenfalls landesüblichen Hunde-, Hahnen- und Boxer-Kämpfe. Thier- und Menschenquälereien sind da sittliche Genüsse. Die Augenweide an den Heloten einer wahnwitzigen Justiz versteht sich bei solcher Verkommenheit nicht minder von sich selbst.

Niemand kann die Despoten Europa's gründlicher hassen, als ich; Niemand kann die unter deren Herrschaft existirenden Zustände entschiedener verachten, als ich; wenn ich aber in einer *Republik* Verhältnisse vorfinde, welche alle Ungeheuerlichkeiten der europäischen Tyrannei weit in den Schatten stellen, so sage ich: Eine solche Republik hole der Teufel!

Dank meiner zähen Natur habe ich alle Schuftereien, denen man mich auf Blackwells Island aussetzte, ertragen, ohne – von einer Abnahme um elf Pfund Fleisch abgesehen – körperlichen Schaden zu leiden. Meine beiden Schicksalsgenossen erfreuten sich ebenfalls einer stetigen Gesundheit. Und so hatten wir es glücklicher Weise nicht nöthig, Experimentirobjecte für Doctors-Lehrbuben abzugeben. Die Krankenpflege dieser Strafanstalt spottet nämlich jeder Beschreibung. Wer sich unwohl fühlt, hat sich in der Mittagsstunde und zwar *vor* dem Essen zu melden. Diese schöne Anordnung bringt es mit sich, dass die Krankgemeldeten um dreiviertel Stunden später gefüttert werden, als die Gesunden, und dass deren inzwischen auf dem »Tische« stehende Kost, namentlich zur Winterszeit, wo in dem Messroom eine Eisbahn-Temperatur herrscht, total kalt wird. Zunächst haben die der ärztlichen Hülfe Bedürftigen sich im Gefängnissgange aufzustellen, wo dann eine Anzahl junger Bengel, welche im benachbarten Armen-Hospital das Geschäft der Medizinal-Abmurksung zu erlernen suchen, an den Kranken herum klopfen, horchen, fühlen und so weiter, in der Regel aber wie die Ochsen vor dem Berge stehen. So viel ich in Erfahrung bringen konnte, operiren diese Viehdoctoren, wie sie nicht mit Unrecht seitens der Gefangenen genannt werden, wesentlich mit viererlei Universalmitteln, nämlich mit einer Art Arzenei, welche weder nützen, noch schaden kann, mit Pillen, mit Pflastern und mit Colodium. Mitunter wollte ein Gefangener die Pillen oder die Brühe nicht verschlucken; flugs wurden die Betreffenden auf Anordnung der Kurpfuscher in den Dunkelarrest geworfen! – Jeden Tag passirte es auch, dass Leute, denen jeder Laie auf zehn Schritte ansehen konnte, dass sie einer Behandlung im Lazareth bedürfen, von den angehenden Quacksalbern für gesund erklärt und in die Werkstatt zurück gesandt wurden. »Man kommt hier nicht eher in's Hospital«, pflegten die Gefangenen zu sagen, »als bis man seinen Todtenschein in der Tasche hat«.

Schlimmer, als die physisch Leidenden, sind in diesem Zuchthause die Geisteskranken daran. Da es offenbar eine reine Glückssache ist, wenn der Mensch unter den scandalösen Verhältnissen dieser Peinigungs-Anstalt *nicht* verrückt wird, so sind natürlich Geistesstörungen nichts Seltenes. Die Unglücklichen, welche von einem solchen Missgeschick betroffen wurden, hatten nur zu gewärtigen, dass sie von den Doctorsbuben, sowie auch von den anderen Schindersknechten der Penitentiary mit Rohheiten und Teufeleien aller Art heimgesucht wurden. Da war z. B. ein junger Deutscher, ein Musiklehrer, welcher in vollkommen normalem Zustande auf Blackwells Island ankam, alsbald in einer für Jedermann ersichtlichen Weise geistesgestört geworden. Selbstverständlich vermochte er in diesem Zustande den schon beschriebenen unsinnigen Disciplinar-Vorschriften nicht nachzukommen. Die Folge war, dass er für jedes Vergehen in's dunkle Loch kam. Das passirte ihm alle Wochen ein- oder zweimal, stets auf mindestens 24 Stunden. Oft jammerte und weinte der durch solche Misshandlungen immer entschiedener zum Idioten werdende Mensch in der kläglichsten Weise wie ein unbeholfenes Kind. Das hatte wiederum zur Folge, dass die Keeper und sonstige Büttel den Unglücklichen verhöhnten, hin- und herschleuderten oder gar mit Faust- und Stockhieben traktirten. Mehr als einmal habe ich ihn mit blutigem Gesicht gesehen. Die »Doctoren« dagegen erklärten dieses Opfer einer ausgesuchten Bestialität stets für gesund und zurechnungsfähig. Eines Tages beschlossen sie sogar, sich mit dem armen Teufel einen Extra-Jux zu erlauben. Sie gaben ihm eine grosse Quantität Abführmittel ein und sperrten ihn in eine Zelle, um sich von der Wirkung ihres Medicamentes leichter überzeugen zu können, die dann auch nicht ausblieb. Die Verüber dieses Bubenstreiches und die Büttel, welche davon Kenntniss hatten, bekamen fast die Lachkrämpfe vor Vergnügen über diesen »Spass«! –

In dieser Abhandlung war schon mehrmals von Dunkelarrest die Rede. Derselbe ist von der gleichen Grösse, wie die übrigen Pferchen, nur befindet sich keine Lagerstätte darin und statt des Gitters ist eine dichtschliessende eiserne Thüre angebracht. Wenn diese zugemacht wird, herrscht in dem engen Loch absolute Dunkelheit. Da kein Luftzuzug stattfindet, der Nachteimer aber die ganze Höhle alsbald total verpestet, so ist es ein Wunder, dass nicht Jeder darin rasch erstickt. An ein Schlafen auf dem harten Fussboden ist natürlich nicht zu denken. Dazu kommt die Qual von Hunger und Durst. Denn es wird nur nach Ablauf von je *24* Stunden 1/4 Pfund Brod und ein halbes Pint Wasser verabreicht. Nur wer mehr als fünf Tage im Dunkelarrest zu sitzen hat, bekommt am sechsten Tage eine warme Mahlzeit. Verschärft kann diese Strafe noch dadurch werden, dass man den davon Betroffenen die Jacken und Schuhe fortnimmt und Ketten an die Beine schmiedet. Und, wohl gemerkt, diese Einsperrung im Dunkelarrest hat man für die geringsten Kleinigkeiten, welche für subordinationswidrig befunden werden, zu erwarten. Wer aus dem Schritt kommt, beim Verlassen des Messrooms seinen Löffel vergisst, auf den Boden spuckt, nicht das Gesicht nach Commando rechts oder links dreht, schwätzt oder seine Arbeit vernachlässigt etc., ist dem Dunkelarrest verfallen. In schweren Fällen wie beim Herausschmuggeln von Briefen, Einschmuggeln von Zeitungen, bei Widersetzlichkeit, Fluchtversuch u. s. w., kommt man niemals unter dreitägigem Dunkelarrest davon.

Ein Gefangener, welcher in der Schuhmacherwerk statt beschäftigt war, an deren Spitze ein wahrer Giftmolch als Büttel figurirt, hatte eines Tages das Verbrechen begangen, mit einem anderen Sträfling zu sprechen. Dafür sollte er nun zur Strafe gezogen werden. Der Gefangene näherte sich dem Shoptyrannen demüthig und wollte ihn um Nachsicht bitten, dieser aber stiess ihn mit rauher Hand von sich. Da riss dem so Traktirten die Geduld, und ehe man es sich versah, hatte der Schuster-Boss zwei dunkelblaue Augen weg. Nun die Folge! Der Deputy Warden *Osborne* prügelte den Gefangenen mit einem Rohrstock durch, liess ihm auf fünf Monate schwere Ketten an die Beine schmieden und sperrte ihn zwei Wochen lang in den Dunkelarrest. Als dieser Gefangene denselben wieder verliess, sah er aus wie ein Todtengerippe; und nur mit Mühe vermochte er sich fortzuschleppen! – – Aehnliche barbarische Abstrafungen haben während meines Aufenthaltes in der Penitentiary öfters stattgefunden.

Wer von irgend einer Disciplinarstrafe betroffen wird, verliert ausserdem auf mindestens vier Wochen die Befugniss, sich Esswaaren schicken zu lassen, zu correspondiren und Freunde zu sehen. Für Solche, welche zu einem Jahre und darüber verurtheilt sind, und die nach dem Gesetze bei »guter Aufführung« einen bestimmten Theil ihrer Strafzeit nachgelassen bekommen sollen (im ersten Jahre zwei, im zweiten drei Monate u. s. w.), ist damit gleichzeitig eine relative Verlängerung ihrer Straftermine, verknüpft. Jener Gefangene, von welchem ich soeben sprach, verlor zum Beispiel seine ganze Nachlasszeit, welche in seinem Falle volle acht Monate ausmachte.

Beständig gewärtig sein zu müssen, dass die Peitsche der Disciplinirung Einem auf den Rücken saust, das ist natürlich eine Sache, welche die ganze Situation, in welcher man sich ohnehin keine Minute wohl zu fühlen vermag, zu einer grauenvollen gestaltet, zumal, wenn man, wie ich, täglich in der mannigfaltigsten Weise die Hausordnung heimlich übertrat.

Es gibt gewisse Gründe, welche mich augenblicklich noch abhalten, mein diesbezügliches Thun und Lassen genauer darzustellen, obgleich das nicht wenig interessant wäre. Ich bemerke nur, dass ich während meiner letzten Gefangenschaft, so gut, wie im Laufe früherer Haftperioden, der Partei gedient habe, so weit das nur immer meine freie Zeit und die Gelegenheit zum Schmuggel gestatteten. Da ich grosse Erfahrungen hinter mir hatte, so vermochte ich das fertig zu bringen, ohne dass man mich je dabei erwischte, ja, ohne dass ich auch nur verdächtig wurde. Desshalb kam ich auch ohne Disziplinarstrafe davon und galt sogar als ein »guter Gefangener«. – –

Für Menschen mit stark ausgeprägtem Ehrgefühl hat übrigens der Aufenthalt in diesem Zuchthaus eine noch viel peinlichere Seite, als diejenige ist, welche in der rohen Behandlung durch die Büttel besteht.

Das Schlimmste ist das völlige Aufgehen unter einem Rudel verkommen er Subjecte.

Wir Anarchisten sind gewiss die Letzten, welche auf sogenannte gemeine Verbrecher Steine werfen, denn wir erblicken in denselben nur Produkte elender sozialer Verhältnisse. Damit werden aber diese Produkte selbst nicht besser als sie eben sind; am allerwenigsten kann Unsereiner Lust empfinden, sie zu Gesellschaftern auszuwählen. Nun, hier, in der Penitentiary wurde ich zwangsweise zum Kameraden dieser Gestalten der Gosse und der Spelunke gemacht. Und die Burschen gebärdeten sich nicht nur sehr »collegialisch« mir gegenüber, sondern sie erlaubten sich mit mir auch allerlei »Spässe«. Dass sie mir Esswaaren, Tabak und dergleichen – oft aus der Tasche herausstahlen, hätte ich gerne verschmerzt. Dass ich mich dagegen den schändlichsten Insulten solcher Kerle gar häufig ausgesetzt sehen musste, – das war bitter.

Mein schon erwähnter Gehülfe an der Bohrmaschine pflegte oft zu Anderen zu sagen: »Wenn ich diesen Kerl (mich meinte er) ansehe, so komme ich mir vor, wie ein Drehorgelspieler, der einen Affen bei sich hat«.

Meine anfänglichen Versuche, solche Redensarten mir zu verbitten oder Moral zu predigen, hatten nur bestialischere Ausbrüche zur Folge: »Verfluchter deutscher Hund!« »Verrückter Anarchist!« Das waren noch die gelindesten Beschimpfungen, welche es da regnete.

Vor meinen Ohren redeten die Kerle oft mit einander über mich. Ich greife das Wesentlichste aus diesen Conversationen heraus. »Der hält sicher keine Rede mehr«, sagte der Eine. »Doch, doch«, rief der Andere. »Der Lump macht ja Geld mit seinem Blödsinn und beschwindelt arme Leute«. »So einen Schuft sollte man eigentlich hängen«, warf ein Dritter ein. Ein Vierter bemerkte: »Wenn er hier fertig ist, schafft man ihn ja nach Chicago; da wird man es ihm schon besorgen«, »O, wenn ich doch den Strick dabei anziehen könnte!«, liess sich ein Fünfter vernehmen. Und so weiter mit Grazie.

Ein für mich zulässiges Mittel, diesen Infamien ein Ende zu bereiten, gab es nicht. Ich konnte freilich mich beklagen und diese Menschen in den Dunkelarrest bringen, allein mein anarchistisches Princip verbot mir, so zu handeln. Ich hätte die Burschen züchtigen können – um mir selber Dunkelarrest nebst Kettenstrafe etc. zuzuziehen! – Es gab Nichts, als Stoicismus, ein scheinbar taubes Ohr, welch es da am Platze war. – –

Was diese Menschen unter sich redeten, liess in einen wahren Abgrund von Demoralisation und Verworfenheit blicken. Die Sprache war ekelhaft gemein, der Gesprächsstoff in der Regel criminell. Bedenkt man dann noch, dass in diesem sauberen Zuchthause ganz junge Burschen (Knaben) mit ergrauten, hartgesottenen Verbrechern in engste Berührung gebracht werden, so kann man sich vorstellen, von welcher Art die »Correction« ist, welche die New Yorker Penitentiary zu Stande bringt. In dieser Beziehung ist diese Strafanstalt einfach eine Spitzbuben-Universität. Was da die schlechte Gesellschaft nicht zu Stande bringt, das thut die Brutalität der Büttel. Jeder Pädagoge weiss ja längst, dass man durch eine niederträchtige Behandlung keinen Menschen bessern, wohl aber verbittern und gänzlich verstockt machen kann.

Natürlich gab es unter den Gefangenen auch weisse Raben – arme Teufel, die gesetzlicher Blödsinn, meineidige Rachgier oder schwarze Niedertracht in's Verderben schleuderte. So lernte ich unter Anderem einen baierischen Bierbrauer kennen, der von untadelhaftem Charakter war. Drei Raufbolde hatten ihn eines Tages überfallen; er vertheidigte sich mit einem kurzen

Knüppel und schlug seine Angreifer in die Flucht. Dafür bekam er zwei und ein halb Jahre Zuchthaus aufgebrannt. –

Wie ein Mensch, wenn er nicht von ganz starker Willenskraft ist, auf Blackwells Island moralisch verkommen muss, so ist er daselbst der Gefahr ausgesetzt, leiblich ein Schwein zu werden. Kein Gefangener bekommt Taschen- oder Handtücher geliefert; wenn er solche nicht selber hat, so wird er bald total verschmutzen. Im Sommer bekommt man auch keine Strümpfe. Ebensowenig existiren da Betttücher. Man schläft immer in den nämlichen wollenen Decken, welche höchstens alle sechs Monate – nicht etwa gewaschen, sondern bloss ausgeschüttelt werden. Da die Decken grau sind, kann man den Schmutz, der daran haftet, wenig beobachten; besieht man aber seine Beine etc., so merkt man bald, wie es in dieser Hinsicht steht. Die Art und Weise des Waschens habe ich bereits gekennzeichnet. Bäder, wie sie in jedem europäischen Gefängniss periodisch den Gefangenen gewährt werden, hält man da, trotz aller sonstigen Sauerei, für gänzlich überflüssig. Dass unter solchen Umständen Mancher verlaust, kann nicht in Erstaunen setzen. Wanzen gibt es in den Zellen massenhaft und zur Sommerszeit finden sich darin sogar Tausendfüssler ein, deren Bisse sehr schmerzhaft sind und Anschwellungen verursachen. Dabei ist noch zu bemerken, dass in vielen der Eingangs dieser Skizze geschilderten kleinen Kerkerlöcher je *zwei* Gefangene, die in einem Abstand von etwa drei Fuss übereinander liegen, untergebracht sind. Das ist eine Einrichtung, welche neben anderen üblen Folgen auch noch die Begünstigung unnatürlicher Laster mit sich bringt.

Im Winter sind die elenden Löcher so kalt wie Hundehütten. Es werden nämlich nur die Gänge geheizt und zwar mittelst gewöhnlicher Oefen. Sechs Oefen sollen einen ganzen Flügel mit dreihundert Zellen erwärmen! Anderwärts existirt Dampf- oder Luftheizung; hier, wo die ohnehin schon sehr angenehme amerikanische Winterkälte noch durch die beiden Wasserstrassen, welche die schmale Insel bespühlen, verschärft wurde, sollte die deutbar altmodischeste Heizmanier genügen. Eiskalte Füsse und demgemäss ein chronischer Stockschnupfen verstanden sich da ganz von selbst.

Wie mit der Heizung, stand es mit der Beleuchtung. Auf jedem Gang mit vier übereinander liegenden Reihen von je 32 Zellen brannten 4 Gasflammen, welche indessen um 8 1/2 Uhr Abends zu ganz kleinen Fhimmchcn reducirt wurden.

Das Verhältniss der Beamten zu den Gefangenen ist in diesem Zuchthause ungefähr mit dem Verhältniss von Viehtreibern zu Ochsen oder Schweinen zu vergleichen. Es besteht da einfach *gar kein* Verkehr. Nur wenn einem Gefangenen Grobheiten zu machen sind, wird zu ihm gesprochen, sonst würdigt man ihn keines Blickes; er gilt weniger als ein Stück Vieh. Uns Dreien ging es nicht besser, als allen Anderen. Am ersten Sonntag, kam der Deputy Warden in Begleitung eines Commissionärs an meinen Käfig. Er sagte, ich solle angeben, ob ich irgend welche Beschwerden vorzubringen hätte, »Meine Beschwerde, sagte ich, geht dahin, dass es mir in diesem republikanischen Gefängniss tausendmal schlechter geht, als in irgend einem europäisch-monarchischen Kerker, insbesondere dass ich hier wie der gemeinste Verbrecher und nicht wie ein politischer Gefangener behandelt werde«.

Der Deputy Warden bemerkte indignirt: »Hier werden Alle *gleich* behandelt«. »Mindestens«, erwiderte ich, »sollte man auf meine Gesichts-Entstellung Rücksicht nehmen und das allwöchentliche Rasiren unterlassen«. Da ergriff der Commissär das Wort, indem er sagte: »Das wäre ja gegen die Hausordnung«. Die Kerle verzogen sich.

Später habe ich dem Warden *Pilsbury* zu Gemüthe geführt, dass es ein Scandal sei, mich zu rasiren und damit dem Spott der Gefangenen, mehr noch dem der »vornehmen« Besucher preiszugeben. Erst wollte auch dieser Henkersknecht nichts von der Sache Wissen. Schliesslich aber gab er doch den Befehl, dass ich während der letzten vier Monate meiner Einkerkerung nicht mehr rasirt werden sollte.

Endlich, am 1. April, war die Quälerei vorbei. Um manche Erfahrung reicher, »ungebessert« und mit bitterem Hass im Herzen, kehrten wir in die Welt zurück. Wir werden unsere Pflicht zu erfüllen wissen.

John Most,
  167 William Street.

Die Gottespest und andere Schriften

Unter allen Geisteskrankheiten, welche »der Mensch in seinem dunklen Drange« sich systematisch in den Schädel impfte, ist die Gottespest die allerscheuslichste.

Wie Alles eine Geschichte hat, so ist auch diese Seuche nicht ohne Historie; nur schade, dass es mit der Entwickelung von Unsinn zum Verstand, wie sie im Allgemeinen aus dem Historismus oft gefolgert wird, bei dieser Art Geschichte ganz gewaltig hapert. Der alte Zeus und sein Doppelgänger, der Jupiter – das waren noch ganz anständige, fidele, wir möchten sagen gewissermassen aufgeklärte Kerle, verglichen mit den jüngsten Drillingssprossen am Stammbaume der Götterei, welche sich, bei Licht besehen, an Brutalität und Grausamkeit getrost mit Fitzliputzli messen können.

Wir wollen übrigens mit den pensionierten oder abgesetzten Göttern überhaupt nicht rechten, denn die richten keinen Schaden mehr an. Die noch amtierenden Wolkenverschieber und Höllen-Terroristen des Himmels aber wollen wir dafür desto respectloser kritisieren, blamiren und abführen.

Die Christen haben einen dreifältigen Gott; ihre Vorfahren, die Juden, begnügten sich mit einem einfältigen. Sonst sind beide Gattungen eine recht heitere Gesellschaft. »Altes und neues Testament« bilden für sie die Quellen aller Weisheit; daher muss man diese »heiligen Schriften« wohl oder übel lesen wenn man sie durchschauen und verlachen lernen will.

Greifen wir nur die »Geschichte« dieser Gottheiten heraus, so genügt das eigentlich schon zur Charakteristik des Ganzen vollkommen. In kurzem Abriss ist die Sache nämlich die:

»Im Anfang schuf Gott Himmel und Erde.« Er befand sich mithin zunächst im allgemeinen Nichts, wo es allerdings nüchtern genug ausgesehen haben mag, um sich als Gott darin zu langweilen. Und da es für einen Gott eine Kleinigkeit ist, aus Nichts Welten hervor zu zaubern, wie ungefähr ein Taschenspieler Hühnereier oder Silberthaler aus dem Aermeln schüttelt, so »schuf« er »Himmel und Erde.« SPÄTER drechselte er »Sonne, Mond und Sterne« zurecht. Gewisse Ketzer, so man Astronomen nennt, haben zwar längst festgestellt, dass die Erde weder Mittelpunkt des Universums ist, noch je gewesen sein kann, noch überhaupt zu existiren vermochte, bevor die Sonne, um welche sie sich dreht, da war. Diese Leute haben nachgewiesen, dass es ein reiner Blödsinn ist, von »Sonne Mond und Sternen« und *daneben* von der Erde zu reden, als ob dieselbe, verglichen mit Ersteren, etwas ganz Spezielles und Uebergewichtiges wäre. Sie haben es längst jedem Schulbuben eingepaukt, dass die Sonne auch nur ein Stern, die Erde aber ein Trabant der Sonne, der Mond sozusagen ein Untertrabant der Erde ist, nicht minder, dass die Erde, verglichen mit dem Weltganzen, weit entfernt, eine hervorragende Rolle zu spielen, umgekehrt kaum wie ein Sonnenstäubchen sich ausnimmt.

Was hat sich ein Gott um Astronomie zu kümmern? Er macht, was er will und pfeift auf Wissenschaft und Logik. Aus diesem Grunde hat er auch nach seiner Erdenfabrikation zuerst das Licht und HERNACH die Sonne gemacht. Selbst ein Hottentotte kann heutzutage einsehen, dass ohne Sonne auf der Erde kein Licht sein kann; aber Gott – hm! der ist ja kein Hottentott.

Aber hören wir weiter! Die »Schöpfung« war so weit ganz gelungen, aber es war immer noch kein rechtes »Leben in der Bude.« Der Schöpfer wollte sich amüsiren. Daher machte er endlich Menschen. Er wich dabei merkwürdiger Weise ganz von seiner zuvor angewandten Praxis ab. Statt diese »Schöpfung« durch ein einfaches »Es werde!« zu bewerkstelligen, machte er ungemein viele Umstände beim »Schaffen.« Er nahm eine ganz prosaischen Lehmkloss zur Hand, modellirte daraus »nach seinem Ebenbilde« eine Mannesfigur und »blies derselben eine Seele ein.« Da aber Gott allweise, gütig, gerecht, kurzum die Liebenswürdigkeit selber ist, so leuchtete ihm ein, dass dieser Adam, wie er sein Fabrikat nannte, sich allein ungemein langweilen dürfte. (Vielleicht erinnerte er sich dabei an sein vormaliges langweiliges Dasein im Nichts). Und so erzeugte er denn eine ganz nette, reizende Eva. Hier hatte ihm indessen offenbar die Erfahrung gelehrt, dass die Bearbeitung von Lehmklössen eben doch für einen Gott ein gar zu unreinliches Geschäft sei, weshalb er eine neue Fabrikationsmethode in Anwendung brachte. Er riss dem Adam eine Rippe aus und verwandelte dieselbe – Geschwindigkeit ist keine Hexerei, am allerwenigsten für eine Gott – in ein niedliches Frauenzimmer. Ob die herausgenommene Rippe Adams später wieder ersetzt wurde, oder ob nach der stattgehabten Operation Adam als einseitiger Mensch herum laufen musste, davon schweigt des Sängers Höflichkeit.

Die moderne Naturwissenschaft hat festgestellt, dass sich Thiere und Pflanzen im Laufe von Millionen von Jahren aus einfachen Urschleimgebilden in den mannigfaltigsten Abzweigungen bis zu ihren jetzigen Formen entwickelt haben. Sie hat ferner festgestellt, dass der Mensch nichts weiter ist, als das vollkommenste Produkt dieser Entwickelung, und dass er nicht nur vor so und so vielen Jahrtausenden auch im engeren Sinne des Wortes ein sehr thierisches Aussehen hatte und keine Sprache besass, sondern auch, dass er – jede andere Annahme schliesst sich von selbst aus – aus niedrigeren Thierarten hervorgegangen sein muss. (Unsere nächste Broschüre – No. 4 der »Internationalen Bibliothek« – wird sich mit diesem Thema, dem Darwinismus eingehender beschäftigen).

Die Naturwissenschaft lässt mithin Gott mit seiner selbst verkündeten Menschenmacherei als einen ganz albernen Aufschneider erscheinen. Aber was nützt das Alles! Gott lässt mit sich nicht spassen. Ob seine Erzählungen wissenschaftlich klingen, oder sich wie alberner Quatsch anhören, er befiehlt, dass man daran *glaube*, widrigenfalls er es geschehen lässt, dass Einen der Teufel (sein Konkurrent) holt, was sehr unangenehm sein soll. In der Hölle herrscht ja nicht nur beständiges Heulen und Zähneklappern, sondern es brennt auch ein ewiges Feuer, es nagt ein unermüdlicher Wurm und es stinkt ganz heillos nach Pech und Schwefel. Alledem soll ein Mensch *ohne Leib* ausgesetzt werden. Es schmort sein Fleisch, das er nicht bei sich hat; er klappert mit den *längst ausgefallenen* Zähnen; er heult *ohne* Hals und Lunge; seine in *Staub* zerfallenen Knochen benagt der Wurm; er riecht *ohne* Nase – und das alles *ewiglich*. Eine verteufelte Geschichte!

Gott ist überhaupt, wie er in seiner selbstverfassten Chronik, der Bibel, ganz offen kundig mittheilt, ungemein launig und rachgierig – geradezu ein Musterdespot.

Kaum waren Adam und Eva gemacht, so verstand es sich für ihn von selbst, dass dieses Pack regiert werden müsse; deshalb erliess er ein Strafgesetzbuch. Dasselbe lautete kathegorisch: *Ihr sollt nicht essen vom Baume der Erkenntnis!* Seitdem hat auch noch nie irgendwo ein gekrönter oder ungekrönter Tyrann existirt, welcher nicht den Völkern dieses Diktat zugeschleudert hätte.

Adam und Eva respektirten dieses Verbot nicht. Dafür wurden sie ausgewiesen und zu lebenslänglicher und auch auf ihre Nachkommen für alle Zeiten zu übertragender harter Arbeit verdonnert. Der Eva wurden ausserdem noch die »bürgerlichen Ehrenrechte« aberkannt, indem sie als Magd Adams deklarirt wurde, dem sie zu gehorchen habe. Unter göttlicher Polizeiaufsicht standen sie ohnehin schon. Wahrhaftig, so weit hat es selbst Lehmann im Schuhriegeln der Menschen noch nicht gebracht.

Die Strenge Gottes gegen die Menschen nützte indessen gar nichts, vielmehr ärgerten ihn dieselben, je mehr sie sich vermehrten, desto schmählicher. Und wie rasch diese Vermehrung von Statten ging, das konnte man schon bei der Geschichte von Kain und Abel merken. Als der Letztere von seinem Bruder todtgeschlagen worden, ging Kain »in ein fremdes Land« und nahm sich ein Weib. Woher das »fremde Land« mit den dort zu findenden Weibern plötzlich kam, hat der liebe Gott freilich nicht notirt, was bei seiner damaligen Arbeitsausübung nicht zu verwundern ist.

Endlich war das Maas voll. Gott beschloss, die ganze Menschheit durch Wasser zu vertilgen. Nur ein paar Leute nahm er aus, um es nochmals zu probiren; unglücklicherweise hatte er sich, aller Weisheit ungeachtet, aber schon wieder einmal vergriffen, denn Noah, der Chef der Geretteten, entpuppte sich bald als ein grosser Söffel, mit dem seine Söhne Allotria trieben. Was konnte aus solch' einer verlotterten Familie Gutes entstehen?

Wieder breitete sich die Menschheit aus; wieder entwickelte sich dieselbe zu jenen »Rabenäsern« und »Sündengimpeln«, von denen das bekannte Meklenburger Gesangbuch so viel Böses zu berichten weiss. Gott hätte bersten mögen vor himmlischem Zorne, zumal alle seine exemplarischen Lokalzüchtigungen, wie Austilgung ganzer Städte durch Pech und Schwefel, rein »für die Katz« waren. So entschloss er sich , das ganze Gesindel mit Stumpf und Stiel auszurotten, als ein höchst sonderbares Ereignis ihn wieder milder stimmte. Andernfalls wäre es längst um die Menschheit geschehen.

Eines Tages tauchte nämlich ein gewisser »heiliger Geist« auf. Es ging demselben, wie dem »Mädchen aus der Fremde« –: Niemand wusste, woher er kam. Der Bibelschreiber (nämlich Gott) sagt nur, er selber sei der heilige Geist. Man hat es also vorläufig mit einer zweieinigen Gottheit zu thun. Jener »heilige Geist« kam auf den Einfall, in der Gestalt eines Täuberichs mit einem obskuren Frauenzimmer Namens Maria eine Bekanntschaft anzuknüpfen. Er »überschattete« in einer süssen Stunde die Auserwählte seines Herzens, und siehe da, sie gebar ein Knäblein, was indessen, wie Gott in der Bibel ausdrücklich betont, ihrer Jungfräulichkeit durchaus keinen Abbruch that. Der früher bemerkte Gott nannte sich nun Gott Vater, versicherte jedoch gleichzeitig, dass er nicht nur mit dem »heiligen Geist«, sondern auch mit Gottes Sohn vollständig identisch sei. Man denke! Der Vater war sein eigener Sohn, der Sohn sein eigener Vater, Beide zusammen ausserdem noch »heiliger Geist«. So gestaltete sich die »heilige Dreifaltigkeit.«

Und nun, armes Menschenhirn, halte Stand, denn was jetzt folgt, könnte ein Pferd umbringen! Wir wissen, dass Gott Vater beschlossen hatte, das Menschenpack zu frikassieren. Das that dem Gott Sohn ungemein leid. Er (bekanntlich gleichzeitig Gott Vater) nahm die ganze Schuld der Menschen auf sich und liess sich, um seinen Vater (bekanntlich gleichzeitig Gott Sohn) in seiner Raserei zu beschwichtigen, von jenem zu erlösenden Gesindel zu Tode schinden – natürlich nicht ohne nachträglich wieder frisch und froh in den Himmel zu fahren. Diese Aufopferung des Sohnes (der Eins ist mit dem Vater) machte dem Vater (der Eins ist mit dem Sohn) einen solchen Höllenspass, dass er sofort eine allgemeine Amnestie erliess, welche zum Theil noch heute in Kraft ist.

Das ist der »geschichtliche Teil« der »heiligen Schrift«. Man sieht, der Blödsinn ist dick genug aufgetragen, um Denjenigen, der bereits idiotisiert genug ist, ihn zu verdauen, empfänglich für *irgend* einen Wahnwitz zu machen.

Hierher gehört vor allem die Lehre von der Belohnung und Bestrafung des Menschen im sogenannten »Jenseits«. Längst ist es wissenschaftlich erwiesen worden, dass es ein vom Körper unabhängiges Seelenleben nicht gibt, dass das, was die Religionsschwindler »Seele« nennen, nichts weiter ist, wie das Denkorgan (Hirn), welches durch die lebendigen Sinnesorgane Eindrücke empfängt und *auf Grund derselben* sich bethätigt, und dass mithin im Augenblikke des körperlichen Absterbens auch diese Regung aufhören *muss*. Was kümmern sich aber die Todfeinde des menschlichen Verstandes um die Ergebnisse wissenschaftlicher Forschung? Gerade so viel, als nöthig ist, dieselben *nicht* ins Volk dringen zu lassen.

So predigen sie denn das »ewige Leben« der menschlichen »Seele«. Wehe derselben im »Jenseits,« wenn der Leib, worin sie »diesseits« gesteckt, die Strafgesetze »Gottes« nicht pünktlich respektirte! Wie uns diese Leute nämlich versichern, ist ihr »allgütiger, allgerechter, allbarmherziger, gnädiger etc. etc. Gott« eine Ultra-Schnüffelnase, welche sich um jeden Pfifferling eines jeden Einzelnen bekümmert und jeden »Fehltritt,« den ein Mensch macht, in seine Allerweltsakten einträgt. Dabei ist er ein ganz absonderlicher Kauz. Während er wünscht, dass neugeborene Kinder unter der Gefahr eines Schnupfens ihm zu Ehren mit kaltem Wasser begossen (getauft) werden; während er einen Heidenspass hat, wenn unzählige Glaubensschafe in ihren kirchlichen Ställen ihn litaneienmässig anblöken, oder wenn ihm die Eifrigsten seines Anhangs ohne Unterlass fromme Katzen-musiken darbringen und ihn um alle möglichen und unmöglichen Dinge anbetteln (beten); während er sich in blutige Kriege mischt und als »Schlachtengott« sich von den Siegern anposaunen und beweihräuchern lässt, wird er fuchsteufelswild, wenn Jemand an seinem Dasein zweifelt, falls er Katholik ist, an Freitagen Fleisch isst oder nicht fleissig per Ohrenbeichte seine »Sünden« losscheuert, falls er Protestant ist, nicht die den Katholiken empfohlenen Heiligenknochen, Muttergotteslappen und Bilder verachtet, oder wenn er überhaupt nicht mit bockledernen Mienen, verdrehten Augen, gekrümmten Rücken und gefalteten Händen in der Welt umher duselt.

Stirbt so ein Mensch in »verstocktem« Zustande, so wird ihm vom »lieben Gott« eine Strafe zudiktirt, gegen welche alle Hiebe und Knuten und neunschwänzigen Katzen, alle Zuchthaus-Qualen und Verbannungs-Leiden, alle Empfindungen der Verdammten auf dem Schaffotte, alle Foltern und Martern, die je ein irdischer Tyrann ersonnen haben mag, nur angenehme Kitzeleien sind. Dieser »Gott« über-bietet an bestialischer Grausamkeit Alles, was auf der Erde Kanailleuses passiren könnte. Sein Zuchthaus heisst *Hölle*, die wir bereits kennen, sein Henker ist der Teufel, seine Strafen dauern ewig. Er gewährt höchstens für leichte Fälle nach längerer Zeit Begnadigung, vorausgesetzt, dass der betreffende Delinquent als Katholik gestorben ist. Für einen Solchen hat er nämlich unter Umständen das »Fegefeuer« vorgesehen, welches sich von der »Hölle« ungefähr so unterscheidet, wie in Preussen das Gefängnis vom Zuchthaus; so ist es nur für verhältnismässig kurzzeitige Insassen eingerichtet und hat etwas leichtere Disciplin. Immerhin brennt es auch im Fegefeuer ganz »gottsträflich«. Sogenannte »Todsünden« werden indessen nie mit Fegefeuer, sondern stets nur mit Hölle geahndet. Hierher gehört z. B. »*Gotteslästerung,*« begangen durch Wort, Schrift und Gedanken. Gott duldet also in dieser Beziehung nicht nur weder Press-, noch Redefreiheit, sondern er trifft auch schon die unausgesprochenen Gedanken. Ueberbietet er somit schon an und für sich an Rüppelhaftigkeit selbst die schuftigsten Despoten aller Länder und Zeiten, so thut er dies weit mehr noch hinsichtlich der Art und Dauer seiner Strafmittel. *Dieser Gott ist also das denkbar entsetzlichste Scheusal.*

Sein Verhalten ist um so infamer, als er von sich behaupten lässt, dass die ganze Welt und namentlich auch die Menschheit in all' ihrem Thun und Lassen durch seine »göttliche Vorsehung« regulirt wird. Er malträtirt also die Menschen für Handlungen, deren Urheber er selber ist! Wie liebenswürdig sind gegenüber diesem Ungeheuer die Tyrannen der Erde aus vergangener und gegenwärtiger Zeit! — —

Gefällt es Gott aber, einen Menschen nach seinen Begriffen gut leben und sterben zu lassen, so — *malträtirt* er ihn erst recht. Denn der versprochene »Himmel« ist, wenn man ihn genau betrachtet, noch ein viel heilloserer Platz, als die Hölle. Man hat da gar keine Bedürfnisse, sondern ist immer befriedigt, ohne dass je ein Verlangen nach irgend einer Sache der Befriedigung vorausginge. Da aber ohne Verlangen und Erlangen gar kein Genuss denkbar ist, so ist das Dasein im Himmel rein *genusslos.* Man ist da ewig im Anschauen Gottes versunken; es wird immer auf den nämlichen Harfen dieselbe Melodie gespielt; man singt fortwährend das »neue Lied, das schöne Lied,« wenn auch nicht »von dem versoff'nen Nagelschmied«, so doch kaum Anregenderes. Das ist die höchste Potenz der Langweiligkeit Der Aufenthalt in einer Isolirzelle wäre entschieden vorzuziehen.

Kein Wunder, dass Diejenigen, welche reich und mächtig genug sind, das Paradies auf Erden zu geniessen, unter sich mit Heine lachend ausrufen:

> »Den Himmel überlassen wir
> Den Engeln und den Spatzen.«

Und doch sind es gerade die Reichen und Mächtigen, welche den Gottesblödsinn und die Religionsduselei hegen und pflegen. Es gehört das entschieden zum Geschäft.

Ja, es ist für die herrschenden und ausbeutenden Klassen geradezu *Lebensfrage*, ob das Volk religiös versimpelt wird oder nicht. Mit dem Religionswahnsinn steht und fällt ihre Macht. Je mehr der Mensch an Religion hängt, desto mehr glaubt er. Je mehr er glaubt, desto weniger weiss er. Je weniger er weiss, desto dummer ist er. Je dummer er ist, desto leichter kann er regiert werden! — —

Dieser Gedankengang war den Tyrannen aller Länder und Zeiten geläufig, daher standen sie auch stets mit den Pfaffen im Bunde. Gelegentliche Streitigkeiten zwischen diesen beiden Sorten von Menschenfeinden waren sozusagen nur häuslicher Hader um die Obergewalt. Jeder Pfaff' weiss, dass er ausgespielt hat, sobald die »oberen Zehntausend« ihm nicht mehr unter die Arme greifen. Jedem Reichen und Mächtigen ist es kein Geheimniss, dass der Mensch nur dann geknechtet und ausgebeutet werden kann, wenn die Schwarzkünstler irgend einer Kirche es fertig bringen, genügenden Sklavensinn in die Herzen der Volksmassen zu pflanzen, denselben die Erde als »Jammerthal« erscheinen zu lassen, ihnen das »göttliche« Diktat: »Seid unterthan der Obrigkeit!« einzutrichtern und sie mit einer angeblichen Extrawurst, welche nach dem Tode im unbekannten Wokenkukuksheim gebraten werden soll, abzuspeisen.

Der Erzjesuit *Windhorst* liess einmal im deutschen Reichstag in der Hitze des Gefechtes deutlich genug erkennen, wie die Schwindler und Gauner der Welt über diesen Punkt denken.

»Wenn im Volke der Glaube zerstört wird – sagte er – kann es das viele Elend nicht mehr ertragen und *rebellirt!«* — das war deutlich und hätte jeden Arbeiter zum Nachdenken anregen sollen, würde ihn auch stutzig gemacht haben, wenn – ja wenn nicht so Viele religiös zu vernagelt wären, um noch im Stande zu sein, mit normalen Ohren zu hören und einfache Dinge zu begreifen.

Umsonst haben die Pfaffen – das heisst: die schwarzen Gendarmen des Despotismus – sich nicht stets so ungeheuer abgemüht, den Rückgang des religiösen Wesens aufzuhalten, obwohl sie selbst bekanntlich unter sich vor Lachen bersten möchten ob des Blödsinns, den sie gegen gute Bezahlung predigen.

Jahrtausende hindurch haben diese Gehirnverhunzer einfach ein Schreckensregiment geführt, ohne welches die religiöse Tollhäusigkeit längst ein Ende genommen hätte. Galgen und Schwert, Kerker und Ketten, Gift und Dolch, Meuchel- und Justizmord — das waren ihre Mittel zur Aufrechterhaltung dieses Wahnsinns, der ein ewiger Schandfleck in der Geschichte der Menschheit bleiben wird. Hunderttausende sind auf Scheiterhaufen langsam »im Namen Gottes« geröstet worden, weil sie es gewagt, den biblischen Mist stinkend zu finden. Millionen von Menschen wurden gezwungen, sich in langwierigen Kriegen die Köpfe gegenseitig einzuschlagen, ganze Länder zu verwüsten und nach Mord und Brand die Pest zu erzeugen – nur damit die Religion erhalten blieb. Die raffinirtesten Foltern wurden seitens der Pfaffen und ihrer Helfershelfer ersonnen, wenn es galt, Diejenigen, welche vor Gott keine Furcht mehr hatten, durch irdische Teufeleien neuerdings in Religiosität hinein zu schrecken.

Man nennt einen Menschen einen Verbrecher, der Anderen Hände und Füsse verstümmelt. Wie soll man Jene bezeichnen, welche das Hirn zu Grunde richten, und, wenn ihnen das nicht gelingen will, den ganzen Körper mit ausgesuchter Grausamkeit Zoll für Zoll verderben? Wohl ist wahr: Diese Strolche können heute ihr göttliches Banditengewerbe nicht mehr in der althergebrachten Weise treiben, wenn auch Gotteslästerungsprozesse und dgl. immer noch vorkommen; dafür haben sie sich aber desto mehr auf Familienschleicherei, auf Weiberbeeinflussung, auf Kinderfang und Missbrauch der Schule geworfen. Ihre Heuchelei hat eher zuals abgenommen. Selbst der Presse haben sie sich in einem sehr hohen Grade bemächtigt, seitdem sie bemerkten, dass sie nicht mehr im Stande seien, die Buchdruckerei als solche wieder aus der Welt zu schaffen.

»Wo ein Pfaff hintritt, wächst 10 Jahre lang kein Gras mehr,« lautet ein altes Sprichwort. Das heisst mit anderen Worten; Ein Mensch, der einmal den Pfaffen unter die Klauen gerathen ist, hat aufgehört gedanklich fruchtbar zu sein. Seine Gehirnmaschinerie stockt, statt derselben kriechen religiöse Maden und göttliche Würmer in seinem Schädel umher. Er gleicht einem Schafe, das die Drehkrankheit hat.

Diese Unglücklichen sind um ihren eigenen Lebenszweck betrogen und, was noch schlimmer ist, bilden den grossen Tross im Gefolge der Widersacher von Wissenschaft und Aufklärung, von Revolution und Freiheit. Wo es immer gilt, neue Ketten für die Menschheit zu schmieden: sie sind bereit, in stumpfsinnigem Unverstand wie besessen darauf loszuhämmern. Wenn gegen die fortschreitende Entwikkelung der Dinge Hindernisse in den Weg gewälzt werden sollen. Diese Hottentotten werfen sich nöthigenfalls in ihrer ganzen breiten Masse dem Strome der Zeit entgegen. Wenn man sich daher anschickt, diese Geisteskranken zu kuriren, so thut man nicht nur ein gutes Werk den Betreffenden gegenüber, sondern man steht auch im Begriffe, einen Krebsschaden auszubrennen, an welchem das ganze Volk leidet, und der schliesslich unbedingt total ausgetilgt werden muss, wenn die Welt endlich eine Stätte für Menschen werden soll, statt, wie bisher, ein Spielplatz für Götter und Teufel, welche mit uns Schindluder treiben.

Heraus also mit der Religion aus den Köpfen und nieder mit den Pfaffen! Die Letzteren pflegen zu sagen, der Zweck heiligt die Mittel. Wohlan! Wenden wir diesen Grundsatz endlich auch gegen sie an! Unser Zweck ist die Befreiung der Menschheit aus jeglicher Sklaverei, aus dem Joche sozialer Knechtschaft, wie aus dem Fesseln politischer Tyrannei, nicht minder, ja vor Allem, aus dem Banne religiöser Finsterniss. *Jedes* Mittel zu Erreichung dieses hohen Zieles muss von allen wahren Menschenfreunden für recht erkannt und bei jeder sich darbietenden Gelegenheit in Anwendung gebracht werden.

Jeder religionslose Mensch begeht eine Pflichtvernachlässigung, wenn er täglich und stündlich nicht Alles aufbietet, was in seinen Kräften steht, die Religion zu untergraben. Jeder vom Gottesglauben Befreite, der es unterlässt, das Pfaffenthum zu bekämpfen, wo und wann und wie er nur immer Gelegenheit dazu hat, ist ein Verräther seiner Sache. Also Krieg dem schwarzen Gesindel –, unversöhnlicher Krieg bis aufs Messer! Aufreizung gegen die Verführer, Aufklärung für die Verführten! Lasset uns jedes Mittel des Kampfes in unsere Dienste nehmen: Die Geissel des Spottes, wie die Fackel der Wissenschaft; wird diese nicht zureichen, – *greif und fühlbarere* Argumente!

Vor Allem hüte man sich, in der Arbeiterbewegung Gottes-Phrasen und Religions-Gefasel schweigend mitanzuhören. So wenig in dem Lager der sozialen Revolution – und was ausserhalb desselben steht, ist eben reactionär – monarchistische Agitationen oder Privateigenthums-Beschönigungen Raum finden können, so wenig ist in demselben Platz für göttlichen Blödsinn. Und, wohl gemerkt: je »anständiger« Diejenigen erscheinen, welche das verfluchte Religions-blech mit den Arbeiterbestrebungen vermischen wollen; je »besser« deren Ruf ist, desto *gefähr-licher* sind sie. Wer den Gottesschwindel in *irgend* einer Form predigt, kann nur ein Dummkopf oder ein Schurke sein. Beide Sorten taugen nichts zur Förderung einer Sache, welche nur dann ihr Ziel zu erreichen vermag, wenn sie voll und ganz auf der Höhe wissenschaftlicher Erkennt-niss steht und sich der Ehrlichkeit ihrer Verfechter erfreut.

Opportunitätspolitik ist da nicht bloss vom Uebel, sie ist ein *Verbrechen*. Lassen die Arbeiter irgend welche Pfaffen sich in ihre Angelegenheiten mischen, so sind sie nicht nur belogen und betrogen, sondern auch alsbald verrathen und verkauft.

So selbstverständlich es ist, dass der Hauptkampf des Proletariats sich gegen den Kapitalismus zu richten hat und mithin auch auf die Zerstörung des Gewaltmechanismus desselben, des Staa-tes, abzielen muss, so wenig darf in diesem Kampfe die Kirche ausser Acht gelassen werden. Die Religion muss systematisch im Volke untergraben werden, wenn dasselbe zu Verstand kommen soll, ohne welchen es nicht die Freiheit erringen kann.

Für die Dummen, resp. Verdummten, so weit sie noch besserbar erscheinen, werfe man u. A. folgende Fragen auf:

Wenn Gott will, dass man ihn kenne, liebe und fürchte, *warum zeigt er sich nicht?* Ist er so gut, wie die Pfaffen sagen, welchen Grund hat man, ihn zu fürchten? Ist er allwissend, weshalb belästigt man ihn mit seinen Privatangelegenheiten und Gebeten? Ist er allgegenwärtig, wozu ihm Kirchen bauen? Ist er gerecht, weshalb denkt man denn, er werde die Menschen bestrafen, welche er voller Schwächen erschuf? Thun die Menschen nur aus Gottes Gnade Gutes, welchen Grund hätte er dann, sie dafür zu belohnen? Ist er allmächtig, wie könnte er es zulassen, dass wir ihn lästern? Ist er aber unbegreiflich, weshalb beschäftigen wir uns mit ihm? Ist die Kenntnis von Gott nothwendig, weshalb schwebt er im Dunkel? U. s. w. Vor solchen Fragen steht der gläubige Mensch, wie ein Ochs vor dem Berge.

Jeder Nachdenkende muss aber zugeben, dass *nicht ein einziger Beweis* für die Existenz eines Gottes je erbracht worden ist. Ausserdem liegt nicht die geringste Nothwendigkeit für die Exi-stenz eines Gottes vor. So wie wir bereits die Eigenschaften und Regeln der Natur kennen, ist ein Gott in oder ausserhalb derselben geradezu zwecklos, gänzlich überflüssig und mithin ganz von selbst hinfällig. Sein »*moralischer*« Zweck ist noch nichtiger.

Es gibt ein grosses Reich, in welchem ein Herrscher regiert, dessen Verfahren den Geist seiner Unterthanen in Unordnung bringt. Er will gekannt, geliebt und geehrt sein, und Alles bemüht sich, die Begriffe zu verwirren, die man sich von ihm machen kann. Die Völker, welche seiner Gewalt unterworfen sind, besitzen über den Charakter und die Gesetze ihres unsichtbaren Souveräns bloss solche Ideen, als ihnen seine Minister mittheilen; diese hingegen geben es zu,

dass sie selbst keine Vorstellungen von ihrem Meister sich machen können, dass sein Wille un-
erforschlich, seine Ansichten und Eigenschaften unergründlich sind; so sind seine Diener unter
sich selbst nie einig über die Gebote, die sie von ihm auszugeben vorgeben, dessen Organe sie
sich nennen; er verkündet dieselben in jeder Provinz seines Reiches verschieden; sie schmähen
sich gegenseitig und Einer beschuldigt den Andern des Betruges und der Verfälschung. Die
Edikte und Gebote, welche sie zu verkünden beauftragt zu sein vorgeben, sind dunkel; es sind
Räthsel, die von den Unterthanen, denen sie zur Belehrung gegeben sein sollen, nicht verstanden und nicht errathen werden können. Die Gesetze des verborgenen Monarchen bedürfen der
Erklärungen; doch Jene, die sie erklären, sind nie unter sich einig; Alles, was sie von ihrem verborgenen Fürsten erzählen, ist ein Chaos von Widersprüchen; sie sagen auch nicht ein Wort, das
sich nicht auf der Stelle als Lüge erweisen liesse. Man nennt ihn ausserordentlich gut; dennoch
gibt es auch nicht einen Menschen, der sich nicht über seine Beschlüsse beklagt. Man nennt
ihn unendlich weise, und in seiner Verwaltung scheint Alles der Vernunft und dem gesunden
Verstand entgegen zu sein. Man rühmt seine Gerechtigkeit und die Besten seiner Unterthanen
sind gewöhnlich die am wenigsten Begünstigten. Man versichert, dass er Alles sieht, und seine
Allgegenwart heilt Nichts. Er ist, sagt man, ein Freund der Ordnung, und in seinem Staate ist
alles in Verwirrung und Unordnung. Er tut Alles aus sich selbst, aber die Ereignisse entsprechen
selten seinen Plänen. Er sieht Alles voraus, aber er weiss nicht was da kommen wird. Er lässt sich
nicht ungestraft beleidigen und den-noch duldet er die Beleidigung eines Jeden. Man bewundert sein Wissen, die Vollkommenheit seiner Werke, dennoch sind seine Werke unvollkommen
und von kurzer Dauer. Er schafft, zerstört und verbessert an dem, was er gemacht hat, ohne je
mit seinem Werke zufrieden zu sein. Bei allen seinen Unternehmungen sieht er nur auf seinen
eigenen Ruhm, dennoch erreicht er den Zweck, allgemein gerühmt zu werden, nicht. Er arbeitet blos an dem Wohlergehen seiner Unterthanen, aber denselben mangelt grösstentheils das
Nothwendigste. Jene, die er am meisten zu begünstigen scheint, sind gewöhnlich am wenigsten
mit ihrem Schicksal zufrieden; man sieht sie fast Alle stets gegen einen Herren sich auflehnen,
dessen Grösse sie bewundern, dessen Weisheit sie rühmen, dessen Güte sie verehren, dessen
Gerechtigkeit sie fürchten und dessen Gebote sie heiligen, welche sie nie befolgen. – –

Dieses Reich ist die Welt; dieser Herrscher ist Gott; seine Diener sind die Pfaffen, die Unterthanen die Menschen, – – eine schöne Gegend!

Der Gott der Christen speciell ist, wie wir gesehen haben, ein Gott, der Verheissungen macht,
um sie zu brechen; der Pest und Krankheiten über die Menschen kommen lässt, um sie zu
heilen. Ein Gott, der die Menschen verkommen lässt, um sie zu bessern. Ein Gott, der die
Menschen nach seinem Ebenbilde schuf und doch nicht der Urheber des Bösen sein soll; der
sah, dass seine Werke sehr gut waren, und doch bald wahrnahm, dass sie schlecht sind; der es
wusste, dass die Menschen von der verbotenen Frucht essen würden, und dennoch dafür das
ganze Menschengeschlecht verdammte.

Ein Gott, der so schwach ist, um sich vom Teufel überlisten zu lassen, so grausam, dass
ihm kein Tyrann der Erde verglichen werden kann, das ist der Gott der jüdisch-christlichen
Götterlehre.

Derselbe ist ein *allweiser* Pfuscher, der die Menschen vollkommen erschuf und sie doch nicht
vollkommen erhalten konnte, der den Teufel erschuf und ihn doch nicht zu beherrschen vermag,
ein *Allmächtiger*, der Millionen Unschuldiger verdammte wegen des Fehlers Einiger; der durch
die Sündfluth alle Menschen vertilgte bis auf einige, und ein neues Geschlecht erzeugen liess,
nicht besser als die frühere; der einen Himmel machte für die Thoren, die an die Evangelien
glauben, und eine Hölle für die Weisen, die sie verwerfen. – Er ist ein *göttlicher* Quacksalber,
der sich durch den heiligen Geist selbsterzeugte; der sich selbst als Vermittler sandte zwischen
sich und Andere; der, verachtet und verhöhnt von seinen Feinden, an ein Kreuz genagelt wurde
wie eine Fledermaus an ein Scheunenthor; der sich begraben liess, von den Todten auferstand,
die Hölle besuchte, lebendig in den Himmel fuhr und nun seit achzehnhundert Jahren zur
rechten Hand seiner selbst sitzt, um zu richten die Lebendigen und die Todten, dann, wenn es
keine Lebendigen mehr geben wird. Er ist ein *schrecklicher* Tyrann, dessen Geschichte mit Blut

geschrieben werden sollte, weil sie eine Religion des Schreckens ist. Hinweg denn mit der christlichen Götterlehre; hinweg mit einem Gott, erfunden durch Priester des blutigen Glaubens, die ohne ihr *wichtiges Nichts*, womit sie Alles erklären, nicht länger im Ueberfluss schwelgen, nicht länger Demuth predigen und selbst im Glanze leben; nicht länger Sanftmuth predigen und Hochmuth üben, sondern durch die Aufklärung in den Abgrund der Vergessenheit geschleudert werden. Hinweg denn mit der grausamen Dreieinigkeit – dem mörderischen Vater, dem unnatürlichen Sohn, dem wollüstigen Geist! Hinweg mit all den entehrenden Phantasmen, in deren Namen die Menschen zu elenden Sklaven entwürdigt und durch die Allmacht der Lüge von den Mühen der Erde auf die Freuden des Himmels verwiesen werden. Hinweg mit ihnen, die mit ihrem geheiligten Wahne der Fluch der Freiheit und des Glückes sind!

Gott ist nur ein von raffinierten Schwindlern erfundenes Gespenst, vermittelst welchem die Menschen bisher in Angst erhalten und tyrannisirt wurden. Aber das Truggebilde zerfliesst sofort, wenn es unter dem Glase nüchterner Untersuchung betrachtet wird; und die betrogenen Massen werden unwillig, auf solche Popanze noch länger zu achten, vielmehr führen sie den Pfaffen die Worte des Dichters zu Gemüte:

>»Ein Fluch dem Götzen, zu dem wir gebeten
>In Winterkälte und Hungersnöthen.
>Wir haben vergebens gehofft und geharrt;
>Er hat uns geäfft, gefoppt und genarrt.«

Sie lassen sich hoffentlich nicht mehr lange äffen, foppen und narren, sonder stecken eines schönen Tages die Kruzifixe und Heiligen in den Ofen, verwandeln die Monstranzen und Kelche in nützliches Geschirr, benützen die Kirchen als Konzert-, Theater-, oder Versammlungslokale, oder, falls sie dazu nichts taugen sollten, als Kornspeicher und Pferdeställe, hängen die Pfaffen und Nonnen ins Glockenhaus und können blos das Eine nicht begreifen; wieso es kam, dass nicht schon längst derartig verfahren wurde. –

Dieser kurze, bündige und einzig praktikable Prozess wird sich natürlich erst im Sturme der kommenden sozialen Revolution vollziehen, d.h. in dem Augenblicke, wo man auch mit den Komplizen der Pfaffheit, den Fürsten, Junkern, Bureaukraten und Kapitalisten Tabula rasa macht, Staat und Gesellschaft aber, gleich der Kirche, mit eisernem Besen gründlich ausmisten wird.

John Most

167 William Street

Protestantische Finsterlinge

Es gibt vielleicht keine zweite Erscheinung in der ganzen Kulturgeschichte, welche fast allgemein so falsch beurteilt wurde wie die sogenannte Reformation. Dieselbe wird immer als Fortschritt gepriesen und war doch im Gegenteil ein Hindernis des wahren Fortschrittes. Die kirchlichen Zustände im 15. und 16. Jahrhundert waren der Alt, daß eine allgemeine Verlotterung auf religiösem Gebiete ganz unausbleiblich, der Zerfall des Christentums gewiß war: Da kommen denn etliche ehrgeizige, heiratslustige und vielleicht auch wirklich bibelgläubige Pfaffen und galvanisieren den absterbenden Organismus ins Leben zurück. Und das soll Fortschritt sein!

Wer aufrichtig sein will und nicht mit einem faustdicken Brett vor dem Hirnkasten umherläuft, der wird nicht leugnen können, daß im Grunde genommen zwischen katholischen und protestantischen Pfaffen kein Unterschied besteht und daß zwischen Jesuiten und Muckern die Wahl wirklich schwer fällt. Ja, das Muckertum ist sogar noch viel verächtlicher als der Jesuitismus, weil es sich den Staatszwecken ganz und voll dienstbar macht, prinzipienlos ist und eine Art schwarzer Gendarmerie bildet. Im übrigen, nämlich der Wissenschaft und dem modernen Volksleben, gegenüber benimmt sich das Muckertum um nichts weniger unduldsam und reaktionär als jede andere Bonzenschart. Der Zweck ihres ganzen Daseins ist die Erzeugung von beschränkten Untertanen-Verstandes-Menschen, die Gehirnverkleisterung und der Dummheits-Anbau, und wenn derselbe heutzutage nicht mehr so erreicht werden kann, so wird er doch wenigstens sehr eifrig angestrebt.

Aber, fragen die Muckerfreunde, dem Protestantismus kann man doch keine solche Tyranneien zur Last legen, wie sie katholischerseits verübt wurden. Aber gerade diese Ansicht ist die allerdümmste. Ehe man Tyranneien verüben kann, muß man die Macht dazu haben; die Katholiken waren aber gerade durch die Reformation aufgescheucht, zu neuer Organisation genötigt und so innerlich gekräftigt worden, so daß sie nach wie vor in den meisten Staaten am einflußreichsten blieben, während die Protestanten nur da und dort allmählich Oberwasser bekamen. Wo aber Letzteres der Fall war, da kannte die Gewalttätigkeit des Protestantismus auch keine Grenzen. Durch Staatsgesetze wurde die Einwohnerschart der betreffenden Länder in der brutalsten Weise zum Protestantismus gepreßt, genau so, wie in den katholischen Ländern durch die Inquisition der entgegengesetzte Zweck verfolgt wurde.

Die Behauptung, als sei protestantischerseits die Auslegung der Bibel freigegeben worden, ist total erlogen, wie schon die Entstehung zahlreicher Sekten zeigt, von denen jede behauptet, sie allein lege diese und jene Stelle richtig aus, alle anderen aber seien mehr oder weniger vom Teufel besessen. In diesen Satansartikeln hat besonders Luther gern gemacht und die schottischen Pfaffen haben durch vier- und fünfstündige Predigten über Hölle und Teufel dem Volke so sehr den Kopf verdreht, daß bis tief in unser Jahrhundert hinein die meisten Leute von der Furcht geplagt waren, auf allen Wegen und Stegen irgend einem gehörnten oder beschwänzten Luzifer, Beelzebub oder dergleichen zu begegnen. Ansichten aber, die mit der Bibel überhaupt nicht im Einklang stehen, wie z. B. naturwissenschaftliche Erforschungsresultate, insbesonders bibelwidrige Erklärungen der Entstehung der Erde und der Menschheit, sind jedem Mucker (vermutlich, weil er darin eine Gefährdung seines Handwerks erblickt) der höchste Greuel und die Ausrottung der betreffenden Ketzer wäre für ihn Hochgenuß!

Wo der Protestantismus zur ausschließlichen Herrschaft gelangte, hat er – solange solche Bestialitäten eben überhäuft möglich waren, d. h. so lange es eine barbarische Justiz gab - mit Feuer und Schwert getauft, daß es eine Art war. Und wenn nun die heutigen Protestanten mit scheinheiligem Augenverdrehen und sittlicher Entrüstung die spanische Inquisition und Ähnliches gegen die Katholiken ausspielen, so muß ihnen doch einmal der Mund dadurch gestopft werden, daß man ihnen beweist, wie sehr sie es nicht besser getrieben haben, wenn sie konnten. Nur wir, nämlich die Ungläubigen, haben ein Recht, die betreffenden Schandtaten der Vergangenheit zu brandmarken; wer hingegen selbst ein ellenlanges Sündenregister besitzt, muß sich hüten, das anderer Leute entrollen zu wollen, sonst muß er gewärtigen, daß er selbst den Text gelesen bekommt, wie hiermit geschehen soll.

Am entschiedensten gelangte die Muckerei unter Calvin zu Genf ans Ruder. Sehen wir zu, wie dieser „Mann Gottes" verfuhr. Genf hatte zur Zeit Calvin's kaum das savoyische Joch abgeschüttelt und stand eben im Begriffe, sich recht demokratisch zu entwickeln, als jener finstere Pfaff erschien und nicht eher rastete, als bis eine Muckergesellschaft installiert war. Calvin errichtete zunächst ein Spioniersystem, durch welches er bis in die einzelnen Familien eindrang und nicht nur die Worte behorchen, sondern auch die Mienen beobachten und sich darüber berichten ließ. Dann brachte er den Rat durch listige Manöver so sehr unter seine Gewalt, daß er förmlich absolut herrschen konnte. So erklärt sich, daß alles, was Calvin wollte, geschah. Einmal beleidigte ihn ein sehr angesehener Mann namens Pierre Ameaux; sofort ließ er ihn verhaften, und als derselbe freigesprochen wurde, gebärdete sich Calvin wie toll, erklärte die gegen ihn gefallene Beleidigung als eine „Beleidigung Gottes", drohte, nicht mehr predigen zu wollen, und forderte abermalige Verhaftung und Verurteilung. Der erschreckte Rat willfahrte; Ameaux wurde verurteilt, öffentlich und im bloßen Hemd, mit einer Fackel in der Hand, auf drei Plätzen der Stadt, wo eigens zu diesem Zwecke Podien aufgeschlagen wurden, niederzuknien und vor dem Richter das gegen Calvin begangene Unrecht zu bekennen und um Gnade zu bitten! - Ein ähnliches Schicksal wie Ameaux hatte der Buchdrucker Dubois, weil er anläßlich eines Streites, der daher rührte, daß er theologische Werke druckte, deren Inhalt nicht ganz mit den Ansichten Calvin's harmonierte, eine Herausforderung des Letzteren damit beantwortete, daß er ihn per Heuchler titulierte. - Dabei muß erwähnt werden, daß Calvin selbst die rohesten Schimpfworte gegen andere sich erlaubte; so nannte er z. B. einen alten Mann „Hund" und dessen Tochter „Hundstochter", weil dieselben nicht ganz seiner Ansicht waren.

Daß solche Frechheiten zum Widerstand reizten, ist natürlich. Mehrere energische Leute faßten den Entschluß, die Pfaffenwirtschaft zu kürzen, die Verschwörung wurde jedoch verraten, die Häupter derselben mußten sich flüchten und zahlreiche Verhaftungen fanden statt. Zwei wackere Republikaner wurden gevierteilt, eine Anzahl solcher wurde geköpft und Viele in die Verbannung geschickt. - Wie der saubere Patron in Genf hauste - denn er war ja die Seele des Ganzen - läßt sich daraus ermessen, daß in dem Zeiträume von fünf Jahren (1541 bis 1546) 76 Menschen verbannt, 58 hingerichtet und 8900 eingekerkert wurden. Unter den Hingerichteten befanden sich 18 Männer und 16 Frauen, die allein innerhalb dreier Monate des Jahres 1545 lebendig verbrannt wurden, nachdem man ihnen zuvor entweder die rechte Hand abgehauen, sie mit glühenden Zangen gezwickt oder sonst gefoltert hatte (die eigene Mutter des Henkers hatte ebenfalls ein solches Schicksal), weil - nun weil sie beschuldigt wurde, durch Hexerei die damals ausgebrochene Pest erzeugt zu haben! - Dazu muß noch bemerkt werden, daß vor Calvins Zeit diese barbarischen Strafarten in Genf fast gar nicht bekannt waren. - Wegen ihres Glaubens erlitten unter Calvin 33 bekanntere Personen empfindliche Strafen. Das meiste Aufsehen erregte in dieser Hinsicht das Verfahren gegen Servet, einem Mann, der heutzutage als harmloser Philosophierer gelten könnte. Derselbe hatte in Genf gar nicht gelebt, sondern in Frankreich und berührte Genf nur auf der Flucht nach Italien. Den Katholiken, die ihn verfolgten, war er entronnen, den Protestanten lief er in den Rachen. Servet wurde zu Genf ergriffen und auf ganz besonders lebhaftes Betreiben Calvins dem Scheiterhaufen überantwortet; und Calvin ergötzte sich persönlich an der Vollstreckung dieses Urteils. - War das etwa keine Bestie? - Aber die Frechheit jenes Bibelhelden ging noch weiter; er mischte sich in jede Kleinigkeit. Auf sein Betreiben wurden Tanz und Spiel, ja der Besuch von Wirtshäusern verboten; die Kleidung, Frisur usw. unterlagen einer Zensur, kurzum die Anmaßlichkeit artete förmlich in Lächerlichkeiten aus, und Tyrannei herrschte auf allen Wegen und Stegen. Übrigens ist von der Calvinistischen Herrlichkeit nichts erhalten geblieben, denn schon nach seinem Tode verschwanden die despotischen Einrichtungen.

Ähnlich wie in Genf ging es in England zu. Heinrich VIII., ein Ungeheuer, das die Gewohnheit hatte, seine Frauen köpfen zu lassen, wenn sie ihm nicht mehr gefielen, war hier der Protektor der Reformation. Er schwankte zwar zwischen Katholizismus und Protestantismus fortwährend hin und her, aber im Ganzen genommen war er dem Letzteren stets mehr geneigt als dem Ersteren, namentlich seitdem er wegen einer schmutzigen Ehebruchsgeschichte mit

Rom in Konflikt geraten war. So erklärt es sich, daß in England eine aus Katholizismus und Protestantismus zusammengesetzte Misch-Masch-Religion entstand und durch Staatsgesetze sanktioniert wurde. Jeder, der nach rechts oder links abwich, ward von dem sauberen Heinrich dem Feuertode geweiht, so zwar, daß oft genug Katholiken und orthodoxe Protestanten an ein und demselben Pfahl gebunden und gemeinsam gebraten wurden. Die Zahl der Opfer ist Legion! - Der Nachfolger Heinrichs, Eduard VI., setzte das Wüten gegen Alle fort, die nicht blindlings der Staatskirche Folge leisteten, selbst unter der Regierung der vielgepriesenen Königin Elisabeth wurden 200 Katholiken aus dem Leben geschafft.

In Deutschland, dem Hauptsitze des Luthertums, kamen auch die scheußlichsten Dinge vor. Luther selbst schimpfte wie ein Rohrspatz - seine Ausdrucksweise war überhaupt sehr derbe - über die Wiedertäufer und andere Sektierer, weil dieselben die Bibel anders auslegten, wie er. Und als gar die Bauern aus den Worten des Evangeliums das Recht der Selbstbefreiung folgerten und Anstalten machten, demgemäß zu handeln, da war es Luther, der da sagte, die „mörderischen und räuberischen Rotten der Bauern" solle man „zerschmeißen, würgen und stechen, heimlich und öffentlich, wer da kann, wie man einen tollen Hund totschlagen muß..."

Der saubere Patron wütete in einer solchen Weise, daß die Glocke, welche zum protestantischen Gottesdienst einlud, von den Katholiken als die „Mordglocke" genannt wurde. Luther entblödete sich nicht, die Leibeigenschaft als eine christliche Einrichtung zu verteidigen und zu predigen, man müsse nach Gottes Willen der Obrigkeit „mit Furcht und Zittern" untertänig sein. Wäre Luther das gewesen, wofür ihn protestantische Geschichtsfälscher ausgeben, so hätte er sich an die Spitze der Bauern gestellt - wie Thomas Münzer getan -; er tat aber das Gegenteil, weil er eben ein Fürstenknecht und ein Pfaffe jener Sorte war, die mit Bewußtsein die Religion als Mittel der Volksunterjochung anwendet. Ein wahrer Menschenfreund wendet sich mit Ekel von solchen Schmachgestalten ab.

Die protestantischen Fürsten Deutschlands waren zur Reformationszeit ebenso intolerant wie die katholischen, und es kamen wahrhaft possenharte Dinge vor. Als der Kurfürst Friedrich III. von der Pfalz sich von einem Lutheraner in einen Calvinisten verwandelte, zwang er sofort die Pfälzer, mit ihm sich zu häuten; und 13 Jahre später trieb sein Sohn Ludwig das Volk wieder zum Luthertum zurück, während nach weiteren sieben Jahren der Nachfolger desselben abermals den Calvinismus zwangsweise einführte. Natürlich wurde jeder Widerstand gegen solche frivole Narrenpossen blutig geahndet. In Sachsen kamen ähnliche Dinge vor, so daß ein Hofrat namens Crell, welcher für Gewissensfreiheit eintrat, am 9. Oktober 1601 - nach- dem drei lutherische Pfaffen sich mehrere Tage lang vergebens bemüht hatten, ihn orthodox zu machen - zu Dresden geköpft wurde. Ja in Leipzig existierte eine förmliche Inquisition! - In Braunschweig wurde der Bürgerhauptmann Henning als Calvinist im Jahre 1604 in einer bestialischen Weise umgebracht. Nachdem man ihn gefoltert, hackte man ihm zwei Finger ab, zwickte ihn mit glühenden Zangen, schnitt ihm die Geschlechtsteile ab und schlitzte ihm endlich den Leib auf; und damit er die Leiden besser fühle, hielt man ihm von Zeit zu Zeit ein Riechfläschchen unter die Nase. Während der ganzen Prozedur machten lutherische Pfaffen Belehrungsversuche!

Um nochmals auf die Schweiz Bezug zu nehmen, bemerken wir, daß zu Zwinglis Zeit sogenannte Wiedertäufer zu Zürich ertränkt wurden, daß Ähnliches an vielen Orten vorkam. In Bern köpfte man den Philosophen Valentin Gentilis, der ähnlich wie Servet die Dreieinigkeits-Lehre verwarf. Der Chronist Stettier (Protestant) sagt von jenem Manne, daß er „als ein abscheulich Monstrum und irrmachender Greuel am 10. September 1566 mit dem Schwerte gerichtet und im hiermit sein gotteslästerliches Haupt abgenommen" worden sei. In Basel verbrannten die dortigen Mucker sogar im Jahre 1561 die Gebeine und Schriften eines schon drei Jahre früher gestorbenen Wiedertäufers!

Die vorstehenden Beispiele könnten beliebig vermehrt werden, aber sie werden wohl hinreichend den Beweis liefern, daß die Protestanten von den Katholiken in Bezug auf Intoleranz und Fanatismus, Anmaßung und Herrschsucht nichts voraus haben. Also lasse man sich ja nicht zu dem Glauben verleiten, daß zwischen Kutten und Bäffchen ein Unterschied sei.

Die anarchistischen Kommunisten an das Proletariat

Wir führen Krieg gegen das Privateigentum, den Staat und die Kirche – einen Krieg, dessen Ziel die völlige Zerstörung dieser Institutionen ist. Wir erstreben eine kommunistisch-anarchistische Gesellschaft, d. h. einen sozialen Zustand, welcher die unbeschränkte Entfaltung der individuellen Freiheit eines jeden Menschen ermöglicht. Demgemäß reklamieren wir das Recht auf Lebensgenuß je nach individuellem Bedürfnis, ermöglicht dadurch, daß jeder nach Neigung, Kraft und Fähigkeit sich nützlich tätig zeigt, d. h. teilnimmt an der Industrie, der Landwirtschaft, dem Verkehrswesen, der Belehrung, der Kunst oder Wissenschaft und die Resultate seines Schaffens der Gesamtheit zur Verfügung stellt.

Das Mittel, welches zu diesem Ziele führt, erblicken wir in der sozialen Revolution, durchkämpft von den Arbeitern aller Länder – einer allgemeinen Volkserhebung, die wir für unvermeidlich halten, und aufweiche wir durch Wort, Schrift und Tat das Proletariat vorzubereiten suchen.

Hinsichtlich der Organisation empfehlen wir die freie Gruppenbildung, unbeengt durch jede Zentralisation, autonom in jeder Hinsicht, föderiert nach freiem Ermessen und je nach den damit zu erzielenden speziellen Zwecken der Propaganda.

Wir verwerfen die Institution des Privateigentums, weil dessen Geschichte die Geschichte aller menschlichen Leiden ist. So lange es ein Privateigentum gibt, wird es Arme und Reiche geben und werden die Ersteren den Letzteren gegenüber in einem Verhältnis der Unabhängigkeit sich befinden, was auf der einen Seite zu einer ungeheuerlichen Güteranhäufung, zu unerträglichem Hochmut, zu wahnwitziger Habsucht, Herrschgier und Barbarei, auf der anderen Seite zur immer entsetzlicheren Massenverelendung mit allen Zeichen geistiger und leiblicher Verkommenheit führt.

Die Gesellschaft hat im Laufe von Jahrtausenden manchen Wandel durchgemacht – von dem System der Zwangsproduktion durch Sklaven oder Hörige bis zu dem System angeblich „freier Arbeit" – da sie aber immer und immer wieder das Privateigentum zur Basis ihrer sogenannten „Ordnung" machte, hat sich an der Lage der Völker nichts geändert, nichts gebessert. Ja, es ist sogar erwiesen, daß dieselbe im Großen und Ganzen desto ungeheuerlicher sich gestaltete, je großartiger durch Entdeckungen und Erfindungen die Reichtümer der Natur der Menschheit erschlossen und deren Bearbeitung erleichtert wurden. Die ganze bisherige Kulturentwicklung hat sich für die Volksmassen als blutiger Hohn erwiesen und lediglich einer kleinen Minderheit zu Riesenreichtümern verholfen, für welche dieselbe keine vernünftige Verwendung hat.

Das ist der Fluch des Privateigentums.

Derselbe wird in Wirkung bleiben, so lange dieses existiert. Wer das allgemeine Menschenglück erstrebt, muß mithin mit uns einstimmen in den Ruf: Nieder mit dem Privateigentum!

Der Staat, weit entfernt, eine Versicherungsanstalt für das allgemeine Volkswohl zu sein, wie viele wähnen, ist nichts weiter, als ein Schutzmittel, das die Besitzenden wider die Nichtbesitzenden errichtet haben. Je kleiner die Zahl der ersteren und je größer die Zahl der letzteren wurde, desto großartiger hat sich diese Protektionsmaschine entfaltet, bis sie zu jenem Monster ausartete, das heute vor uns steht mit seinen unzähligen Händen in unseren Taschen, mit seinen gesetzlichen Schnüren und Stricken, an denen wir befestigt sind, mit seinen Hunderttausenden Knuppeln, die über unseren Häuptern geschwungen werden, mit seinen Kerkern und Schafotten, die uns Verderben drohen.

Wer daher Krieg führen will gegen das Privateigentum, kann nicht dessen Schutzpatron, den Staat, um Beistand angehen, wie viele in bodenloser Verblendung zu tun versuchen.

Das Privateigentum kann nur um seine Herrschaft gebracht werden, wenn dessen Wächter, der Staat, vernichtet wird. Beide Institutionen stehen und fallen sozusagen miteinander. So nach muß die Losung eines jeden konsequenten Freiheitskämpfers lauten: Nieder mit dem Staat!

Die Kirche jeglicher Spielart ist die Zusammenfassung des ungeheuerlichen Schwindels, den die Menschheit bisher gesehen hat. Sie kontrolliert mehrere Millionen abgefeimter Schufte (Pfaffen), welche Jahr ein, Jahr aus in allen Ländern auf die Bevölkerung derselben losgelassen werden, auf daß sie deren Gehirne mit dem größten Blödsinn füllen, den nur je ein absoluter Menschenfeind ersinnen konnte.

Wer zu Verstand kommen will, wie er namentlich dann sehr nötig hat, wenn er sich von sozialer Ausbeutung (Ungleichheit) und staatlicher Tyrannei (Unfreiheit) loszumachen gedenkt, der muß gegen diese Brut mit allen denkbaren Mitteln zu Felde ziehen.

In einer freien (künftigen) Gesellschaft kann es keine Kirche und keine Pfaffen geben, weil Niemand mehr ein Interesse daran hat, seinen Mitmenschen um den Verstand zu bringen, auf daß er ihn leichter auszubeuten vermöge, und heute, wo das geschieht, erweist sich die ganze Pfaffenbrut nur als eine Bande von moralischen, resp. unmoralischen Hypnotiseuren, die ihre Opfer (das Volk) versimpeln und somit willenlos der Ausbeutung durch die besitzende Klasse und der Knechtung durch den Staat überliefern.

Wenn daher das Feldgeschrei erhoben werden soll gegen alles, was die Menschheit in Sklaverei, Untertänigkeit und Unverstand zu erhalten sucht, darf der Ruf nicht fehlen: Nieder mit der Kirche - mit allem Glaubensschwindel und Pfaffentrug!

Da wir, wie gesagt, das Privateigentum verwerfen und nicht bloß, wie zahlreiche sogenannte Sozial-„Reformer“, daran herum flicken wollen, so ergibt sich daraus unser Standpunkt als Kommunisten ganz von selbst.

Für uns ist es klar, daß die Menschheit nicht eher zu einem ruhigen und vernünftigen Lebensgenuß gelangen kann, als bis die Erde mit allem, was sie bietet, und was Menschenhände aus ihren Gaben gemacht, allen Menschen zur freien Verfügung steht.

Schon jetzt kann es nicht bestritten werden, daß mit Leichtigkeit alles, was den Bedürfnissen der Menschen entspricht, mit Leichtigkeit in eben solchem Überfluß allen dargeboten werden kann, in welchem gegenwärtig Wasser, Licht und Luft jedem zur unentgeltlichen Verfügung stehen.

Aus diesem Grunde sehen wir davon ab, gleich den Kommunisten älteren Schlages Systeme auszuklügeln, nach denen die Genußmittel je nach den individuellen Leistungen zugemessen werden sollen - zumal es ja unter hochentwickelten Produktionsverhältnissen ohnehin so gut wie unmöglich ist, die Leistung eines Einzelnen abzuschätzen, und weil es wenig der Gerechtigkeit entspräche, wenn die weniger Begabten ihrer körperlichen oder geistigen Schwächen halber, für die sie nicht verantwortlich sind, besser Gearteten gegenüber zu kurz kommen sollen. Da wir andererseits das unbeschränkte Genußrecht einem jeden zugestanden wissen wollen, kann sich selbst der größte Geistesriese oder physische Arbeits-Titan über Benachteiligung nicht beklagen. Niemand kann mehr haben wollen, als solche Dinge, wie sie geeignet sind, ihm alle erdenklichen Genüsse zu bereiten. Aufhäufung von Gütern hat nur unter der Herrschaft des Privateigentums einen Sinn und ist selbst da bis zur hellen Verrücktheit ausgeartet, in einer Gesellschaft mit Genußfreiheit ist das Verlangen nach solcher Hamsterei einfach ausgeschlossen.

Bleibt noch das Gespenst der Faulheit zu verscheuchen, das gerade Diejenigen am eifrigsten wider uns zu zitieren pflegen, welche nie etwas Nützliches geleistet haben.

Es mag sein, daß deren Nachkommen in ererbter Neigung zur Nurkonsumtion eine Zeitlang lediglich schmarotzen wollen. In diesem Falle wäre aber ein solches Übel doch leichter zu ertragen, als irgend ein System des Zwanges, der Bürokratie und mithin Unfreiheit mit allen ihren erfahrungsgemäßen Konsequenzen. Im Übrigen sind die Notwendigkeit und das Ehrgefühl sicherlich hinreichende Stachel zur Arbeit, ganz abgesehen davon, daß es schon an und für sich wenig Menschen geben dürfte, die nicht ein Verlangen danach tragen, sich in irgend einer Weise zu beschäftigen, zumal in einer Gesellschaft, die nicht nur alle erdenklichen Bildungsmittel jedem zugänglich macht, sondern auch durch ihr ganzes Wesen dazu geeignet ist, in jedem das Bewußtsein zu wecken, daß er unrecht handeln würde, wenn er gar keinen Anteil an jenen Tätigkeiten nähme, deren Ergebnisse ihm Wohlsein, Genuß und Glück gewähren.

Der Kommunismus, welchen wir erstreben, ist also ein vollkommen freies Verhältnis. Er kennt keine Über-, noch Unterordnung, keinerlei Schabionisierung; er ist identisch mit dem Begriff der Herr- und Knechtschaftslosigkeit der Anarchie.

Weil aber alle früheren kommunistischen Bestrebungen auf die Errichtung eines komplizierten Wirtschaftsstaates hinaus liefen, so ist es notwendig geworden, unsere diesbezüglichen total verschiedenen Auffassungen der Dinge schon in der Bezeichnung, die wir uns gegeben, festzustellen und nennen wir uns daher anarchistische Kommunisten.

Wir kündigen die soziale Revolution an - nicht weil wir Freude an wildem Kampf und Blutvergießen haben, sondern weil es uns täglich klarer vor die Augen tritt, daß die Zustände, unter welchen sich die Menschheit jetzt befindet, einerseits immer unerträglicher werden, und daß sich andererseits jeder Änderung oder Milderung derselben die herrschenden Klassen immer schroffer, rücksichtsloser und grausamer widersetzen.

Damit ist es festgestellt, daß schließlich die Dinge von der Masse des Volkes für absolut unerträglich befunden werden, daß es zwischen dieser und der besitzenden Minderheit und deren Staatsgewaltträgern zum Zusammenstoß kommt, und daß mit der Waffe in der Hand ausgefochten werden muß, was leider friedlich nicht zu erreichen war - die Verrichtung aller jener Einrichtungen, welche der Entwicklung von Freiheit und Gleichheit, von Bildung und Glück im Wege standen, und die Etablierung gerechter Verhältnisse, wie sie im Kommunismus und der Anarchie gegeben sind.

Wir fördern daher jede Volksbewegung, die geeignet ist, diesen Kampf möglichst bald herbei zu führen und möglichst gründlich zum Austrag zu bringen.

Wir unterstützen jeden unmittelbaren Kampf der Arbeiter wider die besitzende Klasse, verwerfen hingegen alles Blendwerk, wie die Beteiligung am Parlamentarismus, die Hoffnung auf Arbeiterschutzgesetze usw. All' unser Dichten und Trachten ist darauf gerichtet, das Proletariat auf die soziale Revolution vorzubereiten und dasselbe mit Grundsätzen zu beseelen, welche geeignet sind, ihm auch die Früchte des Kampfes dauernd zu sichern.

Eine kirchenartige Organisation, wie andere Arbeiterparteien haben die anarchistischen Kommunisten nicht. Sie halten jene Zentralisation mit Exekutive, Beamten, Steuern und sonstigen Imitationen des Staatswesens für verwerflich, weil die Einzelnen lähmend, sie im selbständigen Denken störend und das Ganze der Korruption und Versumpfung zuführend. Freie Gruppierung der Einzelnen und freie Föderation der Gruppen halten wir für genügende Bindemittel, die gemeinsamen Ziele mit vereinten Kräften zu erstreben.

Schließt Euch uns an! So rufen wir den Arbeitern zu. Was wir im Sinne haben, ist in dem Vorstehenden kurz und bündig dargetan. Nähere Informationen bieten unsere Organe, unsere Bücher und Broschüren, nicht minder die Reden und Debatten unserer Versammlungen, zu denen Jeder Zutritt hat.

Arbeiter, rafft Euch auf! Erkennt das Joch, unter welchem Ihr schmachtet; strebt danach, es zu zerbrechen!

Unter unserem Banner, der roten Fahne, unter der Flagge des Kommunismus und der Anarchie, unter dem Emblem der sozialen Revolution ist Euer Sammelplatz. Da schart Euch zusammen; um Euch zu verständigen über den Feldzugsplan zum Sturze des Bestehenden, an dessen Stelle Ihr eine Gesellschaft von Freien und Gleichen zu setzen berufen seid.

Arbeiter aller Länder, emanzipiert Euch!

Prozeß wider Most

(Verteidigungsrede des Angeklagten)

Meine Herren! Wenn man die pomphaften Ankündigungen der offiziösen Blätter seiner Zeit, als dieser Prozeß anhängig gemacht wurde, gelesen hat, so wird man heute gewiß sehr erstaunt sein, wahrzunehmen, daß von dem nach solchem Gepolter erwarteten Beweismaterials so viel wie nichts zu bemerken ist. Und von dem Wenigen, das der Staatsanwalt für mich auf Lager hatte, mußte er wohl oder übel auch noch einen großen Teil ohne Weiteres fallen lassen. Da kann man wohl sagen: Die Berge kreisten, und sie gebaren ein winziges und obendrein lahmes Mäuslein. Der Ankläger hat den Rückzug angetreten noch ehe es zum Schlagen kam und scheint es deshalb auch für geraten gehalten zu haben, sich hinter fremdartige Schanzen zu verstecken. Er redete da von der „Berliner Freien Presse", der Wera Sassulitsch, von Attentaten, von der „Frau Präsidentin" Stägemann oder Hahn, von Trepoff, Revolvern und allen erdenklichen Dingen, die mit der Anklage gar nichts zu tun haben. Es fällt mir darum auch gar nicht ein, diese Redensarten einer Kritik zu würdigen oder Sie sonstwie weiter damit zu langweilen.

Die Kombination des Hrn. Staatsanwaltes betreffs einer Auslassung der „Berliner Freien Presse" über die 6. und 7. Deputation des hiesigen Stadtgerichtes scheinen übrigens nur den Zweck gehabt zu haben, den Gerichtshof gegen mich einzunehmen; ich bin aber überzeugt, daß dieses Beginnen nicht die mindeste Beachtung gefunden hat und ich könnte nun gleich zur eigentlichen Sache übergehen, wenn nicht eine Äußerung des Anklägers, die zwar auch nicht zum Prozeß direkt gehört, aber dennoch nicht unbeantwortet gelassen werden darf, zu etlichen Bemerkungen herausforderte.

Der Herr Staatsanwalt hielt es für angemessen, zu erklären, daß sozialistischerseits im Reichstag nur deshalb kein Antrag auf Einstellung des Strafverfahrens gestellt worden sei, weil ein solcher offenbar keine Aussicht auf Annahme gehabt hätte und bei der herrschenden „allgemeinen Entrüstung" zu sehr unliebsamen Erörterungen geführt haben würde. Dies ist denn doch eine Behauptung, welche rein in's Blaue hinein gemacht worden ist. Wie in den Blättern mitgeteilt wurde, habe ich es in der Tat lediglich aus dem Grunde veranlaßt, daß kein solcher Antrag eingebracht wurde, weil ich fest überzeugt war und bin, daß dieser Prozeß zu Wasser werden wird, und weil ich wünsche, daß sich dies so rasch wie möglich offenbare. Wäre die Einstellung des Strafverfahrens beim Reichstag beantragt worden, so hätte dies nicht den mindesten Anstoß erregen können. Denn man mag vom Reichstag halten, was man will, so wird doch zu konstatieren sein, daß er aus gebildeten Männern besteht. Und die Gebildeten urteilen über solche Ketzerprozesse eben ganz anders wie der Herr Staatsanwalt. Was aber die „allgemeine Entrüstung" anlangt, welche über meine Rede betreffs Austritts aus der Landeskirche in den weitesten Kreisen herrschen soll, so muß ich bemerken, daß mir hievon gar nichts bekannt ist.

Im Gegenteil! Die liberale Presse, welche sonst wahrlich auf die Sozialdemokratie und auf meine Person nicht gut zu sprechen ist, hat sich fast ohne Ausnahme veranlaßt gesehen, die Einleitung dieses Prozesses für höchst wunderbar und überflüssig zu erklären, die intellektuellen Urheber meines Vertrages, die „Hofdemagogen" aber zu geißeln. Ja, noch mehr! Selbst muckerische Blätter, wie der „Reichsbote" und andere, haben ihre Verwunderung über meine Verfolgung ausgedrückt. Sie fühlten eben, daß durch derartige Prozeduren der Sache, die sie vertreten, nicht gedient werden könne. Wenn somit überhaupt irgendwo eine Entrüstung dieser Affäre halber Platz gegriffen hatte, so kehrte sich dieselbe einerseits gegen meine Verfolger, andererseits war sie, so weit sie wirklich mir galt, höchstens in einem sehr kleinen Zirkel orthodoxer Zeloten anzutreffen.

Ehe ich nun zu den einzelnen Punkten der wider mich erhobenen Anschuldigungen übergehe, muß ich wohl oder übel, wenn auch nur ganz kurz, auf die Genesis meiner Rede zu sprechen kommen. Etliche Hofprediger Berlins bildeten im Verein mit einigen nicht besonders gut beleumundeten Personen anderer Art eine Christlich-soziale Arbeiter „Partei" und trugen das Christentum in die Volksversammlungen hinein. Sie erklärten, die Lösung der sozialen Frage in die Hand nehmen zu wollen, priesen als Universalheilmittel den christlichen Glauben an und forderten das Vertrauen der Arbeiter. Damit stellten sie das Christentum und die Geistlichkeit der Kritik zur Verfügung, ja provozierten eine solche. Und meine inkriminierte Rede und die ganze Agitation für Austritt aus der Landeskirche bildeten die Antwort auf diesen Arbeiterfang. Schon hieraus erhellt, daß sich die Spitze des zweiten Teils meiner Rede vornehmlich gegen die christlich-sozialen Agitatoren, die als solche ohne Zweifel, wenn sie auch Geistliche waren, nicht in der Ausübung ihres Berufs sich befanden, und daß mithin der Oberkirchenrat nicht befugt war, Strafantrag zu stellen.

Hinsichtlich der angeblichen Schmähungen der Religionsgenossenschaften bin ich der Meinung, daß die Zeugenvernehmung in jeder Beziehung meine Nichtschuld erwiesen hat. Das Wort „ekelhaft" beruhte auf einer Erfindung des Berichterstatters des „Reichsboten" und wurde auch nachträglich von demselben zurückgenommen.

Daß ich von den Religionssystemen nicht sagte, sie würden von Vielen, obgleich sie noch nicht aus der Kirche ausgeschieden sind, „belacht", sondern daß ich bemerkte, sie würden von denselben „nicht beachtet", haben alle Zeugen bestätigt. Und wenn auch von vier Zeugen einer nicht gehört haben will, daß ich sagte, es werde jeder, der die Religionssysteme vom Standpunkt des gesunden Menschenverstandes aus betrachte, „zur Skepsis angeregt", wohingegen er, im Einklang mit der Anklage, behauptet, ich hätte gesagt, die Religionssysteme müßten unter solcher Voraussetzung jedermann „anwidern", so halte ich doch dafür, daß auch in diesem Punkte das Beweisverfahren zur Genüge die Unhaltbarkeit der letzteren Lesart dargetan hat. Der Herr Staatsanwalt hat allerdings die Ansicht ausgesprochen, daß das Wort „Skepsis" schon deshalb in meiner Rede nicht vorgekommen sein könne, weil offenbar von den in der betreffenden Versammlung anwesenden ca. 3000 Personen nicht fünf gewesen wären, welche ein solches Wort verstanden hätten; aber damit hat der Ankläger nur bewiesen, daß er höchst eigentümliche Begriffe von sozialdemokratischen Versammlungen hat. Würde er sich hie und da derartige Zusammenkünfte persönlich betrachten, dann käme er gewiß in dieser Beziehung, wie hinsichtlich der Sozialdemokratie überhaupt, zu einer ganz anderen Meinung, als diejenige ist, welche er bisher hervorgekehrt hat. Sozialdemokratische Versammlungen bestehen nicht aus Wilden oder rohen Horden, sondern notorisch aus höchst anständigen Leuten. Die sozialistische Weltanschauung ist nachgerade in alle gesellschaftlichen Kreise eingedrungen, und die Arbeiterbewegung hat selbst die einfachsten Proletarier, welche sich ihr angeschlossen haben, auf eine Bildungsstufe emporgehoben, die derjenigen gewisser Leute wahrlich nicht nachsteht. Speziell in jener Versammlung waren gerade sehr viele Personen von höherer Intelligenz anwesend, und das Wort „Skepsis" hat sehr wohl Verständnis gefunden.

Von Beschimpfungen der christlichen Religionsgenossenschaft kann also in meiner ganzen Rede nicht die Spur entdeckt werden, beschimpft müßte ich sie aber haben, um strafbar zu sein, da im § 166 der Schwerpunkt der Betonung auf das Wort „Beschimpfung" gelegt ist. Kritische Erörterungen über das Wesen derselben und diesbezügliche Agitation ohne Anwendung von Schimpfworten sind straflos. Dies scheint auch der Staatsanwalt zu wissen, indem er meine objektiven Angriffe auf das Christentum, meine vernichtenden Schläge gegen dasselbe nicht zu inkriminieren wagte, vermutlich, um mir keine Gelegenheiten zu geben, von der Anklagebank aufs Neue eine Lanze gegen ein Religionssystem zu brechen, das nach meiner Ansicht der Wissenschaft gegenüber nicht standhalten kann.

Weil er aber keine Beschimpfung von Einrichtungen der christlichen Religion meiner Rede entnehmen konnte, so stempelte er einfach einige andere Dinge zu solchen, und weil ich dieselben etwas drastisch behandelte, so konstruierte er hieraus Religionsbeschimpfungen. In erster Linie ficht er den Satz an: „Der Unsinn, Gott habe die Welt in sechs Tagen erschaffen, den man immer noch in den Schulen den Kindern lehrt, muß endlich aus den Lehranstalten entfernt werden." Und in zweiter Linie hält er dafür, daß ich strafbar sei, weil ich die „Theologie mit ihrer Hölle und ihrem Himmel" Blödsinn genannt. Man weiß zwar nicht recht, ob er den ersteren Anklagepunkt schließlich noch aufrecht erhalten hat, denn aus seinen diesbezüglichen Äußerungen konnte kein Mensch klug werden, doch scheint er sich mindestens selbst nicht klar darüber gewesen zu sein, ob die Genesis der Bibel eine Religionseinrichtung im Sinne des

Gesetzes ist oder nicht. Jedenfalls ist es unter solchen Umständen nicht überflüssig, wenn ich die nötige Klarlegung dieser Sachen besorge.

Fragen wir zunächst: Was bedeutet denn das Wort Unsinn? Ist es etwa ein Schimpfwort? Keineswegs! Unsinn ist der Gegensatz von Sinn; was also keinen Sinn hat, unlogisch ist, das wird man als etwas Unsinniges zu bezeichnen haben. Jeder Gebildete weiß aber, daß die mosaische Schöpfungssage in der Tat Dinge erörtert, die keinen Sinn haben, die den Ergebnissen der modernen naturwissenschaftlichen Forschung gegenüber als barer Unsinn sich charakterisieren. Was soll man z.B. dazu sagen, daß Moses am 3. Tage das Licht und erst am 4. Tage „Sonne, Mond und Sterne" erschaffen läßt? Ist das kein Unsinn, wenn da vorgetragen wird, es sei schon das Licht dagewesen noch ehe ein Fixstern leuchtete? Und schon die Naivität, mit welcher da überhaupt von den Weltkörpern gesprochen wird, ist nach unseren heutigen Begriffen so unsinnig, daß nur noch Leute wie der Pastor Knaak, der sich die Erde festgenagelt und die Sonne tanzend vorstellt, ernsthaft dabei bleiben können. Ganz und gar drastisch aber wird der Unsinn, der in der mosaischen Schöpfungssage liegt, dadurch illustriert, daß sie in der Bibel zwei Mal vorkommt und zwar in einer total abweichenden und widerspruchsvollen Form. Sogar die Gottheit tritt da unter zwei verschiedenen Namen auf. Einmal heißt sie Elohim und das andere Mal Javeh-Elohim. Im einen Text tritt der Mensch zuletzt auf den Schauplatz und im ändern wird er zuerst geschaffen, noch ehe also Futter für ihn vorhanden war. Und Derartiges soll kein Unsinn sein? Ohne Zweifel ist den Theologen dieser Teil der Bibel auch sehr unbequem, und sie geben sich alle erdenkliche Mühe, der Sache einen einigermaßen annehmbaren Anstrich zu geben.

Einer der bedeutendsten Bibelerklärer, Bunsen, glaubt z. B. über das doppelte und widerspruchsvolle Vorkommen der Schöpfungsgeschichte damit hinwegschlüpfen zu können, daß er vom einen Text sagt, er sei geschichtlichen Charakters, vom anderen aber, er sei philosophischer Natur. Vor dem Richterstuhle der Vernunft jedoch kommt man mit solchen Sophistereien nicht weit; da bleibt der Unsinn eben Unsinn.

Übrigens ist die mosaische Schöpfungssage noch von keiner Kirchenversammlung, keinem Papst und keinem Oberkirchenrat als Dogma proklamiert worden, welches geglaubt werden muß. Man hat es den Gläubigen wohlweislich überlassen, diese weltlichen Bücher der Bibel verschiedenen Auslegungen zu unterziehen. Und so sehen wir denn, daß beispielsweise innerhalb der protestantischen Kirche eine ganze Gruppe sich bildet, welche die Genesis und manches Andere, das sich in der Bibel vorfindet und unverständlich ist, als bildliche Dichtung bezeichnet. Haben wir es demnach in dem Worte Unsinn, angewendet auf tatsächlich unlogische Erörterungen, mit keiner Beschimpfung zu tun, so steht nach meinen Ausführungen andererseits fest, daß die mosaische Schöpfungssage keine Einrichtung der christlichen Religion ist. Dieser Punkt der Anklage hat also nicht den geringsten Halt mehr.

Ich komme nun zur Theologie, die ich als „Blödsinn" bezeichnet habe, welche Auffassung mir auch heute noch innewohnt. Seit wann, frage ich, ist denn aber die Theologie eine Einrichtung der christlichen Kirche? Früher galt die Theologie als Wissenschaft, gegenwärtig weiß jeder wirklich Gebildete, daß von Wissenschaft dabei gar keine Rede sein kann, weil sie sich mit lauter absolut unwissenschaftlichen Dingen beschäftigt und Satzungen aufstellt, welche mit den Satzungen der Wissenschart auf dem gespanntesten Fuße stehen. Die Theologen schweben beständig im Blauen, stellen Spekulationen an über unsichtbare, unbegreifliche, übernatürliche, besser außer- oder nichtnatürliche und damit unbeweisbare Dinge. Und wenn sie dabei hier und da zu paradoxen Aufstellungen gelangten, welche im Lichte der Wissenschaft ein höchst lächerliches Aussehen bekamen, so taten sie einfach, weit entfernt ihre Bocksprünge einzusehen, die Wissenschaft in den Bann. In Summa-Summarum charakterisieren sich die ganzen Spiegelfechtereien der Theologen als Kindereien, ja als Blödsinn! Doch dies nur so nebenbei. Die Theologie ist ja, wie gesagt, unzweifelhaft keine Einrichtung der christlichen Religionsgenossenschaften. Freilich glaubte der Ankläger aus dem Umstand, daß in meiner Rede von der „Theologie mit ihrem Himmel und ihrer Hölle" gesprochen wurde, die Notwendigkeit folgern zu müssen, sich wenigstens des Himmels und der Hölle anzunehmen. Weiß er denn nicht, daß auch dies keine spezifisch christlichen Einrichtungen sind? Und merkte er denn nicht, daß da Himmel und

Hölle ausdrücklich mit der Theologie, also nicht mit dem Christentum in Verbindung gebracht wurden? Fast alle Religionssysteme weisen ja eine Art Himmel und Hölle auf. Manche haben mehrere Gattungen solcher Örter, manche nehmen mit je einem vorlieb. Da gibt es Hölle und Vorhölle, dort ein Fegefeuer; bald spricht man von einem „siebenten Himmel", bald von einer „untersten Hölle" usw. Auf der anderen Seite gibt es jetzt schon sehr viele Christen, welche Himmel und Hölle nur noch ganz bildlich auffassen. Wissenschaftlich aber sind Himmel und Hölle im landläufigen Sinne des Wortes ganz unmögliche Dinge, und wer sie etwa hinter das Firmament oder unter den Erdboden versetzt, der sagt einfach Blödsinn. - Es sind somit auch meine diesbezüglichen Äußerungen nicht allein straflos sondern auch unanfechtbar.

Endlich glaubte der Herr Staatsanwalt konstatieren zu können, daß ich schreckliches Ärgernis mit meiner Rede unter den Gläubigen erregt hätte. Er meint, ich hätte zwar Eingangs des Vertrages ausdrücklich betont, daß ich Niemanden stören wolle, seinen religiösen Gefühlen nach wie vor nachzuleben, allein im Verlaufe meiner Auseinandersetzungen sei ich immer heftiger geworden und hätte die christliche Religion immer ärger beschimpft. Er befindet sich indessen auch in dieser Beziehung in einem groben Irrtum. Zum Austritt aus den Landeskirchen habe ich notorisch nur Diejenigen aufgefordert, welche bereits mit den Satzungen derselben gebrochen haben und mithin eine Heuchelei begehen, wenn sie trotzdem noch einer solchen Korporation einverleibt bleiben. Zudem haben die Versammelten durch ihre ganze Haltung gezeigt, daß sie sich zu den Ungläubigen zählten. Von einer Verletzung religiöser Gefühle kann also gar keine Rede sein. Selbst die Redakteure äußerst frommer Blätter scheinen geradeso gedacht zu haben, sonst würden sie wohl schwerlich sich beeilt haben, meine Rede zu veröffentlichen und sie so erst zur Kenntnis gläubiger Seelen zu bringen. Ich glaube, nun hinlänglich nachgewiesen zu haben, daß in dem Vortrage, welcher zum Gegenstande einer Anklage gemacht wurde, keine Beschimpfung religiöser Einrichtungen enthalten ist und gehe nun über zu dem Vorwurf, ich hätte die evangelische Geistlichkeit in Ausübung ihres Berufes beleidigt.

Da finde ich den einzigen Ausdruck „schwarze Gendarmerie", der allenfalls auf die gesamte Geistlichkeit direkt bezogen werden könnte, aber es ist mir unerfindliche, wieso derselbe beleidigend sein soll. Solange der Ankläger nicht nachweist, daß der Beruf eines Gendarmen ein ehrenrühriger ist, vermag ich nicht einzusehen, daß sich Jemand durch die Bezeichnungen als Gendarm verletzt fühlen kann. Die Geistlichkeit schwärmt bekanntlich für Zucht und Ordnung, und da die Gendarmerie gerade dazu benützt wird, die Zucht zu ermöglichen und die Ordnung aufrecht zu erhalten, so muß sie ihr ja als Ideal erscheinen. Diese Seelenverwandschaft ist es gerade, welche mich veranlaßte, den fraglichen Ausdruck zu gebrauchen, und das Beiwort „schwarze" ist ja augenscheinlich nur zur Bezeichnung der Uniform gewählt worden. Die Herren Pastoren werden sich doch nicht etwa ihrer Amtstracht schämen?

Alles was sonst noch durch den Oberkirchenrat als auf die Geistlichkeit im allgemeinen gemünzt erachtet wurde, hat lediglich den Prediger-Agitatoren der christlich-sozialen Arbeiterpartei und den Stadtmissionären gegolten, wie sich aus dem ganzen Zusammenhang des letzteren Teils meiner Rede ganz unzweifelhaft ergibt. Es wurde z. B. von „Schwarzkünstlern" gesprochen, welche sich in die Häuser einschleichen, und denen man die Türe weisen müsse. Nun, die Herren Prediger - von ganz wenigen Ausnahmen abgesehen - haben keine Neigung, sich solcher Arbeit zu unterziehen. Sie schicken da ihre Commis voyageurs, die Traktätchen- Verteiler und dergleichen Leute. Diese begeben sich in die Waschküche, lauern den Frauen am Kochtopf oder bei der Kinderwartung auf und suchen sie mit ihren Himmelsbroschüren zu beglücken. Und da diese Einschleichungen gewöhnlich verknüpft sind mit allerlei zuckersüßen Redensarten, so nannte ich diese Personen auch „Wölfe im Schafspelz". Endlich ging ich von der erfahrungsmäßigen Überzeugung aus, daß die Meisten dieser Glaubensboten selbst nichts glauben, und zitierte den bekannten Heine'schen Vers vom heimlichen Wein und dem öffentlichen Wasser.

Der Hinweis auf Spanien, wo die Pfaffen zuerst das Land ausgestohlen und dann die Bevölkerung mit Melopia (Bettelsuppe) abfütterten, und die Andeutung, daß die Arbeiter auf ihrer Hut sein müßten, wenn ihnen jetzt in Berlin ebenfalls mit ärmlichen Almosen aufgewartet werde, müssen jeden Zweifel ausschließen, daß hier die Christlich-Sozialen und nicht die gesamte evangelische Geistlichkeit getroffen werden sollte. Denn die Firma Stöcker u. Co. ist es, welche mit Bettelsuppen arbeitslose Proletarier ins christlich-soziale Netz zu locken sucht, welche die Errichtung eines Arbeiter-Invalidenhauses in nahe Aussicht stellt und sonstige Leimruten legt, um Gimpel zu fangen. Indem dies die Herren Hofdemagogen tun, befinden sie sich aber doch wahrhaftig nicht in Ausübung ihres Berufes, und der Oberkirchenrat hatte keine Befugnis, Strafantrag zu stellen. Wollen sich die fraglichen Personen, weil ich ihnen mit demselben Maße eingemessen habe, mit dem sie ausmaßen, mit mir vor Gericht auseinander setzen, so müssen sie mich eben einzeln verklagen. Bis jetzt begnügten sie sich indessen, in den ihnen zugänglichen Organen über die Sozialdemokratie und meine Person zu räsonieren. Damit sollte es aber auch genug sein.

So wäre also von der ganzen Anklage nichts mehr übrig geblieben, und ich halte meine Freisprechung für selbstverständlich. Dieselbe gebührt sich aber nicht nur, weil ich absolut nicht schuldig bin, sondern auch im Hinblick auf das Jahrhundert, in dem wir leben, auf die Kultur, die uns umgibt, und mehr noch in Anbetracht der reaktionären Gelüste, welche die Orthodoxie in der jüngsten Zeit geoffenbart hat. Dieser Gesellschaft muß endlich ein Dämpfer aufgesetzt werden!

Stammt der Mensch vom Affen ab?

Nein! Wohl aber *ist* der Mensch ein *civilisirter* Affe, nämlich der entwickelteste Zweihänder, dessen Affenhaftigkeit an und für sich indessen ebenso wenig wissenschaftlich bestritten werden kann, wie seine Zugehörigkeit zur Klasse der Säugethiere.

Ein Bibelgläubiger möchte vielleicht ob einer solchen Sentenz am liebsten aus der Haut fahren, da sie seiner Anschauung, wornach der Mensch von »Gott« nach dessen Ebenbild »geschaffen« wurde, schnurstracks ins Gesicht schlägt. Hilft aber Alles nichts; der Staar der Dummheit *muss* einmal gestochen werden. Und da die armen Teufel sich die umfangreichen Werke der naturwissenschaftlichen Forscher nicht anschaffen und grossentheils dieselben auch nicht verstehen können, so muss man ihnen das Nothwendigste zur Aufklärung kurz und leichtfasslich darbieten, wie im Nachstehenden geschehen soll.

Will man das Wesen des Menschen und seinen Zusammenhang mit der organischen Welt begreifen lernen, so muss man sich vor Allem die Mühe nehmen, ihn in seiner jetzigen Gestalt genauer zu betrachten und sodann die mit ihm am nächsten verwandten Thierarten daneben zu halten. Man gelangt da — wenn man beim Kaukasier oder weisshäutigen Menschen anfängt und bis zum Australier abwärts schreitet — von Stufe zu Stufe zu unschöneren Gestalten, so dass man am Ende bei einer Menschensorte anlangt, die von den vornehmsten Affen nur in ganz geringem Masse sich unterscheidet.

»Es gibt,« sagt Büchner, »Menschen und Menschenrassen, welche kaum mehr Verstand besitzen, als gewisse Thiere. .... Die niedrigst stehenden Stämme unter den sogenannten Ozeaniern und Afrikanern entbehren aller allgemeinen Ideen und abstrakten Gedanken. Vergangenheit und Zukunft bekümmern sie nicht, sie leben nur in der Gegenwart. Der Australier kennt fast keine andere Empfindung, als die des Nahrungsbedürfnisses, dem er auf jede Weise zu genügen trachtet, und gibt dieses durch rohe Grimassen oder Geberden kund.«

Nach den übereinstimmenden Berichten vieler Reisenden sind die Ureinwohner Australiens völlig unzivilisirbar. Ohne alle Kleidung laufen sie umher und schlafen, wo sie gerade die Nacht ereilt; höchstens bauen sie sich eine Art Hundehütte aus Baumrinde. Nach den Bildern, die Nixon von verschiedenen Exemplaren dieser Menschen aufnahm, ist ihre Ähnlichkeit mit den Affen unverkennbar. Als Nahrungsmittel dient ihnen Alles, was ihnen von Pflanzen oder kleineren Thieren unter die Finger kommt; sie verzehren Beeren und Wurzeln nicht mehr zubereitet, als Insekten, Würmer, Schlangen u. s. w. Die »Sprache« dieser Menschen besteht aus einigen Hunderten von »Wörtern«, d. h. aus allerlei Quieklauten, womit sie die nächstliegenden Gegenstande bezeichnen.

Burton sagt von gewissen Negern Ostafrikas, sie seien »Wesen ohne jeden Moralbegriff, sowie ohne jedes, über den nächsten Kreis des sinnlich Wahrnehmbaren hinausreichendes Denken.« Die Kytsch-Neger nennt Baker »die reinsten Affen, die sich in ihrer Nahrung lediglich auf Das verlassen, was ihnen die Natur bietet.« Die Sudan-Neger werden von Moorlang als »unter dem Vieh stehend« bezeichnet. Und einer Menge anderer afrikanischer Stämme stellen zahlreiche Reisende, wie Anderssohn, Livingstone, Leighton, Krapf u. s. w. die nämlichen schlechten Zeugnisse aus; manche werden sogar als fast völlig behaart beschrieben.

Die Ureinwohner der philippinischen Inseln, gleichfalls Neger, stehen den oben erwähnten Afrikanern an Wildheit nicht nach. »Dieser Neger,« sagt Hügel, »lebt wie ein wildes Thier in Bergen und Wäldern; er ist von unansehnlicher Gestalt, zwerghaftem Wüchse, ausgezehrten Armen und Beinen, magerem Körper mit schwarzen und rothen Haaren bedeckt. ....In Manila werden diese Neger um nichts besser als eine Art Affen angesehen....« Sie wohnen in Erdlöchern oder auf Bäumen, wobei ihnen sehr zu statten kommt, dass ihre Zehen weit auseinander stehen und sehr beweglich sind, so dass sie sich damit in den Zweigen festhalten können. Andere Inseln des indischen Archipels, wie Borneo, Sumatra u. s. w. bergen in ihren Wäldern fast durchgängig derartige Menschen. Ihre Sprachen werden als thierisches Geschnatter bezeichnet, Gibson hat mehrere solcher Stämme kennen gelernt und beschrieben. Er sagt, dass man diese Menschen nicht zivilisiren könne, auch seien sie zu keinerlei Arbeit verwendbar, dagegen besässen sie die grösste Aehnlichkeit mit den Affen.

Selbst Indien mit seiner uralten Kultur hat noch ganz unzivilisirte Menschen aufzuweisen. Es sind dies vermutlich die eigentlichen Ureinwohner, welche seinerzeit von den Hindus verdrängt wurden und jetzt nur noch in unzugänglichen Wildnissen hausen. Büchner bemerkt auf Grund mehrfacher Beschreibungen, der Beobachter dieser traurigen Wesen sei im ersten Augenblick im Zweifel, ob er Menschen oder menschenähnliche Affen vor sich habe.

Endlich besitzt auch Amerika eine Anzahl völlig thierischer Volksstämme, so z. B. die Cahibes in Südamerika, die Botokuden, die Bewohner des Feuerlandes etc.

Bedenkt man nun, dass die heute als kultivirt geltenden Menschen vor wenigen Jahrtausenden sammt und sonders noch »Wilde« waren, wie selbst aus der Geschichte im Grossen und Ganzen zu ersehen ist, die doch nur von der Zeit an Aufschluss über diese Dinge geben kann, in welcher es der Mensch bereits bis zum Aufzeichnen seiner Gedanken gebracht hat, so kann man sich leicht einen Begriff von der Beschaffenheit der Menschen machen, welche 50 — 60 Jahrtausende *vor* Beginn der historischen Epoche lebten.

So weit und noch weiter zurück reicht aber das Dasein der Menschheit, denn seit so langer Zeit haben Wesen auf der Erde existirt, welche mit Werkzeugen (wenn auch noch so roher Art) hantirten, welche gewissermassen den Schlüssel zu der ganzen Entwickelung bilden, auf Grund welcher der Mensch sich über seine weniger glücklichen Mitthiere nach und nach zu jener Stufe empor schwang, auf der er heute steht.

Da die Menschen diese Werkzeuge hinterliessen, und da dieselben gleich ihren zeitgenössischen Pflanzen und Thieren in dem grossen Museum der Natur — nämlich eingebettet in der Erdkruste — aufbewahrt wurden, so bilden sie unwiderlegliche Beweisstücke für das Alter der Menschheit, ein Alter, gegen welches die willkürlichen mosaischen und sonstigen naiven älteren Schätzungen als Kindereien erscheinen.

Viel Licht verbreiteten in dieser Beziehung die zahlreichen sogenannten *Höhlenfunde*.

Am meisten Aufsehen erregte die Entdeckung der Höhle von Aurignac im südlichen Frankreich, in welcher siebzehn menschliche Skelette vorgefunden wurden, und die durch einen grossen Sandstein verschlossen war. Bei genauerer Untersuchung stellte es sich heraus, dass die Höhle als Begräbnissplatz gedient hatte, während deren Vorplatz zum Abhalten von Leichenschmäusen benutzt worden sein muss. Es fanden sich da Lager von Asche und Holzkohlen, grosse Mengen Knochen und Bruchstücke von primitiven Werkzeugen aus Feuer- oder Flintstein u. s. w. Hinsichtlich des Alters dieser Höhle deuteten die sie umgebenden Schichtenbildungen der Erdkruste auf mindestens 50 000 Jahre hin.

Entdeckungen von urmenschlichen Steinwerkzeugen, neben denen sich Reste jetzt ausgestorbener Thierarten fanden, hat man nun übrigens in allen Weltheilen gemacht, so dass man daraus schliessen kann, dass 1) überall schon in unvordenklichen Zeiten, und in Gesellschaft jetzt nicht mehr existirender Thiere, Menschen auf der Erde wohnten, und 2) dass besagte Instrumente die elementarsten Erscheinungen der Kultur reprasentirten und wahrscheinlich die Mittel bildeten, durch welche sich unsere Vorfahren vom Thiere zum Menschen emporarbeiteten.

Das zuvor erwähnte muthmassliche Alter der Menschheit erscheint gewiss sehr hoch; gleichwohl ist es, verglichen mit dem Alter der Erde, nur eine kurze Spanne Zeit, denn Naturforscher haben berechnet, dass die gesammte Schichtenbildung unseres Planeten mehr als 600 Millionen Jahre in Anspruch genommen hat!

Von welcher Beschaffenheit mögen aber wohl diese Menschen der Urzeit gewesen sein? Einzelne vorgefundene Schädel und Knochen lassen darauf deutlich schliessen.

Die Gelehrten erklären, dass alle vorgefundenen urweltlichen Menschenschädel affenartig gebildet waren, und dass die Kinnladenform und die Gestalt der Augenhöhlen auf eine entsetzliche Wildheit schliessen lassen. Bei dem Schädel, welcher mit einem ganzen Skelette im

Neanderthale bei Düsseldorf ausgegraben wurde, und der gewissermassen Weltberühmtheit erlangte, indem er in zahlreichen Abgüssen verbreitet und vielfach untersucht und beschrieben wurde, soll der wilde Charakter ganz besonders in die Augen springend sein.

Behalten wir nun unsere soeben gekennzeichneten Vorfahren — die affenähnlichen Menschen — scharf im Auge und vergleichen wir sie mit den jetzt lebenden menschenähnlichen Affen, so wird es uns nicht mehr länger zweifelhaft sein können, dass wir in den Letzteren Lebewesen erblicken müssen, die gleichsam unsere zurück gebliebenen Stiefbrüder sind, welche vor undenklichen Zeiten von ein und demselben Stamm sich abzweigten. Denn *so* muss man sich den Vorgang denken und nicht etwa annehmen, dass der Mensch aus einer der jetzt noch existirenden eigentlichen Affenarten hervorgegangen sei. Es muss das desshalb ausdrücklich hervorgehoben werden, weil die Gegner der »Affentheorie«, wie diese Leute die Lehre von der Abzweigung des Menschen aus der Thier weit spottweise nennen, böswillig behaupten, dass die moderne Naturwissenschaft den Menschen vom Gorilla oder einem ähnlichen jetzt lebenden Affen herstammen lasse.

Was nun die Affen als solche anbetrifft, so hat man dieselben in der Naturwissenschaft bis vor verhältnissmässig kurzer Zeit als *Vier*händer bezeichnet, während man die Menschen als *Zwei*händer klassifizirte, weshalb es grosses Aufsehen erregte, als Huxley im Jahre 1863 diese Eintheilung für falsch und auch die Affen als Zweihänder erklärte. Der Anatomie gegenüber, erörterte dieser Forscher, seien keine diesbezüglichen Unterschiede vorhanden. Professor Häckel sagt, dass es sich auch mit den übrigen körperlichen Merkmalen, durch welche man versuchen wollte, den Menschen vom Affen zu trennen, so verhalte. Hinsichtlich der relativen Länge der Gliedmassen, des Schädelbaues, des Gehirns u. s. w. seien die Unterschiede zwischen dem Menschen und den höheren Affen *geringer* als die entsprechenden Unterschiede zwischen den höheren und den niedriegeren Affen.

Hier nur Einiges über die menschenähnlichsten (schwanzlosen) Affen, den Gorilla, den Orang-Utang, den Schimpanse und den Gibbon.

Büchner sagt: »Jedes dieser Thiere hat besondere oder eigentümliche Beziehungen, in denen es den Menschen entgegenkommt; so der Orang-Utang durch die Bildung des Gehirns und die Zahl der Windungen desselben der Schimpanse durch die Bildung seines Schädels und durch seinen Zahnbau; der Gorilla durch die Bildung seiner Extremitäten oder Gliedmassen und der Gibbon endlich durch den Bau seines Brustkorbes.«

Im Allgemeinen kommt der erst in der jüngeren Zeit genauer bekannt gewordene Gorilla, welcher seine Heimath in Afrika hat, in seinem Gliederbau der menschlichen Gestalt am nächsten. Sein Ohr ist dem menschlichen sehr ähnlich, seine Arme sind kürzer, als bei anderen Affen, die Hand mit einem förmlichen Daumen versehen, während der Fuss einen starken Ansatz der Ferse aufweist. Er vermag mit Leichtigkeit aufrecht zu gehen u. s. w.

Ausser dem Gorilla hat Afrika noch den Schimpanse aufzuweisen, welcher gleich jenem eine Höhe von fünf Fuss erreicht, mit mehreren seiner Gattung zusammenlebt, sich aus Baumzweigen eine Art Nest oder Bett bereitet und grosse Schlauheit an den Tag legt. Vor dem Menschen flieht er, während der Gorilla diesen stets angreift. Verfolgt zeigt der Schimpanse ein sehr menschenähnliches Benehmen, ebenso wenn er verwundet ist. Die Eingeborenen behaupten, die Affen seien einst Glieder ihres eigenen Stammes gewesen, wegen ihres schlechten Betragens aber in die Wildniss gejagt worden, wo sie allmählich verwilderten.

Die Neger in Guinea und die Eingeborenen von Java und Sumatra halten den Orang-Utang (das Wort bedeutet auch: wilder Mensch oder Waldmensch) und den Schimpanse, wie Professor Bischoff mittheilt, für Menschen. »Der Affe ist ein Mensch,« sagen die Siamesen, »allerdings kein sehr schöner, aber nichtsdestoweniger ein Bruder.«

Bekannter als Gorilla und Schimpanse sind Gibbon und Orang-Utang, deren Heimath Asien, insbesondere der indische Archipel ist. Die Gibbons sind unter den menschenähnlichen Affen die kleinsten und werden nur etwa drei Fuss hoch. Dagegen soll ihre Intelligenz eine sehr hochgradige sein: Sie leben truppweise auf Bäumen, laufen aber auch, und zwar mit Vorliebe, aufrecht in der Ebene umher. Ihre Geschicklichkeit im Springen und Klettern wird allseitig gerühmt, ihre Stimme als laut und durchdringend bezeichnet. Wenn sie trinken wollen, tauchen sie die Finger ins Wasser und lecken dieselben ab. Duraucel behauptet, gesehen zu haben, wie die Mütter ihre Jungen ans Wasser trugen und ihnen die Gesichter wuschen.

Der Orang-Utang wird über fünf Fuss hoch, so dass er den Menschen seiner Nachbarschaft an Grösse wenig nachsteht. Aufs Bereiten von Nestern oder Betten verstehen sich die Orang-Utangs sehr gut, schlafen darin auf dem Rücken und decken sich bei kühler Witterung sogar mit Laubwerk zu. Ihr Klettern ist höchst vorsichtig, indem sie jeden Ast erst prüfen, ob er stark genug sei, sie zu tragen.

Man hat bei allen diesen Affen Züge beobachtet, die ihre Verwandtschaft mit dem Menschen aufs überraschendste bekundeten. So treten z. B. beim Sterben eines Affen Erscheinungen zu Tage welche durchaus menschliche genannt werden können, weshalb die Affenjagd einen äusserst peinlichen Eindruck hervorbringt.

Genug; die Theorie wornach die eigentlichen Affen, gleich den Menschen, von einem *gemeinsamen* (natürlich längst ausgestorbenen) Mutterthiere herstammen, ist eine absolut*zwingende*.

In ähnlicherweise werden durch die neueren Zoologen *alte* Thiere gleicher Ordnung auf einheitliche Stammthiere zurückgeführt, während mehrere von diesen wiederum von gemeinsamem Ursprünge abgeleitet werden, bis schliesslich durch systematisches Rückschliessen das einfachste organische Gebilde oder, wie sich Lamarck ausdrückt, ein*Urthier* übrig bleibt, das man sich durch natürliche Urzeugung, Hervorspriessung aus der Materie, entstanden denken muss.

Nachdem wir nun gesehen haben, auf welch' niedriger, von den nach ihm folgenden Thierarten ihn nur sehr gering unterscheidenden Stufe körperlicher und geistiger Ausbildung der Mensch in manchen seiner Familienglieder heute noch angetroffen wird, und nachdem uns klar geworden, dass es vor vielen Jahrtausenden lediglich Menschen von thierischer oder thierähnlicher Wildheit gegeben hat, wir also der Lehre von der Entwickelung vom Niederen zum Höheren zugänglicher geworden sind, können wir einen Schritt weitergehen und uns bei den Anatomen erkundigen, inwiefern der Zusammenhang des Menschen mit der Thierwelt anderweitig begründet ist.

Das gesammte Thierreich kann in zwölf Klassen eingetheilt werden, nämlich in Säugethiere, Vogel, Amphibien, Fische, Insekten, Spinnen, Krustenthiere, Würmer, Weichthiere, Strahltbiere, Pflanzenthiere und Urthiere; je vier dieser Klassen bilden eine Gruppe, und zwar gehören die vier ersten der aufgezählten Klassen zur Gruppe der Wirbelthiere. Der Mensch, welcher zur Ordnung der Zweihänder und zur Klasse der Säugethiere gehört, fällt also unter die Gruppe der Wirbelthiere, weshalb wir zunächst diese in ihren verschiedenen Abstufungen mit ihm vergleichen müssen, wenn wir uns über unseren Zusammenhang mit dem ganzen Thierreiche klar werden wollen.

Die Wirbelsäule, nach welcher die Wirbelthiere ihren Numen erhalten haben — das ist eine Knochenreihe, welche sich vom Schädel bis zum Schwänze erstreckt, und die das Rückenmark enthält — ist wohl das wesentlichste Merkmal, welches allen Angehörigen dieser Thiergruppe eigen ist, nicht aber das einzige. Wie sich durch die Wirbelsäule der Rückenmarkkanal hinzieht, so zieht sich auch bei den Wirbelthieren noch ein zweiter, dem ersteren an Wichtigkeit gleichkommender Kanal durch den ganzen Körper hin, nämlich die Speiseröhre, die beim Munde beginnt, durch den Schlund in den Magen und von da durch das ganze Gedärm bis nach dem After führt. Würde man die Skelette der verschiedenen lebenden und ausgestorbenen Wirbelthiere systematisch geordnet neben einander in einer Reihe aufstellen, so könnte man sich überzeugen, dass alle Uebergänge ganz unmerklich stattfinden, dass von Stufe zu Stufe einerseits die Verkümmerung, andererseits die besondere Ausbildung der einzelnen, späterhin die bedeutsamsten Unterschiede der Ordnungen und Arten darstellende Organe sie sich vollzieht, und dass man, wenn man von den mannigfaltigen Variationen die Stufenleiter wieder zurückgeht, auf die einheitliche Grundform stösst.

Professor Huxley hat dieses Verhältniss gelegentlich eines Vortrages sehr anschaulich dargelegt, weshalb seine diesbezüglichen Ausführungen hier eine Stelle finden mögen. »Da wäre z.

B, das Skelett eines Pferdes und hier das eines Hundes,« begann der Vortragende, seinen Zuhörern die entsprechenden Präparate vorzeigend. »Sie werden bemerken, dass wir beim Pferde einen Schädel, einen Rückgrat und Rippen, Schulterblätter und Hüftknochen haben. In dem Vorderfusse einen Oberarmknochen, zwei Vorderarmknochen, Handgelenknochen (fälschlich Knie genannt) und Mittelhandknochen in die drei Knochen eines Fingers auslaufend, deren letzterer in dem hornigen Hufe des Vorderfusses wie in einer Scheide steckt; in dem Hintergliede ein Schenkelbein, zwei Beinknochen, Knöchel und Mittelfussknochen, die in die drei Knochen einer Zehe auslaufen, von denen der letzte in dem Huf des Hinterfusses eingeschlossen ist. Wenden Sie sich nun zum Skelett des Hundes. Wir finden hier ganz dieselben Knochen, nur in grösserer Anzahl, da in jedem Fusse mehr Zehen und darum mehr Zehenknochen sind. ...... Nun ist hier ein anderes Skelett — das einer Art Lemur (Halbaffe), Sie sehen, es hat dieselben Knochen. ......Denken Sie sich ihn nun anders gewendet, so dass sein Rückgrat in eine schiefe, nach oben und vorwärts gekehrte Stellung kommt, gerade wie bei den drei nächsten Figuren, welche die Skelette eines Orang-Utang, eines Schimpansen und eines Gorilla darstellen, und es wird Ihnen nicht schwer fallen, die Knochen durchaus als dieselben zu erkennen; und wenden Sie sich endlich zu dem Ende der Reihe, zu der Figur, welche ein menschliches Skelett vorstellt, so werden Sie auch hier keine wesentliche Veränderung in dem Knochenbau finden. Es sind da dieselben Knochen in derselben Lage. Von dem Pferde steigen wir stufenweise auf, bis wir zuletzt bei den höchsten bekannten Formen ankommen. Nehmen Sie dagegen die andere Reihe der Figuren vor und gehen Sie von dem Pferde abwärts in der Stufenleiter bis zum Fische, und Sie werden finden, dass immer noch, wiewohl die Veränderungen bedeutend grösser sind, die wesentliche Form des Organismus unverändert bleibt. Hier haben Sie z. B. einen Delphin; hier ist sein starker Rückgrat mit der sich durch denselben ziehenden Höhlung, welche das Rückenmark einschliesst; hier sind die Rippen, hier das Schulterbein; hier ist der kleine und kurze Oberarmknochen, hier sind die beiden Vorderarmknochen, der Handgelenkknochen und die Fingerknochen. Ist es nicht sonderbar, dass der Delphin in diesem auffallenden Ding da — seiner Flosse, wie man das nennt — dieselben Grundelemente besitzt, wie das Vorderglied des Pferdes, oder des Hundes, oder des Affen oder des Menschen? Hier haben Sie den augenscheinlichen Beweis von einer Einheit des Planes unter allen Thieren, die einen Rückgrat haben und die wir Wirbelthiere nennen!«

Anknüpfend an diese Darlegung bemerkt Huxley, dass zwar die übrigen Thiergruppen nach anderen »Bauplänen« organisirt seien, dass man aber dennoch auf eine gleichartige Urform bei allen Thieren stosse, womit dieselben ihren Daseinsprozess beginnen; dies sei das Ei! Ja, selbst die Pflanzen legten in dieser Beziehung Zeugniss ab für die Einheitlichkeit der organischen Welt, indem ihre Urform, die Zelle, sowohl hinsichtlich ihrer Form, als auch ihrer Bestandteile, mit dem Ei verwandt sei. »Wenn Sie also«, so schliesst der Vortragende, »die Eiche oder einen Menschen oder ein Pferd oder einen Hummer (Seekrebs) oder eine Auster, oder irgend ein anderes beliebiges Thier auf seinen ersten Keim zurückführen, so werden Sie finden, dass sie alle, ohne Ausnahme, ihr Dasein in wesentlich einander ähnlichen Formen beginnen.

Das Ei ist hinsichtlich aller organischen Gebilde im Wesentlichen gleicher Natur und nur in Bezug auf die Grösse, Farbe etc. zeigt es kleine Abweichungen auf; bei den Wirbelthieren ist fast nicht der mindeste Unterschied wahrnehmbar. Um Missverständnissen vorzubeugen, sei hier bemerkt, dass man die Eier von Vögeln oder Amphibien, wie sie von denselben gelegt werden, nicht als Urkeime auffassen darf, denn in dieser Gestalt erscheint das Ei schon mit bedeutenden Stoffmengen umgeben, in denen der eigentliche Keim nur wie ein Centralpunkt eingeschlossen ist; man muss vielmehr das Ei im Auge haben, wie es sich vom Eierstock ablöst. Es ist dies ein Gebilde, bestehend aus einem zarten runden Körperchen, das von einer festen Membran umschlossen ist. In seinem Innern befindet sich eine zähe Flüssigkeit mit vielen eingestreuten Körnchen, dem Dotter oder Zellstoff. Und in der Mitte des Dotters liegt der bläschenförmige Kern, auch Keimbläschen genannt, mit hellerem Inhalt. In diesem Keimbläschen endlich befindet sich der Keimfleck oder das Kernkörperchen, welches, wie das Ei selbst, aus eiweissartiger Masse besteht.

Die Entwicklung des Eies geschieht bei jedem Thiere zunächst dadurch, dass der Inhalt der Eizelle den merkwürdigen Prozess der sogenannten Dotterfurchung oder Dotterklüftuug durchmacht, wobei die vorher formlose Dottermasse durch fortwährende Theilung und Wiedertheilung unter Theilnahme des Kernbläschens und dessen Kerns in einen Haufen elementarer Bausteine oder sogenannter Embryonalzellen zerfällt, welche nun ihrerseits zu allen möglichen weiteren Umgestaltungen fähig sind, und aus denen sich der künftige Organismus unter fortwährend zunehmender Bildung neuer Zellen aufbaut. .... Jeder Theil, jedes Organ wird im Anfang nur roh, wie aus Stücken formlosen Thons herausgebildet und in seinen Umrissen angelegt; alsoann wird es genauer ausgearbeitet u. s. w„ bis ihm endlich und zuletzt der Stempel seiner bleibenden Bildung aufgedrückt wird.

Dieser Vorgang geschieht nun im Anfang und bis in eine ziemlich weitgehende Epoche des embryonalen Lebens hinein bei den verschiedenen Thieren und Thiergattungen in einer so *gleichmassigen* Art und Weise, dass die im geborenen Jungen aller nicht blos in der äusseren Form, sondern auch in allen Wesentlichkeiten der Bildung einander fast vollständig gleichen oder ähnlich sehen — so verschieden auch die später aus ihnen hervorgehende bleibende Form des Thieres sein mag. Die Keimlinge verhalten sich also hierin gerade so, wie das Ei selbst, welches ja auch überall fast mit ganz gleicher Form und Grösse auftritt. Von einer gewissen Periode des embryonalen Lebens ab treten allerdings die Verschiedenheiten der einzelnen Formen mehr und mehr und um so deutlicher hervor, je mehr sich das betreffende Wesen seiner bleibenden Bildung und dem Zeitpunkte seines Geborenwerdens nähert. Aber auch hierbei findet der sehr bemerkenswerthe Umstand statt, dass je mehr sich einzelne Thiere im ausgewachsenen Zustande einander gleichen, auch ihre Embryonen oder Keimlinge während des Fruchtlebens um so länger und inniger einander ähnlich sehen, während diese um so früher und deutlicher einander unähnlich werden, je unähnlicher oder verschiedener die ihnen entstammenden Thierformen während ihres späteren Lebens sind. So sehen sich z. B. die Embryonen einer Schlange und einer Eidechse als zweier einander verhältnissmässig nahe stehender Thierformen länger einander ähnlich, als die einer Schlange und eines Vogels, als zweier von einander sehr entfernt stehender Thiere.

Was zunächst das menschliche Ei betrifft, so ist dasselbe in allen wesentlichen Beziehungen denjenigen aller anderen Säugethiere gleich und höchstens durch seine Grösse um ein Geringes verschieden. Sein Durchmesser beträgt den zehnten oder zwölften Theil einer Linie und ist daher so klein, dass man es mit blossen Augen nur als ein feines Pünktchen wahrnehmen kann.

Dass indessen, trotzdem bei noch so vielfacher Vergrösserung keine Unterscheidungsmerkmale zwischen den Eiern verschiedener Säuge- und anderer Wirbelthiere wahrgenommen werden können, dennoch Unterschiede darin stecken müssen, die vielleicht, wenn die Chemie einmal weit genug vorgeschritten sein wird, konstatirt werden können, wird von den Naturforschern allgemein angenommen. So bemerkt z. B. Hackel:

»Diese feinen individuellen Unterschiede aller Eier, die auf der indirekten oder proportionalen Anpassung beruhen, sind zwar für die ausserordentlich groben Erkenntnissmittel des Menschen nicht direkt sinnlich wahrnehmbar, aber durch indirekte Schlüsse als die ersten Ursachen des Unterschiedes aller Individuen erkennbar.«

Die Ausbildung des menschlichen Eies zum Embryo und weiter findet in der gleichen Weise statt, wie sie oben schon im Allgemeinen angedeutet wurde. In der ersten Epoche der Entwicklung ist es nach Giebel »durchaus nicht möglich, die menschliche Individualität von der irgend eines Säugethiers, eines Vogels, einer Eidechse oder eines Karpfens zu unterscheiden.«

Die Gliedmassen sind bekanntlich bei den verschiedenen Wirbelthieren sehr verschieden; im Anfange des embryonalen Zustandes sind sie fast gar nicht zu unterscheiden; sie stellen einfache Knospen dar, denen nicht anzusehen ist, ob daraus ein Flügel, eine Pfote oder eine Hand etc. hervorgehen wird. Ebenso wenig unterscheiden sich die vorderen und die hinteren Gliedmassen von einander. In einem weiteren Stadium der Entwickelung zeigt sich die sehr merkwürdige Erscheinung, dass fast bei allen Säugethieren fünf Finger oder Zehen aus den Extremitäten hervorspriessen; sogar das Pferd erscheint zunächst mit fünf Zehen, die erst nach und nach wieder verschwinden, indem sie sich im Hufbein mit einander verschmelzen, hie und da (bei sogenannten »Missgeburten«) sogar ihre Selbstständigkeit bewahren.

Andere Gliedmassen, die für manche Wirbelthiere nothwendig, für andere überflüssig sind, erscheinen anfangs bei *allen* Thierarten, nur bilden sie sich bei der einen aus, während sie bei der andern verkümmern. Der Mensch bringt bekanntlich keinen Schweif mit zur Welt, allein am menschlichen Embryo erscheint in der ersten Zeit gleichwohl ein solcher Anhang unmenschlicher Affheit und tritt erst in etwa sechs Wochen nach und nach zurück, nicht ohne in Gestalt von drei bis fünf verkümmerten Schwanzwirbeln sich unter der Haut festzusetzen, um für immer in dieser Lage den Menschen zu begleiten. Häckel nennt diesen Schwanzrest einen *»unwiderleglichen Zeugen für die unläugbare Thatsache, dass der Mensch von geschwänzten Voreltern abstammt.«*

Und was hat der Mensch sammt den übrigen Säugethieren mit Kiemen, also mit Organen von Wasserthieren zu thun! Offenbar nichts! Aber *dennoch* bilden sich am Embryo Kiemenbogen, nur gestalten sie sich später zu Hals- und Gesichtstheilen um. Aehnliche Erscheinungen, die gegen jede Verläuguung der Einheitlichkeit aller Wirbelthiere energisch protestiren, könnten noch mehr angeführt werden, doch mag es hiermit genug sein.

Agassiz sagt sehr zutreffend: »Es ist eine Thatsache, welche ich jetzt als eine allgemeine aussprechen kann, dass die Embryonen und die Jungen aller gegenwärtig existirenden Thiere, zu welcher Klasse sie auch gehören mögen, das lebendige Miniaturbild der fossilen (urweltlichen) Repräsentanten derselben Familie sind.«

Endlich sind hier noch hervorzuheben die rudimentären (die Anfangs zustände bezeichnenden) und Rückfalls-Erscheinungen. Es kommt sehr häufig vor, dass Kinder Aehnlichkeit mit älteren Familiengliedern aufzeigen, obgleich die Eltern selbst vielleicht keine Spur an sich tragen. Dies kann man sich nur damit erklären, dass die entsprechenden Keimtheile in erster Linie nicht zur Entwickelung gelangten, demungeachtet aber in der Frucht erhalten blieben, während in späterer Folge gleichsam eine Rückbildung eintrat. Es kämpfen eben auch hier Aktion und Reaktion mit einander; wäre dies nicht der Fall, dann müsste überhaupt der Entwicklungsprozess im Allgemeinen einen viel rascheren Verlauf nehmen, so dass z. B. die Menschen längst zu »Göttern« geworden wären. Die neuere Naturforschung hat sich eingehend mit der Untersuchung diesbezüglicher Erscheinungen beschäftigt und ist dabei zu überraschenden Resultaten gelangt, zu Resultaten, die unter den Beweismitteln zu Gunsten der Abstammung des Menschen von niedrigeren organischen Wesen nicht den letzten Rang einnehmen.

Im Allgemeinen ist der Mensch bekanntlich, wenige Körpertheile ausgenommen, unbehaart, allein es gibt Individuen genug, welche ziemlich dicht mit Haaren bedeckt sind; und etwa drei Monate vor der Geburt ist dies bei jedem der Fall. Dies kann nickte Anderes sein, als ein Rückfall in's Affenthum. Manche Menschen sind im Stande, ihre Ohrmuscheln zu bewegen, besitzen also hierzu geeignete Muskeln, wohingegen nicht nur der Mensch im Allgemeinen, sondern sogar auch das menschenähnliche Affengeschlecht solches nicht fertig bringt. Hier reicht also der Rückgriff bis über den Affen hinaus, bis zu den niedrigen Säugethieren, welche fast durchgängig ihre Ohrmuscheln bewegen können. Der Geruchssinn ist bei einzelnen Kulturmenschen aussergewöhnlich scharf ausgeprägt, bei wilden Völkern fast immer und bei sehr vielen Thieren ist dies die Regel. Hinsichtlich der Muskelbildung treten ähnliche Erscheinungen hervor. Bei Leichensektionen hat sich schon oft eine affenartige Muskelbildung gezeigt; Dr. Dunkan hat nachgewiesen, dass die abnormen Verhältnisse in der Muskulatur mancher Menschen dem regelrichtigen Muskelbau der Affen entspricht; und bei den Australiern und sonstigen beistehenden Menschen weicht das Muskelsystem von dein der Affen überhaupt nur wenig ab. Das sogenannte Milchgebiss der Menschen ist dem Affengebiss auffallend ähnlich, während das zweite Gebiss sich eigenartig entwickelt. Und so gibt es noch viele derartige Momente, doch mag das Angeführte genügen. »Wir können«, sagt Darwin im Hinblick auf die Ergebnisse der vergleichenden Forschung, »hierdurch verstehen, woher es gekommen ist, dass der Mensch und alle übrigen Wirbelthiere nach demselben allgemeinen Plane gebaut sind, warum sie die gleichen Stufen höherer Entwickelung durchlaufen und warum sie gewisse Rudimente gemeinsam beibehalten haben.«

Der Haupttrumpf, welchen die Widersacher der Darwinisten ausspielen, besteht in der Behauptung, dass der Mensch durch die Sprache vor allen anderen lebenden Wesen ausgezeichnet sei; aber dieser Trumpf ist weiter nichts, als ein trauriges Armuthszeugniss, durch welches die betreffenden Hochmuthsträger ihre krasse Ignoranz in naturwissenschaftlichen Dingen sehr deutlich bescheinigen.

Schon früher wurde darauf hingewiesen, wie kläglich heute noch die Sprache mancher Völkerschaften beschaffen ist, und wie wenig sich dieselbe von dem Geschnatter anderer Thiere unterscheidet. Und da die Ueberreste der Urmenschen, wie sie an den verschiedenen Stellen der Erde aufgefunden wurden, bis zur Evidenz darthun, dass unsere Vorfahren den rohesten Menschenstämmen der Jetztzeit noch bedeutend nachstanden, so kann man sich doch wahrhaftig an den fünf Fingern abzählen, dass bei ihnen von einer Sprache im modernen Sinne nicht die Rede sein konnte. Der Urmensch kann, wie sich Westropp ausdrückt, nichts weiter gewesen sein, als ein stummes oder sprachloses Wesen, das sich erst im Verlaufe langer Zeit, ähnlich wie jetzt die kleinen Kinder, die Fähigkeit aneignete, seinen Bedürfnissen und Gefühlen Ausdruck zu geben, während er sich bis dahin mit Geberden und unartikulirten Lauten behelfen musste, wie jedes andere Thier.

Von der Sprache des Menschen wird auf seine Vernunft geschlossen, als ob die übrigen Thiere keine Vernunft besässen! Selbst die Theologen wissen in dieser Beziehung Bescheid, sonst hatten sie durch die Erfindung des »Instinkts« der Anerkennung thierischer Vernünftigkeit keinen Stein in den Weg zu legen gesucht. In Wirklichkeit bedeuten die Begriffe Verstand und Instinkt nur Abstufungen ein und derselben Wesenheit.

Freilich, die *Grade* der Vernunft, welche die verschiedenen Thiere besitzen, sind sehr mannigfaltig, sowohl hinsichtlich der Arten, als auch hinsichtlich der Individuen. Ein Hund ist klüger als ein Schaf; und mancher Hund besitzt viel, mancher wenig Gelehrigkeit. Und unter den Menschen selbst existirt sicherlich die allergrösste Mannigfaltigkeit bezüglich der Vernunft. Ein Neuholländer ist viel dümmer, als der dümmste Engländer; und auf den armen und *darum* (!) wenig gebildeten Mann einer beliebigen »Intelligenzstadt« blickt der Gelehrte — recht ungebildeterweise, wie ich nebenbei bemerken will — nur sehr verächtlich herab. Der Grad der Vernünftigkeit eines lebendigen Wesens hängt aber lediglich von der Quantität und Qualität seines Gehirns ab.

Alle Wirbelthiere besitzen ein Gehirn, und zwar lässt sich nicht verkennen, dass auch dieses Organ sammt dem damit verknüpften Nervensysteme, ähnlich wie das Knochengerüste, die Verdauungsorgane u. s. w., nach einem einheitlichen Plane angelegt ist. Alle Gehirne, von denen der niedrigsten Fische bis zu denen der zivilisirtesten Menschen, bilden eine Stufenleiter, die ganz allmählig und wohlvermittelt emporsteigt. Im Allgemeinen steht fest, dass hinsichtlich der Thierarten die relative Durchschnittsgrösse des Gehirns über den Grad ihrer Vernünftigkeit entscheidet, im Einzelnen, also gegenüber den Individuen, kommt aber daneben noch die *Qualität* in Betracht, und zwar so, dass oft z. B. ein Mensch mit kleinerem Gehirne weit klüger sein kann, als einer mit quantitativ grösserem Denkorgane. Dies beruht nicht etwa nur auf blossen Folgerungen, sondern ist handgreiflich bewiesen worden. Die Qualität des Gehirns ist nämlich sehr auffallend äusserlich wahrnehmbar. Schon die Form des Schädels, die sich der Gehirnform entsprechend entwickelt, lässt den Kenner selten auf falsche Fährten gerathen, sondern offenbart ihm in der Regel, wenigstens annähernd, die betreffende Gehirnqualität. Es ist dies nicht allein bestätigt worden durch die Messungen von Schädeln gebildeter und ungebildeter Leute und civilisirter und wilder Menschen, sondern auch durch die Messungen von Schädeln der lebenden und längst verstorbenen Geschlechter. Ein Hauptmerkmal ist in dieser Hinsicht die Abflachung der hinteren und Auswölbung der vorderen Schädelpartien bei qualifizirten Gehirnen, während ein umgekehrtes Verhältniss durchschnittlich eine geringe Gehirnqualität anzeigt. Eine gewisse relative Grösse ist indess unerlässlich und Gehirne von besonderer Kleinheit können nicht qualifizirt sein, vermuthlich weil sie von den gewöhnlichsten Denkfunktionen schon so sehr in Anspruch genommen sind, dass zu ihrer qualitativen Entwicklung keine Gelegenheit gegeben ist. Idioten lassen stets schon an der Schädelbildung ein sehr kleines Gehirn erkennen; und die Dummheit der »Flachköpfe« ist längst sprüchwörtlich geworden.

Wird ein Schädel geöffnet, so dass das Gehirn blossliegt, so kann dessen Qualität erkannt werden. Da sind zunächst die Windungen und Furchen der Gehirnoberfläche zu beachtende Erscheinungen. Zahllose Untersuchungen haben ergeben, dass die Mannigfaltigkeit der Gehirngliederung, wenn man vom Menschen abwärts schreitet, immer weniger hervortritt, und dass eine Thierart desto verständiger ist, je tiefer die Furchen, je zahlreicher die Windungen sind und je regelloser die Gehirn Oberfläche beschaffen ist. Die Gehirnmasse grosser Denker wurde tief durchfurcht gefunden, deren Windungen waren viel zahlreicher, als bei Menschen von durchschnittlicher geistiger Befähigung. U. s. w.

Oberflächlich betrachtet, erscheint das Gehirn als eine breiige Masse; allein in Wirklichkeit gibt es kein Organ, welches eine so komplizirte Konstruktion hat, wie dieses, Millionen ganz feiner Fäserchen oder Röhrchen, die sich hundertfältig durchkreuzen und verschlingen, sind da vorhanden, die alle bestimmte Funktionen zu verrichten haben, wie man wohl annehmen muss; noch ist es jedoch nicht gelungen, in diese Einzelheiten einzudringen, und die — sehr wünschenswerthe — Erfindung von geeigneten Vergrösserungs-Apparaten und dergleichen würde ohne Zweifel zu vielfachen Entdeckungen innerhalb der Werkstätte führen, wo die Kräfte des Stoffes so Grossartiges leisten, dass die daraus entspringenden Resultate als Produkt des »Geistes« angesehen werden, des Geistes, welchen man sich unabhängig vom Stoff und übernatürlich vorstellt. Wer weiss, ob es der Wissenschaft nicht noch gelingt, diesen »Geist« ganz direkt bei der Arbeit zu ertappen — viele seiner Mysterien hat sie ohnehin schon enthüllt. So hat z. B. die Chemie bereits einen tiefen Blick in die innere Sphäre der Gedankenfabrik gethan. Es fanden sich im Gehirn Stoffe, die bei keinem anderen organischen Stoff vorkommen, so das Cerebrin und das Lecithin. Ferner wurde konstatirt, dass die Gehirnmasse nicht durchgängig gleichmässig stofflich zusammengesetzt ist, sondern dass in den einzelnen Theilen derselben beträchtliche diesbezügliche Abweichungen bestehen. Endlich ist man durch zahlreiche Vergleichungen zur Ueberzeugung gelangt, dass der Phosphor, welcher sich im Gehirnfett befindet, der eigentliche Vermittler der sogenannten Geistesthätigkeit sein müsse, indem derselbe in desto grösserer Menge vorgefunden wurde, je intelligenter ein Mensch war. »Ohne Phosphor kein Gedanke!« sagt Moleschott.

Andererseits haben die Vivisektionen (Zergliederungen von lebenden Thieren, anatomische Versuche mit lebenden Thieren) unwiderlegbar dargethan, dass »Geist« und Gehirneigenschaften eins und dasselbe sind. So hat z. B. Flourens bei Hühnern die Gehirntheile schichtenweise entfernt und dabei beobachtet, wie die »geistigen« Fähigkeiten mehr und mehr abnahmen; zuletzt trat völliger Stumpfsinn ein, die Thiere wurden unempfindlich, blieben regungslos auf einer Stelle sitzen und wären sicherlich bald abgestorben, wenn man sie nicht künstlich gefüttert hätte. Vermittelst dieser letzteren Manipulation erhielt man sie monatelang am Leben, ohne dass sie irgendwie ein Bewusstsein an den Tag gelegt hätten. Tauben und Frösche werden durch ganz einfache Gehirnoperationen blödsinnig gemacht; bei anderen Thieren nahm man gewisse Gehirntheilchen fort, und fand darnach, dass irgend ein Glied seinen Dienst versagte, das mitunter vom Kopf sehr weit entfernt war, während sonst nichts Krankhaftes zu Tage trat. Und so ist hundert faltig nachgewiesen worden, dass die sogenannte »Seele« mit dem Gehirn steht und fällt. »Welchen stärkeren Beweis für den nothwendigen Zusammenhang von Seele und Gehirn will man verlangen,« fragt Buchner, »als denjenigen, den das Messer des Anatomen liefert, indem es stückweise die Seele herunterschneidet?«

Schliesslich ist noch der Zusammenhang des Gehirns mit dem ganzen Nervensystem, dessen Eigenthümlichkeiten, wie man nun weiss, durch den Strom der Elektrizität, welcher es beständig durchfluthet, vornehmlich zu erklären sind, in Betracht zu ziehen. Im Hinblick auf diesen Punkt nennt Huxley das Gehirn ein telegraphisches Centralbureau, dem durch die Nervenstränge alle Eindrücke mitgetheilt werden, welche Augen, Ohren, Nase, Zunge und Haut, also alle Empfindungsorgane, empfangen, und das auf dem gleichen Wege die entsprechenden Muskelbewegungen anordnet. Ohne äussere Eindrücke gibt es keine Gehirnthätigkeit, kein Denken und Wollen. Jemand, der von Geburt aus blind ist, kann sich keinen Begriff von einer Farbe machen, vermag in dieser Richtung nicht zu denken; wer taub ist, dessen »Geist« hat keine Vorstellung vom Schall; und wem alle Sinne fehlen, der denkt gar nicht, denn sein Gehirn empfängt keine Eindrücke. Selbst im träumenden Zustande arbeitet das Gehirn nur empfangenen Eindrücken gemäss. Es handelt sich dabei um Empfindungen, welche sozusagen wachend unverarbeitet geblieben sind und die im Schlafe, allerdings gewöhnlich in wirrem Durcheinander, reagiren und so mitunter Bilder erzeugen, die man sich, wenn man nachträglich darüber nachdenkt, oft nicht zusammenzureimen weiss.

Es ist also das, was man Seele nennt, nur eine Eigenschaft des Stoffes, mit dem sie kommt und geht Kinder denken zunächst jedenfalls äusserst wenig; und das spätere Denken hängt nicht allein von der Anlage der einschlägigen Organe ab, sondern auch von darauf ausgeübten äusseren Einflüssen. Wie sehr es auf die letzteren ankommt, beweist die Thatsache, dass Menschen, die man von der Welt absperrt und sozusagen gar nicht erzieht, niemals verständig werden können. Die meisten Verbrechen sind auf mangelhafte Erziehung oder sonstige üble Einflüsse zurückzuführen; eingepflanzte Vorurtheile sind so stark und zahlreich vertreten, dass es verhältnissmässig nur wenige Menschen gibt, welche selbstständig denken. Andererseits werden alte Leute oft kindisch, so scharfe Denker sie zuvor vielleicht gewesen sein mögen, wie z. B. Newton, einer der scharfsinnigsten Gelehrten, beweist, welcher sich in seinem Alter mit den gros st en Albernheiten befasste. Ausserdem kommt es sogar darauf an, wie man sich nährt und wie man sonst lebt. Ein Vegetarianer ist nicht zu Leidenschaften geneigt, ein Fleischesser ist es dagegen in hohem Grade. Bei kümmerlicher Lebensweise, beim Mangel an Umgang mit Anderen u. s. w. kann das Gehirn so wenig Bedeutenderes leisten, wie die sonstigen Leibesorgane; wenn auch einzelne Ausnahmen in dieser Hinsicht vorkommen, so bestätigen sie doch nur die Regel. Umgekehrt wirken Ausschweifungen, wie Trunksucht, Völlerei etc., ja selbst ein übertriebenes geistiges Geniessen, namentlich wenn dasselbe einseitiger Natur ist, oftmals sehr übel auf das Gehirn ein, weshalb bei Leuten, die sich in sorglosen Verhältnissen befinden, so häufig Blasirtheit zu Hause ist.

Genug: der »Geist« des Menschen ist die im Gehirn zusammengefasste Sinneskraft, die bei ihm stärker entwickelt ist, als bei den übrigen Thieren. Diesem Umstande verdankt der Mensch seine jetzige Stellung auf der Erde. Bis er in den Besitz dieser vorzüglichen Eigenschaft gelangte, hatte er einen mühseligen Ringkampf mit den übrigen lebenden Thieren zu bestehen, denen er schliesslich den Rang abgelaufen hat, obgleich er, wie sie alle, vom gleichen Punkte ausging.

Noch ganz nahe seinem Affenstamme, fand der damals noch stumme Urmensch wahrscheinlich schon in der *Vereinigung Mehrerer* diejenige Waffe, welche die Besiegung körperlich mächtigerer Feinde ermöglichte. Hierdurch war schon der Grund zu einer wechselseitigen Verständigung gegeben, die, wenn sie auch zunächst nur durch Geberden bewerkstelligt ward, die Gehirnthätigkeit stark in Anspruch nahm und so das Gehirn zur Fortbildung hindrängte. Dann trat der Kampf um's Dasein innerhalb der Menschheit ein, bei welchem selbstverständlich nicht nur körperliche Kraft, sondern auch das berechnete Handeln zum Siege verhalf. Die Schwächeren und Stupideren gingen zu Grunde, und die Kräftigen und Schlauen vermochten sich zu erhalten und fortzupflanzen. Solchermassen musste der Mensch von Generation zu Generation wohlgestalteter und intelligenter geworden sein und jene Vervollkommnung erreichen, die ihren höchsten Ausdruck in der artikulirten Sprache und im Handhaben von Werkzeugen fand. War die Erstere auch nur von der einfachsten Art und bestanden die Letzteren auch nur aus abgebrochenen Baumzweigen oder aufgelesenen Kieselsteinen, so muss man darin gleichwohl jene gewaltigen Bahnbrecher erblicken, die im Laufe von weiteren Jahrtausenden für die Kultur die Wege ebneten.

Es wird gut sein, wenn ich nun die bisherigen Erörterungen rekapitulire.

Wir gingen aus vom Kulturmenschen und besahen uns dessen Brüder, die sogenannten »Wilden«, ein wenig. Wir lernten da Menschen kennen, deren Stupidität und Rohheit allein schon hinreichend sein sollten, die natürliche Herkunft des Menschen vom allgemeinen Thierstamme unzweifelbar zu beweisen. Fernerhin sahen wir, dass es in der Vorzeit überhaupt keine Kultur-menschen, sondern lediglich »Wilde« gab, und dass dieselben noch viel tiefer standen, als die unkultivirtesten Völker der Gegenwart. Auch zeigte uns der Vergleich der jetzt lebenden nied-rigsten Menschen mit den höchststehenden Affenarten, dass die dazwischen bestehende nähere oder entferntere Verwandtschaft beim besten Willen nicht verleugnet werden kann.

Sodann erkundigten wir uns nach den Ergebnissen der vergleichenden Anatomie und Em-bryologie und bekamen ganz erstaunliche Dinge zu hören. Die berühmtesten Gelehrten dieser Fachwissenschaften bewiesen uns, dass beim Menschen im Wesentlichen die nämliche Gruppi-rung der verschiedenen Organe vorkommt, wie bei den übrigen Wirbelthieren. Ja, sie bewiesen uns sogar, dass der Beginn des individuellen Lebens des Menschen selbst der Form nach mit dem gleichen Vorgange bei fast sämmtlichen Thieren übereinstimmt, und sie bewiesen nicht minder, dass die Entwicklung der Frucht (des Embryo) in der ersteren Zeit bei allen Wirbelthie-ren — den Menschen eingeschlossen — gleichartig von Statten geht, dass speziell der werdende Mensch Anfangs den unvollkommensten Gattungen und Klassen dieser Gruppe ähnelt, nach und nach durch die Formen der vollkommeneren Thiere hindurchgeht und erst zuletzt seine spezifisch menschliche Gestalt annimmt.

Ausserdem erführen wir, dass das Gesetz, wonach bei höher entwickelten Thieren diese oder jene verkümmerten Organe vorkommen und so Zeugniss ablegen für die Abstammung dersel-ben von solchen Thieren, bei denen sie ausgebildet zu Tage treten, auch für den Menschen gilt, wie auch das Gesetz, der Rückfalls- erscheinungen.

Hierauf setzten wir uns hinsichtlich der menschlichen Sprache in's Klare und liessen uns von berühmten Forschern die Natur des Gehirns als Werkzeug des Denkens und »Sitz der Seele« erläutern, wobei sich wiederum herausstellte, dass der Mensch in der organischen Natur keine Ausnahmsstellung einnimmt, sondern lediglich auf einer höheren Stufe der Entwicklung steht als die übrigen Thiere.

Hat sich also der Mensch aus der allgemeinen Thierheit abgezweigt und zu Dem entwickelt, was er heute ist, so wird es ihm wohl schliesslich auch gelingen, jene Missgriffe, welche er bisher in seinem gesellschaftlichen Leben machte, aufzuheben und Zustände herbeizuführen, in denen Alle ihren Daseinszweck voll und ganz erfüllen und sich glücklich fühlen können.

JOHN MOST.

Die Freie Gesellschaft

Das höchste Glück, welches der Mensch erreichen kann, ist ein Zustand, wo Jeder mit möglichst geringfügiger Anstrengung die denkbar vollkommenste Befriedigung aller seiner Bedürfnisse bewerkstelligt. Je mehr man sich diesem Verhältniss annähert, desto entschiedener wird man seine individuelle Freiheit gewahrt finden. Denn je kürzer jener Zeitabschnitt ist, innerhalb welchem der Mensch die Mittel zu seinen höchsten Lebenszwecken *erzeugt*, ein desto längerer Zeitabschnitt ist ihm zum *Genuss* belassen. Wenn es vielleicht nie möglich sein wird, die Theilnahme an der Produktion der Güter jeder Unannehmlichkeit zu entkleiden, so liegt es auf der Hand, dass umgekehrt, der unbeschränkte Güterverbrauch den individuellen Neigungen den weitesten Spielraum lässt und die Höhe des Genusses wesentlich mit dem persönlichen Willen und Bedürfniss in Einklang zu bringen erlaubt. Es wird also ein System zu finden sein, bei welchem die Menschen mehr und mehr die Erzeugung ihrer Verbrauchsgegenstände sich erleichtern. Dieses System ist die Waarenerzeugung durch organisirte Arbeitskräfte und mit gemeinsamen Arbeitsmitteln - mit anderen Worten: die *kommunistische Produktionsweise.*

In technischer Beziehung ist über die Wahrheit dieser Voraussetzung längst kein Zweifel mehr möglich; denn die gegenwärtige Entwickelung der Produktionsverhältnisse lehrt mit jedem Tage einleuchtender, dass im gleichen Grade, wie sich der Produktionsprozess organisatorisch vervollkommnet, *mehr* Waaren durch *weniger* Arbeitskräfte in gleicher Zeit verfertigt werden können. Und nur weil die Arbeitszeit beim Fortgang dieser Entwickelung keine stufenweise Verkürzung erfährt, und weil den arbeitenden Volksmassen unter dem Regimente des Privatkapitalismus durch parasitenartige Nichtarbeiter das Recht auf die Konsumtion bis zu dem Minimum der blossen Existenzmöglichkeit beschränkt wird, steigt mit der Leistungsfähigkeit der produktiven Menschen deren Mühseligkeit und Lebensunsicherheit. Die Völker hungern aus Ueberfluss an Nahrung, frieren aus allzu grossem Reichthum an Heizungsmaterialien, gehen verlumpt wegen einer zu riesigen Menge fertiger Kleider umher, und haben kein Obdach, weil es zu viele schöne Wohnungen giebt! – –

Dieses absurde Verhältniss beweist, dass der schwierige Punkt nicht mehr auf dem Gebiete der Produktion, sondern auf dem der Konsumtion liegt. Es ist keine Rede mehr davon, dass die Bedürfnissgegenstände der Menschen nicht in genügender Menge oder Geschwindigkeit verfertigt werden könnten. Es handelt sich blos darum, diese nahezu unerschöpfliche Leistungsfähigkeit auf produktivem Gebiete in Einklang zu bringen mit den menschlichen Bedürfnissen, indem alle jene Dinge hinweg geräumt werden, welche der Befriedigung derselben die denkbar engsten Schranken auferlegen.

Hier muss also der Hebel angesetzt werden! – Es ist nicht nöthig, in organisatorischer Beziehung auf dem Gebiete der Produktion einen Stillstand zu proklamiren oder gar auf frühere Formen der produktiven Organisationen zurückzugreifen; vielmehr darf und muss an den bestmöglichen Ausbau bereits vorhandener Organisationen der Industrien. Landwirthschaft, des Verkehrswesens u. s. w. gedacht werden. Je riesiger dieselben sich gestalten, desto leistungsfähiger sind sie nach unwiderlegbarer Erfahrung. Das ist eine mathematische Wahrheit, und es kann der zukünftigen Menschheit nicht einfallen wollen, sich der Vortheile, welche sich ganz von selbst daraus ergeben, zu entschlagen.

Um was es sich handelt, das ist einzig und allein die gleichmässige Nutzbarmachung der Ergebnisse, welche die Waarenproduktion durch die denkbar grossartigst organisirte Arbeit darbietet, *für alle Menschen.*

Das kann geschehen, wenn die Arbeitsbienen die Drohnen beseitigen!

Und ein neues, freies Arbeits- und Genuss-System kann sehr wohl etablirt werden, ohne dass sich die produktive Organisationskraft zu zersplittern und aufzulösen braucht, aber auch ohne dass über allen diesen tausendfältigen organischen Produktionsgebilden sich ein neues Herrschaftsgebäude (eine Archie) erhebt. Der Anarchismus (die Nichtherrschaft) ist nicht – wie böswillige Leute behaupten – ein Feind harmonischer, zweckmässiger Organisation, sondern ein Feind der tyrannisch (herrisch – herrschaftlich) gegliederten Verwaltung.

Einem althergebrachten politischen Aberglauben gemäss, blickten Diejenigen, welche an die Lösung der sozialen Frage dachten, überall zunächst zum Staat, wie zu einer Art göttlicher Allmacht empor und redeten sich ein, dass diese unbegriffene Gewalt der geeignete Faktor sei, alles Gute in die Welt zu setzen, wenn sie nur in der geeigneten Weise dazu veranlasst würde. An die Stelle der »himmlischen Mächte«, welche der bedrängte Mensch in früheren Zeiten noch grösseren Unverstandes um Glück und Segen anflehte, war gewissermassen ein politischer Herrgott getreten.

Diese Anbeterei des Staates war ebenso naiv, wie die Gottesverehrung. Wie sich die Gläubigen von ehedem einen aussernatürlichen Regulator der Dinge vorstellten, so träumten die Neugläubigen von einer ausser- und übergesellschaftlichen Staatsmacht. Sie begriffen also nicht, dass der Staat nichts Anderes ist, als ein Gewaltsorganismus, welcher von Denen geschaffen und gehandhabt wird, deren materielle Stellung in der Gesellschaft es erlaubt, die Uebrigen auszubeuten und zu unterdrücken. Was sie gegen die herrschenden Klassen glauben in das Spiel bringen zu können, ist nichts Anderes, als die organisirte Tyrannei derselben. Es wäre nicht minder naiv gewesen, wenn sie in der Einbildung gelebt hätten, die Emanzipation des Proletariats müsse durch die Bourgeosie besorgt werden; denn es würde das aufs Nämliche hinausgelaufen sein.

Im öffentlichen Leben haben eben die Menschen das Affenartige bisher ebenso wenig ganz abstreifen können, wie in ihrem privaten Handeln. Weil den Arbeitern die Geschichte lehrt, dass jedesmal, wenn eine Volksklasse sich frei machte, dieselbe vor Allem die Staatsgewalt in ihre Hände zu bekommen trachtete, so wurde daraus der falsche Schluss gezogen: dass das Proletariat auch zunächst »an's Ruder« kommen müsse, bevor etwas Weiteres geschehen könne.

Es wurde dabei übersehen, dass es bei den bisherigen Gesellschaftsumwälzungen sich nur darum handelte, an die Stelle einer herrschenden Klasse eine *andere* zu setzen, nicht aber die Freiheit des ganzen Volkes zu errichten. Wenn z. B. bei dem jüngsten dieser Umgestaltungsprozesse die Bourgeoisie die Staatsgewalt eroberte und dieselbe fester als je organisirte, so begreift sich das sehr wohl. Sie hatte mittelst dieser Macht einerseits die Aristokratie alten Schlages so empfindlich wie möglich zu treffen, resp. lahm zu legen, und andererseits sich dahinter vor dem arbeitenden Volke, das sie auszubeuten beabsichtigte, zu verschanzen.

Ganz anders steht es hinsichtlich des Strebens der arbeitenden Volksmassen von heute. So weit dasselbe konsequenter Natur ist – und unklare oder halbheitliche Seitenströmungen können hier überhaupt nicht in Betracht kommen – läuft es doch wahrhaftig nicht darauf hinaus, eine neue Klassenherrschaft zu etabliren; vielmehr wird zum ersten Male die *Abschaffung* aller Klassenvorrechte und mithin der Klassen selbst angestrebt.

Gegen wen also sollte sich ein neues Gewaltsinstrument – ein Staat – kehren? Wessen Privilegien sollte er schützen? Wer sollte durch ihn unterjocht und im Zaume gehalten werden?

Vielen sozialistischen Schriftstellern scheinen diese Fragen sich schon längst aufgedrängt zu haben, so oft sie an den Zusammenbruch des Bestehenden und an die Neugestaltung des ganzen sozialen Lebens dachten. Aber gewöhnlich schlichen sie gar sachte daran vorbei, gerade als ob eine präzise Antwort, die natürlich in der Verneinung des Staates hätte gipfeln müssen, ihr schlechteres Ich zu erschrecken geeignet gewesen wäre.

So sagten sie denn: es werde das Proletariat zur *Herrschaft* gelangen; aber in dem nämlichen Augenblick, wo das der Fall sei, *höre diese Herrschaft wieder auf*, weil der Gegenstand der Beherrschung fehle!! – Solche und ähnliche Flunkereien sollten darüber hinweghelfen, eine kühne Wahrheit aussprechen zu müssen.

Wäre man anders zu Werke gegangen, hätte man den letzten Rest der in die Anfänge der sozialistischen Bewegung noch stark hineinspielenden jakobinisch-liberalen und bourgeois-radikalen Doktrinen, die man aus sogenannten Nützlichkeitsgründen glaubte mehr oder weniger schonen zu müssen, total über Bord geworfen – so wäre man sicher seitens der Arbeiter aller Länder (auch der deutschsprachlichen) längst zu der Ansicht gelangt, dass die Sozialisten nicht diesen oder jenen roth angelaufenen Extrastaat anzustreben haben, sondern dass sie im Gegentheil die Staatsidee als solche bekämpfen und verneinen mussen. Das ganze sinnlose Geschwafel von »Volksstaat«, »Freistaat« u. s. w. wäre dann der Welt erspart geblieben, und das Proletariat wäre an prinzipieller Klarheit bedeutend weiter.

Dass eine Staatsgewalt (Archie) in einer freien Gesellschaft sich ganz von selbst als hinfällig erweist, lässt sich leicht begreifen, wenn man die Zwecke betrachtet, welche bisher der Staat zu erfüllen hatte.

Die Gesetzgeberei dreht sich durchweg um Mein und Dein. In einer Gesellschaft, wie die heutige ist; in einer Gesellschaft, wo ein beständiger Krieg Aller gegen Alle, wo wilder Kampf um's Dasein herrscht, in einer Gesellschaft, wo ein kleiner Prozentsatz der Bewohner auf Bergen von Reichthümern thront, während die Mehrheit des Volkes, selbst bei angestrengtester Arbeitskraft, nicht immer Aussicht hat, auch nur vegetiren zu können, und wo Hunderttausende dem nackten Elend ausgesetzt sind – in einer solchen Gesellschaft verstehen sich dickleibige Strafkodexe, zahllose Exekutoren, Richter, Staatsanwälte, Gensdarmen, Polizisten, Gefängnisse, Justizhallen und hundert ähnliche »Ordnungs«-Instrumente ganz von selbst. In einer Gesellschaft aber, wo jeder Mensch in der Lage ist, seine Daseinszwecke ungeschmälert zu geniessen, wo ein gleichheitliches und hochentwickeltes Erziehungswesen jedem Individuum die Möglichkeit darbietet, von den Ergebnissen einer frei entfalteten Wissenschaft nach Herzenslust zu zehren, und wo die Gegensätze zwischen Arm und Reich total unbekannt sind, hören mit den Ursachen der Verbrechen diese selbst auf, in Erscheinung zu treten. Der Zweck einer Strafgesetzgebung ist nicht mehr vorhanden. Der damit zusammenhängende Beamtenapparat ist überflüssig geworden. Aehnlich steht es mit der sonstigen Gesetzgeberei.

Die in gesetzliche Käfige gezwängten Menschen von heute werden in den Augen der künftigen Gesellschaft wie die Insassen eines zoologischen Gartens erscheinen.

Selbst solche Dinge, welche nur geschehen können nach vorhergegangener Uebereinkunft, bedingen keine solchen Institutionen, wie Verfassungen, Gesetze oder Parlamente. Niemals werden wirklich freie Völker ein Bedürfniss empfinden können, ihre freie Entwickelung durch gesetzliche Zwangsjacken und Fanggruben hemmen zu wollen. Die Entscheidung von Fall zu Fall, und zwar unter allseitiger persönlicher Betheiligung Derer, welche im öffentlichen Interesse etwas ins Werk setzen wollen, wird sich unter freien Menschen ganz von selbst verstehen. Man wird sich seiner Vorfahren, die derart versklavt waren, dass sie glaubten, es werde die Menschheit nie ohne Vormünder, Repräsentanten und Autoritäten, beengende Satzungen und Leitseile existiren können, – geradezu *schämen*.

Andere Einrichtungen, welche mit der Staatlerei aufs Engste verwachsen sind, wie: Militarismus, Pfaffenthum und dergleichen, brauchen wir wohl nicht erst als entbehrlich zu kennzeichnen. Der Massenmord und dessen Träger aller Art – die Gurgelabschneider und die Hirnerweicher – stehen und fallen mit der jetzigen Periode sozialer Ordnungslosigkeit und Tyrannei.

Die künftige Gesellschaft kennt nur noch ökonomische, erziehliche, wissenschaftliche – kurz, solche Institutionen, welche sich dazu eignen, den Menschen – Allen, wie Jedem – die Daseinsschwierigkeiten so viel wie möglich zu verringern und den Lebensgenuss zu erhöhen. Hundert- und tausendfältig in einander geschlungen – wie es die Zweckmässigkeitsgründe gestalten werden – mögen diese mannigfaltigen organischen Gebilde ein harmonisch ineinander greifendes Bäderwerk darstellen, aber vergeblich wird man treibende Zentralkräfte und geschobene Nullheiten suchen; es wird vielmehr ein gleiches Verhältniss existiren, wie im Weltall, wo in dem kleinsten Partikelchen der Materie die nämlichen Prinzipien der Kräfte vorwalten, welche den Gesammtmechanismus des Universums bewegen. Das – und nichts Anderes – wird der vielgefürchtete, verlästerte *Anarchismus* sein.

Hört ein Staatsfanatiker, dass Unsereiner einen Gesellschaftszustand erstrebt, in welchem der Staat zu den überwundenen Sachen gehört, so heult er zähneklappernd, als habe ihm Jemand das Ende aller Dinge in Aussicht gestellt.

Es sieht das gerade so aus, als ob mit der Abschaffung des Staates die Menschen in alle Winde zerstieben müssten, oder als ob durch das Aufhören der Staatlerei alle naturgemässen und kulturhistorisch gewordenen Organisationen, welche in einer entwickelten Technik, einem netzartig ausgebreiteten Verkehrswesen und dem kommunalen Zusammenwohnen gegeben sind, hinfällig würden.

Man braucht aber wenig Scharfsinn dazu, um auszufinden, dass diese Einrichtungen nicht an das Sein und Nichtsein eines Staates gebunden sind, sondern lediglich in ihrem Fortbestande und ihrer Weiterentwickelung von den praktischen Anforderungen, welche die Menschen an sie stellen, abhängen. Je mehr sie denselben entsprechen, desto entschiedener werden sie festgehalten, resp. fortgebildet werden. Denn man muss sich nicht einbilden, dass die Menschen in dem Augenblicke, wo sie sich vom staatlichen Zuchtmeister emanzipiren und für mündig erklären, den Verstand verlieren und lauter dumme Streiche gegen ihr eigenes Wohlergehen in Szene setzen.

Nun gilt – heute schon steht fest, dass die Industrie und Landwirthschaft desto leistungsfähiger sind, je grossartiger sie betrieben werden; mithin liegt es auf der Hand, dass sich die Arbeitskräfte der einzelnen Produktionszweige in der künftigen Gesellschaft möglichst einheitlich organisiren werden.

Möglichst *einheitlich* – das ist nicht gleichbedeutend mit »stramm zentralistisch«. Bei unserer Voraussetzung, nach welcher solche Organisationen nicht von oben herab oder von einem Zentrum sozusagen erpresst werden können, sondern auf Grund der augenscheinlichen Zweckmässigkeit sich von allen Seiten gleichmässig und frei gestalten müssen, ist das föderalistische Prinzip förmlich als *selbstverständlich* gegeben. Grosse, wie kleine Abtheilungen (Gruppen) eines Produktionszweiges können natürlich ihre inneren Verhältnisse ganz nach, ihrer speziellen Neigung regeln; es ist da durchaus keine Schablone nöthig. Da arbeitet man vielleicht nur Vormittags, dort nur Nachmittags; in einer dritten Abtheilung zieht man es vor, jeden zweiten Tag Vor- und Nachmittags zu arbeiten, dafür aber jedem Arbeitstage einen Ruhetag folgen zu lassen. In der einen Gruppe führt man gleichmässige Arbeitszeit und gleichmässigen Antheil am Ertrag der Thätigkeit der ganzen Gruppe ein; andere Gruppen überlassen es ihren einzelnen Mitgliedern, bald mehr, bald weniger thätig zu sein und dementsprechend beim Vertheilen des Ertrages gehalten zu werden. In manchen Gruppen wollen vielleicht Alle, die dazu gehören, mehr leisten, als in anderen Gruppen üblich ist, und dafür auch desto reichlicher geniessen, während auch der umgekehrte Fall denkbar ist: Verzicht auf einen Theil der durchschnittlich erreichbaren materiellen Genüsse und dafür desto kürzere Arbeitszeit, resp. desto mehr Gelegenheit zur Ergehung im geistigen Genüsse. Unter solchen Verhältnissen ist die Möglichkeit gegeben, dass sich die Neigungen der Einzelnen in ihren verschiedensten Spielarten Berücksichtigung verschaffen, ohne dass der allgemeine Zweck dadurch beeinträchtigt würde. Jeder sucht sich eine solche Gruppirung von Individuen aus, welche in ihren Neigungen den seinigen am nächsten stehen. Aendert sich seine Neigung, so mag er entsprechend seine örtliche Stellung mit einem Ändern vertauschen. Das ist eben das Grossartige und Naturgemässe beim föderalistischen System: dass es der individuellen Freiheit den weitesten Spielraum gewährt, aber gleichzeitig auch ein ordnendes Band um alle Elemente schlingt, welche im Grossen und Ganzen den gleichen Zwecken dienen.

Eine zentralistische Organisation hingegen ist stets verknüpft mit einem starren Kasernenwesen. Das menschliche Individuum giebt sich da nicht mehr freiwillig hin, nein, es geht in dem Organismus völlig unter. Konsequent durchgeführter Zentralismus ist Diktatur einer persönlichen Spitze über die Masse – *Monarchismus* – *Tyrannei!* – Konsequent durchgeführter Föderalismus ist wirkliche, d. h. gleichheitliche Freiheit Aller, wie der Einzelnen – ist *Herrschaftslosigkeit – Anarchismus!*

Zentralismus ist in letzter Instanz Verknöcherung, *Kastenthum, Chineserei*. Föderalismus ist Ideenwettkampf, elastischer Entwickelungsschwung, rastloser Kulturfortschritt. *Anarchismus ist die Harmonie der Menschheit!*

Einige Anarchisten französischer Schule gehen in dieser Beziehung weiter und sagen, es werde in der zukünftigen Gesellschaft jegliche systematische Gliederung und insbesondere jede auch die freiwillig eingegangene Arbeitspflicht fehlen; ebenso könne da von einem Einkommen der Individuen je nach deren Arbeitsleistung nicht die Rede sein, weil ein solches Verhältniss nicht die volle und ganze individuelle Freiheit darstelle. Sie sagen, alle vorhandenen Dinge müssen da einfach Jedem zur unbeschränkten Verfügung stehen und Jeder werde dann schon ganz von selbst das Seinige zur Genussmittel-Erzeugung etc. beitragen. Diese Erklärung ist allerdings ungemein einfach, dürfte jedoch in weiteren Kreisen nur sehr schwach einleuchten und kann mithin als Agitations-Faktor keine besonders grosse überzeugende Kraft besitzen.

Wer kann überhaupt wissen, wie sich die Dinge äussersten Falles gestalten. Wir geben uns vorläufig damit zufrieden, solche Verhältnisse für die Zukunft zu muthmassen – denn über die Muthmassung hinaus geht natürlich Alles, was in dieser Hinsicht gesagt werden kann, überhaupt nicht, – welche die phantasiefreie Logik der Thatsachen nahe legt.

Jene Folgerung, wornach die Menschen der Zukunft ohne jede eingegangene Verpflichtung thätig sein werden, geht von der Annahme aus, dass alle Menschen eine angeborene Arbeits*lust* haben. Die Arbeit ist aber jedenfalls nur ein *nothwendiges Uebel*, eine unangenehme Sache, welche niemals ihrer selbst willen, sondern nur ihres Zweckes halber, nämlich deshalb betrieben wird, weil ohne Arbeit Genussmittel nicht hergestellt werden können. Eine Arbeitslust gibt es daher nicht, wenn auch manche Arbeit unter dem Einfluss der Gewohnheit etc. mehr oder weniger gern verrichtet und förmlich wie eine Spielerei betrieben werden mag.

Im Uebrigen ist jedenfalls dieser Punkt viel zu spekulativer Natur, als dass derselbe als Zankapfel angesehen werden sollte. Wir erwähnten denselben nur, um in dieser Beziehung die von einander abweichenden Schulmeinungen zu registriren.

Gleichzeitig bemerken wir von vornherein, dass Alles, was wir im Nachstehenden zu sagen haben, keineswegs positive Vorschläge hinsichtlich der künftigen Gesellschaft vorstellen soll, wie vielfach behauptet worden ist, sondern, dass wir hier nur *Muthmassungs*-Betrachtungen anstellen, um die Möglichkeit einer freien Gesellschaft, gleichsam per Anschauungs- und Exemplifikations-Unterricht zu illustriren.

Da die früher erwähnten Organisationen nicht blos Menschen repräsentiren, sondern auch Sachen – Grund und Boden, Fabriken, Werkzeuge, Rohstoffe und fertige Verbrauchsartikel – so fragt es sich: *Wem* gehören diese Dinge?

Was die fertigen Sachen anbetrifft, so gehören sie vermuthlich zunächst derjenigen Organisation, aus deren Thätigkeit sie hervorgegangen sind. Was dagegen die *Produktionsmittel* anbelangt, so sind sie ebenso wahrscheinlich Eigenthum der ganzen Gesellschaft, bleiben jedoch den einzelnen Produktiv-Organisationen, deren Zweck sie dienen sollen, so lange frei überlassen, als diese nicht den Versuch machen, mittelst derselben andere Organisationen oder die Gesellschaft als solche zu schädigen – etwa indem sie sich monopolistisch gebärden und die ausser ihnen stehenden Organisationen oder das Volk überhaupt zu brandschatzen suchen.

Wo aber bleibt dann die geeignete Macht, solchen Frevel angemessen zu ahnden, nachdem doch jegliche Staatsgewalt beseitigt worden?

Diese Macht liegt einfach in den Händen der Konsumenten, welchen es in ihrer Gesammtheit gar nicht einfallen kann, sich von einer verhältnissmässig kleinen Rotte über das Ohr hauen zu lassen.

Aber betrügen denn nicht heutzutage auch wenige Monopolisten die ganze breite Masse des konsumirenden Publikums, ohne dass dasselbe dagegen etwas thun kann?

Gewiss ist das *heute* der Fall; aber gerade *weil* es eine Staatsgewalt giebt, welche die Monopolisten und ähnliche Gauner in ihren räuberischen Vorrechten *schützt* und jede zweckdienliche und rasch wirkende Massregel, die das Volk dagegen in's Werk setzen könnte, zu einem Verbrechen stempelt. Manipulationen, die auf die Uebervortheilung und Brandschatzung hinauslaufen, können nur dann von irgend welchen Bruchtheilen der Gesammtheit gegen diese in Anwendung gebracht werden, wenn die betreffenden Betrüger eine herrschende Klasse bilden und so im Stande sind, die Resultate ihres Raubes durch staatliche Gewalt vor jedem Angriff seitens der Beraubten zu schützen.

In einer freien (staatslosen) Gesellschaft scheitern solche Raubversuche schon beim ersten Auftauchen einer diesbezüglichen böswilligen *Absicht* an dem allgemeinen *Unwillen*, welcher nöthigenfalls sich zu einem thatkräftigen *Handeln* zu steigern vermöchte.

Zu solchen Einwürfen gelangt man überhaupt nur, wenn man die Eigenschaften, welche die naturnothwendigen Folgen der *heutigen* Gesellschaft sind, den Menschen der *künftigen* (freien) Gesellschaft willkürlich andichtet und dabei vergisst, dass die Karakter-Eigenthümlichkeiten der heutigen Menschen mit dem jetzigen Systeme stehen und fallen müssen.

Wenn einmal die Gesellschaft Grund und Boden und alle zur Produktion von Waaren nöthigen Dinge prinzipiell als gemeinsames Eigenthum betrachtet, so ist der Fall auch ausgeschlossen, dass sich die Gesammtheit von einzelnen ihrer Theile betrügen lässt.

Freilich, wenn die Gesellschaft der Zukunft so dumm sein sollte, sich nach dem Muster der gegenwärtigen zentralistisch-staatlich zu organisiren, dann wäre es allerdings möglich, dass z. B. die jeweilige herrschende Majorität die Minorität betröge, vielleicht gar zur Zwangsarbeit presste und selber faullenzte; oder auch, dass eine raffinirt ersonnene und fest gegliederte Beamten-Hirarchie, bestehend aus zahllosen Drohnen, die Massen – wie im Inka-Staate der alten Peruaner – ausbeutete und tyrannisirte.

Aber, wie gesagt, einen solchen Missgriff trauen wir den Menschen der nach revolutionären Epoche nicht zu. Dieselben werden, gewitzigt durch die unendlich bitteren Lehren der Geschichte, nicht »neuen Wein in alte Schläuche giessen«; sie werden erkennen, dass sich Einrichtungen, welche die Knechtschaft erzeugt und erhalten haben, nicht für die Freiheit schicken; sie werden nach Zertrümmerung des altherkömmlichen teuflischen Zentralismus sich dem allbelebenden Föderalismus hinsichtlich ihrer Organisationen zuwenden.

Stehend auf dem Boden gemeinsamen Kapitals und föderalistisch organisirt, wird die Menschheit die Ausbeutung der Einen durch die Anderen, alles Herrschen und jede Knechtschaft für immer verbannt haben.

Die Ausbeutung der Einen durch die Anderen findet heutzutage nicht blos auf dem Gebiete der Produktion statt, sondern mehr noch auf dem der Waarenvertheilung. Die fertigen Produkte wandern durch die Hände zahlloser Schacherer, von denen kein Einziger denselben irgend einen Mehrwerth zusetzt, die aber nur zu häufig Fälschungen, d. h. Verschlechterungen damit vornehmen, und die dennoch die Preise der Gebrauchsgegenstände derart in die Höhe treiben, dass deren nomineller Werth (in Geld ausgedrückt) in demselben Augenblicke, wo sie den eigentlichen Konsumenten zufliessen, verglichen mit ihren Herstellungskosten, verdoppelt, ja nicht selten verzehnfacht erscheinen muss.

In der freien Gesellschaft kann von einer solchen Räuberei keine Rede mehr sein. Die Produzenten, welche ja auch sammt und sonders Konsumenten sind, tauschen die durch sie erzeugten Waaren *ohne* das Dazwischentreten des Handels und einer damit verknüpften Profitmacherei aus.

Hierzu ist allerdings vermuthlich ein *Vermittelungs*-Institut nöthig.

»Heiliger Staat hilf!« ruft uns ironisch ein vom Herkommensteufel Besessener zu. Gemach! Auch hierzu benöthigt man des Mandarinenthums nimmermehr. Denn so sehr es auf der Hand liegt, dass es höchst unpraktisch wäre, wenn sich jeder einzelne Konsument an die verschiedenartigsten Produktionsorganisationen wenden würde, um von denselben seine mannigfaltigen Bedürfnissgegenstände zu beziehen, so wenig könnte es praktisch erscheinen, wenn da sozusagen ein Staatskrämer den Vermittler spielen wollte.

Dieselben Menschen, denen die Zweckmäßigkeit lehrt, wie sie sich zu organisiren haben, um die Waarenerzeugung so vortheilhaft wie möglich zu betreiben, ohne ihre individuelle Freiheit zu gefährden – dieselben Menschen können auch den Waarenaustausch nicht andere, als auf dem Wege freiwillig gebildeter Konsumtionsorganisationen bewerkstelligen wollen.

Der Zusammenschluss einer Anzahl von Menschen zum Zwecke des gemeinsamen Waarenbezuges lässt sich in den verschiedensten Formen denken. Höchst wahrscheinlich ist es aber, dass die betreffenden Verbände mehr oder weniger begrenzt sind. Während sich bei manchen produktiven Organisationen eine weitgedehnte Gliederung über das ganze Gebiet der freien Gesellschaft hin als zweckdienlich, ja vielleicht als unerlässlich erweisen dürfte, ist auf dem Gebiete des Waarenverbrauches kaum eine mehr als kommunale Organisation nöthig.

Wenn es den Bewohnern eines Ortes beliebt, so werden sie sich etwa gleich als ganze Kommune die Regelung des Waarenvertriebes angelegen sein lassen. Sie werden dann in diesem Falle kommunale Waarenmagazine errichten, denen jeder Einzelne seinen Bedarf entnehmen könnte. Andererseits wird die Konsumtionsgemeinde, wie man eine solche Organisation füglich nennen möchte, sich mit ihren Bestellungen direkt an die Verbände der verschiedenen Produktions-Organisationen wenden.

Ist eine solch' ausgedehnte Organisation des Genussmittel-Vertriebes aber da und dort nicht nach dem Geschmacke Aller, so mögen sie sich in grösseren oder kleineren Konsumvereinen mit oder ohne kommunale Föderation konstituiren. Es lässt sich in dieser Beziehung nichts vorher sagen, nach welcher Richtung hin sich diese Dinge zunächst Bahn brechen. In erster Linie kommt dabei eben die Neigung Derer in Betracht, welche in der Lage sind, solche Organisationen zu schaffen. In zweiter Linie wird höchst wahrscheinlich die *Praxis* jenes Systems, welches sich als das zweckmässigste erweist, sich ganz von selbst mehr und mehr Bahn brechen.

Bei dem Aufbau der Dinge nach freier Entschliessung der Betheiligten ergibt sich eben unter Anderem auch der Vortheil, dass eine Manigfaltigkeit von Erscheinungen *gleichzeitig* zur Geltung kommen kann, was eine vergleichende Beobachtung zulässt und so ohne jeden Zwang das Beste an sich über das weniger Vollendete durch den überzeugenden Einfluss der Bewährtheit zum Durchbruch und zu *allgemeiner* Anerkennung bringt; wo hingegen die Dekretirung der Dinge durch Majoritäts- oder sonstige Gewalten von vornherein allen durch sie zu Stande gekommenen Einrichtungen den Stempel der Einseitigkeit aufdrückt und einen hochgradig konservativen Karakter verleiht.

Vielleicht noch längere Zeit hindurch begnügt sich gar mancher Mensch mit geringem Komfort, nur um ein sogenanntes Familienglück zu gemessen. Die anarchistische Ordnung stellt ihm in dieser Beziehung wahrlich keine Hindernisse in den Weg. Dieselbe hält aber auch Denen die Bahn frei, welche sich von dem familiären Schneckenhausleben zu emanzipiren gewillt sind, und die lieber in Gemeinschaft mit einer grösseren Anzahl Gleichgesinnter in Palästen wohnen, gemeinsam Tafel halten und kurzum durch die Oekonomie der Organisation sich so luxuriöse Einrichtungen schaffen können, welche die Verzettelung der Dinge und die Verschwendung von häuslicher Arbeit, wie sie bei familiärer Verkapselung unabweisbar sind, nimmermehr zulassen.

Die kitzlichste Angelegenheit hinsichtlich des Waarenaustausches in einer freien Gesellschaft scheint die *Werthschätzung* der einzelnen Güterarten im Vergleich mit einander zu sein. Und in der That existiren in dieser Beziehung ungemein weit von einander gehende Meinungen unter den Theoretikern der Gesellschafts-Philosophie.

Eine anarchistische Schule älteren Schlages ist mit dieser Sache rasch fertig, indem sie das Walten der freien Konkurrenz gelten lassen will. Diesen Standpunkt, der einen stark nach Manchesterei und überhaupt bürgerlichen Denkweise riechenden Zopf hervortreten lässt, vermögen wir nicht zu theilen. Er passt auch ganz und gar nicht in den Rahmen des *kommunistischen* Anarchismus.

Weit gefährlichere, weil an Zahl und Einfluss ziemlich bedeutende, Elemente begegnen uns hinsichtlich der Tausch-Angelegenheit in der Gestalt der *Zentralisations-* oder *Zwangs*-Kommunisten.

Wer Anders könnte nach ihrer Ansicht den Werth der Dinge, abzuschätzen haben, als eine Art Taxirungs-Gottheit, eine höhere, gewissermassen allwissende Autorität, ein Staatsgötze, ein ökonomisches Monstrum?

Merkwürdig! Diese Leute thun sich so viel darauf zu Gute, dass nach der Werttheorie, welche ihr Herr und Meister formulirte, der Tauschwerth einer jeden Waare *gegeben* ist durch die in derselben verkörperte nothwendige *Arbeitszeit*.

Was ist also einfacher, als die Schätzung des Waarenwerthes nicht nach einem die Wesenheit desselben verwischenden Geldmaasse, wie es die bisherigen Schacherer und Ausbeuter für gut befänden, sondern nach der Menge der darin steckenden normalen Arbeitsstunden?

Könnten aber nicht doch die Einen durch die Anderen beschummelt werden? Vielleicht – eine Weile – sicher nicht auf die Dauer.

Schon die Statistik der einzelnen Gewerke, die bei der Produktion und Konsumtion in der freien Gesellschaft sich als ganz unerlässlich erweisen wird, ja geradezu den allgemeinen Regulator für die Produzenten, wie für die Konsumenten darstellen dürfte, brächte eine solche betrügerische Manipulation alsbald an den Tag – könnte also nur vorübergehend, niemals dauernd wirken.

Die Quittung über eine Stunde in Waaren verkörperter nothwendiger Arbeitszeit wird die Einheit der Werthzeichen einer freien Gesellschaft zu bilden haben! Denn nur das Zeitgeld – wenn man solche Tauschscheine überhaupt noch »Geld« nennen will, was im Hinblick auf die scheusliche Rolle, welche das Geld bisher in der Welt gespielt hat, kaum der Fall sein dürfte, – nur das Zeitmass lässt eine *Werthschätzung ohne Schwindel* zu! –

Und gleichartige Produkte tauschen sich gegen einander aus.

Die Harmonie wird also auf dem Gebiete des Waarenaustausches nicht minder ihre naturgemässe Entfaltung finden, wie innerhalb der sonstigen Sphären der freien Gesellschaft; und alles das auf Grund eines zwangslosen Spieles der auf einander angewiesenen Volkskräfte – auf Grund der anarchistischen Ordnung!

Die früher erwähnte Anarchisten-Schule, nach welcher Jeder arbeitet, wenn er Lust hat, und von den vorhandenen Dingen nimmt, was er wünscht, verwirft natürlich *jede* Art von Tauschmitteln. Sie will sogar von einer Produktions- und Vorraths-Statistik nichts wissen. Sollte es wirklich ohne solche Einrichtungen einmal abgehen, so haben wir natürlich auch nichts einzuwenden; vorläufig scheint uns aber eine solche Annahme wenig Wahrscheinlichkeit für sich zu haben, weshalb wir uns bei unserer Darstellung mit dieser Möglichkeit nicht weiter befassen.

Nicht alle Menschen erzeugen eigentliche Waaren (*greifbare* Produkte), und können doch auch unentbehrliche Förderer des allgemeinen Glückes sein und sich in einer nutzbringenden Weise bethätigen. Das sind diejenigen Kopfarbeiter, welche durch ihr Schaffen irgend welche vernünftige Bedürfnisse der Menschen befriedigen.

Von vielen der heute existirenden Kopfarbeiter kann etwas Derartiges nicht behauptet werden. Ja die meisten derselben sind in ihrem Handeln absolut menschenfeindlich, kulturwidrig, freiheittödtend und darum in einer freien (anarchistischen) Gesellschaft durchaus zwecklos, existenzunberechtigt und darum auch undenkbar. Wir verweisen beispielsweise in dieser Hinsicht nur auf das Pfaffenthum, die Advokaten und sonstigen Justizschwindler, die Diplomaten, Bureaukraten, Literatur-Prostituirten u. s. w. u. s. w.

Diejenigen aber, welche Kunst und Wissenschaft, Erziehung und Gesundheitspflege in der freien Gesellschaft zu besorgen berufen sind, haben natürlich für ihre Thätigkeit auch ein entsprechendes Entgelt zu beanspruchen.

Sie haben kein Recht, ihr höheres Wissen monopolistisch zu verwerthen, resp. das Publikum in unverschämter Weise zu brandschatzen, weil sie ihre Fähigkeiten nur durch die Beihülfe der Gesellschaft erlangen konnten – zumal im Zustande der Freiheit und Gleichheit, bei welchem diese erziehliche Unterstützung *Allen* im *nämlichen* Grade zu Theil wird und lediglich Talent und Neigung – also Elemente, welche Niemandem ein Privilegium verleihen können – bei der höheren Ausbildung nach dieser oder jener spezielleren Richtung hin den Ausschlag geben werden.

Dagegen haben die Kopfarbeiter natürlich für ihre Leistungen die nämliche Entlohnung zu beanspruchen, wie die Handarbeiter.

Uebrigens ist es keinem Zweifel unterworfen, dass die Konsequenzen des anarchistischen Systems schliesslich dahin führen werden, dass die Kopf- und Handarbeit keine getrennten Kategorien mehr sind.

Vermittelst einer gleichen und wissenschaftlichen Erziehung werden die Menschen mehr und mehr sammt und sonders einen hohen Grad allgemeiner Bildung erlangen. Vermöge einer mit der Entwickelung der Technik stetig abnehmenden täglichen Arbeitszeit wird andererseits den Menschen in immer ausgedehnterem Massstabe Gelegenheit gegeben, sich in geistigen Genüssen (den einzigen Genüssen, durch welche sich der Mensch von allen übrigen Thieren *mehr* als bloss äusserlich und unwesentlich unterscheidet) zu ergehen, was ganz von selbst nach und nach zahllose Kapazitäten auf allen Gebieten des spezielleren Wissens zeitigen muss. Die auszeichnende Bethätigung der Letzteren wird deren höchster Genuss sein; die Kopfarbeit wird mithin in letzter Linie eine freiwillige, gesuchte, weil Genuss bereitende, Angelegenheit; und die Frage nach der Entlohnung für dieselbe kommt sozusagen ganz von selbst in Wegfall.

Bis indessen die kulturelle Entwickelung einen solchen Höhegrad erreicht hat, dürfte sich der geistige Konsum in ganz ähnlicher Weise regeln lassen, wie der materielle. Die organisirten Interessenten setzen sich durch freie Gesellschaftsverträge mit Denen in Verbindung, welche gewillt und geeignet sind, ihren Wünschen und Bedürfnissen in der verlangten Weise entgegen zu kommen. Es lassen sich ja die mannigfaltigsten freien Verbindungen in dieser Hinsicht denken – Verbindungen zu literarischen, sanitären, erziehlichen, wissenschaftlichen, künstlerischen u. dgl. Zwecken.

Die grösste Sorgfalt wird in der freien Gesellschaft dem Erziehungswesen zugewendet werden oder vielmehr: die frei gewordene Menschheit wird zum ersten Male, seit die Welt steht, der heranwachsenden Jugend in Bezug auf geistige und körperliche Entwickelung rationell unter die Arme greifen und von der bisher üblich gewesenen *Dressur* zu einer wirklichen Schulung übergehen.

Je ausschliesslicher den Eltern und den Grosseltern, insbesondere den alten Weibern, die Kinder zur »Erziehung« preisgegeben sind, desto unwissender sind und bleiben die Letzteren.

Und das ist auch ganz natürlich. So wenig wie jeder Mensch Maler, Architekt, Schuster oder Schneider sein kann, ebenso wenig oder vielmehr noch viel weniger kann jeder Mensch Erzieher sein. Trotzdem hat man es bisher zwar als selbstverständlich angesehen, dass Pferde, Rinder, Esel, Schafe oder Gänse Denen zur Pflege oder »Zucht« anvertraut werden müssen, welche etwas davon verstehen; nicht aber sah man ein, dass die Erziehung des Menschen mehr Spezialfähigkeiten bei dem Erzieher zur Voraussetzung haben sollte, als die Zucht von Schafen beim Hirten.

In der freien Gesellschaft wird die Kommune oder unter Umständen etwa ein Verband mehrerer Kommunen sich am besten eignen, das öffentliche und Kulturinteresse durch Indiehandnahme des Erziehungswesens vollkommen zu wahren.

Damit ist dann noch lange nicht gesagt, dass mann *überall* (wie das beim *staatlichen* Erziehungswesen der Fall wäre) nach den nämlichen Prinzipien verfahren würde. Ja, es ist nicht einmal nöthig, dass die geographische (örtliche), oder, wie das Ding heute genannt wird, »politische« Kommune, die kommunale Erziehungsinstitution zu decken braucht, vielmehr mag es an manchen Plätzen und Distrikten vorkommen, dass Majoritäten und Minoritäten neben einander ihre Erziehungs-Kommunen (unabhängig vom sonstigen Kommune-Begriff) errichten.

Da kann denn die Leistungsfähigkeit aller dieser Institute sehr leicht einer vergleichenden Schätzung unterzogen werden. Das Bessere bricht sich auch hier wegen seiner Vorzüge von selber und zwanglos Bahn und wird eingeführt, bis ein abermaliger Fortschritt, der innerhalb irgend einer anderen pädagogischen Organisation sich zeigt, zu noch weiterer Entwickelung treibt.

So will es das innere Wesen der Freiheit, die Grundeigenschaft des Anarchismus.

So bald das Kind physisch die Mutter entbehren kann, wird man es in einer vernünftigen Gesellschaft einem Erziehungsinstitute zuweisen. Für den Anfang wird ein solches die Gestalt des Kindergartens haben, wenn es auch natürlich bedeutend vollendeter sein dürfte, als die gleichnamigen Einrichtungen von heute. Eine rationelle Entwickelung von Körper und Geist durch wissenschaftliche Anwendung der Sanitätskunde, anregende Spiele, Anschauungsunterricht u. s. w. wird die Kindeszeit zu einer weitaus fröhlicheren gestalten und gleichzeitig das kindliche Hirn für seine weiteren Zwecke weit besser präpariren, als das heutzutage bei der denkbar besten Familienerziehung der Fall sein könnte. Ganz abgesehen von den Vortheilen, welche das Prinzip der Brüderlichkeit aus dem System einer früh beginnenden gemeinsamen Erziehung zu erzielen vermag.

Was dann die eigentliche Schule betrifft, so wird sie grundverschieden von der heutigen Kinderkaserne sein müssen – nicht bloss hinsichtlich des Lehrmaterials und der Erziehungskräfte, sondern auch betreffs des Lehrplans und der räumlichen Einrichtungen.

Wir brauchen nicht erst zu betonen, dass in der Zukunftsschule natürlich weder religiöse Hirnverkleisterungen, noch »patriotische« Herzensvergiftungen Raum haben können, denn diese verbrecherischen Maximen stehen und fallen mit der heutigen Gesellschaft.

Mehr Schulräume, mehr Lehrer, mehr Schuljahre und weniger Schulstunden – das sind sicherlich die unerlässlichsten Vorbedingungen eines besseren Schulsystems; und die künftigen Organisatoren des Schulwesens werden dieselben nicht unberücksichtigt lassen können.

Das spätere Leben bietet Zeit zur stetigen wissenschaftlichen Weiterbildung *Aller*, zu welcher die genossene bessere Vorschulung bereits den nöthigen Drang erzeugt und die unerlässliche Auffassungskraft entwickelt hat.

Das Weitere ist Angelegenheit der betreffenden Organisationen für die Pflege von Kunst und Wissenschaft, von welcher fortan Niemand mehr ausgeschlossen werden kann. Der Mensch kann lernen und sich der stetigen Erweiterung seines Wissens freuen von der Wiege bis zum Grabe. Das wird der schönste Genuss des Lebens sein.

Wir haben bereits angedeutet, dass die Konsumtion der Zukunft mehr und mehr aus dem engen familiären Rahmen heraustreten und, gleich der Produktion, in grösseren Organisationen sich abspielen wird. Schon hieraus ergibt sich, dass die Stellung der Frau als Haushälterin erschüttert, resp. hinfällig wird, ferner haben wir gezeigt, dass das Erziehungswesen in einer vernünftigen Gesellschaft nicht mehr ein Nebengeschäft der Mütter bleiben kann. Die Gebundenheit der Frau an Haus und Familie nimmt also nach und nach ein Ende. Das weibliche Geschlecht tritt mit den nämlichen Vorbedingungen, wie das männliche, in das Leben ein; alle Berufssphären stehen ihm offen; nicht auf dem Wege der Verehelichung, wie heute, wird die Frau ihre Daseinszwecke zu erreichen trachten müssen, sondern durch Anschluss an entsprechende produktive, konsumtive u. s. w. Organisationen, je nach physischer Kraft, geistiger Fähigkeit und Neigung.

Es kann in Wahrheit nur *einen* Grund geben, der etwa Veranlassung bieten könnte, eine Verschiedenheit hinsichtlich der Stellung von Mann und Frau der Gesellschaft gegenüber herauszufinden. Das ist die Gebärung von Kindern nebst den damit zusammenhängenden physischen Nachtheilen für die Frau. Allein auch dieser Grund erweist sich keineswegs als ein solcher, der geeignet ist, die Frau in der freien Gesellschaft geringer zu schätzen, als den Mann.

Die Frau wird vermöge des angedeuteten Umstandes allerdings öfter in den Fall der Arbeitsuntauglichkeit kommen, als der Mann. Soll aber die Frau, weil sie ihrer geschlechtlichen Beschaffenheit halber körperlich mehr Unannehmlichkeiten durchzukosten hat, als der Mann, auch noch zu weiteren Nachtheilen verdammt werden? Nur der Barbarismus *unserer* Zeit kann darauf mit Ja antworten. In einer anarchistischen (humanitären) Gesellschaft erscheint schon eine solche Frage als lächerlich.

Alle Arbeitsunfähigen werden in der freien Gesellschaft das nämliche Recht auf's Leben haben, wie die Arbeitsfähigen.

So dürfen wir denn in jeder Beziehung die vollkommene Selbstständigkeit und Unabhängigkeit der Frauen gegenüber den Männern in der anarchistischen Gesellschaft als unzweifelhaft gegeben annehmen.

Und wenn diese vollendete Freiheit resultirt aus dem Aufhören der Familienwirthschaft, aus einer nichtfamiliären Erziehungsmethode und aus der Schadloshaltung der Frau als Gebärerin, so dürfte es ziemlich nahe liegend sein, dass auch für eine Ehe im heutigen Sinne des Wortes keine Notwendigkeit mehr existirt, weshalb eine Fortdauer derselben kaum für immer anzunehmen ist.

Wie alle Institutionen der Vergangenheit und Gegenwart, so beruht auch die Ehe auf einem *Zwangs*-Verhältniss. Und wenn man im Stande wäre, die sogenannten »glücklichen« und die unglücklichen Ehen statistisch festzustellen, so würde man schaudern vor der Unsumme menschlichen Leidens, das gerade auf dem Gebiete des Ehelebens ertragen wird.

Eine Gesellschaft, wie die von uns erstrebte, kennt aber *gar keinen* Zwang, mithin auch das Galeerenthum der Ehe nicht. Freie Menschen werden, je nach ihren gegenseitigen Neigungen, geschlechtlich miteinander verkehren – ein Handeln, das *allein moralisch und natürlich* ist, und gegenüber welchem der Geschlechtsverkehr in der Ehe von heute sich – es ist scheuslich, aber wahr! - nur als gesetzliche Nothzucht erweist. –

Die zunehmende individuelle Freiheit, weit entfernt, die Menschheit in Atome aufzulösen, wie Mancher denkt, bewegt sie zu gegenseitiger Achtung und Liebe. Je mehr die Menschen Gelegenheit haben werden, nach freier Entschliessung sich zu gemeinsamer Thätigkeit, zu solidarischem Genuss, zu irgend einem selbst gewollten Zwecke zu gruppiren, desto edler wird sich ihr Karakter gestalten, desto weniger werden sich Interessen-Verschiedenheiten kreuzen können. Als Endresultat eines solchen Spieles der humanitären Triebe wird die Harmonie der menschlichen Handlungen entstehen müssen.

Kurz, wir sehen auch in dieser Beziehung beim Anarchismus in jeder Hinsicht die *Zweckmässigkeit* den Ausschlag geben. Nicht die Direktion einer Autorität waltet da, sondern das Verlangen nach bestimmten Dingen, und zwar von Fall zu Fall; nicht nach geschriebenen starren Gesetzen, sondern nach wechselndem Bedürfniss. Und das nennen wir: *natürliche Ordnung.*

Werfen wir einen Blick aus der Vogelperspektive auf die anarchistische Gesellschaft, so erblicken wir folgende Grundzüge derselben:

Der Staat hat da weder Kaum noch Zweck.

Die Kommune, als politischer Körper, ist ebenfalls überflüssig geworden.

Alle Lebenszwecke des Menschen werden durch entsprechende Organisationen oder Gruppirungen erreicht.

Dieselben sind nicht zentralisirt und nur so weit föderalistisch mit einander verbunden, als zur Erreichung der damit erstrebten Ziele unerlässlich ist.

Ein Privateigenthum an Land oder Kapital existirt nicht mehr.

Die Arbeitsmittel aller Art befinden sich in den Händen der verschiedenen gewerklichen Organisationen.

Wie die Handelsprellerei selbst, so ist auch deren Tausch-, resp. Tausch-Mittel, das Geld im heutigen Sinn, abgeschafft worden.

Kunst und Wissenschaft werden, gleich der Waarenproduktion durch Gruppirung der betreffenden leistungsfähigen Kräfte gepflegt.

Das Erziehungs- und Bildungswesen erfreut sich der grössten Sorgfalt und ermöglicht es Jedem, sich genugsam geistig zu entwickeln, um fähig zu sein, die Ergebnisse von Kunst und Wissenschaft zu geniessen.

Das solchermassen sich stetig erweiternde Wissen aller Menschen hebt das Glauben auf und sichert die Unmöglichkeit alter oder neuer Religionen.

Das vollkommenste Selbstbestimmungsrecht der Frau, die ja gleich dem Manne, wirklich frei geworden, liegt auf der Hand.

An Stelle der Gesetzgeberei tritt die Entschliessung von Fall zu Fall. Niemand wird regiert; Jeder ist Mitglied zahlreicher Korporationen, denen er sich nach freier Auswahl anschliesst; Keiner, ist gezwungen, gegen seine Neigung zu handeln.

Das ist *Anarchie!*

Die Eigenthumsbestie

Der Mensch ist unter den Raubthieren das schlimmste. Das ist ein Ausspruch, den heutzutage viele thun, der aber nur bedingungsweise richtig ist. Nicht der Mensch als solcher ist ein Raubthier, sondern nur der Mensch in Verbindung mit Reichthum. Je reicher der Mensch ist desto stärker ist seine Gier nach weiterem Vermögen. Solch ein Unthier, welches man Eigenthumsbestie nennen kann, und das gegenwärtig die Welt beherrscht, die Menschheit unglücklich macht und mit dem Fortschreiten der sogenannten »Zivilisation« an Grausamkeit und Schlingkraft gewinnt, soll im Nachstehenden gekennzeichnet und der Ausrottung empfohlen werden.

Blickt Euch um! In jedem sogenannten »Kultur«-Lande giebt es unter je hundert Menschen etwa 95 mehr oder minder vollendete Habenichtse und ungefähr fünf Geldprotzen.

Es ist nicht nötig, alle Schleichwege aufzusuchen, auf denen die Letzteren ihr Vermögen erworben haben. Der Umstand, dass sie Alles besitzen, während die Uebrigen lediglich existieren, resp. vegetiren, lässt allein schon keinen Zweifel darüber aufkommen, dass die Wenigen auf Kosten der Vielen reich geworden sind.

Bald durch das direkte brutale Faustrecht, bald durch List, bald durch Betrug hat sich diese Rotte des Grund und Bodens und aller darauf befindlichen Güter bemächtigt. Vererbung und vielfacher Händewechsel haben diesem Raub einen »altehrwürdigen« Anstrich verliehen und dessen wahres Wesen verwischt; deshalb wird die Eigenthumsbestie noch immer nicht als solche erkannt; sondern sogar mit heiliger Scheu respektirt.

Und doch sind Alle, welche nicht zu dieser Art gehören, deren Opfer. Jeder Sprössling eines Nichteigentümers (Armen) findet bei seinem Eintritt in die Welt jedes Fleckchen Erde besetzt. Es giebt keine Güter, die nicht einen »Herren« hätten. Ohne Arbeit entsteht aber nichts und um heutzutage arbeiten zu können, sind nicht nur Fähigkeit und Wille erforderlich, sondern auch Werkzeuge, Rohstoffe und Lebensmittel. Der Arme wendet sich daher notgedrungen an Jene, die alle diese Dinge in Hülle und Fülle besitzen. Und siehe da, es wird ihm seitens der Reichen die Erlaubniss ertheilt, weiter zu existiren. Dafür hat er sich aber sozusagen seiner Kraft und Geschicklichkeit zu entäussern. Diese verwenden fortan seine vermeintlichen Lebensretter für sich. Denn Letztere spannen ihn einfach ins Joch der Arbeit; sie zwingen ihn, bis zur äussersten Grenze körperlicher und geistiger Anstrengung neue Schätze zu erzeugen, nach denen er aber nicht seine Hände auszustrecken berechtigt ist. Würde er sich lange besinnen wollen, solch' einen ungleichen Handel abzuschliessen, so belehrte ihn doch bald sein knurrender Magen, dass der Arme hierzu keine Zeit hat.

Und da viele Millionen ganz in der nämlichen Lage sich befinden, wie er, so setzt er sich obendrein der Gefahr aus, dass sich, während er sich besinnt, hundert Andere um seine Stelle bewerben, so dass er neuerdings in der Luft hängt. Furchtbar schwingt seine Peitsche der Hunger über dem Kopfe des Armen. Um zu leben, muss er sein eigenes Ich täglich und stündlich freiwillig verkaufen.

Es waren entsetzliche Zeiten, als die herrschenden Klassen auf die Sklavenjagd gezogen waren und Jene, die in ihre Hände fielen, in Ketten schlugen und mit Gewalt zur Arbeit zwangen. Ungeheuerlich sah es aus in der Welt, als die christlich-germanischen Räuber ganze Länder stahlen, den Boden den Völkern unter ihren Füssen hinweg zogen und sie zum Frondienst pressten. Den Gipfel der Schmach aber hat erst die heutige »Ordnung« erzeugt: denn sie hat mehr als neun Zehntel der Menschheit um ihre Existenzbedingungen betrogen, in Abhängigkeit einer winzigen Minderheit versetzt und zur Selbsthingabe verdammt, gleichzeitig jedoch dieses Verhältniss dermassen durch allerlei Formeln verhüllt, dass die Hörigen der Neuzeit — die Lohnsklaven ihre Rechtlosigkeit und Knechtschaft nur zum Theil erkennen und geneigt sind, sie dem Glücks-, resp. Unglücksfalle zuzuschreiben.

Diesen grässlichen Zustand zu verewigen, das ist das einzige Streben der »vornehmen« Welt. Unter sich sind zwar die Reichen nicht immer einig; im Gegentheil sucht Einer den Anderen durch Handelskniffe, Spekulantenlist und Konkurrenzmaximen zu übervortheilen, allein dem Proletariate gegenüber stehen sie als eine geschlossene feindliche Masse da.

Ihr politisches Ideal ist daher — aller freisinnigen Redensarten ungeachtet — ein möglichst starker und ruppiger Büttelstaat.

Bettelt der Arme, der momentan ausser Stande ist, sich an einen Ausbeuter zu verkaufen, oder den die Eigenthumsbestie bereits zur Arbeitsunfähigkeit ausgeschunden hat, so sagt der satte Bourgeois, das sei Vagabundage, und er ruft nach Polizei; er verlangt Stockprügel und Zuchthäuser für den armen Teufel, der nicht zwischen Bergen von Lebensmitteln verhungern will.

Greift der Arbeitslose gar zur sonst so viel gepriesenen Selbsthilfe, tut er im Kleinen, was die Reichen täglich ungestraft im Grossen thun, d. h. stiehlt er etwa, um existiren zu können, so sammelt die Bourgeoisie glühende Kohlen »sittlicher« Entrüstung über seinem Haupte und überantwortet ihn mit strenger Miene dem Staatszwinger, um ihn dort desto entschiedener (wohlfeiler) auszubeuten.

Verbinden sich die Arbeitsleute, um gemeinsam höhere Löhne, kürzere Arbeitstage u. dgl. zu ertrotzen — sogleich zetert das Protzenthum, das sei Konspiration und müsse hintertrieben werden. Organisiren sich die Proletarier politisch, so ist das ein Verstoss gegen »göttliche Weltordnung«, der durch Ausnahmegesetzgebung zu Nichte gemacht werden muss.

Denkt schliesslich das Volk ans Rebelliren, so erschallt in der ganzen Welt ein Wutgeheul der Goldtiger ohne Ende. Sie lechzen nach Massakres und ihr Blutdurst ist unstillbar.

Das Leben des Armen gilt dem Reichen ohnehin für Nichts. Als Schiffseigner setzt er ganze Bemannungen aufs Spiel, wenn es darauf ankommt, hohe Versicherungsprämien für halbverfaulte Fahrzeuge zu ergaunern. Schlechte Ventilation, zu tiefer Bau, mangelhafte Stützung u. s. w. bringen jährlich vielen Tausenden von Bergleuten den Tod, erhöhen aber den Gewinn, daher es für die Grubenbesitzer dabei sein Bewenden hat. Nicht mehr kümmert sich ein Fabrikpascha darum, wie viele »seiner« Arbeiter von Maschinen zerrissen, durch Chemikalien vergiftet oder in Dunst und Schmutz langsam erstickt werden. Der Profit ist die Hauptsache.

Weiber sind billiger als Männer, daher saugt jeder kapitalistische Vampyr mit ganz besonderer Vorliebe Weiberblut. Obendrein liefert ihm die Frauenarbeit wohlfeile Maitressen. Kinderfleisch ist das billigste; was Wunder, dass die Kannibalen der modernen Gesellschaft ständig ihre Zähne fletschen nach jugendlichen Opfern. Was haben sie darnach zu fragen, dass die armen Kleinen auf solche Weise verwahrlost und verkrüppelt werden! Während Tausende davon im zarten Alter, ausgemergelt und elend in die Grube sinken, steigen die Aktien. Das genügt!

Da die Bourgeoisie vermöge ihres Kapitals alle neuen Erfindungen nur für sich allein in Anspruch nimmt, hat jede neue Maschine, statt Arbeitszeitverkürzung und Erhöhung des Lebensglücks für Alle, nur Entlassung aus dem Geschäft für die Einen, Lohnherabsetzung für Anderen, stärkere Verelendigung für das ganze Proletariat zur Folge. Wenn aber die Vermehrung der Produkte begleitet ist von einer zunehmenden Verarmung der Volksmassen, so muss die Konsumtion gleichzeitig abnehmen; es müssen Stockungen und Krisen eintreten. Eine Fülle von vorhandenen Schätzen in den Händen Weniger muss Hungertyphus unter der Masse erzeugen. Das Verkehrte, ja Wahnsinnige eines solchen Zustandes liegt auf der Hand. Die Protzen aber zucken mit den Achseln darüber. Das werden sie so lange treiben, bis *über* ihren Achseln ein wohlgeschlungener Strick alle Zuckungen endet.

Aber nicht bloss als Produzent wird der Arbeiter in der mannigfaltigsten Weise geschröpft, sondern auch als Konsument. Sein kärgliches Einkommen suchen ihm zahlreiche Schmarotzer schleunigst wieder abzujagen.

Wenn die Waaren bereits durch allerlei Börsen und Grosistenlager gewandert sind und durch verschiedenartige Makler- und Jobberprofite, durch Zölle und Taxen Preisaufschläge erfahren haben, kommen sie endlich zum Krämer, dessen Kunden fast ausschliesslich Proletarier sind. Grosskapitalisten »machen« d. h. ergaunern vielleicht 10 — 20 Prozent Gewinn bei ihren Umsätzen; der Krämer will mindesten 100 Prozent haben. Er bedient sich zur Erzielung dieses Resultats verschiedenartiger Kniffe; insbesondere treibt er die schamloseste Waarenverfälschung. Verwandt mit diesen Betrügern sind die zahllosen Bierpantscher, Schnapsverderber und sonstigen Giftmischer, welche in alle grossen Städten und industriellen Distrikten jede Gasse unsicher machen. Ferner sinnen die Hauspaschas ohne Unterlass darüber nach, wie sie das Leben der

Proletarier verbittern könnten. Die Wohnungen werden immer schlechter, die Mieten höher, die Kontrakte niederträchtiger. Mehr und mehr werden die Arbeiter zusammen gepfercht in Hintergebäuden, in Dachkammer und Kellerlöchern, die voll von Wanzen, feucht und moderig sind. Gefängniszellen sind häufig von zehnfach gesünderer Beschaffenheit.

Ist der Arbeiter beschäftigungslos, so lauert wiederum eine ganze Bande von Hungerspekulanten darauf, ihn vollends zu ruiniren. Pfandleiher und ähnliche Schufte borgen auf die letzten Habseligkeiten der Armen kleine Beträge zu hohen Zinsen. Deren Verträge sind gewöhnlich derart abgefasst, dass sie nicht leicht eingehalten werden können; das verpfändete Gut verfällt und der Proletarier sinkt abermals um eine Stufe tiefer. Jene Halsabschneider aber sammeln sich in kurzer Zeit grosse Vermögen an. Sogar den Bettler betrachten viele Parasiten als eine rentable Figur. Jede Kupfermünze, die er sich mühselig verschaffte, erregt das Verlangen von Inhabern schmutziger Herbergen und Spelunken. Ja, selbst Diebe entgehen der kapitalistischen Ausbeutung nicht. Sie sind die Sklaven von raffinirten Hehlern und Unterschlupfgebern, welche ihnen gestohlene Werthsachen für eine Bagatelle abnehmen. Und jene armen Mädchen, welche die heutige Schandwirthschaft in die Arme der Prostitution getrieben, werden durch Bordellwirthe und ähnliche Schmachgestalten ganz scheusslich geplündert.

So geht es dem Armen von der Wiege bis zum Grabe. Ob er produzirt, ob er konsumirt; ob er existirt oder vegetirt; er ist stets umlagert von einer Schar von heisshungrigen Vampyren, die nach jedem Tropfen seines Blutes lechzen. Auf der anderen Seite stellt der Reiche nie sein Ausbeutungshandwerk ein, wenn er auch noch so wenig in der Lage ist, einen Grund für seine Habgier anzugeben. Wer eine Million hat, will 10 Millionen haben; wer deren 100 besitzt, geizt nach einer Milliarde u. s. w. Zur Habgier gesellt sich Herrschsucht.

Das Besitzthum ist eben nicht nur ein Mittel zu immer weiterer Bereicherung, sondern auch eine *politische Macht*. Unter dem jetzigen Kapitals-System ist die Käuflichkeit fast ein allgemeines Laster. Es handelt sich gewöhnlich nur darum, den richtigen Preis anzusetzen, um Diejenigen zu kaufen, welche geeignet sein können, durch Sprechen oder Schweigen, durch Schrift oder Druck, durch Gewaltakte oder durch was immer der Eigenthumsbestie zu dienen. Sie ist vermöge ihrer goldenen Diktate die wahre allmächtige Gottheit.

Da werden in Europa und Amerika mehr als 500 000 Pfaffen unterhalten, um, wie in der »Gottespest« (No. 3 der I. B.) nachgelesen werden kann, die Volksmassen ihres gesunden Menschenverstandes zu berauben. Daneben strolchen zahlreiche »Missionäre« von Haus zu Haus, um alberne Traktätchen zu vertheilen oder sonstigen »geistigen« Unfug zu treiben. In den Schulen wird Alles aufgeboten, um das wenige Gute, welches die Lese-, Schreib- und Rechnen-Dressur allenfalls mit sich bringen könnte, möglichst hinfällig zu machen. Eine blödsinnige Malträtirung der »Geschichte« erzeugt jenen aufgeblasenen Dünkel, der die Völker verunreinigt und sie nicht erkennen lässt, dass ihre Bedrücker gegen sie längst sich geeinigt haben, und dass Im Grunde genommen die ganze bisherige Politik nur den Zweck hatte, die Macht der Herrschenden zu befestigen und die Ausbeutung der Armen durch die Reichen zu sichern.

Den Hausirhandel mit dem Loyalitäts- und »Ordnungs«-Fusel besorgen des Weiteren insbesondere die Schmierfinken der Tagespresse, zahlreiche literarische Geschichtsfälscher, die politischen Klopffechter eines tausendfältig verzweigten Vereins- und Versammlungslebens, Parlaments-Quatschmichel mit dem ewig süsslächelnden Gesichte, den stetigen Versprechungen auf den Lippen und dem Verrat im Herzen, und hunderterlei andere Politiker von mehr oder weniger Lumpazi-Vagabundus Qualität.

Speziell zur Verdunkelung der sozialen Frage sind ebenfalls ganze Schwadronen von Strauchrittern tätig. Die Professoren der Nationalökonomie spielen z. B. so recht die Leibkosaken der Bourgeoisie, indem sie das goldene Kalb als die wahre Sonne des Lebens preisen und die Gerbereien von Arbeiterfellen »wissenschaftlich« in allgemeine Wohlthätigkeit an der Menschheit umlügen. Ein Theil dieser Schulpfaffen empfiehlt gleichwohl soziale Reformen, d. h. natürlich mit anderen Worten Prozeduren, bei denen der Pelz gewaschen aber nicht nass gemacht werden soll. Ausserdem foppen sie noch die Arbeiter durch Empfehlung von Spar- und Bildungsrezepten.

Während die kapitalistischen Raubholde solchermassen das Volk nasführen lassen, erweitern sie auf der anderen Seite ihren eigentlichen Gewaltmechanismus immer entschiedener. Es werden immer mehr Aemter errichtet. An die Spitze derselben stellen sich in Europa die Nachkömmlinge der ehemaligen Strassenräuber (die »Edelleute«), in Amerika die geschicktesten Stellenjäger und geriebensten Gauner, welche mit ihrem eigentlichen Zweck, der autoritätsmässigen Knebelung des Proletariats, auch noch« die angenehme Beschäftigung von Kassendieben und Fälschern höheren Grades verbinden. Sie dirigiren ganze Armeen von Soldaten, Gendarmen, Polizisten, Spionen, Gefängniswärtern, Zollwächtern, Steuereinnehmern, Exekutoren usw. Die letzteren Gattungen des Büttelthums sind fast durchgängig dem nichtsbesitzenden Volke entnommen, auch werden sie selten besser als proletarisch entlohnt. Dennoch spielen dieselben mit grossem Eifer die Spähaugen, Schnüffelnasen und Lauschohren, die Klauen, die Zähne und die Saugrüssel des Staates, welch' letzterer solchermassen augenscheinlich nichts weiter ist, als die politische Organisation einer Rotte von Betrügern und Ausbeutern, die ohne eine solche Macht- und Tyrannisirungs-Maschinerie nicht einen einzigen Tag vor dem gerechten Zorn und Unwillen des geschundenen und geplünderten Volkes sich zu halten vermöchten.

In den meisten älteren Ländern ist dieses System natürlich auch in der äusseren Form am schärfsten zugespitzt worden. Es konzentrirt sich der ganze staatliche Zuchtapparat in einer monarchischen Spitze. Die Repräsentanten der selben, die Gottesgnädlinge, sind denn auch der Ausbund aller Schurkerei. In ihnen sind sämtliche Laster und Verbrechen der herrschenden Klasse bis zum Ungeheuerlichsten verkörpert. Ihre Lieblingsbeschäftigung ist der Massenmord (Krieg); wenn sie stehlen, (und sie stehlen oft) nehmen sie immer gleich ganze Länder und Hunderte, ja Tausende von Millionen. Die Brandstiftung in grossartigem Masse dient ihnen nur zur Beleuchtung ihrer Greuel. In ihren Schädeln hat sich die Marotte festgesetzt, dass die Menschheit lediglich dazu da sei, um von ihnen geknufft und angespieen zu werden. Höchstens erachten sie es der Mühe werth, die schönsten Weiber und Mädchen »ihrer« Länder zur Befriedigung ihrer viehischen Lüste auszuwählen. Die Uebrigen haben das Recht, »alleruntertänigst zu verrecken«.

An direkter Brandschatzung nehmen diese gekrönten Raubmörder in Europa jährlich 200 Millionen Mark ein. Der Militarismus, ihr Kind, kostet, ganz abgesehen von den aus ihm entspringenden Verlusten an Gut und Blut, per Jahr weitere 4000 Millionen Mark, und eine gleiche Summe zählt man an Zinsen für die 80 000 Millionen Staatsschulden, welche die Halunken in verhältnismässig kurzer Zeit gemacht haben. Somit kostet der Monarchismus in Europa jährlich 8200 Millionen Mark, d. h. mehr als 10 Millionen Arbeiter, respektive die Ernährer von 50 Millionen Menschen an Lohn einnehmen!

In Amerika nehmen die Stelle der Monarchen die Monopolisten ein. Und wenn sich in der angeblich »freien« Republik der Vereinigten Staaten von Nord-Amerika der Monopolismus nur noch kurze Zeit so weiter entwickelt, wie in den letzten 25 Jahren, so werden gar bald nur noch Luft und Licht von der Monopolisirung verschont geblieben sein. 500 Millionen Acker Landes, ungefähr das Sechsfache der Bodenfläche von Grossbritannien und Irland, sind im Laufe eines Menschenalters in den Vereinigten Staaten zur Hälfte den Eisenbahngesellschaften, zur anderen Hälfte Grossgrundhesitzern (europäisch-aristokratischer Abstammung) zugefallen. — — — In wenigen Jahrzehnten hat Vanderbilt allein 200 Millionen Dollars sich ergaunert. Ein paar Dutzend seiner Raubkollegen stehen im Begriffe, ihn einzuholen. San Francisco ist vor 30 Jahren erst gegründet worden und heute giebt es daselbst schon 85 Millionäre! Alle bis jetzt entdeckten Lager von Kohlen und Metallen, alle Oelquellen, kurz alle Bodenreichtümer des ungeheuren herrlichen Landes gehören schon jetzt (nach kaum 100-jähriger Etablirung der »Republik«) nicht mehr dem Volke, sondern einer Handvoll von verwegenen Abenteurern und raffinirten Gaunern.

Vor dem Einflusse dieser Börsenkönige, Eisenbahnmagnaten, Kohlenbarone und Schlotjunker sinkt die »Souveränität des Volkes« buchstäblich in den Strassenkot. Diese Kerle haben die ganzen Vereinigten Staaten in den Taschen, und was sich da an scheinbar freier Gesetz- und Stimmgeberei breit macht, ist eitel Mummenschanz.

Wenn so etwas am grünen Holze geschieht, was soll da erst am morschen Gebälk erwartet werden? Wenn die junge amerikanische »Republik« mit ihren unerschöpflichen Naturreichthümern in so kurzer Zeit derart kapitalistisch verludert werden konnte, was braucht man sich da noch über die Folgen länger wirkender Ursachen gleicher Art in dem altersschwachen verrotteten Europa zu wundern?!

Wahrlich, es scheint, als ob die amerikanische »Republik« vorläufig nur den einen kulturhistorischen Zweck gehabt hätte, dem Volke diesseits wie jenseits des atlantischen Ozeans durch krasse Thatsachen zu zeigen, welch ein Ungeheuer die Eigenthumsbestie ist, und dass weder Bodenbeschaffenheit noch Ausdehnung des Landes, noch politische Gesellschaftsformen die Bösartigkeit dieses Raubthieres zu alteriren vermögen, ja dass dasselbe um so gefährlicher sich zeigt, je weniger Notwendigkeit für die individuelle Habgier von Natur aus gegeben ist. Möge die arbeitende Menschheit daraus die Nutzunwendung schöpfen, dass dieses Ungeheuer nicht gezähmt oder ungefährlich oder gar gemeinnützig gemacht werden kann, sondern dass ihm gegenüber nur ein Heilmittel existirt: der unerbittliche, unbarmherzige und vollständigste *Vernichtungskrieg!*

Auf gütlichem Wege ist da nichts zu Erhoffen; höchstens hat das Proletariat Spott und Hohn zu gewärtigen, wenn es so kindisch ist, seinen Todtfeinden mit Petitionen, Abstimmungen u. dgl. Harmlosigkeiten Respekt einflössen zu wollen.

Allgemeine Volksaufklärung, sagen manche, werde Wandel schaffen; allein dieser Rath bleibt wesentlich auch nur eine Phrase; denn die Volksaufklärung wird erst dann allgemein möglich sein, wenn die Hindernisse, die sich derselben gegenwärtig in den Weg stellen, beseitigt sind. Und das ist nicht eher der Fall, als bis das ganze heutige System von Grund aus zerstört ist.

Damit soll natürlich nicht gesagt sein, dass in dieser Richtung *gar nichts* geschehen solle oder könne. Nein! Wer immer die Niedertracht der jetzigen Zustände erkannte, hat die heiligste Pflicht, überall seine Stimme zu erheben, um dem Volke über diese Dinge die Augen zu öffnen. Man muss sich aber hüten, diesen Zweck durch hochgelehrte Betrachtungen erreichen zu wollen. Möge das den ehrlicheren Männern der Wissenschaft überlassen bleiben, die auf solche Weise der sogenannten »gebildeten Welt« die Schminke der Humanität von der hässlichen Raubthierfratze kratzen. Die Sprache, welche das Proletariat verstehen soll, muss einfach und kräftig sein.

Wer diese führt, wird stets von der herrschenden Sippschaft der *Aufreizung* geziehen, grimmig gehasst und verfolgt werden. Daraus können wir ersehen, dass die einzig mögliche und praktische Aufklärung *aufreizender* Natur sein muss. — *Reizen wir also auf!*

Zeigen wir dem Volke, wie es durch Land- und Stadtkapitalisten um seine Arbeitskraft betrogen wird; wie es Krämer, Haus- und andere Wirthe um den kargen Lohn prellen; dass ihm Kanzel-, Press-, Partei- und andere Pfaffen den Verstand zu tödten suchen; wie zahllose Büttel ewig bereit sind, es zu malträtiren und zu tyrannisiren — endlich muss ihm die Geduld ausgehen. Es wird rebelliren und seine Feinde zermalmen.

Die Revolution des Proletariats, der Krieg der Armen gegen die Reichen, ist der einzige Weg, der zur Erlösung führen kann.

Aber, wenden Andere ein, Revolutionen lassen sich doch nicht machen. Gewiss nicht, aber *vorbereiten* kann man dieselben, indem man das Volk darauf aufmerksam macht, dass solche Ereignisse vor der Thüre stehen, und indem man es herausfordert, sich zu rüsten.

Die kapitalistische Entwickelung, von welcher viele Theoretiker behaupten, dass sie bis zur völligen Austilgung aller kleinbürgerlichen Existenzen gediehen sein müsse, ehe die Vorbedingungen zu einer sozialen Revolution gegeben seien, hat bereits einen solchen Höhepunkt erreicht, dass ihr weiterer Fortgang nahezu unmöglich geworden ist. *Allgemein* grossindustriell kann nur dann produzirt werden, und *allgemeiner* Grossbetrieb auf dem Lande kann nur dann stattfinden, wenn die Gesellschaft kommunistisch organisirt ist und wenn — was sich im letzteren Fall ganz von selbst versteht- mit der Entwickelung der Technik der Verkürzung der Arbeitszeit und die Erhöhung des Verbrauchs gleichen Schritt halten.

Das ist auch leicht einzusehen. Da beim Grossbetrieb 10 Mal, in manchen Fächern sogar 100 Mal mehr produzirt wird, als die betreffenden Arbeiter an gleichwerthigen Waaren verbrauchen, so bekommt die Trommel alsbald ein Loch. Bisher ist die überschüssige Differenz deshalb weniger vermerkt worden, weil der weitaus grösste Theil des sogenannten »Gewinnes« abermals kapitalisirt, d. h. zu neuen kapitalistischen Anlagen verwendet worden ist, und weil die weitest entwickelten Industriestaaten nach weniger fortgeschrittenen Ländern ungeheure Waarenmassen exportirten. Jetzt fängt die Sache aber an, in dieser Beziehung gewaltig ins Stocken zu gerathen. Der Industrialismus hat *überall* ungeheure Fortschritte gemacht; damit kommen Ausfuhr und Einfuhr mehr und mehr ins Gleichgewicht und schon deshalb lohnen sich neue Kapitalanlagen immer weniger, ja sie werden unter solchen Umständen bald ganz und gar unthunlich erscheinen. Ungeheure Weltkrisen werden dieses Missverhältniss gar bald zum allgemeinen Verständniss bringen.

Somit ist *Alles* für den Kommunismus reif; es brauchen nur dessen interessirten Gegner, die Kapitalisten und ihre Helfershelfer, beseitigt werden. In der Zeit der, wie gesagt, bevorstehenden Krisen wird das Volk auch genügend zum Kampfe bereit gemacht werden. Und es handelt sich dann nur darum, ob überall ein gehörig geschulter *revolutionärer Kern* vorhanden ist, der das Zeug dazu hat, die durch Arbeitslosigkeit und Elend aller Art zum Aufruhr getriebenen Volksmassen um sich zu krystallisiren und die so geformte gewaltige Kraft behufs Zertrümmerung des Bestehenden in das Spiel zu bringen.

Arbeiten wir also überall auf die Revolution hin, ehe es zu spät ist! Der Sieg des Volkes über seine Blutsauger und Tyrannen wird dann nicht ausbleiben können.

J. Most

* * * * * * *

Schon vor 40 Jahren wurde die Geschichte der Eigenthumsbestie geschrieben und seitdem immer und immer wieder in allen erdenklichen Sprachen publizirt, nämlich im *Kommunistischen Manifest*, aus welchem wir im Nachstehenden alles Dasjenige reproduziren, was heute noch ebenso richtig ist, wie zur Zeit, wo es geschrieben wurde. (Die sonstigen Theile des Kommunistischen Manifest sind heute von keinerlei agitatorischem Werthe und überhaupt hinfällig.) Es heisst da:

»Die Geschichte aller bisherigen Gesellschaften ist die Geschichte von Klassenkämpfen.

Freier und Sklave, Patrizier und Plebejer, Baron und Leibeigener, Zunftbürger und Gesell, kurz Unterdrücker und Unterdrückte standen in stetem Gegensatze zu einander, führten einen ununterbrochenen, bald versteckten, bald offenen Kampf, einen Kampf, der jedesmal mit einer revolutionären Umgestaltung der ganzen Gesellschaft endete, oder mit dem gemeinsamen Untergang der kämpfenden Klassen.

In den früheren Epochen der Geschichte finden wir fast überall eine vollständige Gliederung der Gesellschaft in verschiedene Stände, eine mannigfaltige Abstufung der gesellschaftlichen Stellungen. Im alten Rom haben wir Patrizier, Ritter, Plebejer, Sklaven; im Mittelalter Feudalherren, Vasallen, Zunftbürger, Gesellen, Leibeigene, und noch dazu in fast jeder dieser Klassen wieder Klassen, wieder besondere Abstufungen.

Die aus dem Untergange der feudalen Gesellschaft hervorgegangene bürgerliche Gesellschaft hat die Klassengegensätze nicht aufgehoben. Sie hat nur neue Klassen, neue Bedingungen der Unterdrückung, neue Gestaltungen des Kampfes an die Stelle der alten gesetzt.

Unsere Epoche, die Epoche der Bourgeoisie, zeichnet sich dadurch aus, dass sie die Klassengegensätze vereinfacht hat. Die ganze Gesellschaft spaltet sich mehr und mehr in zwei grosse einander direkt gegenüberstehende Klassen: Bourgeoisie und Proletariat.

Aus den Leibeigenen des Mittelalters gingen die Pfahlbürger der ersten Städte hervor; aus dieser Pfahlbürgerschaft entwickelten sich die ersten Elemente der Bourgeoisie.

Die Entdeckung Amerikas, die Umschiffung Afrikas schufen der aufkommenden Bourgeoisie ein neues Terrain. Der ostindische und chinesische Markt, die Kolonisirung von Amerika, der Austausch mit den Kolonien, die Vermehrung der Tauschmittel und der Waaren überhaupt gaben dem Handel, der Schifffahrt, der Industrie einen nie geahnten Aufschwung, und damit dem bürgerlich-revolutionären Element in der zerfallenden feudalen Gesellschaft eine rasche Entwicklung.

Die bisherige feudale oder zünftige Betriebsweise der Industrie reichte nicht mehr aus für den mit den neuen Märkten anwachsenden Bedarf. Die Manufaktur trat an ihre Stelle. Die Zunftmeister wurden verdrängt durch den industriellen Mittelstand; die Thei- lung der Arbeit zwischen den verschiedenen Corporationen verschwand vor der Theilung der Arbeit in der einzelnen Werkstatt selbst.

Aber immer wuchsen die Märkte, immer stieg der Bedarf. Auch die Manufaktur reichte nicht mehr aus. Da revolutionirte der Dampf und die Maschine die industrielle Produktion. An die Stelle der Manufaktur trat die moderne grosse Industrie, an die Stelle des industriellen Mittelstandes traten die industriellen Millionäre, die Chefs ganzer industrieller Armeen, die modernen Bourgeois.

Die grosse Industrie hat den Weltmarkt hergestellt, den die Entdeckung Amerikas vorbereitete. Der Weltmarkt hat dem Handel, der Schifffahrt, den Landkommunikationen eine unermessliche Entwicklung gegeben. Diese hat wieder auf die Ausdehnung der Industrie zurückgewirkt, und in demselben Masse, worin Industrie, Handel, Schifffahrt, Eisenbahnen sich ausdehnten, in demselben Masse entwickelte sich die Bourgeoisie, vermehrte sie ihre Kapitalien, drängte sie alle vom Mittelalter her überlieferten Klassen in den Hintergrund.

Wir sehen also, wie die moderne Bourgeoisie selbst das Produkt eines langen Entwicklungsganges, einer Reihe von Umwälzungen in der Produktions- und Verkehrsweise ist.

Jede dieser Entwicklungsstufen der Bourgeoisie war begleitet von einem entsprechenden Fortschritt. Unterdrückter Stand unter der Herrschaft der Feudalherren, bewaffnete und sich selbst verwaltende Association in der Kommune, hier unabhängige städtische Republik, dort dritter steuerpflichtiger Stand der Monarchie, dann zur Zeit der Manufaktur Gegengewicht gegen den Adel in der ständischen oder zu der absoluten Monarchie, Hauptgrundlage der grossen Monarchieen überhaupt, erkämpfte sie sich endlich seit der Herstellung der grossen Industrie und des Weltmarktes im modernen Repräsentativstaat die ausschliessliche politische Herrschaft. Die moderne Staatsgewalt ist nur ein Ausschuss, der die gemeinschaftlichen Geschäfte der ganzen Industrie verwaltet.

Die Bourgeoisie hat alle bisherigen und mit frommer Scheu betrachteten Thätigkeiten ihres Heiligenscheines entkleidet. Sie hat den Arzt, den Juristen, den Pfaffen, den Poeten, den Mann der Wissenschaft in ihre bezahlten Lohnarbeiter verwandelt.

Die Bourgeoisie hat dem Familienverhältnis seinen rührend-sentimentalen Schleier abgerissen und es auf ein reines Geldverhältniss zurückgeführt.

Die Bourgeoisie hat enthüllt, wie die brutale Kraftäusserung, welche die Reaktion so sehr am Mittelalter bewundert, in der trägsten Bärenhäuterei ihre passende Ergänzung fand. Erst sie hat bewiesen, was die Thätigkeit der Menschen zu Wege bringen kann. Sie hat ganz andere Wunderwerke vollbracht, als egyptische Pyramiden, römische Wasserleitungen und gothische Kathedralen, sie hat ganz andere Züge ausgeführt, als Völkerwanderungen und Kreuzzüge.

Die Bourgeoisie kann nicht existiren, ohne die Produktionsinstrumente, also die Produktionsverhältnisse, also sämmtliche gesellschaftliche Verhältnisse fortwährend zu revolutioniren. Unveränderte Beibehaltung der alten Produktionsweise war dagegen die erste Existenzbedingung aller früheren industriellen Klassen. Die fortwährende Umwälzung der Produktion, ununterbrochene Erschütterung aller gesellschaftlichen Zustände, die ewige Unsicherheit und Bewegung zeichnet die Bourgeoisepoche vor allen früheren aus. Alle festen, eingerosteten Verhältnisse mit ihrem Gefolge von altehrwürdigen Vorstellungen und Anschauungen werden aufgelöst, alle neugebildeten veralten, ehe sie verknöchern können. Alles Ständische und Stehende verdampft, alles »Heilige« wird »entweiht«, und die Menschen sind endlich gezwungen, ihre Lebensstellung, ihre gegenseitigen Beziehungen mit nüchternen Augen zu betrachten.

Das Bedürfniss nach einem stets ausgedehnteren Absatz für ihre Produkte jagt die Bourgeoisie über die ganze Erdkugel. Ueberall muss sie sich einnisten, überall anbauen, überall Verbindungen herstellen.

Die Bourgeoisie hat durch ihre Exploitation des Weltmarktes die Produktion und Konsumtion aller Länder kosmopolitisch gestaltet. Sie hat zum grossen Bedauern der Reaktionäre den nationalen Boden der Industrie unter den Füssen weggezogen. Die uralten nationalen Industrieen sind vernichtet worden und werden noch täglich vernichtet. Sie werden verdrängt durch neue Industrieen, deren Einführung eine Lebensfrage für alle zivilisirten Nationen wird, durch Industrieen, die nicht mehr einheimische Rohstoffe, sondern den entlegensten Zonen ängehörige Rohstoffe verarbeiten, und deren Fabrikate nicht nur im Lande selbst, sondern in allen Welttheilen zugleich verbraucht werden. An die Stelle der alten, durch Landeserzeugnisse befriedigten Bedürfnisse treten neue, welche die Produkte der entferntesten Länder und Klimate zu ihrer Befriedigung erheischen. An die Stelle der alten lokalen und nationalen Selbstgenügsamkeit und Abgeschlossenheit tritt ein allseitiger Verkehr, eine allseitige Abhängigkeit der Nationen von einander. Und wie in der materiellen, so auch in der geistigen Produktion. Die geistigen Erzeugnisse der einzelnen Nationen werden Gemeingut. Die nationale Einseitigkeit und Beschränktheit wird mehr und mehr unmöglich, und aus den vielen nationalen und lokalen Literaturen bildet sich eine Weltliteratur.

Die Bourgeoisie reisst durch eine rasche Verbesserung aller Produktions-Instrumente, durch die unendlich erleichterten Kommunikationen alle, auch die barbarischesten Nationen in die Zivilisation. Die wohlfeilen Preise ihrer Waaren sind die schwere Artillerie, mit der sie alle chinesischen Mauern in den Grund schiesst, mit der sie den hartnäckigsten Fremdenhass der Barbaren zur Kapitulation zwingt. Sie zwingt alle Nationen, die Produktionsweise der Bourgeoisie sich anzueignen, wenn sie nicht zu Grunde gehen wollen; sie zwingt sie, die sogenannte Zivilisation bei sich selbst einzuführen, d. h. Bourgeois zu werden. Mit einem Wort, sie schafft sich eine Welt nach ihrem eigenen Bilde.

Die Bourgeoisie hat das Land der Herrschaft der Stadt unterworfen. Sie hat enorme Städte geschaffen, sie hat die Zahl der städtischen Bevölkerung gegenüber der ländlichen in hohem Grade vermehrt, und so einen bedeutenden Theil der Bevölkerung dem Idiotismus des Landlebens entrissen. Wie sie das Land von der Stadt, hat sie die barbarischen und halb barbarischen Länder von den zivilisirten, die Bauernvölker von den Bourgeoisvölkern, den Orient vom Occident abhängig gemacht.

Die Bourgeoisie hebt mehr und mehr die Zersplitterung der Produktionsmittel, des Besitzes und der Bevölkerung auf. Sie hat die Bevölkerung agglomerirt, die Produktionsmittel zentralisirt und das Eigenthum in wenigen Händen konzentrirt. Die nothwendige Folge hiervon war die politische Centralisation.

Die Bourgeoisie hat in ihrer kaum hundertjährigen Klassenherrschaft massenhaftere und kolossalere Produktionskräfte geschaffen, als alle vergangenen Generationen zusammen. Unterjochung der Naturkräfte, Maschinerie, Anwendung der Chemie auf Industrie und Ackerbau, Dampfschifffahrt, Eisenbahnen, elektrische Telegraphen, Urbarmachung ganzer Welttheile, Schiffbarmachung der Flüsse, ganze aus dem Boden hervorgestampfte Bevölkerungen — welches frühere Jahrhundert ahnte, dass solche Produktionskräfte im Schoss der gesellschaftlichen Arbeit schlummern?

Wir haben also gesehen: Die Produktions- und Verkehrsmittel, auf deren Grundlage sich die Bourgeoisie heranbildete, wurden in der feudalen Gesellschaft erzeugt. Auf einer gewissen Stufe der Entwicklung dieser Produktions- und Verkehrsmittel entsprachen die Verhältnisse, worin die feudale Gesellschaft produzirte und austauschte, die feudale Organisation der Agrikultur und Manufaktur, mit einem Wort die feudalen Eigenthums-Verhältnisse den schon entwickelten Produktivkräften nicht mehr. Sie hemmten die Produktion, statt sie zu fördern. Sie verwandelten sich in ebenso viele Fesseln. Sie mussten gesprengt werden.

An ihre Stelle trat die freie Konkurrenz mit der ihr angemessenen gesellschaftlichen und politischen Konstitution, mit der ökonomischen und politischen Herrschaft der Bourgeois-Klasse.

Unter unseren Augen geht eine ähnliche Bewegung vor. Die bürgerlichen Produktions- und Verkehrs-Verhältnisse, die bürgerlichen Eigenthums-Verhältnisse, die moderne bürgerliche Gesellschaft, die so gewaltige Produktions- und Verkehrsmittel hervorgezaubert hat, gleicht dem Hexenmeister, der die unterirdischen Gewalten nicht mehr zu beherrschen vermag, die er heraufbeschwor. Seit Dezennien ist die Geschichte der Industrie und des Handels, nur die Geschichte der Empörung der modernen Produktivkräfte gegen die modernen Produktions-Verhältnisse; gegen die Eigenthums-Verhältnisse, welche die Lebensbedingungen der Bourgeoisie und ihrer Herrschaft sind. Es genügt, die Handelskrisen zu nennen, welche in ihrer periodischen Wiederkehr immer drohender die Existenz der ganzen bürgerlichen Gesellschaft in Frage stellen. In den Handelskrisen wird ein grosser Theil nicht nur der erzeugten Produkte, sondern auch der bereits schon geschaffenen Produktivkräfte regelmässig vernichtet. In den Krisen bricht eine gesellschaftliche Epidemie aus, welche allen früheren Epochen als ein Widersinn erschienen wäre — die Epidemie der »Ueberproduktion.« Die Gesellschaft findet sich plötzlich in einen Zustand momentaner Barbarei zurückversetzt; eine Hungersnoth, ein allgemeiner Vernichtungskrieg scheinen ihr alle Lebensmittel abgeschnitten zu haben; die Industrie, der Handel scheinen vernichtet, und warum? Weil sie zu viel Zivilisation, zu viel Lebensmittel, zu viel Industrie, zu viel Handel besitzt. Die Produktivkräfte, die ihr zur Verfügung stehen, dienen nicht mehr zur Beförderung der bürgerlichen Eigenthums-Verhältnisse; im Gegentheil, sie sind zu gewaltig für diese Verhältnisse geworden, sie werden von ihnen gehemmt, und sobald sie dies Hemmniss überwinden, bringen sie die ganze bürgerliche Gesellschaft in Unordnung, gefährden sie die Existenz des bürgerlichen Eigenthums. Die bürgerlichen Verhältnisse sind zu eng geworden, um den von ihnen erzeugten Reichthum zu fassen. — Wodurch überwindet die Bourgeoisie die Krisen? Einerseits durch die erzwungene Vernichtung einer Masse von Produktivkräften; andererseits durch die Eroberung neuer Märkte und die gründlichere Ausbeutung der alten Märkte. Wodurch also? Dadurch, dass sie allseitigere und gewaltigere Krisen vorbereitet, und die Mittel, den Krisen vorzubeugen, vermindert.

Die Waffen, womit die Bourgeoisie den Feudalismus zu Boden geschlagen hat, richten sich jetzt gegen die Bourgeoisie selbst.

Aber die Bourgeoisie hat nicht nur die Waffen geschmiedet, die ihr den Tod bringen; sie hat auch die Männer gezeugt, die diese Waffen fuhren werden — die modernen Arbeiter, die Proletarier.

In demselben Masse, worin sich die Bourgeoisie, d. h. das Kapital entwickelt, in demselben Masse entwickelt sich das Proletariat, die Klasse der modernen Arbeiter, die nur so lange leben, als sie Arbeit finden, und die nur so lange Arbeit finden, als ihre Arbeit das Kapital vermehrt. Diese Arbeiter, die sich stückweise verkaufen müssen, sind eine Waare, wie jeder andere Handelsartikel, und daher gleichmässig allen Wechselfällen der Konkurrenz, Allen Schwankungen des Marktes ausgesetzt.

Die Arbeit der Proletarier hat durch die Ausdehnung der Maschinerie und die Theilung der Arbeit allen selbstständigen Charakter und damit allen Reiz für den Arbeiter verloren. Er wird ein blosses Zubehör der Maschine, von dem nur der einfachste, eintönigste, am leichtesten erkennbare Handgriff verlangt wird. Die Kosten, die der Arbeiter verursacht, beschränken sich daher fast nur auf die Lebensmittel, die er zu seinem Unterhalt und zur Fortpflanzung seiner Race bedarf. Der Preis einer Waare, also auch der Arbeit, ist aber gleich ihren Produktionskosten. In demselben Masse, in dem die Widerwärtigkeit der Arbeit wächst, nimmt daher der Lohn ab. Und gleichwie Maschinerie und Theilung der Arbeit zunehmen, so nimmt auch die Masse der Arbeit zu, sei es durch Vermehrung der Arbeitsstunden, sei es durch Vermehrung der in einer gegebenen Zeit geforderten Arbeit, beschleunigten Lauf der Maschinen u. s. w.

Die moderne Industrie hat die kleine Werkstube des patriarchalischen Meisters in die grosse Fabrik des industriellen Kapitalisten verwandelt. Arbeitermassen, in der Fabrik zusammengedrängt, werden soldatisch organisirt. Sie werden als gemeine Industriesoldaten unter die Aufsicht einer vollständigen Hierarchie von Unteroffizieren und Offizieren gestellt. Sie sind nicht nur Knechte der Bourgeoisklasse, des Bourgeoisstaates, sie sind täglich und stündlich geknechtet von der Maschine, von dem Aufseher, und vor Allem von den einzelnen fabrizirenden Bourgeois selbst. Diese Despotie ist umso kleinlicher, gehässiger, erbitternder, je offener sie den Erwerb als ihren letzten Zweck proklamirt.

Je weniger die Handarbeit Geschicklichkeit und Kraftäusserung erheischt, d. h. je mehr die moderne Industrie sich entwickelt, desto mehr wird die Arbeit der Männer durch die der Weiber verdrängt. Geschlechts- und Alters-Unterschiede haben keine gesellschaftliche Geltung mehr für die Arbeiterklasse. Es giebt nur noch Arbeitsinstrumente, die je nach Alter und Geschlecht verschiedene Kosten machen.

Ist die Ausbeutung des Arbeiters durch den Fabrikanten so weit beendigt, dass er einen Arbeitslohn baar ausgezahlt erhält, so fallen die anderen Theile der Bourgeoisie über ihn her, der Hausbesitzer, der Krämer, der Pfandleiher u. s. w.

Die bisherigen kleinen Mittelstände, die kleinen Industriellen, Kaufleute und Rentiers, die Handwerker und Bauern, alle diese Klassen fallen ins Proletariat hinab, theils dadurch, dass ihre Geschicklichkeit von neuen Produktionsweisen entwerthet wird. So rekrutirt sich das Proletariat aus allen Klassen der Bevölkerung.

Aber mit der Entwicklung der Industrie vermehrt sich nicht nur das Proletariat; es wird in grösseren Massen zusammengedrängt, seine Kraft wächst und es fühlt sie mehr. Die Interessen, die Lebenslagen innerhalb des Proletariats gleichen sich immer mehr aus, indem die Maschinerie mehr und mehr die Unterschiede der Arbeit verwischt und den Lohn fast überall auf ein gleich niedriges Niveau herabdrückt. Die wachsende Konkurrenz der Bourgeois unter sich und die daraus hervorgehenden Handelskrisen machen den Lohn der Arbeiter immer schwankender; die immer rascher sich entwickelnde, unaufhörliche Verbesserung der Maschinerie macht ihre Lebensstellung immer unsicherer; immer mehr nehmen die Kollisionen zwischen dem einzelnen Arbeiter und dem einzelnen Bourgeois den Charakter von Kollisionen zweier Klassen an. Die Arbeiter beginnen damit, Koalitionen gegen die Bourgeois zu bilden; sie treten zusammen zur Behauptung ihres Arbeitslohns. Sie stiften selbst dauernde Assoziationen, um sich für diese gelegentlichen Empörungen zu verproviantiren. Stellenweis bricht der Kampf in Erneuten aus.

Von Zeit zu Zeit siegen die Arbeiter, aber nur vorübergehend. Das eigentliche Resultat ihrer Kämpfe ist nicht der unmittelbare Erfolg, sondern die immer weiter um sich greifende Vereinigung der Arbeiter. Sie wird befördert durch die wachsenden Kommunikationsmittel, die von der grossen Industrie erzeugt werden und die Arbeiter der verschiedenen Lokalitäten mit einander in Verbindung setzen. Es bedarf aber blos der Verbindung, um die vielen Lokalkämpfe von überall gleichem Charakter zu einem Klassenkampfe zu zentralisiren. Jeder Klassenkampf aber ist ein politischer Kampf. Und die Vereinigung, zu der die Bürger des Mittelalters mit ihren Vizinalwegen Jahrhunderte bedurften, bringen die modernen Proletarier mit den Eisenbahnen in wenigen Jahren zu Stande.

Diese Organisation der Proletarier zur Klasse, und damit zur politischen Partei wird jeden Augenblick wieder gesprengt durch die Konkurrenz unter den Arbeitern selbst. Aber sie ersteht immer wieder, stärker, fester, mächtiger.

Von allen Klassen, welche heutzutage der Bourgeoisie gegenüber stehen, ist nur das Proletariat eine wirklich revolutionäre Klasse. Die übrigen Klassen verkommen und gehen unter mit der grossen Industrie, das Proletariat ist ihr eigenstes Produkt.

Die Mittelstände, der kleine Industrielle, der kleine Kaufmann, der Handwerker, der Bauer, sie Alle bekämpfen die Bourgeoisie, um ihre Existenz als Mittelstände vor dem Untergang zu sichern. Sie sind also nicht revolutionär, sondern konservativ. Noch mehr, sie sind reaktionär, sie suchen das Rad der Geschichte zurückzudrehen. Sind sie revolutionär, so sind sie es im Hinblick auf den ihnen bevorstehenden Uebergang ins Proletariat, so vertheidigen sie nicht ihre gegenwärtigen, sondern ihre zukünftigen Interessen, so verlassen sie ihren eigenen Standpunkt, um sich auf den des Proletariats zu stellen.

Die Lebensbedingungen der alten Gesellschaft sind schon vernichtet in den Lebensbedingungen des Proletariats. Der Proletarier ist eigenthumslos; sein Verhältniss zu Weib und Kindern hat nichts mehr gemein mit dem bürgerlichen Familienverhältniss; die moderne industrielle Arbeit, die moderne Unterjochung unter das Kapital, dieselbe in England wie in Frankreich, in Amerika wie in Deutschland, hat ihm allen nationalen Charakter abgestreift. Die Gesetze, die Moral, die Religion, sind für ihn eben so viele bürgerliche Vorurtheile, hinter denen sich ebenso viele Interessen verstecken.

Alle früheren Klassen, die sich die Herrschaft eroberten, suchten ihre schon erworbene Lebensstellung zu sichern, indem sie die ganze Gesellschaft den Bedingungen ihres Erwerbs unterwarfen. Die Proletarier können sich die gesellschaftlichen Produktivkräfte nur erobern, indem sie ihre eigene bisherige Gesellschaftsstellung und damit die ganze bisherige Aneignungsweise abschaffen. Die Proletarier haben Nichts von dem Ihrigen zu sichern, sie haben alle bisherige Privatsicherheit und Privatversicherungen zu zerstören.

Alle bisherigen Bewegungen waren Bewegungen von Minoritäten oder im Interesse von Minoritäten. Die proletarische Bewegung ist die selbstständige Bewegung der ungeheuren Mehrzahl im Interesse der ungeheuren Mehrzahl. Das Proletariat, die unterste Schicht der jetzigen Gesellschaft, kann sich nicht erheben, nicht aufrichten, ohne dass der ganze Ueberbau der Schichten, die die offizielle Gesellschaft bilden, in die Luft gesprengt wird.

Die wesentlichste Bedingung für die Existenz und für die Herrschaft der Bourgeoisklasse ist die Anhäufung des Reichthums in den Händen von Privaten, die Bildung und Vermehrung des Kapitals; die Bedingung des Kapitals ist die Lohnarbeit. Die Lohnarbeit beruht ausschliesslich auf der Konkurrenz der Arbeiter unter sich. Der Fortschritt der Industrie, dessen willenloser und widerstandsloser Träger die Bourgeoisie ist, setzt an die Stelle der Isolirung der Arbeiter durch die Konkurrenz ihre revolutionäre Vereinigung durch die Assoziation. Mit der Entwicklung der grossen Industrie wird also unter den Füssen der Bourgeosie die Grundlage selbst weggezogen, worauf sie produzirt, und die Produkte sich aneignet. Sie produzirt vor Allem ihre eigenen Todtengräber. Ihr Untergang und der Sieg des Proletariats sind gleich unvermeidlich.«

Zwischen Galgen und Zuchthaus

Kaum hatte ich die »Hölle von Blackwells Island« verlassen, so hörte ich auch schon von allen Seiten rufen: *»Hängt ihn!«* Noch waren unsere Chicagoer Kameraden nicht erwürgt, und doch schrie die reaktionäre Meute nach weiteren Opfern. Ich sollte der Erste sein, hiess es da, der zu bluten hat. Selten verging ein Tag, an welchem mir nicht irgend eine Zeitung zu Gesicht kam, in welcher irgend eine literarische Hyäne nach meinem Blute lechzte.

Weshalb diese schreckliche Hetze! Diese Frage kam mir nicht mehr aus dem Sinn, und eine Antwort konnte ich nicht finden. Wenn es schon schmeichelhaft sein mag, der bestgehasste Mann zweier Welten zu sein, so ist es doch sehr beschämend für Unsereinen, falls er sich sagen muss, dass er eine solche Ehre nie gesucht hat und mithin auch nicht verdient.

Was hatte ich denn gethan, um einen so wüthenden Hass zu erzeugen! Ich muss leider gestehen, es ist herzlich *wenig*. Ja, seitdem ich mich – gezwungenermassen – in Amerika befinde, fühle ich mich oft recht unglücklich und missgestimmt, weil es mir die hier herrschenden Verhältnisse nicht gestatten, in solchem Masse für die Sache des arbeitenden Volkes thätig zu sein, wie ich es für wünschenswerth halte.

Von verhältnissmässig *wenigen* Arbeitern verstanden, von vielen angefeindet, von den meisten ungehört, ist mein Wirkungskreis in diesem Lande ein so beschränkter, wie er nie zuvor – nämlich in Europa – gewesen ist; und ich harrte stets mit Ungeduld des Augenblicks, der es mir möglich machen sollte, das Feld meiner Thätigkeit neuerdings nach Europa zu verlegen.

Dennoch soll ich das Karnickel sein, welchem die amerikanische Bourgeoisie ihre Unruhe zu verdanken hat. In ihrem schlechten Bewusstsein hört sie das Donnerrollen der sozialen Revolution in der Ferne. Kindisch, wie sie ist, sucht sie nach irgend einem *Menschen* – statt nach einer *Ursache* –, welcher für das Geräusch haften soll. Der arme Sündenbock bin ich. »Hängt ihn oder werft ihn wenigstens in den Kerker!« So schreit Jeder, obgleich mich Keiner kennt.

Meine Position war unter solchen Umständen eine ziemlich schwierige, und ich war mir längst darüber klar geworden, dass ich bestimmt sei, unter dem nächsten besten Vorwand neuerdings in Ketten gelegt zu werden. Viele Versuche, mich hereinzulegen, habe ich zwar rechtzeitig vereitelt. Zuletzt wurde aber doch ein neuer Coup ausgeführt, welcher in diesem Heftchen registrirt wird.

Am Tage nach der Hinschlachtung unserer Chicagoer Genossen – am 12. November 1887 – fand in New York die allsonnabendliche übliche Agitations-Versammlung statt. Ich hatte daselbst einen Vortrag zu halten, und es lag auf der Hand, dass ich die Ereignisse des vergangenen Tages zum Gegenstande meiner Besprechung zu machen hatte. Was ich gesagt, lässt sich in gekürzter Form wie folgt rekapituliren:

»Mitbürger! – Sie haben heute und gestern die Zeitungen gelesen und daraus ersehen, dass über uns die Reaktion hereingebrochen ist. Wir werden mit allen erdenklichen Chikanen bedroht und man sagt uns ganz trocken, dass es für uns künftighin weder Redefreiheit noch Versammlungsrecht geben soll. Soeben höre ich z. B., dass die von der Schreiner Progressive Union projektirt gewesene Todtenfeier zu Ehren unserer Märtyrer von Chicago polizeilich verboten worden sei. Unter solchen Umständen ist es eine wahre Kunst, öffentlich zu sprechen, und doch *muss* das sein, weil Angesichts der zu erörternden Thatsachen sonst die Steine reden würden.

Sie wissen, was in Chicago passirte. Vier unserer besten Genossen wurden am Galgen erwürgt. Einer wurde zur Selbstentleibung getrieben und drei hat man im Zuchthaus lebendig begraben. Keiner von ihnen hat irgend eine strafbare Handlung begangen. Alle haben lediglich durch Wort und Schrift revolutionäre Ideen verfochten und für die Sache der Zukunft gewirkt. Dass sie *deshalb* vernichtet wurden – das lässt die an ihnen verübte Unthat als das grösste Verbrechen der Neuzeit erscheinen.

Wir haben wenig dagegen zu erinnern, wenn Diese oder Jene von unseren Kameraden, welche im *offenen* Kampfe mit dem Feind sich befinden, den Tod erleiden; denn das sind eben die Konsequenzen des Krieges. Begeht ein Anarchist eine Einzelnthat, durch welche Jemand von unseren Widersachern getödtet wird, ergreift man ihn dabei und hängt ihn, so werden wir zwar unseren Genossen tief beklagen, aber wir werden den Gegenschlag keinen Justizmord nennen können. Hier aber haben wir es mit einem Falle zu thun, wo auf der einen Seite nur eine *Agitation* getrieben wurde – frei und offen, Jedermann zugänglich, ehrlich und ohne Hinterhalt – und wo auf der anderen Seite mit vollem Bewusstsein und der böswilligsten Absicht durch Bestechung, Meineid, Amtsmissbrauch jede erdenkliche Niedertracht acht Menschenleben – grösstentheils Männer im besten Alter – hingeopfert wurden, nicht um eine von *unbekannter* Hand vollbrachte That zu rächen, sondern um in terroristischer Manier *Andere* dermassen einzuschüchtern, dass sie nicht, wie diese grossen Todten, Propaganda machen für den Anarchismus und die soziale Revolution.

Aehnliche Exekutionen haben wohl früher auch schon stattgefunden, aber immer nur unter den Nachwirkungen einer missglückten Volkserhebung, im blinden Wüthen der triumphirenden Reaktion, niemals mitten im Frieden. Und darum wiederhole ich: Der Justizmord von Chicago ist das entsetzlichste Verbrechen, welches die neuere Geschichte kennt. (Ein Anwesender ruft *Rache!)*

Schweigen Sie still mit solchen Phrasen! Noch ist der Gegner übermächtig und mit Redensarten wird er nur »gereizt«, aber nicht besiegt. Ueberlassen wir es der Zeit, die Konsequenzen jener Unthat auszureifen.

Weshalb ich aber heute spreche? Einfach um anzuklagen, und zwar anzuklagen auch nach einer Richtung hin, welche bei dieser Tragödie nur von Wenigen in Betracht gezogen wird.

Ich beschuldige nicht nur die unmittelbaren Urheber dieser Henkerei – in erster Linie Grinnell, dann Gary, die Meineidszeugen, die Geschworenen, die Oberrichter von Illinois und Washington, nicht minder den Governor Oglesby – des Mordes, sondern ich dehne meine Anklage noch viel weiter aus. Ihr seid Mörder! rufe ich jenen feilen Metzen von der Presse zu, welche, wie beispielsweise Pulitzer's Schreibheloten, nie müde wurden, gegen besseres Wissen achtzehn Monate lang zu behaupten, die gefangenen Anarchisten von Chicago hätten die Bombenaffaire auf dem Heumarkt inszenirt, obwohl sie wussten, dass jene Bombe nie geworfen worden wäre, wenn nicht der scheusliche *Bonfield* und seine Mitverschwörer erschienen wären, um unter friedlich versammelten Arbeitern ein Blutbad anzurichten. Ihr seid Mörder! sage ich zu allen jenen Repräsentanten des Proletariats, welche ihre Pflicht versäumten, als es noch Zeit war, für unsere Kameraden einzutreten. Hier muss vor Allem mit Fingern gedeutet werden auf *Powderly.* Wie dieser Schurke seit anderthalb Jahren gegen die Anarchisten im Allgemeinen und unsere verurtheilten Genossen im Besonderen gewüthet hat, ist bekannt. Sein frevelhaftes Spiel auf dem Kongress von Minneapolis nicht minder. In seiner Hand lag es, die ganze nach Hunderttausenden zählende Organisation, an deren Spitze er steht, Front machen zu lassen gegen die Justizmörder, wozu er umso mehr verpflichtet gewesen wäre, als ein Knight of Labor, nämlich *Parsons,* unter den ausgewählten Opfern sich befand, welche die Reaktion bestimmte, behufs Vernichtung des letzten Funkens von Volksfreiheit in Amerika erwürgt zu werden. Powderly aber that das Gegentheil; er verwandelte seine Anhänger in freiwillige Polizisten. Das Blut unserer ermordeten Brüder klebt für immer an seinen Händen. Und das Gold, welches er für diesen seinen Verrath von den Monopolisten, in deren Sold er ohne Zweifel steht, erhalten hat, vermag diese Schandflecken nimmer zu bedecken. Sein Spiessgeselle in Gemeinheit und Karakterlosigkeit ist *Henry George.* Auch er stieg hinunter in den Schlamm der Verworfenheit, in welchem sich die Richter jeden Ranges wälzten, als sie unsere Freunde an den Galgen brachten. Sein Schädel ist zwar sicher wüst und leer, allein soviel Instinkt von Recht und Billigkeit wird er wohl besessen haben, um zu erkennen, dass die Verurtheilten nicht wegen irgend einer That vergewaltigt wurden, sondern wegen ihrer Propaganda durch Wort und Schrift zum Heil des Proletariats. Da er trotz alledem mit einstimmte in das »Kreuziget sie!« der raubenden Klassen, so ist er nicht minder schuldig am Morde der Märtyrer von Chicago, wie Gilmer oder Thompson, wie Gary oder Oglesby. Sein schlechtes Beispiel verhinderte viele Tausende, zu thun, was deren Mannespflicht gebot. Auch er und die Seinen gehören also an den Pranger der Geschichte. Damit ist die Liste der Mörder noch nicht erschöpft. Jeder Arbeitsmann, welcher zu Hause blieb, als es noch Zeit war, durch ein geschlossenes Auftreten das fürchterliche Verbrechen zu verhindern, hat sich der unqualifizirbarsten Feigheit schuldig gemacht. Und ich möchte nicht in der Haut Derjenigen stecken, welche die eigene bessere Erkenntniss früher oder später daran gemahnen wird, dass ihre Indifferenz acht Pioniere des Proletariats in den Tod gejagt oder dem Zuchthaus überliefert hat. »Ihr seid Mörder!« wird es ihnen in schlaflosen Nächten aus den Gräbern der Erwürgten heraus in die Ohren gellen.

Unsere Todten aber – sie werden ewig leben in den Herzen aller Wohlgesinnten, denn der stolze Trotz, die heroische Kühnheit, womit sie das Schaffott bestiegen haben, wird nimmermehr vergessen werden. Ihr Martyrium wird nie aufhören Propaganda zu machen für Revolution und Anarchie. Selbst unsere Todfeinde brachten es nicht fertig, die Haltung, welche diese Männer bei ihrem letzten Gange an den Tag gelegt, zu verkleinern.

Genosse *Engel* deklamirte kurz vor seinem Tode noch die ergreifenden Strophen Heine's über die Weber. *Spies* und *Fischer* sangen, als ob sie ein freudiges Ereigniss zu begehen hätten. *Parsons* wollte eine Ansprache halten, welche ihm der brutale Henker nicht erlaubte. Alle schieden aus dem Leben wie ritterliche Helden.

Einen Tag bevor die Mörder der Justiz im Stande waren, ihres Würgeramtes zu walten, schied unser Freund *Louis Lingg*, den wir aus vielen Gründen ganz besonders innig in das Herz geschlossen haben, aus dem Leben. Mittelst einer Gewehrpatrone hat er sich den Kopf zerschmettert. Wie er diese sich verschafft, wird wohl immerdar Geheimniss bleiben. Gewiss aber ist es, dass unser theurer Kamerad genugsam Gründe zu seiner Selbstvernichtung hatte. Selten wohl hat die Revolutionsarmee eines Kombattanten, sich erfreut, der mit mehr Leidenschaft, mit selbstloserer Hingabe und Energie aufgegangen ist in dem hehren Berufe des Kampfes um die höchsten Ideale, welche im Zukunftsschooss der Menschheit schlummern, wie dieser edle Jüngling. Er war geradezu ein Wunderkind der Gegenwart mit ihrem Zuge schleichender Entmannung und Bedenklichkeit. Er war ein Riese unter Zwergen; gleich einem Marat bildete er eine Personifikation der sozialen Revolution. Sein Ich galt ihm nichts, die in Knechtschaft schmachtende Menschheit war ihm Alles. Bis zu seinem letzten Athemzuge hatte er nur einen Gedanken: die Sache der vollen Freiheit, der Anarchie, zu fördern. So lange er sich frei bewegte, strebte er mit dem ganzen Drange seines grossen Herzens, mit dem ganzen Willen seines hellen Kopfes nur nach einem Ziele, nach jenem Ziele, das auf dem Wege der sozialen Revolution zur Gleichheit aller Menschen, zu Friede, Wohlstand und Glückseligkeit hinleitet. Und als er in dem Kampf um's volle Menschenrecht dem Tross des Mammons-Despotismus in die Hände fiel, hörte er nicht auf, der gleichen Sache auch fernerhin zu dienen. Die zahlreichen Briefe, welche er an Kampfgenossen schrieb, enthielten nie eine Klage oder einen persönlichen Wunsch. Sie waren lediglich Agitations-Episteln; sie ermunterten, ermahnten, spornten zum Kampfe. Von den Geldern, welche ihm Freunde zur Unterstützung sandten, sparte er sich das Meiste am Munde ab, um revolutionäre Schriften ankaufen und verbreiten zu lassen, oder sonstwie die anarchistische Sache zu fördern. Von seinem bevorstehenden Tode sprach er wie von einem Freudenfeste; ja, er zitterte vor Begierde, für das allgemeine Wohl zu sterben. Seine Ueberzeugung, dass eine solche Opferung von magischer Gewalt im Sinn der sozialen Revolution sein müsse, war felsenfest. Da – am letzten Tage seiner Gefängnissleiden – musste er vernehmen, dass man im Begriffe stehe, ihn für wahnsinnig zu erklären. – – Vor seinen Augen dehnte sich das Irrenhaus mit all seinen Martern und Teufeleien. Dort sollte er elendiglich verenden – er, der sich herzlich freute, durch seinen Trotz und seine Kühnheit die Zuchthaus-»Gnade« von sich abgelenkt zu haben. Das war zu viel. Er beschloss, sich zu vernichten. Er ersparte dem Henker die Arbeit. Jetzt ruht er im gemeinsamen Grabe mit den übrigen Opfern einer bestialischen Rache wüster Tyrannen, welche in der Hinschlachtung dieser Männer eine Sühne erblicken für die Wuth, welche dieselben empfanden, so oft sie aus dem Munde dieser Apostel des neuen Evangeliums die Wahrheit ertönen hörten. Das Blut dieser Männer schreit zum Himmel empor. Sie wurden erwürgt, weil sie sprachen und schrieben für die Sache der Arbeit, weil sie kämpften für Freiheit und gegen Ausbeutung und Tyrannei.

Wir aber variiren Heine, indem wir mit Engel ausrufen:

Columbia, wir weben dein Leichentuch,
Wir weben hinein den dreifachen Fluch.
Wir weben, wir weben!

Alle denkenden Arbeiter fühlten, dass der Streich, den die Freiheitsmörder führten, ihnen Allen galt. Instinktiv begriffen sie, dass die Zeit gekommen ist, wo Schulter an Schulter zusammengestanden werden muss, wenn nicht der Despotismus in seiner fürchterlichsten Form über die ganze Menschheit triumphiren soll.

Auch der Glaube an Gesetzlichkeit und friedliche Entwickelung ist mit jener Brücke eingebrochen, auf welcher die Gehängten standen, bevor sie in das Nichts geschleudert wurden.

Statt den Anarchismus am Galgen zu erwürgen, spielte der Henker von Chicago den Geburtshelfer der Anarchie. Wie die Christen der alten Zeit beim Anblick des Kreuzes begeistert wurden und mit Engelszungen ihre Lehren von Ort zu Ort getragen haben, so wird künftighin der Galgen das Emblem sein, welches beredter Propaganda für die revolutionäre Sache macht, wie hunderttausend Bücher, wie alle Reden und Zeitungen der Anarchisten. Man erhebe den Galgen zum Ehrenzeichen; man führe denselben im Schilde; man halte denselben Jedem vor Augen, der jetzt noch von Gerechtigkeit, von Freiheit und Zivilisation der jetzigen Gesellschaft reden will. Der Galgen bildet fortan die Kehrseite der Medaille der Kultur von heute; er ist zugleich ein Wegweiser zum höchsten Ziel der Menschheit – zur Anarchie durch Revolution. Die Todten haben uns ihr Testament hinterlassen. Wir haben dasselbe zu vollstrecken. Mehr als je zuvor muss agitirt und die Alarmtrommel geschlagen werden. Im Laufe des Mordprozesses von Chicago entstand eine Literatur, welche allein schon hinreichend ist, Hunderttausende von neuen Jüngern des Evangeliums der Zukunft zu gewinnen. Man verbreite insbesondere die Reden, welche die Verurtheilten unmittelbar bevor Gary den Stab über sie gebrochen hatte, gehalten haben. Sie werden die Herzen Aller gewinnen, welche davon Kenntniss nehmen. Ferner heisst es *organisiren;* denn wenn wir besser organisirt gewesen wären, hätte auch der Henker nicht gewagt, sein Würgerwerk zu vollbringen. Wir gehen mit Riesenschritten dem Zusammenbruch der heutigen Gesellschaft entgegen. Die soziale Revolution naht mit eilender Hast. Wehe uns, wenn wir in den Tagen der grossen Krise nicht gerüstet sind. Es wäre Kraftverschwendung, wenn wir ohne Noth uns der Gewalt des Feindes überliefern wollten. Unsere Taktik sei keine einseitige, sondern der Kampf mit *allen* Mitteln. Unsere Ziele sind gross und edel, sie sind Eins mit dem Endzweck der Kultur selbst. Dieses Bewusstsein muss uns stählen und stärken, auszuharren bis an's Ende, zu ringen und zu kämpfen. Und wenn wir einmal in Versuchung kommen, zu ermatten, so sei das Zeichen, welches uns aufs Neue zu Thaten spornt, *der Galgen von Chicago!*

Der Anarchismus ist todt! heult die Reaktion durch alle Lande. Man hat ihn erwürgt. Eitler Wahnwitz!

Als die Junikämpfer von 1848 zu Paris erlegen waren, jubelte die Bourgeoisie der ganzen Welt, der Sozialismus ruhe nun unter dem Pflaster von Paris. Auf den Gebeinen der Erschlagenen errichtete Louis Napoleon seinen Thron der Schmach und Schande und alle Welt zollte dem »Gesellschaftsretter« Beifall.

Nun wohl! Von 1848–1871 verging nur eine kurze Spanne Zeit. Während derselben hatte der todtgesagte Sozialismus seine Reise um die Welt gemacht; und als die Kommune von Paris ihre rothen Banner auf Kirchen und Paläste pflanzte, da schlugen Millionen Herzen höher. Die Arbeitsleute aller Länder glaubten, der Tag des grossen Umschwungs sei gekommen. Der Sozialismus lebte mehr denn je.

Wieder trat ein Rückschlag ein. Nach fürchterlichem Ringen erlag das Proletariat und 30 000 Leichen von Männern und Frauen, von Greisen und Knaben bedeckten das Schlachtfeld. Tausenden wurde Kerkerhaft und Deportation zu Theil, und riesig war die Anzahl der Exilirten.

Todt, hiess es neuerdings, sei der Sozialismus – todt und begraben. Wer heute durch die Städte Frankreichs schreitet, wird bemerken können, dass es kaum noch eine Werkstatt, kaum noch eine Hütte gibt, wo nicht Sozialisten hausen.

Was helfen da alle Füsiladen? Was sind Kanonen, Bomben und Granaten werth im Kampfe gegen die Idee? Für jeden Erschlagenen erstehen gleichsam aus dessen Gebeinen tausend neue Kämpfer.

So lautet die Lehre der Geschichte. Diese wünschen nun die »Ordnungs«-Lümmel von Amerika vermittelst Galgen zu korrigiren. Was aber keinem Zaren und keinem König, keiner Kamarilla und keiner Soldateska von Europa noch gelang, das bringen auch die reich gewordenen Cowboys, die Viehkönige und Wurstgrafen, von Amerika nicht fertig. Wie toll sie immer wüthen mögen: der Anarchismus *lebt*, er wird gedeihen, *siegen.*«

So lautete meine Rede; eine Debatte folgte derselben nicht, und die Zuhörer entfernten sich allmälig in aller Ruhe, wenn auch sichtlich ergriffen.

Am Sonntag, 13. November, brachte die »World« einen sensationellen und denunziatorischen Lügenreport über die besagte Versammlung, welcher am Montag von verschiedenen Zeitungen abgedruckt und mit hetzenden Kommentaren versehen wurde.

Da mir sofort der Zweck dieses Vorgehens in die Augen sprang, sandte ich an die fraglichen Blätter eine Erklärung ein, in welcher ich jenen Bericht als verlogenes Machwerk brandmarkte. Indessen das Unheil, resp. Intriguenspiel gegen mich, hatte seinen Lauf. Reporter wandten sich an den Staatsauwalt, an den Polizeichef, den Bürgermeister, den Inspektor Byrnes etc. Alle sprachen sich dahin aus, dass ich eingesteckt werden sollte, betonten aber gleichzeitig, dass ihnen *kein offizieller Bericht vorliege.* Da erschien der berüchtigte Captain McCullagh auf dem Plan und brachte zwei Polizisten – *Roth* und *Sachs* – welche ein klein wenig das Deutsche radebrechen können, und von denen der Erstere schon *wiederholt* in politischen Prozessen sich als Falschschwörer ausgezeichnet hatte, zur Stelle. Diese Kreaturen lernten nun den »World«-Report notwendig auswendig und deklamirten denselben vor der Grancjury, welche daraufhin wider mich Anklage erhob.

Das war am Mittwoch, den 16. November. Augenblicklich wurde ich verhaftet und nach dem Polizeihauptquartier geschleppt. Man steckte mich in eines jener scheuslichen Löcher, wie sie in Amerika als Polizeiarreste in Gebrauch sind. Da hatte ich 23 Stunden zu verweilen und während der Nacht auf einem blanken Brett zu schlafen.

Am Donnerstag, den 17. November, schleppte man mich vor Gericht, wo ich unter 1500 Dollars Bürgschaft gestellt wurde, welche Frau Hoffmann erlegte. Ehe aber diese Formalität erledigt war, transportirte man mich gefesselt und in Gemeinschaft mit einem Dutzend kleiner Spitzbuben nach den Tombs, wo ich jedoch nur eine Viertelstunde lang zu verweilen hatte. Die Verhandlungen wurden schon für den darauffolgenden Dienstag, den 22. November, angesetzt.

Vielen Justizkomödien habe ich schon beigewohnt, manche davon waren bekanntlich auf meine Unkosten aufgeführt worden; allein eine solch' fratzenhafte Farce, wie sie hier in Szene ging, hatte ich denn doch nicht erlebt.

In der Geschworenentrommel befanden sich ausschliesslich Namen von echten Vollblutbourgeois. Hausbesitzer, Rentiers, Spekulanten, Kaufleute, Fabrikanten und ähnliches Parasiten-Gezücht war da vorgeladen worden, um über einen ihrer verhasstesten Feinde zu Gericht zu sitzen. Einige waren allerdings ehrlich genug, ihren unüberwindlichen Klassenhass zuzugestehen, und konnten somit bei Seite gesetzt werden. Andere aber erklärten, ohne schamroth zu werden, dass sie zwar gegen die Anarchisten im Allgemeinen und gegen mich im Besonderen eine starke Abneigung empfanden, nichtsdestoweniger aber sich berufen fühlten, ein »unparteiisches Urtheil« abzugeben. So kam nach anderthalbtägigem Feilschen eine Rotte von stupiden und hasserfüllten Repräsentanten des Kapitalismus als Gerichtskollegium zum Vorschein, dem ich nun offenbar auf Gnade und Ungnade überantwortet war.

Als Ankläger figurirte ein Streber erster Klasse, der bei der letzten Wahl als Staatsanwalts-Kandidat durchgefallene *Nicolls.* Schon das Gesicht dieses Menschen verräth, dass sein höchstes Vergnügen Bosheit, sein Glück das Leiden Anderer, sein Charakter Arroganz und sein Beruf der Kampf um's Unrecht ist.

Diese Kreatur, welche es übernommen hatte, mich hinter Schloss und Riegel zu bringen, und wenn er den gesunden Menschenverstand selbst in Unsinn verwandeln müsste, nur damit seine Auftraggeber, die Clubisten der oberen Zehntausend, mit denen er allnächtlich schlemmt und prasst, gut verdauen können, war sich schon seiner Einleitungsrede nach von vornherein bewusst, dass das »Material«, welches seinem Anklage-Vorwand zur Verfügung stand, nur Dummheit und Schufterei bildete. Daher verlegte er sich vom Anfang bis zum Ende der Verhandlung lediglich darauf, die eingestandenermassen vorurtheilsvollen Geschworenen des Weiteren systematisch gegen mich aufzuhetzen.

Da er seine Jungen kannte, fragte er sie nicht aus, sondern deklamirte die gewünschten Antworten selbst, so dass diese Burschen lediglich, wie richtige Esel, I a, I-a zu schreien brauchten.

Freilich, sobald hernach die Vertheidiger – *Howe* und *Hummel* –, welche diese Tricks sich immer und immer wieder verbaten, jene Hundsfötter in's Kreuzverhör nahmen, widersprachen sich dieselben nicht nur gegenseitig, sondern jeder Einzelne von ihnen widerlegte alle Augenblicke seine eigenen Worte. Obendrein bestand selbst das, was mir diese Schufte an inkriminirenden Worten in den Mund *zu* legen suchten, lediglich aus ein paar verschwommenen Phrasen.

»Zuerst kommt Grinnell, dann Gary, dann kommen die Richter der Supreme Court von Illinois, ferner die höchsten Mörder des Landes, die Oberrichter von Washington, endlich der feige Heuchler Oglesby ....Ich würde zehn Jahre meines Lebens geben, wenn ich den Henker ausfinden könnte, und ich würde nicht eher rasten, als bis denselben das Schicksal unserer Chicagoer Genossen ereilt hat ....Bewaffnet Euch, damit Ihr die Bluthunde der Polizei abthun könnt ....Für Jeden von uns müssen hundert Feinde bluten....«

Dieser Lügenbrei ist ungefähr Alles, was da produzirt wurde mich zu verderben.

Die Angaben waren dem schon erwähnten »World«-Report entnommen und standen im vollsten Widerspruch zu einem gleichfalls am Tage nach der fraglichen Versammlung in der »Sun« erschienenen Bericht, der im Uebrigen ganz unzusammenhängend und feindselig gehalten war und mithin nicht den Stempel der Parteilichkeit zu meinem Gunsten an sich trug. Leider fand es der betreffende Reporter – *Rosebold* –, nachdem ich ihn als Zeuge vorladen liess, für gerathen, sich unsichtbar zu machen, was ziemlich tief blicken lässt.

Kaum hatte Nicolls das Fiasko seiner Zeugen hinter sich, so suchte er sogleich seinen Haupttrumpf auszuspielen. Er rief einen deutsch-redenden Detektiv auf den Stand und wollte sich von demselben die »Kriegswissenschaft« in Englisch vorlesen lassen. Natürlich protestirte hiegegen die Vertheidigung ganz energisch und der Richter *Cowing* liess diese Lektüre denn auch nicht zu. Nach diesem Pröbchen von Unverfrorenheit konnte man schon ahnen, was dieser saubere Kumpan von Ankläger im Laufe der Verhandlungen noch Alles herausstecken werde. Und richtig hat er auf allen erdenklichen Umwegen gelegentlich der Vernehmung meiner elf Entlastungszeugen fort und fort versucht, die beabsichtigte Lektüre doch noch zum Gehör der Geschworenen zu bringen und damit deren Gruseln zu erwecken und so mein Schicksal zu besiegeln. Immer und immer wurde er freilich damit abgewiesen, jedoch gelang es ihm jedesmal, erst einige Dynamit-Brocken in die Wagschale zu werfen, bevor er am Weiterfackeln verhindert wurde. Endlich, als ich selbst den Zeugenstand betreten hatte, gelang es dem abgefeimten Schurken, in der Form von Fragestellungen einen Abschnitt aus der »Kriegswissenschaft« nach dem andern zu deklamiren, obwohl ich jede diesbezügliche Antwort verweigerte, bis – viel zu spät – der Richter neuerdings diesem schändlichen Gebahren in den Weg trat. Sein Plan, die zwölf kapitalistischen Jury-Spiesser vollends bis zur Blindheit gegen mich anzustacheln war inzwischen vollkommen erreicht worden.

Meine elf Entlastungszeugen waren natürlich leicht im Stande, die Polizeilügen zu widerlegen, weil Jeder beim Lesen des »World«- Reports ganz von selbst über die Verlogenheit desselben entrüstet war und daher gerade das mir *Unterschobene* am entschiedensten ihrem Gedächtniss eingeprägt hatte. Dagegen konnte es ja nicht fehlen, dass sie in Bezug auf untergeordnetere Dinge, wie Dauer der Rede, Zeitpunkt des Beginns und des Endes derselben und dergleichen, in ihren Angaben von einander abwichen. Das nahm der kanailleuse Ankläger zum Vorwand, alle diese Leute – rechtschaffene Arbeiter – der Lüge zu zeihen! –

Da verschiedene von diesen Zeugen – unsere Genossen – nicht auf einen persönlichen Gott schwuren, sollten sie ohne Weiteres als unglaubwürdig erscheinen. (Ich möchte einmal jenen

Gott kennen, den Nicolls ausser dem allmächtigen Dollar verehrt.) Das Verhör nahm in dieser Hinsicht immer und immer wieder den Karakter an, als ob eine Art spanischer Inquisition über dem Atheismus zu Gericht sässe.

Endlich spielte das Verhältniss der Zeugen zum Anarchismus eine Hauptrolle. War Jemand kein Anarchist, so musste er unbedingt von vornherein gelogen haben; deklarirte Einer, dass er zu unserer Partei gehöre, so lag nach Nicolls dessen Unglaubwürdigkeit auf der Hand, wohingegen seine – Nicolls – zwei, resp. drei Polizeiseelen »uninteressirte« Zeugen genannt wurden. Hatte ein Zeuge gar mit Most gefrühstückt, obwohl er sich zu dessen politischen Opponenten zählte, so musste dies ein Beweis dafür sein, dass er nach Verabredung handle. U. s. w.

Ich – nun ich hatte eben *alle* schlechten Eigenschaften. Ich rekapitulirte meine Rede, wie sie Eingangs dieser Schrift gedruckt ist, in Englisch. Da dieselbe sichtlich sogar auf die Geschworenen einen mehr oder weniger günstigen Eindruck machte, so war sie natürlich eine Fälschung. Da ich an kein höheres Wesen glaube, galt ich einfach als Meineidiger. Meine Stellung als Anarchist war Hochverrath. Was ich in früherer Zeit geschrieben hatte, sollte den Knüppel bilden, mir das Genick zu brechen. Die von mir in den Kerkern der europäischen Tyrannei erlittenen Misshandlungen waren gerade geeignet, mich in den Augen dieser »republikanischen« Geschworenen als Verworfener zu brandmarken. Endlich– wie gesagt – die »Kriegswissenschaft« – heiliges Krähwinkel! – das war zum Heulen und Zähneklappern!

Viele Freunde und Bekannte meinten nachträglich, ich hätte gar nicht auf den Zeugenstand gehen sollen. Ich bin ganz anderer Meinung. Ich weiss aus Erfahrung, dass Leute, welche mich persönlich gesehen und gehört haben, stets ihre vorgefassten Meinungen über mich mehr oder weniger zu meinen Gunsten korrigirten. Es kann in diesem Falle nicht anders gewesen sein. Hat mein Auftreten mir persönlich schliesslich auch nichts genützt, im Allgemeinen und speziell unserer Sache hat es sicherlich nichts geschadet. Andererseits würde ohne mein persönliches Eingreifen der ganze Prozess nicht jenen Charakter angenommen haben, welcher seiner ganzen Bedeutung nach demselben nicht vorenthalten werden *durfte* – gleichviel, welche Konsequenzen daraus erwachsen, mochten.

Uebrigens steht es fest, dass mehrere Geschworene vom Anfang an entschlossen waren, unter *allen* Umständen *gegen* mich zu entscheiden, wie das aus deren ganzem Betragen völlig unverkennbar zu ersehen war. Insbesondere hat das mit cynischer Frechheit der Geschworene No. 7 fort und fort zu verstehen gegeben.

Umsonst war der durch mich selbst und meine Zeugen geführte Nachweis, dass die meinerseits am 12. November gehaltene Rede selbst bei der gewagtesten Dehnung der reaktionärsten Gesetzesbestimmungen nicht strafbar war. Umsonst war der vom Vertheidiger *Howe* erlassene Appell um Aufrechterhaltung der Redefreiheit. Vergebens war selbst die objektive Darstellung der Sachlage durch, den Richter. Massgebend war da nur die skandalöse Hetzerei des Anklägers Nicoll.

Allerdings brauchten die Geschworenen 4Â½ Stunden, um sich auf ein »Schuldig« zu einigen, allein das charakterisirt die Mehrheit derselben nur als desto gemeinere Subjekte. Denn wie soll man jene Sieben, welche Anfangs für Freisprechung stimmten und hernach dennoch ein Verdammungsurtheil abgaben, anders nennen? Diese Jämmerlinge waren es einfach überdrüssig, die Nacht über hinter verschlossenen Thüren zu verweilen; ihre Bequemlichkeit ging ihnen über alles Gerechtigkeitsgefühl. Nachts um 10 Uhr am 29. November traten sie mit einstimmigem »Schuldig« in den Saal. Alle schienen sich zu schämen; sie waren im höchsten Grade aufgeregt, ihre Gesichter sahen blass aus, und Jeder senkte die Augen zur Erde; sie glichen schuldbewussten Verbrechern, über welche der Stab gebrochen wurde. Hier ist die Liste dieser Biedermänner:

1. Obmann, *Alfred J. Goodwin,* House Mover, No. 172 Ost 29. Strasse;
2. *John L. Bedman,* Grocer, No. 330 Spring Strasse;
3. *Samuel Worms,* Extrakten-Händler, No. 559 Washington Strasse;
4. *Henry Wassermann,* Tabakshändler, No. 160 West Strasse;
5. *William Latoson,* Oelhändler, No. 610 West 45. Strasse;

6. *Seligmann Oppenheimer*, Diamantenhändler, No. 35 Maiden Lane;
7. *James M. Lehmaier*, Sekretär der Universal Color Company, No. 90 Süd 5. Avenue;
8. *Henry W. Droove* Grundeigenthums-Spekulant, No. 618 Eagle Avenue;
9. *William H. Fowler*, Herausgeber der »Illustrated London News«.
10. *Michael J. Mulvaney*, Futterhändler, No. 1253 Lexington Avenue;
11. *Peter Caffrey*, No. 263 Ost 4. Strasse;
12. *Patrick Hall*, Real Estate Broker, No. 929 Ost 9. Strasse.

Einstweilen wurde ich nun in den Tombs eingesperrt, um da mein Urtheil abzuwarten, das am Donnerstag, den 8. Dezember, gefällt wurde und auf ein Jahr Gefängniss lautete. Da der Richter gleichzeitig einen Strafaufschub bis zur Entscheidung des Apellations-Gerichtes bewilligte, so erfolgte meine Freilassung gegen Kaution.

Trotz alledem schliesse ich diese Epistel mit: *Hoch die Anarchie! Es lebe die soziale Revolution!*

»Es ist eine wahre Schande!« Das war das Urtheil der meisten Arbeiter, sogar der eingeborenen, als sie gegen alle Erwartung vernahmen, was die zwölf »Ordnungs«-Lümmel, welche da als Geschworene fungirten, verübt hatten. Mit dieser Art Entrüstung war es aber auch abgethan. Radikaler veranlagte Naturen riefen: »So muss es kommen! Einen nach dem Anderen muss man ins Zuchthaus stecken – Boycotter, Walking Delegates, Striker, Knights of Labor, Gewerkschafter – Alle, Alle, die des Hungers Stachel spornt, das Kapital in seiner Herrlichkeit durch Wort und Schrift zu stören. Nur wenn die Verfolgung *systematisch* wird, kann das Volk aus seinem Stumpfsinn aufgerüttelt werden. Also: je toller, desto besser!«

Aber leider kommt es anders. Die regierenden Demagogen schlachten ihre Opfer mit Mass und Ziel. Vorerst wagen sie sich nur an Anarchisten. Da diese nicht zur Urne gehen, haben sie dabei auch kein Stimmvieh zu verlieren. Da sie schwach an Zahl sind, kann man es riskiren, mit ihnen ruppig zu verfahren. Denn – wohlgemerkt! – die Bande ist nicht nur frech, sondern mehr noch feig.

Freilich es unterliegt jetzt wohl kaum noch einem Zweifel, dass die Schwurgerichts-Kosaken *Jeden* niederreiten würden, der als Theilnehmer an der Arbeiterbewegung unter irgend einer Anklage vor ihre Tribunale kommt. In den Augen dieser Habgiers-Menschen ist ja das Verlangen nach einem Nickel Lohnerhöhung nicht minder Hochverrath, wie die höchsten Strebeziele eines Anarchisten. Die Zunft der Politiker aber kennt sich besser aus. Sie schlachtet nur gewisse Sündenböcke ein und lässt die Durchschnitts-Opponenten ungeschoren. So erreicht sie doppelt, was sie wünscht: Einschüchterung der Massen, ohne dieselben des Weiteren wider sich aufzuregen.

Das vorjährige Experiment mit mir und meinen beiden Leidens, geführten ist ja so prächtig gelungen, wohingegen das Vorgehen wider die Boycotter ein Fiasko war. So muss Unsereiner bluten – immer wieder bluten, *ohne dass daraus jene Konsequenzen reifen, welche einem Freiheits-kämpfer die Leiden leicht erträglich machen.*

So, wie es bis jetzt in Amerika stand und offenbar noch lange bleibt, verbringt Unsereiner seine Zeit ganz zwecklos hinter Kerkermauern. Er raubt sich und den Seinigen die Lebensfreude ohne damit Andere zu erhöhtem Feuereifer hinzureissen. Dies mag keinen Bezug haben auf die engeren Genossen, allein damit ist wenig gedient. Die aussenstehenden Massen nehmen von solchen Opfern kaum einen Augenblick Notiz und verharren in Gleichgültigkeit, wie die Pflugstiere, wenn sie sehen, dass Einer der Ihrigen die Peitsche zu kosten bekommt.

Dieses ist auch einer der Gründe, weshalb ich wahrlich kein Martyrium *gesucht* habe, sondern im Gegentheil Alles aufbot, um mir die Kriminalisten zehn Schritte vom Leibe zu halten. Ein Revolutionär, der da weiss, dass sein Dasein hinter Kerkergittern keine Propaganda macht, ist verpflichtet, schon im Interesse der Sache die Freiheit sich zu sichern. Dass ich dementsprechend handelte und von unseren Feinden dennoch wieder kalt gestellt worden bin, macht dieselben doppelt verächtlich.

Ich würde sie beschuldigen, frivol grausam zu sein, wenn ich nicht wüsste, dass es die blasse Angst ist, welche sie bewog, mich neuerdings in Ketten zu schlagen.

Sie erzittern vor ihren Galgen von Chicago. Sie wittern Rache und vermeinen dieselbe zu verhüten, wenn sie meine Person in einen Käfig stecken. Für diese Geisteszwerge ist ja die Anarchie in mir verkörpert. Ohne mein Hinzuthun, glauben diese Jammerkerle, werde kein Hund vor den Ofen springen. Nichts ist entwürdigender, als wenn man der Dummheit solcher Idioten zum Opfer fällt.

Weshalb ich all' dieses sage? Weil ich es überdrüssig bin, mich selbst und Andere in Illusion zu wiegen. Es ist hohe Zeit, dass wir über den wahren Stand der Dinge in's Klare kommen; und diesen will ich kurz und bündig hier skizziren.

In Europa ist unsere Position eine ehrenvolle. Wir bilden da das Salz im Klassenkampfe, und bald vielleicht ruft uns die Alarmtrompete in das Feuer. Voranstürmend im Streite stehen wir gleichwohl in Fühlung mit dem Ganzen. Unsere Fahne ist auch die Fahne der Massen. Wir stehen da mitten im Gewoge des kampfbereiten Proletariats; da gibt es für uns nichts zu erinnern, nichts zu erwägen, und die Parole lautet: vorwärts, immer vorwärts; die *Kühnheit* führt zum Ziele!

In Amerika hingegen gleichen wir den Rufern in der Wüste, deren Stimme ungehört verhallt. Der Sozialismus ist da deutsch, der Anarchismus ein Veilchen, das im Verborgenen blüht. Die englischen, irischen und amerikanischen Arbeiter-Gesellschaften sind gross an Zahl, inhaltslos an Prinzip. Sie erinnern an den Stand der Dinge, wie er vor etwa fünfzig Jahren in Frankreich in Erscheinung trat.

In diesen Kreisen hält man uns für Schurken oder Narren, weil man uns nicht kennt und auch nicht kennen *will*. So lange dieser Zustand dauert, ist unser Streben hoffnungslos. Thöricht wäre es, das nicht zu begreifen; unverzeihlich, uns in Isolirtheit zu verbluten, schmachvoll, darob zu verzagen.

Lange habe ich schon darüber nachgegrübelt, was wohl in Amerika geschehen könnte, die breiten Massen hinein zu reissen in den Strudel der allgemeinen Sache. Jetzt, im stillen Kämmerlein, ist ein Vorschlag meinem Kopf entsprungen, den ich am Vorabend meiner abermaligen Einkerkerung noch allen Freunden und Genossen unterbreiten möchte.

Wenn in Amerika Sozialismus und Anarchismus gedeihen sollen, müssen zu allernächst in voller Ruhe, sozusagen hinter den Koulissen, Gruppirungen gebildet werden, deren Glieder das Zeug in sich tragen, später die Agitation im grossen Stile zu betreiben.

Man sollte kleine Klubs in's Leben rufen, welche nicht nur Mitglieder auf allen Strassen werben, sondern zu welchen nur intelligentere und einflussreichere Personen aus den Reihen des organisirten Proletariats herangezogen werden. Solche gibt es allenthalben, doch muss man sie mit Vorsicht und ohne zu ermüden zusammen suchen.

Diese Klubs müssten vorerst ganz ohne Parteicharakter bleiben; sie sollten keine bestimmte Prinzipien-Erklärung adoptiren, um jede Prinzipienreiterei und allen Hader um Formeln und Phrasen zu vermeiden. Ihr Zweck sollte die Ideenklärung, Verstandesschärfung und Charakterbildung sein. Aus ihrem Schoosse könnte sodann das Lehrerthum zur mündlichen Agitation entstehen und auch eine Pamphlet-Literatur erspriessen, welche ihrerseits wiederum den unerlässlichsten Samen bilden würde, der berufen wäre, in den Boden der Massen einzudringen und in Amerika jene Früchte auszuzeitigen, welche vor langer Zeit ein ähnliches Verfahren auch in Europa schuf.

Thut jeder unserer Genossen, namentlich wer der englischen Sprache mächtig ist, was er in diesem Sinne leisten kann, so *muss* die Sache vorwärts gehen.

Soll denn aber unsere eigene Organisation aufgegeben werden? Mit nichten! Dieselbe sollte im Gegentheil so ausgebaut werden, dass sie später, wenn einmal eine amerikanische Arbeiterbewegung revolutionärer Tendenz in's Leben tritt, mit beträchtlichem Gewicht sich dieser beigesellen und so einen mitbestimmenden Einfluss üben kann.

Wäre bis dahin gleichzeitig der einfältige Bruderzwist beendet worden, in welchem sich die Sozialdemokraten und Anarchisten gefallen, obgleich ihre Differenzen gerade auf amerikanischem Boden den allerwenigsten Sinn haben, so würde natürlich mit um so stärkerer Hand eingegriffen werden können.

140

Nicht Wühlerei, sondern Propaganda ist Dasjenige, was zu beitreiben ist, rufe ich den Einen zu; nicht hochtönende Phrasen, sondern praktische Agitation ist von Nöthen, sage ich den Anderen. Fanatische Zentralisten, lasst ab von Eurem Regieren; fanatische Autonomisten, ordnet das Bischen Person der grossen Sache unter; Ihr Alle, schafft eine vernünftige Föderation, in deren Rahmen Jeder, der es ernst meint mit der sozialen Revolution, in seiner Art kämpfen kann! Sozialismus und Anarchismus sind keine Religionen; Arbeiterparteien sind keine Kirchen; ihre Strebeziele lassen sich nicht in Litaneien pressen; ihre Praktiken kann man nicht paragraphiren.

Diese Mahnworte kommen vom Herzen; mögen sie zum Herzen dringen.

* * *

Um das Kaffernthum über den Stand der Dinge zu unterrichten und demselben das Lästermaul etwas zu stopfen, übergab ich der Presse schliesslich folgenden offenen Brief, welcher gleichzeitig den ganzen Prozess in einer Nussschale darstellt:

1. Von dem Augenblicke an, wo das entsetzliche Klassenurtheil über acht Anarchisten in Chicago ausgesprochen wurde, hat ein grosser Theil der kapitalistischen Presse verlangt, dass man mich zum neunten Opfer ausersehen möge, weil ich das »Haupt« der Anarchisten sei. Letztere Behauptung ist um so absurder, als wir Anarchisten jegliche Autorität verwerfen und Jeder von uns autonom und unter seiner eigenen Verantwortlichkeit handelt.

2. Diese Hetzerei wurde schon während meiner letzten Gefangenschaft betrieben und steigerte sich nach meiner Freilassung zu einer wahren Raserei, obgleich ich Angesichts der kritischen Lage, in welche mich solch' ein Geheul versetzte, ohne meinen Ideen untreu zu werden, mich sorgfältig hütete, irgend einen Anlass zum gerichtlichen Einschreiten wider mich zu bieten.

3. Wiederholt wurde deshalb zur Fälschung geschritten. Man telegraphirte Reden im Lande herum, welche ich gehalten haben sollte, die aber in Wirklichkeit nur Zeitungsmache waren. Man publizirte »Interviews«, welche niemals stattgefunden hatten. Ich wurde in jeder Hinsicht missrepräsentirt, um die »öffentliche Meinung« gegen mich zu kehren.

4. Gleichzeitig umschwärmten mich Pinkerton'sche und andere Detektivs, um mich zu provoziren, zu unbedachten Schritten zu verleiten.

5. Bekanntlich kam vor Kurzem der berüchtigte *Bonfield* von Chicago nach New York und hielt daselbst mit den Spitzen der Polizei geheime Konventikel ab.

6. Gelegentlich der Unterredung, welche Bonfield später mit einem Vertreter der New Yorker Presse in Chicago hatte, ergab sich darüber Näheres, indem der elende Schurke ganz zynisch sagte: »Mit Most wird *nächstens* abgerechnet. Man wird ihn unter irgend einem Vorwand verhaften und unterwegs lynchen! Das war vor etwa drei Wochen. *Acht Tage später war ich bereits arretirt, wenn auch nicht gelyncht worden.*

7. Aus Alledem ergibt sich, dass der jüngst wider mich eingeleitete Prozess nur das Resultat einer wohlgeplanten – wenn auch herzlich schlecht durchgeführten – Polizeiverschwörung war.

8. Dass ich trotz alledem für »schuldig« befunden wurde; dass weder die Aussagen von elf unbescholtenen Leuten, noch meine eigenen Angaben, noch die unparteiische Haltung des Richters, noch die glänzende Vertheidigung der Herren Howe und Hummel diesem Unrecht vorzubeugen vermochten, habe ich lediglich dem Gehülfen des Distriktsanwalts, *Nicoll*, zu verdanken, welcher, als er sah, dass seine Beweismittel gleich Null waren, in der allerschamlosesten Weise die Geschworenen wider mich aufreizte und sie bewog, nach allgemeinen Prinzipien, resp. nach ihrem *Klassen-Vorurtheil – es sassen ja lauter Kapitalisten in der Jury –* mich zu verdammen. Mein früheres Vorleben, sogar meine Kämpfe wider die europäische Tyrannei, meine Ueberzeugungen hinsichtlich des Staates, der Gesellschaft, der Religion, der muthmasslichen Zukunft der Menschheit; vor Allem ein vor etwa 3½

Jahren publizirtes Buch, das jedoch schon seit Jahr und Tag ausser Zirkulation ist; dies Alles und noch mehr musste dazu dienen, den Geschworenen ein »Schuldig« zu entlocken, welches unter solchen Umständen ganz und gar im Widerspruche zu dem vorliegenden Beweismaterial abgegeben wurde und mithin eine Schmach ist.

9. Diese Erklärungen öffentlich abzugeben, halte ich für um so notwendiger, als ich leider die Wahrnehmung machen musste, dass verschiedene Blätter, welche sonst in Sachen dieses Prozesses objektiv Bericht erstatteten und sogar editoriell sich gegen meine Verfolgung aussprachen, nach dem Bekanntwerden des unerhörten Verdiktes dasselbe beifällig aufnahmen.

So liegen die Thatsachen, und wenn ich trotz alledem nach der Penitentiary geschickt werde, so will ich wenigstens mit obigen Darlegungen hiergegen energisch protestirt haben. Ich werde eventuell die mir auferlegten Leiden mit der nämlichen Resignation ertragen, welche mich bei allen früheren über mich hereingebrochenen Quälereien aufrecht erhalten hat. An meinen Grundsätzen vermag eine weitere Einkerkerung nichts zu ändern, ja eine solche würde nur geeignet sein, meine Ansichten über die Ungerechtigkeit des bestehenden Systems aufs Neue zu bestärken. Anderen aber – und ich hoffe, vielen Tausenden – wird das Unrecht, welches ich erleide, die Augen öffnen und sie den Reihen jener Partei zuführen, welcher die Zukunft gehört.

Tombs, 3. Dezember 1887.

John Most.

Die Anarchie

Noch niemals war wohl eine Idee, für deren Verwirklichung eine so kleine Anzahl von Menschen eintrat, wie das augenblicklich noch hinsichtlich der Anarchie der Fall ist, so sehr in aller Munde, wie gegenwärtig gerade die Idee der so stark angefeindeten Anarchie Allein so viele Worte darüber verloren werden, nahezu so viel Unsinn kommt zum Vorschein. Und wenn man aus den unzähligen Zeitungsartikeln, Broschüren und Büchern, aus den Predigten und Vorträgen, welche diesem Gegenstand gewidmet sind, die Quintessenz herausdestillirt, kommen etwa folgende Raisonnements zum Vorschein:

> Anarchie ist allgemeine Konfusion, wilder Durcheinander, welcher jeder Zivilisation Hohn spricht. Da dieser Zustand weder Regierung, noch Gesetze denkbar macht, so bedeutet er die Auflösung der menschlichen Gesellschaft in isolirte Individuen, von denen jedes die übrigen ungestraft schädigen und bekämpfen kann, so dass schliesslich die Schwachen den Starken unterliegen werden und eine Sklaverei, wie sie kaum noch jemals existirte, Platz greifen muss. So verwerflich und absurd dieses Ziel der Anarchisten ist, so schändlich sind die Mittel, welche dieselben zur Erreichung desselben anwenden, nämlich Raub, Mord, Brand und Zerstörung aller Art, Anarchie ist also ein Gemisch von Wahnsinn und Verbrechen. Die Gesellschaft muss sich hiegegen mit allen ihren Kräften wehren, gesetzlich, so weit das ausreicht, gewaltthäterisch, wenn es sein muss. Jedenfalls ist es Pflicht aller Ordnungs-Freunde, die Anarchie so rasch wie möglich im Keime zu ersticken, resp. die Anarchisten mit Stumpf und Stiel vom Erdboden hinweg zu tilgen.

So, wie gesagt, lautet die Aeusserung der »öffentlichen Meinung«, wie sie von den literarischen Werkzeugen der Träger unserer modernen Gesellschaft von einem Ende der Welt bis zum anderen verkündet und vom unwissenden Publikum bis weit in die Kreise der Arbeiterbewegung hinein geglaubt wird.

Würden die Menschen nur einen Augenblick über das Herkommen und den Zweck des bisher bestandenen Zustandes, welcher den Gegensatz zur Anarchie (Nichtherrschaft oder Freiheit) bildet, nachdenken, so könnten sie sofort herausfinden, dass die Anarchie *nicht* Konfusion bedeutet, sondern die Abwesenheit jener Konfusionen, wie sie das archistische Zeitalter der Menschheit gebracht hat.

Alle Archie – Herrschaft oder Regierung – ist aus dem bösen Willen der Starken entsprungen, die Schwachen zu unterjochen, und sie hat bis auf den heutigen Tag, unter welchen Formen sie sich immer zeigen mochte, keinen anderen Zweck gehabt.

Alle Archie lag stets und ständig in den Händen der Eigenthum besitzenden Klassen und kehrte ihre Spitze gegen die Besitzlosen. Je niedriger der jeweilige allgemeine Kulturzustand war, in welchem sich die Gesellschaft befand, desto roher und unverhüllter zeigte sich auch die Archie der Reichen; je höher sich die Kultur entwickelte, zu desto raffinirterer List griffen die Archisten, ihre Gewaltanmassung zu verdecken, ohne indessen das Wesen der Gewaltsherrschaft der Besitzenden über die Besitzlosen im Mindesten abzuschwächen.

Es sind da im Wesentlichen nur drei Entwickelungsstufen der Archie hinsichtlich ihres massgebenden Faktors zu verzeichnen: Eigenthum an Menschen, Eigenthum an Grund und Boden, Eigenthum überhaupt.

Welche Uebelstände alle diese Phasen des Archismus in stetiger Zunahme zu Tage gefördert hat, und wie wenig Unterschied es ist, ob derselbe mit einer despotischen Spitze, im Gewände des Konstitutionalismus oder unter republikanischem Deckmantel auftritt, das wollen wir in dieser Schrift nicht des Weiteren erörtern. Wir verweisen in dieser Beziehung auf das in der »Eigenthumsbestie« Erörterte und gehen hier sofort auf den Kern der vorliegenden Abhandlung ein.

Wenn die Archie in allen ihren Formen der Menschheit nur Missstände bescheert hat, so muss daraus gefolgert werden, dass nur in ihrer *Beseitigung* das Heil zu suchen ist. Aufhebung der Archie bedeutet aber *Anarchie*. Demgemäss ist dieselbe das naturgemässe Ziel der nach Befreiung strebenden Menschheit. Wer immer in dieser Richtung thätig ist, arbeitet an der Einführung der Anarchie. Und der Umstand, dass es unter den in diesem Sinne Wirkenden noch unendlich Viele gibt, welche nichts von Anarchie (deren Sinn sie falsch auffassen) wissen wollen, ändert daran nichts. So mannigfaltig die Seitensprünge sind, welche solche Leute noch im Kampf um's allgemeine Menschenrecht zu machen pflegen – sie Alle schreiten, wenn auch unbewusst und auf Umwegen der Anarchie entgegen.

Es *kann* dies auch gar nicht anders sein. Denn entweder erkennt man die Archie an und darf sie dann nicht bekämpfen, oder man bekämpft sie, d. h. wirkt auf ihre Zerstörung hin und fordert demgemäss ihren Gegensatz, die Anarchie. Ein Zwischending ist gar nicht denkbar.

Die gegentheilige Annahme hätte auch niemals in irgend welchen Köpfen auftauchen können, wenn nicht die Menschen – konservativ, wie sie mehr noch in ihrer Ausdrucksweise, als in ihrem gesellschaftlichen Verhalten sind – stets geneigt gewesen wären, zur Bezeichnung neuer Begriffe alte Worte zu wählen.

Man spricht z. B. oft von Volksherrschaft, was eine Absurdität ist. Wenn das Volk wirklich herrscht, wer soll denn da beherrscht werden? Sobald das Volk keine Herrschalt mehr *über* sich duldet, ist es eben *frei;* es herrscht nicht und wird nicht beherrscht; jede Archie ist abwesend, und das, was man unter Volksherrschaft sich vorstellt, ist in Wirklichkeit die Anarchie oder *Nicht*herrschaft. Die Bezeichnung »rothe Republik«, »Volksstaat«, »sozialer Staat« u. dgl. sind nur Umschreibungen des Begriffes Volksherrschaft, denn der Staat ist ja nur die äussere Form, in deren Rahmen die Herrschaft zur Geltung kommt; wenn man aber vom Herrschen absieht, so ist dem Staat jede Wesenheit benommen, es bliebe der blosse Name zurück, was derselbe deckte, wäre wiederum nichts Anderes, als die Anarchie.

Weil dem so ist, hätten wir allerdings diese Ausführungen uns ersparen können, da es ja auf die Wesenheit der Dinge und nicht auf die Worte ankommt, mit denen man dieselben bezeichnet; indessen ist gerade um diese Bezeichnungen eine heftige Diskussion zwischen den bewussten und unbewussten Anarchisten im Gange, und demgemäss war eine Feststellung, wie wir sie soeben gegeben haben, wohl am Platze.

Wir haben schon angedeutet, dass die Archie (Herrschaft in jeder Form) nur ein politisches Mittel zu einem sozialen Zwecke ist, nämlich, dass sie errichtet wurde, um die ökonomische Ungleichheit, die Ausbeutung der Armen durch die Reichen, aufrecht erhalten zu können. Nicht minder ist die Aufhebung der Archie und die Errichtung der Anarchie nur ein Mittel zu einem höheren Zwecke, indem diese Transaktion die Vorbedingung zur Etablirung der sozialen Gleichheit bildet.

Diese Hauptsache übersehen die Widersacher der Anarchie geflissentlich, und, indem sie auf den von ihnen erzeugten Unverstand der Massen spekuliren, argumentiren sie mit hundert Kleinigkeiten zu Gunsten der Archie. Den Angelpunkt dabei bildet die Betonung des Verbrecherwesens. Wenn, sagen sie, keine Regierung und kein Gesetz mehr existirt, so kann auch kein Verbrechen mehr bestraft werden, Gut und Leben werden sich in stetiger Gefahr befinden und die allgemeinste Unordnung wird das Dasein äusserst unangenehm gestalten.

Diese Hexenmeister! Ganz munter praktiziren sie da die Auswüchse bestimmter Verhältnisse *ihrer* Gesellschaft in die Anarchie hinein, deren Basis gerade die *Abwesenheit* jener Zustände bildet.

Alle Verbrechen – allenfalls abgesehen von den Handlungen Unzurechnungsfähiger, also von krankhaften Erscheinungen – sind ja notorisch die Kinder des Privateigenthums-Systems, dessenthalben die Archie ihr Dasein führt. Dieses System bedingt einen wilden Kampf um's Dasein Aller gegen Alle. Herrschsucht und Habgier entwickeln sich da ganz naturgemäss auf der Seite der Besitzenden und spornen dieselben zum Verbrechen an, das allerdings in der Regel *ohne* Sühne bleibt, weil die Archie die Schärfe ihrer Gesetze wesentlich gegen eine andere Sorte von Verbrechen kehrt, nämlich gegen jene Thaten, die aus Noth und Rohheit zur Verübung kommen.

Freiheit und Gleichheit, d. h. die Zustände der Anarchie, heben aber diesen wüsten Kampf um's Dasein auf; Habgier und Herrschsucht sind da unmöglich; Noth, Elend und Verwahrlosung kommen in Wegfall, so bald Jedem ein normales Dasein ermöglicht, sowie Zeit und Gelegenheit zur Entwickelung seiner geistigen Fähigkeiten gegeben ist. Mit der Mutter des Verbrechens verschwindet aber dieses selbst und die ganze Kriminalgesetzgebung wird überflüssig.

Man blättere im Uebrigen in dem sogenannten Zivilrecht. Auch da ist lediglich von Mein und Dein die Rede – eine ganz natürliche Sache in einer Gesellschaft, welche aus lauter Individuen besteht, die sich gegenseitig so viel wie möglich über's Ohr zu hauen suchen, weil dies die einzige Möglichkeit ist, zu Reichthum und Macht zu gelangen, indem ja die jetzige Gesellschaft geradezu einen solchen Wettkampf zum normalen Verhältniss stempelt.

Wo Gleichheit und Freiheit (Anarchie) den Ton angibt, hört auch dieser Streit auf. Es bedarf keiner Gesetze mehr, denselben gleichsam schiedsrichterlich zu regeln.

Wenn mithin die Anarchie errichtet würde, ohne dass die Begründer derselben formell die Gesetzgebung nebst dazu gehöriger Exekutive abschafften, so kämen dieselben *doch* in Wegfall, weil sie nicht mehr angerufen und mithin alsbald für gänzlich zwecklos befunden würden. An eine solche Eventualität scheint auch *Engels* gedacht zu haben, als er schrieb, man brauche den Staat gar nicht ausdrücklich abzuschaffen, er schlafe unter dem Dasein einer wirklich freien Gesellschaft einfach ein.

Was des Weiteren über Gesetz und Regierung (Autorität) zu sagen ist, ergab sich bereits aus der in No. 8 der »Internationalen Bibliothek« veröffentlichten Abhandlung von *Krapotkin* über diesen Gegenstand.

Die in dieser Hinsicht geäusserten Bedenken halten also keinerlei logische Kritik aus.

Scheinbar viel gewichtiger sind die Argumente, welche gegen die Anarchie von einer Seite ins Treffen geführt werden, die dazu am wenigsten Ursache haben sollte. Alle unbewussten Anarchisten, nämlich die wie immer sonst benamsten Sozialisten, verwenden unglaublich viel Zeit und Kraft auf Bekämpfung der Anarchie, obgleich ihre Bestrebungen eigentlich auch auf völlige Freiheit und Gleichheit (Anarchie) abzielen, weil sie, wie wir bereits angedeutet haben, ihre Ideale mit falschen, altherkömmlichen Namen belegen, oder aber Wege wandeln, auf denen sie ihre Ziele nicht erreichen können.

Diese Leute behaupten vor Allem, die Anarchie bedeute das Gegentheil von Sozialismus, während in Wahrheit die Anarchie nichts weiter ist, als die denkbar vollendetste Form des Sozialismus.

Weil die Anarchisten die volle Freiheit der Einzelnen – das höchste Menschenglück-erstreben, behaupten die übrigen Sozialisten, ein solches Streben sei gegen die von ihnen befürwortete Verbrüderung der Gesammtheit. Als ob nicht die Letztere gerade die Unabhängigkeit der Individuen voraussetzte, da ohne diese an einen *freiwilligen* Zusammenschluss nicht zu denken ist, eine Zwangsbrüderlichkeit aber sich auf den ersten Blick als Absurdität erweist.

Einmal das diesbezügliche Streben der Anarchisten schief aufgefasst und ganz willkürlich als Individualismus im *heutigen* (egoistischen) Sinne des Wortes erklärt, ergeben sich die weiteren Konsequenzen verkehrter Argumentation ganz von selbst.

Dieselben reichen bis zu der Behauptung, dass die Anarchisten die Errungenschaften des modernen Produktionsprozesses ignorirten und eine isolirte (kleinbürgerliche) Gütererzeugung, also vollkommen reaktionäre Mucken im Kopfe hätten. Nichts Derartiges wird aber in den Büchern und Zeitungen der Anarchisten gepredigt, denn, wie gesagt, dieselben fühlen sich voll und ganz als Sozialisten, resp. als *Kommunisten.*

Es fällt den Anarchisten nicht ein, eine künftige Welt willkürlich konstruiren zu wollen; sie denken vielmehr daran, das Bestehende, das heisst die materielle Welt, wie sie sich bisher entfaltet hat, zu übernehmen und zum allgemeinen Besten anzuwenden.

Sie sind sich vollkommen klar darüber, dass die grössten Kulturfortschritte, welche bisher die Menschheit zu verzeichnen hatte, in der Theilung der Arbeit und in der Anwendung der Naturkräfte und der Mechanik bei der Gütererzeugung zu suchen sind. Kein Anarchist gedenkt dieselben rückgängig zu machen, sondern betrachtet es als eine Selbstverständlichkeit, dass auf diesem Gebiete eine stetige Entwickelung stattfinden muss.

Damit ist die Nothwendigkeit der *Organisation* der Arbeit, der Produktion mit *vereinten* Kräften, anerkannt. Und da die Unfreiheit der heutigen Volksmassen gerade in dem Umstände zu suchen ist, dass die zur organisirten Arbeit nöthigen Mittel (Land, Werkzeuge, Gebäude, Rohstoffe etc.) in den Händen von Privat- eigenthümern ruhen, so ergibt sich für die nach voller Freiheit (Anarchie) Strebenden daraus naturgemäss das Verlangen, alle diese Dinge in *gemeinsames* Eigenthum zu verwandeln, d. h. den Kommunismus zu erstreben.

Statt, wie ihre Stiefbrüder, die dem Namen nach nicht-anarchistischen Sozialisten, behaupten, Opponnenten des Kommunismus zu sein, fassen die Anarchisten denselben geradezu als die unerlässliche ökonomische Unterlage der zu erstrebenden freien Gesellschaft auf.

Der Streit zwischen ihnen und den Anhängern der älteren sozialistischen Schulen dreht sich nicht um die Frage, ob Kommunismus oder nicht – diese Frage wird einstimmig *bejaht* –, sondern um die *Form*, unter welcher der Kommunismus walten soll.

So weit die Kommunisten sich die (bereits als *hinfällig* charakterisirte) Staatsidee nicht aus dem Kopfe schlagen können, sind sie strikte *Zentralisten;* die Anarchisten, welche ausge- sprochenermassen von einem Staate der Zukunft Abstand nehmen, bekennen sich zum möglichst konsequent entfalteten *Föderalismus.* Und sie haben dazu ihre guten Gründe.

Eine zentralistisch organisirte kommunistische Gesellschaft mag – aller Staatsliebe ihrer Befürworter ungeachtet – keinen eigentlichen Staat vorstellen, allein sie würde ihrem ganzen Wesen nach eine stufenweise gegliederte Hierarchie von Wirthschaftsbeamten in sich bergen. Eine solche wäre nichts mehr und nichts weniger, als eine autoritäre Aristokratie, welche den Begriffen von Freiheit und Gleichheit schnurstracks zuwider liefe.

Bei dem von den Anarchisten erstrebten sozialen Föderalismus hingegen wäre eine solche Ueber- und Unterordnung ausgeschlossen und an deren Stelle waltete ein freiwillig eingegangenes Zusammenhandeln, das sich in tausendfältigen Spezialorganisationen bemerkbar machte, die wiederum in solchen Verbindungen zu einander stehen würden, wie sie die Zweckmässigkeit oder Notwendigkeit mit sich brächte. Eine eingehendere Darlegung über diesen Punkt haben wir bereits in der »Freien Gesellschaft« (I. B. No. 5) gegeben.

Wer sich dies Alles vor Augen hält, wird begreifen, dass die Verbissenheit, mit welcher die übrigen Sozialisten gegen ihren linken Flügel, die Anarchisten, ankämpfen, gar keinen rechten Sinn hat und dass die einschlägigen Streitfragen eigentlich niemals den Rahmen einer philosophischen Diskussion innerhalb ein und desselben Parteikörpers hätten überschreiten sollen.

Ebenso klar wird sich der aufmerksame Leser darüber sein, dass ohnehin die verschiedenartigen Schulen der Sozialisten, wenn sich erst ihre Ideen vollends abgeklärt haben, konsequenter Weise zur Anarchie sich bekennen und mithin *einen* Organisationskörper bilden müssen. Wesentlich beschleunigt dürfte obendrein dieser Verbrüderungs-Prozess durch die immer ärger sich entwickelnde Verfolgung werden, welcher die Anhänger jeder Art von Sozialismus in allen Ländern ausgesetzt sind.

Diese bringt es gleichfalls mit sich, dass auch in *taktischer* Beziehung die Differenzen früher oder später – hoffentlich aber bald ausgeglichen werden, derenthalben sich bisher die Anarchisten und sonstigen Sozialisten unablässig gegenseitig zerfleischten.

In dieser Hinsicht gingen ja die Ansichten noch viel weiter auseinander, als betreffs der Prinzipien.

Auf nichtanarchistischer Seite wurde der Schwerpunkt auf die Herbeiführung vermeintlich rasch zu erlangender kleiner Reformen (innerhalb der *jetzigen* Gesellschaft) gelegt. Ebenso setzte man ein grosses Vertrauen auf das allgemeine Stimmrecht. Alle Resultate, welche in diesen Beziehungen bisher erzielt wurden, waren im höchsten Grade entmuthigend. Positive Erfolge wurden gar nicht erlangt und der erwartete agitatorische Effekt blieb gleichfalls aus, weil Das, was allenfalls an Anhängern gewonnen wurde, nicht aufwiegen konnte was bei solchen unbestimmten Agitationen an prinzipieller Schärfe und Klarheit verloren ging.

Mehr und mehr stellte es sich klar und deutlich heraus, dass die herrschenden Klassen entschlossen sind, nicht die geringsten Konzessionen an die Arbeiter zu machen, und dass sie vielmehr mit wüthender Hast sich anschickten, jeden Rest von Freiheit und Recht dem Proletariat gesetzgeberisch zu entziehen, ja dasselbe ganz und voll zu Parias zu degradiren.

Der Stimmkasten verschlang riesige Opfer, welche die betheiligten Leute auf die Dauer nicht erschwingen konnten; auch dämmerte es in denselben auf, dass ihre Mittel besser angewendet wären, wenn sie eine direktere und prinzipientreuere Agitation damit betrieben.

Unter den Anarchisten gab es andererseits Viele, welche nur die allerextremsten Massregeln befürworteten, *ausschliesslich* der Propaganda der That das Wort redeten und weder von mündlicher Agitation, noch von Zeitungen etwas wissen wollten. Da indess die Propaganda der That nur da stattfinden soll, wo die entsprechenden Akte von den Volksmassen *beifällig* aufgenommen werden, so stellte es sich heraus, dass diese Art der Propaganda nicht überall betrieben werden *kann*.

Den Anarchisten blieb es nach wie vor klar, dass nur die *soziale Revolution* schliesslich zum Ziele führen werde, doch begriffen sie, dass man dieselbe beim besten Willen, trotz der grössten Opferwilligkeit und allem Enthusiasmus ungeachtet, nicht willkürlich vom Zaune brechen könne. Den ausser ihren Reihen stehenden Sozialisten drängte sich endlich auch die Ueberzeugung auf, dass der grosse Kampf zwischen Kapital und Arbeit nur in einer grossen, zur Unvermeidlichkeit gewordenen sozialen Revolution siegreich zu beenden sei. Ueber diesen Hauptpunkt hinsichtlich der Dinge, welche die nahe Zukunft in ihrem Schoosse birgt, stellte sich also eine einheitliche Denkweise ein; und wir gehen nicht zu weit, wenn wir sagen, dass es gegenwärtig wohl keinen einzigen Sozialisten mehr gibt, welcher an die Lösung der sozialen Frage auf friedlichem Wege glaubt und in dem Wahne befangen ist, dass die Revolution vermieden werden könne.

Zwischen den beiden vorerwähnten Extremen der Taktik – Wahlpolitik einerseits und Propaganda der That andererseits – liegt gleichfalls ein Agitationsmoment, dessen Kraft und Zweckmässigkeit sowohl vom Gros der Anarchisten, als auch von den meisten der übrigen Sozialisten immer entschiedener gewürdigt wird. Es ist das die wirkliche Verbreitung jener Grundsätze, um welche es sich beim Emanzipationskampf des Proletariats handelt. Die indirekten Propaganda-Wege werden mehr und mehr verlassen und die Lehre von der sozialen Revolution, vom Kommunismus und (auf unserer Seite) auch von der Anarchie wird durch Wort und Schrift ohne Umschweife vorgetragen.

Damit ist aber nicht gesagt, dass alle sonstigen Propaganda-Mittel *gänzlich* unbeachtet bleiben. Man ist nur von allen Ausschliesslichkeiten abgekommen und hat ausgefunden, wo und wie diese und jene Massregeln mit Aussicht auf Erfolg ergriffen werden können. Die gemeinsame Parole der Sozialisten jeglicher Spielart lautet daher heutzutage im Grunde genommen: Kampf gegen das Bestehende mit *allen* Mitteln!

Wenn es sich auch vor Augen hält, von welch' einer *riesigen* Gewalt die Träger der heutigen Gesellschaft umgeben sind, und wie wohl dieselbe organisirt ist, so *muss* es ja dem revolutionären Proletariat endlich einleuchten, dass es ein *Verbrechen* wider sich selbst begeht, wenn es nicht alle seine Kräfte zusammenfasst, um in erster Linie an der *Zerstörung des Bestehenden* zu arbeiten.

Die besitzenden und herrschenden Klassen mögen sich Konservative oder Liberale, Klerikale oder Freidenker, Schutzzöllner oder Freihändler, Edelleute oder Demokraten, Imperialisten oder Republikaner nennen – ihre diesbezüglichen Partei- und sonstigen Differenzen hindern sie gewiss nicht im Geringsten, sich als Eigentümer in feindlichem Gegensatz zu den Besitzlosen *solidarisch* zu fühlen.

Jeder einzelne Bourgeois betreibt seinen Klassengenossen gegenüber einen Konkurrenzkampf auf Tod und Leben; wenn es aber darauf ankommt, Stellung zu nehmen hinsichtlich des Proletariats, so weiss jeder Bourgeois, dass er Schulter an Schulter mit seinen Konkurrenten die von ihm und diesen gemeinsam eingenommene Position als Eigentümer im Rahmen des jetzigen Systems zu verteidigen hat.

Man ziehe durch alle Länder – ob sie monarchisch oder republikanisch organisirt sind – und beobachte, wie man in den Kreisen der Bourgeoisie über die Arbeiterbewegung denkt! Man wird wahrnehmen, dass schon das leiseste Verlangen der Arbeiter nach Besserung ihrer Lage eine Wuth in den Kreisen der Besitzenden erweckt, gegen welche die aus irgend welchen Privatgründen empfundene Feindseligkeit wider einen Klassengenossen sich wie zärtlichste Sanftmut ausnimmt. Vom hundertfältigen Millionär bis zum Spiessbürger, der etwa etliche »Lehrlinge« ausbeutet, besteht da nur eine einzige ungebrochene Kette von rasenden Menschen. Die Leidenschaft, welche da entwickelt wird, lässt keinen Schluss auf verständiges Handeln zu; man sieht nur noch thierische Instinkte – die Instinkte der Eigentumsbestie – walten. So sehr steckt das Bewusstsein, besitzend und *deshalb* berechtigt zu sein, die Nichtbesitzenden so entschieden wie möglich auszubeuten, jedem Bourgeois gleichsam in allen Knochen, dass ihm der blosse Gedanke der Arbeiter, wider die Ausbeuterei zu opponiren, als todeswürdiges Verbrechen erscheint.

Können die Proletarier dieses Verhältniss nicht bemerken? Können insbesondere die Sozialisten, welche sich doch rühmen, das Wesen der bürgerlichen Gesellschaft studirt und durchschaut zu haben, nicht einsehen, dass diese kompakte Klassenstellung der Bourgeoisie gegenüber der Arbeiterbewegung auch ihrerseits ein ganz festes, geschlossenes Massen-Auftreten erheischt, wenn ernsthaft an Kampf und Sieg gedacht werden soll?

Weiters sollte man in der Arbeiterwelt seine Blicke niemals abwenden von den ungeheuerlichen militärischen, polizeilichen und richterlichen Apparaten, welche der Bourgeoisie im Streite mit dem Proletariat zur Verfügung stehen. Man sollte daneben auch die volksfeindlichen Machinationen der schwarzen Gensdarmerie und der reaktionären Presse nicht vergessen, welche gleichfalls der herrschenden Klasse zu Gute kommen.

Wer alle diese Verhältnisse in's Auge fasst, der kann die *Archie* – die auf Ausbeutung der Armen durch die Reichen ausgehende Herrschaft – nur als ein ungetheiltes und untheilbares Ganzes, als eine Weltorganisation der Minoritäts-Gewalt, unter deren Streichen sich die Majorität der Menschheit krümmt und windet, wahrnehmen.

Dieser Umstand sollte endlich auch die naturgemässen Opponenten der Archie – die Anarchisten – veranlassen, ihr ganzes Thun und Lassen in erster Linie im Hinblick auf ihre *Klassen*-Stellung in der Gesellschaft zu reguliren.

Wir haben schon gezeigt, wie wenig verschieden die Bestrebungen der bewussten und der unbewussten Anarchisten von einander sind und wir gehen nicht zu weit, wenn wir behaupten, dass die Einzelninteressen der Besitzenden viel weiter auseinandergehen, als die Interessen der einzelnen Besitzlosen. Wenn trotzdem die Reichen in allen Klassenangelegenheiten so fest zusammenhalten, wie wir vorhin konstatirten: weshalb soll nicht ein gleich starker Klassengeist auch das Proletariat, insbesondere die kämpfende Vorhut desselben, beseelen können?

Oft kommt es uns vor, als ob die Ursache des Zwistes unter Denen, welche ein Herz und eine Seele sein sollten, und deren innigster Zusammenhalt die Voraussetzung für ihren Sieg bildet, nichts Anderes sei, als die Gespensterfurcht vor *Worten*.

Thatsächlich ist es nicht der *Begriff*, sondern nur das *Wort* Anarchie, wovor sich die meisten Sozialisten älterer Couleur fürchten. Für sie schreiben wir jedoch dieses Heftchen ganz speziell, und wir wollen daher auch schulmeisterlich zu Werke gehen.

Alles, was solch' ein Mensch abzustreifen hat, um als fix und fertiger Anarchist dazustehen, das ist ja nur der Rest von Staatsidee, welcher den vor der Anarchie entsetzten Sozialisten anhaftet. Deshalb ventiliren wir mit denselben den Werth dieser Idee Schritt für Schritt.

Was ist denn das höchste Glück des Menschen! Die grösstmögliche individuelle Freiheit, d. h. die Möglichkeit, alle seine geistigen und körperlichen Bedürfnisse nach allen Richtungen hin zu befriedigen. Eine solche individuelle Freiheit wird aber selbstverständlich nicht weiter gehen können, als bis dahin, wo die Ausübung derselben Anderen schadet, sonst lände eine Beherrschung des Menschen durch den Menschen statt. Ebenso sind viele menschheitliche Zwecke in einer zivilisirten Gesellschaft nicht erreichbar durch einzelne Individuen; sie können zu denselben nur gelangen, wenn sie sich an andere Individuen, die dieselben Neigungen haben, anschliessen. Aber ist denn damit gesagt, dass ein System existiren müsse, wo der einzelne

Mensch auf ein *Diktat* hin gleichsam in einer Schachtel oder Abtheilung eines zentralisirten Staats existiren muss, in die er hineingesteckt wird, und wo eine höhere Macht bestimmt, was er von der Geburt bis zum Grabe zu thun hat! Das wäre doch das reinste Austern-Dasein.

Was bei einem gesunden System, wobei die individuelle Freiheit des Einzelnen und diejenige Aller zugleich gewahrt ist, notwendig bleibt, das ist lediglich der Abschluss *freier Gesellschafts-verträge!* Es braucht nicht eine Vorsehung von oben herab Alles zu leiten, sondern es ist nur nöthig, dass von *unten* herauf entsprechend gehandelt wird. Bis jetzt liefen alle öffentlichen Organisationen im *Zentrum* zusammen und die breite Peripherie glich einem Uhrwerke, das man aufzieht und mechanisch wieder ablaufen lässt. Bei einem vernünftigen, nämlich bei einem anarchistischen (Herrschaftslosigkeits-)System, würde der Schwerpunkt umgekehrt in der *Peripherie* legen.

Das *Naturgemässe*, das Gesetz der Schwere, welches so lange ausser Acht gelassen worden, würde wieder zur Geltung kommen. Das Knechtschaftssystem, das die Welt bisher verunstaltet hat, müsste verschwinden.

Was wird beim Aufbau einer solchen Gesellschaft die wesentlichste Streitfrage sein? Einfach ob man *ausser* der Gesellschaft noch einen *Staat* (ein höheres *Macht*-Instrument) brauche oder nicht? Die Sache ist leichter beantwortet, als Viele glauben. Wir brauchen uns nur zu vergegenwärtigen, was der Staat bisher war. Ist derselbe vielleicht etwas Natürliches, etwas immer Dagewesenes?

Er ist, wie schon gezeigt, etwas historisch Gewordenes, und er ist bisher stets dazu angewendet worden, einer Clique von Menschen die Herrschaft über die Masse zu sichern.

Zerschlagen wir daher den Staat in Stücke! Das Hauptrad in dem Räderwerk des bisherigen Staats ist der Militarismus. Wer will behaupten, dass derselbe in einer freien Gesellschaft auch einen Freiplatz haben werde? Für so lange freilich, als die alte Gesellschaft noch nicht ganz *vernichtet* ist, werden die Proletarier allerdings sozusagen in der einen Hand das Werkzeug und in der andern das Schwert führen müssen. Das ist jedoch die Revolutionsepoche. Auch ist Volksbewaffnung und Staats-Soldateska wahrlich nicht ein und dasselbe. Und so bald einmal der Friede hergestellt, d. h. aller Archie der Garaus gemacht ist, verschwindet auch jeder Rest von militärischen Einrichtungen.

Das zweite grosse Rad in jenem mächtigen Getriebe, zwischen dessen Rädern bisher Tausende zerquetscht wurden, ist die wohlorganisirte Polizei.

Wer will aber behaupten, dass in *unserer* Gesellschaft noch Tausende von Spitzeln, Gensdarmen und Spionen nöthig sind, die das Volk an den Strassenecken anschnautzen, überall aushorchen und malträtiren? Die Gesellschaft *freier* Menschen wird das Institut der Polizei nicht kennen!

Die Büreaukraten, d. h. das übrige Beamtenpack, das ja auch nur die Aufgabe zu haben scheint, die Menschen von der Wiege bis zum Grabe zu schinden, kann ebenfalls mit dem Schwamme der Geschichte ausgewischt werden. Diese Drohnen werden auf unsere Kosten gefüttert, ohne dass wir irgend einen Nutzen von ihnen haben. Der thätige Mensch lernt sie nur kennen, wenn er verklagt, eingesperrt, besteuert oder sonstwie geschuhriegelt wird.

Auch die heutige Justiz ist nur dazu da, um der Eigenthumsbestie den Raub, den sie am Volke verübt hat, zu sichern. Die Sozialisten wissen, dass alle Verbrechen, die heute geschehen, zurückzuführen sind auf schlechte Erziehung, d. h. Verwahrlosung, und auf Eigenthumslosigkeit, unter welcher das Volk schmachtet. Es ist jedem Gefangnissbeamten bekannt, dass zur Winterszeit, wenn die Geschäfte schlecht gehen, mehr Leute in's Gefängniss kommen, als sonst. Namentlich während schwerer Krisen mehren sich die »Verbrechen« wider das Eigenthum. Nach einem Krieg nehmen die Angriffe auf das Leben der Menschen überhand. Alle Verbrechen resultiren mithin aus den Zuständen, unter denen wir jetzt leben. Sie sind nichts weiter, als eine der entsetzlichen Konsequenzen unserer heutigen Gesellschaft, die sich nicht schämt, sich eine zivilisirte zu nennen. Hinweg mit dieser Gesellschaft, und es wird keine Verwahrlosung und keine Verbrechen mehr geben.

Der heutige Staat, theils direkt, wie in Europa, theils indirekt, wie in Amerika, hat noch ein anderes Rad: den Kultus. Glaubt man aber vielleicht, dass in der zukünftigen Gesellschaft, wo das Volk allgemein gebildet ist, und wo die Menschheit zum ersten Male frei sein wird, Raum wäre für die schwarzen Gensdarmen von heute! Nichts könnte unsinniger sein. Der Kultus der Zukunft kann in nichts Anderem bestehen, als in dem Kultus der Vernunft, des Schönen und Edlen, im Wetteifer der Menschen, sich um das Gemeinwohl verdient zu machen. Und das zu bewirken, brauchen wir keinen Extra-Staat; das kann sehr wohl in allen sonstigen gesellschaftlichen Organisationen, in den Kommunen und Gruppen bewerkstelligt werden.

Die Schule bleibt nur noch übrig. Sie ist, wie ein Lehrer Namens Sack sehr richtig sagt, heute auch nur ein Institut »im Dienste *gegen* die Freiheit.« Es lässt sich zwar annehmen dass an Stelle der schlechten eine gute Schule gesetzt werden könnte. Aber hiefür ist ein Extra-Staat schon gleich gar nicht nöthig. Wir würden sogar eine solche Staatsschule für schädlich erachten. Jemehr Zentralisation auf dem Gebiete des Schulwesens herrscht, desto mehr Spielraum für Schablonisirung und Konservatismus ist gegeben. Die Kommunen und sonstigen kleinen Organisationen, freier Vereinigungen, die auf Grund von Gesellschaftsverträgen zu Stande gekommen, würden viel mehr geeignet sein, das Schulwesen in die Hand zu nehmen, als der Staat, und zwar schon deshalb, weil das Volk über diese Organisationen eine vollständige Kontrolle hat.

Es bleibt nun nichts mehr übrig, als die verschiedenen ökonomischen Einrichtungen. Diese haben aber mit dem Staate als solchem absolut nichts zu schaffen. Der Staat eignete sich solche bisher nur an, um sich Einnahmequellen zu eröffnen.

Der alte Staat wäre somit beseitigt. Jetzt kommen wir an den neuen! Aber weshalb denn neuen Wein in alte Schläuche giessen? Weshalb zu Freiheitszwecken einen Mechanismus benützen wollen, der lediglich zur Knechtung der Massen durch Wenige erfunden worden? Staat und Volk kann man nicht *identifiziren*, wie dummer Weise oft geschieht. Beide haben nichts mit einander zu thun. Wir wollen, dass das Volk frei sei, und erstreben deshalb die Sprengung der staatlichen Fesseln, in denen es eingezwängt ist.

Wir haben demgemäss nicht allein die Absicht, den Staat zu vernichten, sondern auch die Träger desselben. Die Revolutionäre haben das Verlangen, alle Unterdrücker hinwegzufegen und sie den Weg wandeln zu lassen, den bisher die Reaktion den Revolutionären angewiesen hat, so oft die Letzteren im Kampfe um die allgemeine Menschheit erlagen.

Es würde sich vor allen Dingen bei unserem Neubau der Gesellschaft, wenn man noch vom Staat sprechen wollte, um die Frage handeln: wie gross soll denn der Staat werden? Wir sind international und würden mithin zu dem Schlüsse gelangen, dass die ganze Bevölkerung der Erde einem Gemeinwesen angehören solle. Die zentralisirte Gewalt würde eine ungeheure sein und würde uns früher oder später zu neuem Despotismus führen.

So gross brauchten wir ja den Staat nicht zu machen, wird man einwenden. Sollen wir denn das internationale Prinzip aufgeben, auf die alten Grenzen zurückfallen, national werden? Da wäre das ungeheure Russland, daneben die kleine Schweiz oder nur ein Kanton derselben, also eine Ungleichheit, welche an sich schon beweist, dass die Staaten in Bezug auf ihre Grösse nur Produkte einer rein zufälligen historischen Entwickelung waren.

Die meisten Staatssozialisten wollen ihre Liebhaberei nur noch damit retten, dass sie dieselbe als Uebergangsstadium reklamiren. Ein solches wäre aber schon an und für sich der reine Mord; uns ist es indessen vollkommen klar, dass auf die soziale Revolution nicht eine *langsame* Umwandlung des Kapitalismus zum Kommunismus und Anarchismus Platz greifen kann, sondern dass vielmehr Alles *augenblicklich* mit rücksichtsloser Gewalt zu Gunsten unserer Prinzipien gestaltet werden muss, wenn nicht der ganze Kampf rein umsonst gewesen sein soll.

Konfiskation des gesammten Kapitals durch die gewissermassen als Welteroberer auftretenden Revolutionssoldaten und sofortige Ausrottung der Bourgeoisie, Aristokratie und Pfaffheit – das oder nichts muss die Loosung sein. Wir wenigstens pfiffen schon heute auf jeden Kampf, wenn wir nicht glaubten sicher sein zu dürfen, dass dies das Ende vom Liede sei. Alles Andere wäre der reine Schwindel.

Tritt aber dieser Fall ein, d. h. belegt das Proletariat alle Resultate früherer Arbeit mit Beschlag, um auf Grund derselben die kommunistische Organisation der Arbeit vornehmen zu können, und füttert es die Drohnen und Parasiten der Gesellschaft – nach deren eigenem Rezept – rechtzeitig mit Pulver und Blei, so ist jede Staatlerei einfach Blödsinn, wenn nicht Schlimmeres.

Uebrigens sind sich alle wirklich grossartig denkenden Geister längst darüber klar gewesen, dass ohne individuelle Freiheit kein vollkommenes Gesellschafts-Verhältniss möglich ist, und dass sich weder das Vorhandensein irgend eines Staates, noch überhaupt ein Repräsentativsystem mit wirklicher Freiheit verträgt.

John Stuart Mill sagt:

> »Der einzige Theil seines Verhaltens, für den Jemand der Gesellchaft Rechenschaft schuldet, ist der, welcher *Andere* betrifft. Ueber sich selbst, über seinen Geist und Körper ist der Einzelne *souverän!*«

Heine legt seinem Ratcliff folgende Worte in den Mund:

> »O seht mir doch die klugen, satten Leute,
> Wie sie mit einem Walle von Gesetzen
> Sich wohlverwahret gegen jeden Andrang
> Der schreiend überläst'gen Hungerleider!
> Weh' Dem, der diesen Wall durchbricht!
> Bereit sind Richter, Henker, Stricke, Galgen, –
> Je nun! Manchmal gibt's Leut' die das nicht scheu'n.«

In *Börne's* Schriften lesen wir:

> »Sobald ein Mensch geboren wird – gleich umstellen und umlauern ihn die Mutter, die Amme, der Vater, die Wärterin; später kommt der Lehrer, später der Polizeimann dazu. Die Mutter bringt ein Stückchen Zucker, die Amme ein Mährchen, die Wärterin eine Ruthe, der Vater den Vorwurf, der Lehrer den Stock, der Staat seine Ketten, sein Henkerbeil. Und zeigt sich eine Kraft, rührt sich, stammelt eine Kraft – gleich wird sie fortgeschmeichelt, fortgepredigt oder fortgezüchtigt. So werden wir wohlerzogene Menschen, so bekommen wir schöne Talente. Wissen sie, was ein »grosses Talent« heisst? Ein Talent ist eine grosse fette Gansleber. Es ist eine Krankheit; der Leber wird das ganze arme Thier aufgeopfert. Wir werden in einen engen Stall gesperrt, dürfen uns nicht bewegen, dass wir fett werden; wir werden getopft mit moralischem Welschkorn und gelehrten Nudeln, und dann schnaufen wir und ersticken fast vor Moral, Gelehrsamkeit und Polizeifurcht, und dann kommt eine alte Köchin von Regierung, betastet uns, lobt uns, schlachtet uns, rupft uns und benutzt unsere schönen Talente. Was nur an uns stirbt, möchte ich wissen; ich möchte wissen, was nur der Tod an uns zu holen findet! Aber der Tod ist ein armer Hund; nichts als Knochen ein ganzes Leben lang – selten dass ihm ein voller Mensch herabfällt.«

Pnoudhon wurde einmal darüber befragt, welche Regierungsform er bevorzuge. Da entwickelte sich der nachstehende Dialog:

> »Welche Regierungsform werden wir vorziehen? – Wie, können Sie noch fragen? erwidert mancher meiner jungen Leser, Sie sind ein Republikaner! – Republikaner, ja; aber dieses Wort bezeichnet nichts. *Res publica,* das ist die öffentliche Angelegenheit, also Jeder, der die öffentliche Angelegenheit fördern will, kann sich Republikaner nennen. Die Könige sind ebenfalls Republikaner. – Nun wohl, Sie sind Demokrat? – Nein. – Wie? Sie wären Monarchist? – Nein. – Konstitutioneller? – »Gott«

möge mich davor bewahren! –Also sind Sie Aristokrat? – Keineswegs. – Sie wollen eine gemischte Regierungsform? – Noch weniger. – Was sind Sie also denn? – Ich bin Anarchist.«

Victor Drury argumentirt sehr richtig so:

»Die Selbstherrlichkeit (Souveränität) der Individualität ist Freiheit; Freiheit ist Ordnung und Sicherheit, denn ohne dieselben wäre keine Freiheit vorhanden. Während Freiheit die Verneinung jeglicher Regierung bedeutet, versteht es sich ganz von selbst, dass da, wo Herrschaft existirt, Unterdrückung vorhanden sein muss – allerlei Gefahr und Unordnung. So ist es also nicht das Wort Anarchie, sondern das Wort Regierung, welches Abwesenheit von Ordnung und Sicherheit bedeutet. Die Autoritätsanbeter werden sagen, das sei lediglich paradox; es ist aber einfach logisch.«

Otto Rotzen brachte des Pudels Kern in nachstehende Verse:

»Ein Tempel wird gethürmt von Menschenleibern,
Man heisst ihn Staat, um Staat mit ihm zu machen,
Wer fragt danach, was Stein und Mörtel fühlen?
Nicht Menschenwohl gehöret zu den Zielen
Von Staatengründern und von Völkertreibern,
Der Moloch Staat verschlingt's in seinem Rachen,
»Gott« musste seinetwegen Menschen machen.«

Selbst *Friedrich Engels* kann nicht umhin, für den Anarchismus eine Lanze zu brechen, und zwar mit folgenden Worten:

»Der Staat ist nicht von Ewigkeit her. Es hat Gesellschaften gegeben, die ohne ihn fertig wurden, die von Staat und Staatsgewalt keine Ahnung hatten. Auf einer bestimmten Stufe der ökonomischen Entwickelung, die mit Spaltung der Gesellschaft in Klassen nothwendig verbunden war, wurde durch diese Spaltung der Staat eine Nothwendigkeit. Wir nähern uns jetzt mit raschen Schritten einer Entwickelungsstufe der Produktion, auf der das Dasein dieser Klassen nicht nur aufgehört hat, eine Notwendigkeit zu sein, sondern ein positives Hinderniss der Produktion wird. Sie Werden fallen, ebenso unvermeidlich, wie sie früher entstanden sind. Mit ihnen fällt unvermeidlich der Staat. Die Gesellschaft, die die Produktion *auf (Grundlage freier und gleicher Assoziation der Produzenten* neu organisirt, versetzt die ganze Staatsmaschine dahin, wohin sie dann gehören wird: in's Museum der Alterthümer, neben das Spinnrad und die bronzene Axt.«

Memme du Camp, ein reaktionärer Schriftsteller, sagt:

»Ist es möglich, dass die alte Hydra der Anarchie, nachdem man sie in der Literatur, in der Malerei und in der Skulptur zu Boden geschmettert hat, immer noch nicht todt ist? Ich glaube fast, dass man sie nicht recht verstanden hat. Sie ist hässlich, das gestehe ich von ganzem Herzen zu, aber könnte nicht diese Hässlichkeit nur eine Maske sein? Lasst sie uns kühn abreissen, und dahinter finden wir vielleicht das träumerische Antlitz jenes ewigen Jünglings, des Fortschritts. Ach! war nicht Galiläi ein Anarchist? Die Gesellschaft gleicht gewissermassen einem Weibe. Eines Tages verliert sie ihre Formenschöne, ihr Gesicht verändert sich, ihre Gesundheit wird schwankend; sie fühlt grosse Schmerzen in ihrem Innern, sie weint, sie betet, sie verzweifelt; sie glaubt sterben zu müssen; und plötzlich bringt sie ein weinendes Kind zur Welt, das sie stolz und glücklich macht, und das vielleicht in der Zukunft ein Erlöser der Menschheit wird.«

Schon *Pytagoras* sagte:

>»Ein Volk, das Gesetze braucht, ist nicht werth, in Freiheit zu leben.«

Thomas Payne nagelte folgende Wahrheiten fest:

>»Ein grosser Theil dessen, was wir Regierung nennen, ist im Grunde genommen nichts weiter als Anmassung und Unverschämtheit ....Je höher die Zivilisation, desto weniger Grund für Regierung, weil zivilisirte Menschen sich selbst regieren ... Alle grossen Gesetze, deren die Gesellschaft bedarf, sind *Naturgesetze*, für deren Befolgung man keiner Regierungsgewalt bedarf. Man befolgt sie, weil das in unserem *Interesse* liegt ....Was immer die scheinbare Ursache von Aufständen sein mag, die wirkliche ist stets Unzufriedenheit ....Das Regierungsgeschäft ist seit Menschengedenken von den Unwissendsten und Schuftigsten der menschlichen Rasse monopolisirt worden.«

In *Richard Wagner's* nachgelassenen Papieren finden sich unter Anderem folgende Sätze:

>»Freiheit heisst: keine Herrschaft unter uns dulden, die gegen unser Wissen und Wollen ist.

Nur, wenn wir uns für unwissend und willenlos halten, könnten wir eine Herrschaft über uns, die uns das richtige Wissen und Wollen gebietet, uns als nützlich denken.. Eine Herrschaft dulden, von der wir annehmen, dass sie das Richtige nicht weiss und will, ist knechtisch.«

Wagner sagt also, mit anderen Worten, dass nur Dummköpfe und willenlose Menschen – Charakter-Jämmerlinge – eine Herrschaft (Archie) ertragen können, während sich der gesunde Menschenverstand und ernstes Wollen dagegen sträuben.

»Der wahre Mann,« sagt *Shelley,* »will nicht befehlen, nicht gehorchen! Gewalt ist eine Pestilenz, die Alles frisst, was sie berührt; Gehorsam ist der Tod des Genius, der Tugend, Wahrheit, Freiheit; Gehorsam macht aus Menschen Sklaven, Gehorsam ist der Feind selbst edler Thaten und macht aus Leib und Seele Automaten.«

Karl Heimen lässt sich über unseren Gegenstand so aus:

>»Ja, der Mensch allein kennt Verbrechen und das Ungeheuer, womit er diese Sprösslinge seines sittlichen Bedürfnisses zur Welt bringt, heisst das Gesetz, welches in seiner höchsten Vollendung auftritt als Strafgesetz. Was ist dies Gesetz? Einfach eine Bestimmung, unter welchen Umständen ein Mensch eingekerkert oder vertrieben oder gehängt werden soll. Dies Einkerkern oder Vertreiben, dies Köpfen oder Hängen würde als tyrannische Willkür oder blutdürstige Barbarei ausgelegt werden, wenn es zur Sicherung der Gesellschaft vor ihren gefährlichsten Feinden auf Geheiss einer Versammlung der besten Menschen erfolgte; aber es ist unter allen Umständen Nothwendigkeit und Gerechtigkeit, wenn es erfolgt im Namen eines »Gesetzes«, das die Schlechtesten gemacht haben. Ausserhalb des Gesetzes kein Verbrechen; innerhalb des Gesetzes keine Tugend. Sei ein Scheusal und du kannst ein »Heiliger« werden, wenn dich das Gesetz nicht trifft; sei ein »Heiliger« und du wirst zum Scheusal, wenn du unter das Gesetz kommst. Das Gesetz allein gibt den Handlungen ihren Stempel, und wer gibt das Gesetz? Wer die Gewalt dazu hat. Wer die Gewalt hat, einzukerkern und zu morden ohne die Gefahr der Wiedervergeltung, der gebietet und verbietet, belohnt und bestraft was Ihm beliebt, und das nennt er Gesetz und die Uebertretung dieses Gesetzes nennt er Verbrechen. Es hat nicht das Gesetz die Gewalt geschaffen, die es ausübt, sondern die Gewalt hat das Gesetz geschaffen, das ihr dient. Damit aber der Vernunft alle Versuchung vergehe, die Weisheit und Gerechtigkeit der Gewalt und ihres Gesetzes anzufechten, steht dieser zur Seite die Beherrscherin aller Vernunft, die Religion. Sie krönt die Gewalt, spricht ihren Segen

über das Gesetz, ihren Fluch über das Verbrechen und nun hat aller Widerspruch ein Ende wie alles Bedenken. Jetzt mag die Kerkerthüre in's Schloss fallen, das Blut fliessen und die Flamme prasseln – das Gesetz ist vollstreckt, das Verbrechen ist gesühnt und die göttliche Ordnung ist hergestellt bis wieder ein neuer Kerker geöffnet, ein neues Blutgerüst aufgeschlagen und ein neuer Scheiterhaufen errichtet ist.«

Wir könnten noch mit einem Buch voll ähnlicher Zitate dienen und damit beweisen, dass von jeher jeder grosse Geist die Anarchie verkündete. Wer ist beschränkt genug, trotz alledem vor diesem Ideale sich zu fürchten?

John Most.

Der Narrenthurm

»Du bist verrückt!« Es wird wenig Menschen geben, denen nicht diese Redensart schon hundert Mal an den Kopf geworfen wurde. Demnach sieht Einer den Anderen für einen Narren an, aber Jeder wird gewaltig protestiren, wenn daraus der Schluss gezogen wird, dass die ganze Menschheit bisher mehr oder weniger im Irrsinn lebte. Und doch ist das eine Thatsache, welche sich beweisen lässt.

Als verrückt muss man einen Menschen ansehen, der unlogisch denkt, Dinge erstrebt oder ausführt, welche offenbar den gewollten Zweck nicht erfüllen können, der sich sinnlos gebärdet oder gar in eigentlichen Tollheiten sich ergeht.

Man hat in der ganzen sogenannten zivilisirten Welt zahlreiche Irrenhäuser oder Narrenthürme errichtet und etliche Verrückte darin untergebracht. Die übrigen laufen frei umher, könnten auch gar nicht abgesondert werden, da hiezu ihre Zahl zu gross ist.

Wo wir aber immer vordringen mögen im Reiche der Geister – wirkliche Klarheit im Denken, Unbefangenheit im Handeln und unzweifelhafte Zweckmässigkeit im Gebahren der Einzelnen, verglichen mit dem Daseinszwecke der Gesammtheit, begegnen uns heutzutage fast ausschliesslich nur in jenen eng begrenzten Zirkeln, deren Repräsentanten, um dem Wahnsinn die Krone aufzusetzen, von dem eigentlichen Narrenpack für verrückt erklärt werden!

Rings um uns ist die Menschheit befangen in fixen Ideen, geleitet von Manieen, eingeengt durch unglaubliche Affheiten und nicht selten sogar förmlich besessen von heller Raserei.

Ich kann freilich auf sechszehn Druckseiten nicht alle Narreteien aufzählen, welche den Menschen anhaften, aber ich will hier wenigstens Andeutungen machen, die immerhin stark genug sein dürften, um das epidemische Auftreten der verschiedenartigsten Wahnsinnigkeiten innerhalb der bisherigen menschlichen Gesellschaft ausser allen Zweifel zu setzen.

Dieser Mensch leidet an einer fixen Idee! So spricht man von Manchem, hält aber Denjenigen, welchem eine solche Nachrede gezollt wird, immerhin für eine ausnahmsweise Erscheinung. In Wahrheit aber ist sicherlich eine überwiegende Mehrheit aller Menschen mit fixen Ideen behaftet, d. h. mit Anschauungen, welche, obgleich sie nicht logisch begründet werden können oder auch nur irgend einen wirklichen Zweck haben, so fest in den Schädeln der betreffenden Menschen haften, dass kein Argument der Wissenschaft, kein, wenn auch noch so kritischer Scharfsinn sie fortzuscheuchen vermag.

Obenan muss man unter dieser Rubrik all' Dasjenige stellen, was irgend einen Zusammenhang mit dem Religionsunfug hat.

Jeder scharfsinnige Denker kann in allen bisher dagewesenen Religions-Systemen nicht etwa bloss einen rafiinirt ersonnenen Schwindel erblicken, sondern muss, wenn er in diese Hirnverkleisterungs-Methoden tiefer eindringt, geradezu die absurdesten Kindereien als Basis derselben wahrnehmen. Trotz alledem sind in der Minorität aller existirenden Schädel derartige »Ideen« so stark fix geworden, dass jede Aufklärung über die vorliegende Einfaltspinselei, wenn es gut geht, nur einem idiotischen Lächeln, häufig genug aber sogar rasender Wuth begegnet.

Man bedenke wohl, dass in Sachen der Religionen nicht etwa von einer Ueberzeugung, von Erfahrungs-Grundsätzen oder von logischen Folgerungen die Rede sein kann, da ja die ganze Religionsbrühe, wie sie seit undenklichen Zeiten bis herab zu den Tagen der »Salvation Army« eingerührt worden ist, nur aus zusammenhangslosen Fabel-Phrasen und »Moral«-Flausen bestand. Wer diese Sauce eingegossen bekommt, dem geht es eben ähnlich wie dem übermässigen Schnapssöffel, der auch die fixe Idee hat, dass rechts links und links rechts sei, oder dass er die Nüchternheit unter lauter Betrunkenen vorstelle; immerhin hat der Schnaps nur eine vorübergehende Misswirkung, während der Religionsfusel in der Regel die menschlichen Gehirne, welche einmal davon heimgesucht wurden, für immer unverständig gestaltet. Welches Urtheil die fixe Idee des Religions-Unsinns bisher in der Welt angestiftet hat, das ist mit chernem Griffel eingetragen in den Annalen des menschlichen – Wahnsinns.

Wer religiös ist, leidet an fixen Ideen; wer von dieser Krankheit geplagt wird, ist ein Narr.

Viel bösartiger und gefährlicher, als der Religionsidiot, ist der Staatstroddel, doch hat Letzterer mit dem Ersteren das Eine gemein, dass auch sein armes Hirn von fixen Ideen ohne Sinn und Verstand durchseucht ist.

Der Staat, ursprünglich ein zufälliges Nothinstitut, das der Krieg, welchen die einzelnen Menschheitshorden auf Grund einer anderen fixen Idee – des Stammes-, später NationalDünkels – gegenseitig führten, geboren, ist, wie leicht erkannt werden kann, mit der Zeit in einen grossartigen Gewaltsmechanismus umgeschlagen, den die besitzenden, weil stehlenden Klassen systematisch zu jener Ungeheuerlichkeit entwickelten, welche jeden Freund freiheitlicher Bestrebungen mit den ernstlichsten Befürchtungen für die Zukunft erfüllen muss. Mit anderen Worten: Der Staat ist die organisirte Peitsche, womit die Volksmassen zu Gunsten einer räuberischen und ausbeutenden Minorität in Schrecken versetzt und in Unterwürfigkeit erhalten werden.

Trotzdem betrachten die meisten »Kultur«-Menschen den Staat wie ein natürliches, unabänderliches Element, das nur in die richtige Façon gebracht zu werden braucht, um zu einer Wunderquelle allgemeiner Wohlfahrt sich zu gestalten. Ausser den Anarchisten schreien daher Alle, die Etwas auf dem Herzen haben: Heiliger Staat hilf!

So ist die Staatsauffassung zur fixen Idee geworden. Wer von derselben angekränkelt ist, hat einen Gehirnfehler; denn jene Gehirntheile, wo diese Staatsfanatismen sich eingebohrt haben, sind gegenüber antistaatlichen Argumenten reflektionsunfähig, sozusagen lahm, also ungesund. Kurzum: Der Staatsmensch ist ebenso verrückt, wie der Religionsnarr. Und was die Schandthaten anbetrifft, welche im Namen des Staates bisher begangen worden sind, so stehen dieselben weder an Massenhaftigkeit, noch an Brutalität denjenigen nach, welche Namens der verschiedenen Religions-Agenturen (Kirchen) zur Verübung gelangten.

Nach dem Hinweis auf diese beiden Massenwahnsinnigkeiten, deren epidemisches Auftreten allein schon die menschliche Gesellschaft formlich als Narrenthurm erscheinen lässt, wäre es Luxus, wollten wir ausserdem noch aus den Hunderttausenden spezielleren fixen Ideen, die den Menschenschädel verunzieren, etliche zur Illustration unserer Betrachtungen herausgreifen. Es genügt, wenn auf das Vorhandensein derselben überhaupt hingewiesen wird. Jeder findet zudem leicht heraus, dass und wieso Andere an fixen Ideen leiden; seine eigenen freilich erkennt er nicht, sondern hält dieselben für hochweise Resultate logischen Denkens.

Er – der Mensch nämlich – dreht sich rechts, er dreht sich links, der Zopf, der hängt ihm hinten –jawohl, der Zopf, dir fixe Idee, der Wahnsinn.

Wenn der Mensch einen unwiderstehlichen Drang empfindet, bestimmte Handlungen zu begehen oder einem gewissen Ziele zuzustreben, ohne dass hierzu zwingende materielle Gründe veranlassen oder ein augenscheinlicher idealer Zweck anspornt, so ist das eine Manie. Die Zahl der existirenden Manieen ist nicht geringer, als die der fixen Ideen; und es ist schwer zu sagen, welche von beiden Hauptgattungen des Wahnsinns die Menschheit bisher am meisten unglücklich gemacht hat. Dagegen dürfte feststehen, dass eine Manie existirt, die vielleicht als die Mutter sämmtlicher sonstigen Narrheiten betrachtet werden kann. Das ist die Eigenthums Manie.

Da der Mensch sich im Laufe der Zeit eine Menge von solchen Bedürfnissen angewöhnte, welche nicht durch die Produkte der Natur, sondern nur durch die Resultate menschlicher Thätigkeit befriedigt werden können, so ist es nur ganz selbstverständlich, dass Jeder einen Hang empfindet, möglichst viele solche Dinge unter möglichst geringem Aufgebot eigener Arbeit zu erlangen – Eigentümer derselben zu werden.

Der Mensch lebt nicht bloss von heute auf morgen, sondern kann unter Umständen ein ziemlich hohes Alter erreichen; ausserdem fordern die unmittelbaren Nachkommen dazu heraus, dass sie mit Mitteln versehen werden, welche ihnen eine reguläre Befriedigung all' ihrer Bedürfnisse gestatten. Aus diesem Grunde sorgt Jeder dafür, für sich und die Seinigen Existenzmittel in Besitz zu bekommen. So weit wäre Alles natürlich und daher vernünftig.

Der Drang nach Sicherung der eigenen Existenz und derjenigen seiner Sprösslinge ist aber ausgeartet zum masslosesten Egoismus, zu einer Habgier, welche durch Nichts befriedigt werden und die zu ihrer Rechtfertigung keinen Grund aufweisen kann, der nach den Prinzipien von wirklicher Gerechtigkeit Stand halten würde.

Es werden Schätze und Reichthümer (Produkte menschlicher Arbeit) im Werthe von Hunderten von Millionen durch Einzelne aufgehäuft. Da Solches aber nur geschehen kann, wenn zahllose andere Menschen um den grössten Theil des Ertrages ihrer Arbeit betrogen und beraubt werden, so geschieht diese wahnwitzige Güterauhäufung nur aufgrund zahlloser Verbrechen und ist mithin gemeingefährlich.

Neun Zehntheile aller jetzt lebenden Menschen leiden unter den Folgen dieser kriminellen Narretei, unter den Konsequenzen der Eigenthums-Manie. Nur Wenige haben dieses Uebel in seiner ganzen Tiefe erkannt und dringen auf dessen Abstellung durch radikale Mittel. Die Mehrheit des Volkes hat sich an diesen Eigenthums-Wahnsinn dermassen gewöhnt, dass sie dieselbe als eine natürliche, unvertilgbare menschliche Eigenschaft auffasst und Diejenigen für »verrückt« erklärt, welche es wagen, den oben gekennzeichneten Wahnsinn bei dessen richtigem Namen zu nennen.

Wenn ein Angehöriger der besitzenden Klasse einmal bei einer kleinen Spitzbüberei ertappt wird, so heisst es, er leide an Kleptomanie (Stehlsucht); es leuchtet aber Niemandem ein, dass alle Besitzenden heutzutage Kleptomanen sind, weil sie sammt und sonders nicht nur schlechthin stehlen, sondern den Diebstahl mit Leidenschaft und in absolut massloser Weise betreiben, ohne dass sie anzugeben vermöchten, was sie denn eigentlich mit den immer höher sich häufenden Reichthümern anfangen wollen.

Sie haben geradezu das ganze heutige Gesellschafts-System auf organisirte Räuberei basirt, welche Seitens Derer, die bereits Alles im Ueberfluss besitzen, an Denjenigen verübt wird, die besitzlos sind und daher einzig und allein Grund hätten, nach Erwerb zu trachten. Alles, was die Letzteren über ihre nothdürftigsten unmittelbaren Verbrauchsgegenstände hinaus erzeugen, wird ihnen von den Ersteren vor der Nase weggenommen.

Weshalb lassen sich denn die dummen Teufel das gefallen! Ja weshalb? Weil sie grösstenteils dermassen vernagelt sind, dass sie den Raub gar nicht bemerken. Weil ihre Gehirne bis zur Unzurechnungsfähigkeit durch Pfaffen, Schulmeister, Zeitungsschmierer und andere Schädelverpester systematisch gelähmt wurden, so dass sie nicht mehr die Fähigkeit besitzen, allen jenen Schlichen zu folgen, vermöge welchen ihnen die reichen Spitzbuben die Früchte ihrer Arbeit verschleppen.

Die Menschheit ist trotz allem Bildungsgefackel über ihre Vergangenheit im Grossen und Ganzen so unaufgeklärt, dass die Meisten gar keine Ahnung davon haben, wie das Kapital, welches heutzutage die Welt beherrscht, ursprünglich entstanden ist. Ebenso wenig kennt die grosse Masse des Volkes die ökonomischen Gesetze, resp. die SpitzbubenMaximen, auf Grund welcher gegenwärtig neue Kapitalien auf alte Reichthümer gethürmt werden. Und doch ist lediglich ein Fünkchen gesunder Menschenverstand nöthig, um diese Dinge zu ergründen, ein Beweis, dass es an diesem Minimum von Vernunft weit und breit mangelt, was auf epidemischen Idiotismus schliessen lässt.

Es bedarf nicht des Studiums vieler Gelehrten-Werke, um abzufinden, wieso die heutige Welt sich als Räuberhöhle erweist; in wenigen Sätzen ist das innere Wesen der heutigen Gesellschafts-Monstrositäten aufgedeckt.

In unserer Prinzipienerklärung wird z. B. das Wichtigste folgendermassen dargelegt:

»Die heutige sogenannte »Ordnung« ist begründet auf Ausbeutung der Besitzlosen durch die Besitzenden.«

»Diese Ausbeutung besteht darin, dass die Besitzenden die Besitzlosen durchschnittlich um den Preis der blossen Existenz-Unkosten (Lohn) kaufen und Alles, was durch Anwendung derselben über diesen Betrag an Neuwerthen (Produkten) geschaffen wird, für sich in Anspruch nehmen, d. h. stehlen.«

»Da die Besitzlosen wegen ihrer Armuth gezwungen sind, ihre Arbeitskraft den Besitzenden zum Kauf anzubieten; und da die heutige Grossproduktion es mit sich bringt, dass die technische Entwickelung mit riesiger Geschwindigkeit von statten geht, so dass unter Anwendung von immer weniger menschlichen Arbeitskräften immer grössere Waarenmengen erzeugt werden, so nimmt das Angebot von

Arbeitskräften stetig zu, während die Nachfrage sich verringert. Das ist der Grund, weshalb die Arbeiter im Selbstverkauf immer stärker gegen einander konkurriren, wodurch die Löhne fort und fort sinken, mindestens aber über jenen Betrag, der zur Erhaltung der Arbeitsfähigkeit absolut nothwendig ist, durchschnittlich nicht hinaus gelangen«.

Während auf solche Weise den Besitzlosen jede Möglichkeit, in die Reihen der Besitzenden sich empor zu arbeiten, selbst der aufreibendsten Thätigkeit ungeachtet, vollkommen abgeschnitten ist, werden die Wohlhabenden vermöge der immer stärkeren Beraubung der arbeitenden Klasse in stetig zunehmendem Masse reicher, ohne dass sie irgendwie produktiv zu sein brauchen.«

»Mit der Zunahme des individuellen Vermögens steigt die Habgier der Besitzenden. Sie konkurriren unter sich um den Raub an den Volksmassen mit allen Mitteln. In diesem Kampfe unterliegen durchschnittlich die mässig Begüterten, wohingegen die eigentlichen Grosskapitalisten ihre Reichthümer bis ins Ungeheuerliche anschwellen, ganze Produktionszweige nebst Handel und Verkehr in ihren wenigen Händen konzentriren und zu Monopolisten sich entwickeln.«

»Die Vermehrung der Produkte bei gleichzeitiger Verringerung des Durchschnittseinkommens der arbeitenden Volksmassen führt von Zeit zu Zeit zu sogenannten Geschäfts- und Handelskrisen, welche das Elend der Besitzlosen auf die Spitze treiben. Die Statistik der Vereinigten Staaten von Nordamerika zeigt, dass nach Abzug des Rohmaterials, der Kapitalzinsen u. s. w., die besitzenden Klassen mehr als fünf Achtel aller Produkte für sich in Anspruch nehmen und höchstens drei Achtel derselben den Arbeitern überlassen. Da nun aber die besitzende Klasse nur sehr wenig zahlreich ist, so vermag sie ihren »Profit« durchaus nicht zu verbrauchen, und da die Arbeiter nicht mehr konsumiren können, als sie erhalten, so tritt von Zeit zu Zeit sogenannte »Ueberproduktion« ein.«

»Ausserdem bringt es die zunehmende Ausmerzung von Arbeitskräften aus dem Produktionsprozesse mit sich, dass ein jährlich steigender Prozentsatz der besitzlosen Bevölkerung total verarmt und dem » Verbrechern, der Vagabundage, der Prostitution, dem Selbstmord, dem Hungertode und der mannigfaltigsten Verkommenheit in die Anne getrieben wird.«

»Dieses System ist ungerecht, wahnwitzig und raubmörderisch. Desshalb ist dessen gänzliche Zerstörung mit allen Mitteln und grösster Energie seitens eines jeden Menschen, der darunter leidet und durch seine Unthätigkeit wider dasselbe nicht für dessen Fortbestand mitverantwortlich sein will, anzustreben.«

Hierin liegt augenscheinlich keine »Aufhetzerei« und kein Phantasiegewebe, sondern nur eine Logik der Thatsachen, wie sie sich jedem gesunden Menschenhirn ganz von selber Angesichts der Erscheinungen des sozialen Lebens förmlich mit zwingender Gewalt einprägt. Jedem gesunden Menschenhirn – da liegt der Haase im Pfeffer. Die meisten Gehirne sind krank; der grösste Theil der Menschheit ist verrückt und daher begriffsstutzig.

Man sagt in wissenschaftlichen Kreisen: »Der Mensch ist, was er isst.« Das heisst, normale Leibesgestaltung setzt eine naturgemässe Lebensweise voraus; das Gehirn gehört aber auch zum Leibe, mithin kann ein mangelhaft ernährter Mensch auch nicht viel Verstand haben. Manchmal wirkt aber ein verdorbener Magen, wenn auch nicht nachhaltig und sehr unregulär, auf das Gehirn ein. Vielleicht bringt demgemäss doch noch der Hunger die Menschen zu Verstand. Und wenn derselbe nur so lange anhält, als nöthig ist, den bestehenden menschlichen Narrenthurm einzureissen, so würde das genügen, weil nachträglich, insbesondere nach Beseitigung der Eigenthumsmanie, Jeder leicht in eine Lage sich versetzen könnte, die es ihm ermöglicht, so zu leben, dass sein Körper inklusive Hirn zu gesunden vermag, was einem Aufhören aller Verrücktheit gleichkäme.

Unsere Prinzipienerklärung reklamirt die Ordnung der Vernunft und sagt von derselben:

»Diese kann nur dann hergestellt werden, wenn alle Arbeitsinstrumente, Grund und Boden und sonstige Bedingnisse der Produktion in gesellschaftliches Eigenthum verwandelt werden.

Denn nur unter dieser Vorbedingung ist jede Möglichkeit zu weiterer Ausbeutung des Menschen durch den Menschen abgeschnitten. Nur vermittelst gemeinsamen unzertheilbaren Kapitals können Alle in den Stand gesetzt werden, die Früchte gemeinsamer Thätigkeit voll und ganz zu geniessen. Nur bei der Unmöglichkeit, individuell (privatim) Kapital zu erwerben, ist jeder Arbeitsfähige gezwungen zu arbeiten, wenn er einen Anspruch auf's Leben erheben will.«

»Weder Herrschaft noch Knechtschaft sollen künftighin in der menschlichen Gesellschaft existiren.«

»Diese Ordnung der Dinge bringt es auch mit sich, dass je nach dem Bedarfe der Gesammtheit produzirt wird, und dass Keiner mehr als etliche Stunden des Tages zu arbeiten braucht, Alle aber dennoch in reichlichstem Masse alle ihre Bedürfnisse zu befriedigen vermögen. Damit ist auch Zeit und Gelegenheit gegeben, die denkbar höchste Bildungsmöglichkeit dem ganzen Volke zu erschliessen, d. h. mit den Privilegien des Vermögens und der Geburt auch die Vorrechte höheren Wissens auszumerzen.«

Ich bin hier absichtlich etwas von meinem eigentlichen Thema abgewichen, denn es handelt sich für mich nicht nur darum, die schändlichste Verrücktheit – die Eigenthums-Manie – kritisch zu beleuchten, sondern auch darum, zu zeigen, wie man dieselbe kuriren kann.

Man schaffe das Privateigenthum ab und lebe kommunistisch. Der Kommunismus macht die Raubsucht oder Eigenthumsmanie nicht bloss hinfällig, sondern sogar undenkbar.

Die Skizzirungen anderer Manien, obgleich es deren noch eine Unzahl gibt, erspare ich mir, weil sie alle zusammen genommen nicht so gemeingefährlich sind, wie die Eigenthumsmanie.

Eine ganze Reihe anderer menschlicher Wahnsinnigkeiten möchte ich als Affheiten bezeichnen.

Unsere Urvettern, die Affen, zeichnen sich unter Anderem durch die Sucht aus, Alles nachzuahmen, was ihnen vorgemacht wird. Wir Menschen, die wir ja nach Darwin und allen sonstigen fortgeschritteneren Naturforschern mit den Affen einen gemeinsamen Urahnen hatten, treiben es im Allgemeinen, nicht viel besser, gerade als wollten wir so die Richtigkeit der Darwinschen Theorie bestätigen.

Es kommt deshalb viel darauf an, wer in der Lage ist, den Uebrigen Etwas vormachen zu können, um nachgeahmt zu werden. In dieser
Situation befinden sich gegenwärtig die besitzenden und herrschenden Klassen.

Dieselben haben nebst allen anderen gewerblichen Unternehmungen auch die Presse in ihrem Kontrollbereiche und benützen daher dieselbe zu ihren Zwecken. Davon merkt aber das Volk nichts. Es lässt sich nicht bloss die verrücktesten Schuftereien in den Zeitungen auftischen, sondern wiederkäut dieselben sogar. Das eigene Hirn wird solchermassen nur zu einem Schwamme, durch welchen fremde Gedanken sickern. Das Affenmässig-Unsinnige eines solchen Treibens liegt auf der Hand, bildet aber den Schlüssel Zur Ergründung der Thatsache, dass der Mensch ein konservatives Thier ist, das nur in wenigen Exemplaren es sich in den Sinn kommen lässt, irgend Etwas zu thun, was ihm nicht vorgemacht wurde. Auf dem Gebiete der Moral finden wir die Affheit ganz besonders krass entwickelt. Jahrhunderte lang werden Dinge als moralisch angesehen, die zuvor oder hernach als höchst unmoralisch gelten, oder umgekehrt. Fast kein Mensch gibt sich während der betreffenden Periode die Mühe, die Einzelerscheinungen auf dem Moralgebiete sachlich zu prüfen und demgemäss von Fall zu Fall über das Moralische oder Unmoralische bestimmter Handlungen zu entscheiden. Es genügt nahezu Jedem, wenn er seinen Nebenmann betrachtet und gleich diesem wohlwollend lächelt, die Stirne runzelt, lobt oder schimpft, und keiner dieser geistigen Wiederkäuer begreift, dass er solchermassen sich nur als Zubehör zu einem Affenhaufen entpuppt.

Der Vater beansprucht das Recht, seine Kinder nach seinem Geschmacke, d. h. nach dem Muster seines Ich zu erziehen, weshalb es kein Wunder ist, dass ein alter Esel nur einen jungen zu Stande bringt. Erst wird so die Affheit von Geschlecht zu Geschlecht fortgezüchtet und hernach macht sich der Orangutismus ganz von selbst in jeder Hinsicht geltend. Endlich sieht Einer den Andern an, jammert über »schlechte Zeiten« und weiss sich mit nichts Anderem zu trösten, als mit dem Seufzer, dass es »immer so gewesen« sei, wobei es ihm aber immer noch nicht auffällt, dass diese Unveränderlichkeit seinem Affenthum wesentlich geschuldet ist.

Auf solche Art wird alles Moralisiren zu einer Selbstverspottung; und die Moral selbst – was ist sie im Grunde genommer? Ein durch Nachäfferei geheiligtes mysteriöses inneres Göttchen, dessen Wesen vor jeder ernsthaften Kritik hinschmilzt wie Talg auf dem Feuer.

Jeder hat ja eine Extra-Moral für sich, der Zar und der Nihilist, der Papst und der Atheist, der Sultan und der Cölibatist, der Wassersimpel und der Zechbruder, »Gott« und der »Teufel«. Die Moral schlängelt sich durch die Geschichte hin, wie eine Boa Construktor mit schillernden Farben und aufgesperrtem Rachen – von Ferne besehen, sehr einladend, genauer betrachtet, all-vernichtend. Alles, was die Menschen nach und nach für moralisch erklärten, wurde jedesmal – wenn sich erst etwa zehn Generationen damit gegenseitig narrten – zuletzt für unmoralisch aufgefasst. Summa-Summarum kann man sagen, dass die jeweilige Moral den Inbegriff aller fixen Ideen, Manien, Affheiten und sonstigen Narreteien der Menschen, welche in einer bestimmten Periode lebten, vorstellte.

Kommen einmal die Menschen zu Verstand, so werden sie sich auch durch so verschwomme-ne, Nichts und Alles zugleich deckende Begriffe, wie Moral u. dgl., ebensowenig leithammeln oder äffen lassen, wie durch Gott, Gesetz und Autorität. Vernünftige Menschen werden nicht moralisch sein, sondern edelsinnig. Oekonomisch, politisch und logisch frei, werden sie die glei-che Freiheit, welche sie selber in Anspruch nehmen, auch bei Anderen respektiren. Nicht ein »moralischer« oder greifbarer Knüppel wird Jeden antreiben, in jedem Mitmenschen gleichsam ein zweites Ich zu erblicken und sich demgemäss demselben gegenüber zu verhalten, sondern jene höhere Einsicht und Bildung, welche erst erlangt werden kann, wenn mit dem Hinschwin-den des Privat-Eigentums auch der Ich-Wahnsinn sein Ende gefunden hat.

Bisher haben wir übrigens nur solche Arten des menschlichen Wahnsinns betrachtet, wel-che bei allen schauderhaften Folgen derselben harmlos erscheinen, wenn man sie mit jenen Verrücktheiten vergleicht, die ich als Rasereien bezeichnen möchte.

Wenn man die sogenannte Weltgeschichte liest, so glaubt man die Annalen der Tobsucht vor sich zu haben.

In äusseren und inneren Kriegen wurden Hunderttausende hingewürgt und der ganze Zweck des Kampfes war in der Regel ein geradezu absurder, ein dem Despotenwahnsinn, der Religionspinselei oder der Eigenthumsbestialität entsprungener.

Ferner zieht sich, wie ein blutiger Strick, durch diese ganze Geschichte ein wilder, hart-näckiger, scheusslicher Verfolgungszug, gerichtet gegen jede neue Idee, gegen jeden Kulturfort-schritt, insbesondere gegen alle Bestrebungen, die auf eine Humanisirung der menschlichen Ge-sellschaft, auf Herstellung brüderlicher Verhältnisse und harmonischer Zustände hinausliefen. Wenn es galt, die Träger und Verfechter der letztgedachten Ideen, also der geklärten Menschen-vernunft, zu attaquiren, scheinen sich alle niedrigen Triebe thierischer Ungeheuer, verschärft durch künstliche Waffen, in dem Menschen zu einer einzigen Monstrosität konzentrirt und gegen die Repräsentanten einer edleren Denkweise zugespitzt zu haben.

Heute ist das noch nicht besser geworden. Leset die Tiraden in den Zeitungen gegen die An-archisten und sonstigen Sozialisten; vernehmet die politischen Ankläger und schamlosen Rich-ter in den »Gerechtigkeits«-Hallen gegen Jeden, der es wagt, für die arbeitenden Volksmassen Das zu reklamiren, was von denselben geschaffen wurde, und was ihnen mithin gehört; höret die barbarischen Urteilssprüche, welche die Pionire einer besseren Zukunft über sich ergehen lassen müssen; blicket empor zu den Schaffoten, wo die besten Geister unserer Zeit verbluten müssen; sehet die Anwälte einer geknechteten Menschheit in den Zuchthäusern aller Länder dahinsiechen, und Ihr werdet gestehen müssen, dass die Tobsucht der Schlechten gegen die Guten noch in vollem Gange ist.

Ihr werdet vielleicht sagen, dies Alles beweise, dass die Menschheit unheilbar wahnsinnig sei, dass man also die Hoffnung aufgeben müsse, sie jemals zur Vernunft zu bringen, und dass die ausnahmsweise geistig Gesunden am klügsten thäten, wenn sie sich mit sich selbst begnügten und in pessimistischer Philosophie allen Weltschmerz aus der Brust verbannten.

Ein solches Raisonnement hätte Sinn, wenn die menschliche Verrücktheit etwas von Natur aus Gegebenes wäre. Das ist jedoch nicht der Fall. Wäre dem so, dann müsste man doch auch annehmen, dass die ganze thierische Welt, und nicht nur eine einzelne Spezies derselben (das höchst entwickelte Säugethier, der Mensch) dem Wahnsinn verfallen sei. Hievon ist indessen nichts zu vermerken.

Der Durchschnitts-Mensch in seiner Anmassung und Ueberschätzung spricht zwar den übrigen Thieren die Vernunft ab und nennt deren Aktions-Motoren verächtlich »Instinkt«. Thatsache aber ist es, dass das Leben der Thiere im Allgemeinen, verglichen mit dem der Menschen, äusserst vernünftig erscheint. Das Thier in seinem Naturdasein begeht keine Handlungen, welche nicht seinen Lebenszwecken entsprechen; und nur solche Thiere, welche der Mensch unterjochte, leiden zuweilen an gestörten Gehirnen – werden »toll« etc. –, als ob sie der menschliche Wahnsinn ansteckte.

Wir gehen daher gewiss nicht fehl, wenn wir annehmen, dass, jener unsinnige Zustand, welchen man unter der Bezeichnung »Kultur« kennt, den Menschen geistig auf, resp. unter den Hund gebracht hat.

Aber, ruft man mir zu, soll denn die ganze Zivilisation wieder aufgehoben werden? Sollen wir wieder Wilde werden! Keineswegs, sage ich. Die Zivilisation hat Manches zu Tage gefördert, was bei weiser Benützung die Menschheit glücklich machen könnte; bisher aber waren die Errungenschaften auf dem Gebiete der Kultur so falsch plazirt, dass jede Erweiterung derselben nur ein neues Mittel bildete, die Menschen elender und ihre sozialen Verhältnisse verrückter zu gestalten.

Wenn es allerdings ein unabwendbares Geschick gäbe, vermöge welchem die Menschheit verdammt wäre, ewig unter einer solch' konfusen Entwicklung der Zivilisation in stetig zunehmendem Grade zu leiden, dann wäre Unsereiner freilich geneigt, auszurufen: Nieder mit der Kultur, welche uns verrückt und elend machte!

So steht es aber nicht. Unser Wahnsinn ist heilbar; unser Elend kann behoben werden; man kann der Zivilisation eine Wendung geben, welche leibliches Wohlsein, geistige Gesundheit, Glück und Frieden für Alle herbeizuführen geeignet ist.

Die erste Vorbedingung für die Genesung Wahnsinniger besteht darin, dass dieselben sich bewusst werden, verrückt zu sein, ihn solches Bewusstsein kann aber selbstverständlich nur bei einem kleinen Bruchtheil der irrsinnigen Menschheit erweckt werden; es muss daher die Hoffnung aufgegeben werden, dass man die Mehrheit des Volkes zur Selbsterkenntniss bringen könne, womit, nebenbei bemerkt, auch alle jene Reformereien, welche durch allgemeine Abstimmungen herbeigeführt werden sollen, in das Bereich der Illusionen verwiesen werden. Allein, weil man es im Allgemeinen mit unzurechnungsfähigen Narren zu thun hat, darum genügt es auch, wenn die wenigen Weisen zunächst die nur in geringem Grade Verrückten aufsuchen und zur Selbstkritik herausfordern.

Eine solche Bewegung ist gegenwärtig rings um die Erde im Gange. Es gibt allenthalben scharfsinnige Denker, welche als solche den naturgemässen Beruf in sich fühlen, den Uebrigen gegenüber sozusagen als Irrenärzte zu figuriren.

Deren Thätigkeit besteht in erster Linie darin, dass sie die bestehenden sozialen, politischen, religiösen etc. Verhältnisse in wahrheitsgemässen Bildern vor aller Welt entrollen und mit den entsprechenden Kommentaren versehen.

Darob werden Diejenigen, welche nicht ganz unheilbar wahnsinnig sind, aus ihrem Indifferentismus hinsichtlich öffentlicher Angelegenheiten aufgescheucht.

Es finden Gruppirungen derselben statt. Je nach dem rascheren oder langsameren Fortschreiten der Erkenntniss; je nach den Charakter-Eigenschaften der geistig Genesenden bilden dieselben Organisationen zu mehr oder minder radikalen Zwecken, die aber sammt und sonders die Untergrabung und den schliesslichen Zusammensturz des in dieser Abhandlung geschilderten Narrenthurms in sich schliessen.

Je zahlreicher diese Träger des wiedererwachten gesunden Menschenverstandes sind, eine desto grössere Anziehungskraft üben sie nach dem Gesetze der Schwere auf Andere aus, d. h. ihre

Menge vergrössert sich progressiv und findet nur an der Sphäre des unheilbaren Wahnsinns eine Grenze.

Für längere Zeit wirkt sogar eine der oben gekennzeichneten Wahnsinnigkeiten – die Afferei – als ein Beförderungsmittel bei diesem Agitations- und Organisationswerke. Die nämlichen Menschen, welche zuvor irgend welchen Pfaffen, Literaten oder politischen Demagogen gedankenlos zugejauchtzt hatten, schaaren sich um neue Leitsterne, deren Licht ihnen imponirt, obgleich sie es nicht immer begreifen.

Diese neue Leithammelei ist nicht nur möglich, sondern fast gar nicht zu umgehen, weil die langsam erwachenden Geister Anfangs nur einem dunklen Drange – der Sympathie zur Person – Folge leisten. Damit ist leider eine starke Möglichkeit zum Rückfall in die alte Gedankenlosigkeit, wenigstens ein Hemmniss wider die Durcharbeitung zur vollkommenen Selbstständigkeit im Denken gegeben. Und im Falle die als Leithammel in der neuen Bewegung Fungirenden nicht ganz charakterfest sind und entweder im Streben nach vorwärts erlahmen oder gar korrupt werden, ist diese blinde Nachläuferei natürlich ungemein störend.

Man kann dieses Unwesen daher gewiss nur bedauerlich finden, kann dagegen nicht die neue Geistesrichtung damit belasten, sondern hat darin einen Rückstand des Althergebrachten zu erkennen.

Die ganze Menge der durch die normal, d. h. durchweg logisch Denkenden zu geistiger Besserung Hingerissenen bleibt übrigens keineswegs bei der blossen Nachäfferei im guten Sinne stehen; Viele gelangen auch nach und nach zur Fähigkeit, ohne jegliche Gehirnkrücken sich vorwärts zu bewegen, vermöge des eigenen Verstandes das Gegebene korrekt zu beurtheilen und daraus für die Zukunft die entsprechenden Schlüsse zu ziehen.

So krystallisirt sich um den eigentlichen Verstandesmagnet der Menschheit eine aus immer zahlreicheren Gehirnen bestehende Denkmaschinerie, die in ihrer fortgesetzten und stetig anregenderen Betätigung eine immer grössere Schaar von Sympathisirern anzieht und aus denselben in weiterer Folge, wie schon augedeutet, neuen Zuwachs erlangt.

Es wäre überschwenglich, zu glauben, dass diese rein geistige Regeneration der Menschheit einen systematischen Fortgang nehmen könne bis endlich alle Verrücktheit hingeschwunden ist, woraus sich dann alles Weitere, nämlich die vernunftgemässe Gestaltung aller gesellschaftlichen und überhaupt ZivilisationVerhältnisse ergeben werde.

Da, wie gezeigt wurde, aller MenschenWahnsinn einem verkehrten Entwicklungsgange der Kultur geschuldet ist, so kann nicht angenommen werden, dass im Grossen und Ganzen die Wirkungen eines solchen Grundfehlers aufhören, so lange die Ursachen unangetastet bleiben. Es können zunächst nur die einem wirklichen Idealismus fähigen Ausnahms-Naturen sich den Einwirkungen ihrer Umgebung entziehen. An diesen ist es sodann, das Bestehende gründlich zu kritisiren und hinsichtlich der Zukunfts-Gesellschaft erst theoretisch die dafür ins Auge zu fassenden Prinzipien zu propagiren, hernach aber praktisch solche Massregeln zu ergreifen, welche geeignet sind, rasch und gründlich mit dem Bestehenden aufzuräumen und für die Neugestaltung der Dinge die Bahnen zu ebnen.

Hieraus ergibt sich, dass jene vermöge ihrer qualifizirten Verstandeseigenschaften zur Weltregeneration berufenen Pioniere der Menschheit einen Doppel-Charakter in sich vereinigen müssen, der anscheinend aus Gegensätzen besteht, thatsächlich aber ganz und gar zweckentsprechend ist. Diese Leute sind Idealisten und haben dennoch Durchweg mit realen Dingen zu rechnen, wenn sie ihre Ziele erreichen wollen. Sie erstreben den allgemeinen Frieden und rüsten zum Kriege. Aus Liebe zur Menschheit müssen sie fähig sein, grimmig zu hassen.

Von solcher Art sind die Sozialisten, auf deren linken Flügel wiederum die Anarchisten stehen. Man kann nicht sagen, dass dieselben an der Spitze der Zivilisation marschiren – sie eilen derselben voraus, d. h. sie bereiten der künftigen Kultur die Wege.

Dieses mag Manchem wie Anmassung klingen; ich sage aber dem Betreffenden ganz einfach, dass er offenbar von diesen Dingen nichts versteht.

Sozialist – nicht etwa blosser Anhänger oder Sympathisirer des Sozialismus – kann Niemand sein, der nicht diejenigen Wissenschaften vollkommen bemeistert, welche Bezug auf die Natur, die Stellung des Menschen gegenüber derselben und hinsichtlich seiner Beziehungen zur Gesellschaft und auf die wirthschaltlichen Verhältnisse der Vergangenheit und Gegenwart haben. Der Sozialist muss ein völlig durchgebildeter Geschichtskenner, Soziologe, Naturwissenschaftler und

Philosoph sein. Und da, wie gesagt, der Anarchismus nur die äusserste Konsequenz der sozialistischen Lehre bildet, so versteht es sich von selbst, dass für einen Anarchisten erst recht eine solche universelle Bildung unerlässlich ist.

Nichts ist daher verrückter, als wenn, wie alltäglich geschieht, die Anarchisten als Bildungsfeinde hingestellt werden. In Wirklichkeit sind dieselben nicht nur keine Feinde der Wissenschaft, sondern sie sind gerade deshalb auf ihrem Standpunkte angelangt, weil sie aus allen Wissenschaften die äussersten Konsequenzen gezogen haben.

Die moderne Philosophie hat der Theologie den Garaus gemacht; die Ergebnisse der neuesten naturwissenschaftlichen Forschungen haben Himmel und Hölle, Götter und Teufel systematisch in Nichts aufgelöst; Philosophie und Naturwissenschaft haben mithin die Urquelle des Autoritätsprinzips zerstört und damit einfach die Anarchie im Weltall proklamirt. Wir Anarchisten haben nicht den geringsten Grund, hiergegen zu opponiren, sondern freuen uns, in unserem Kampfe gegen den Gottes aber glauben, Kirchenunfug und Pfaffenbetrug auf einer so unerschütterlichen, wissenschaftlichen Grundlage fussen zu können.

Die Geschichtsbücher mögen gut oder schlecht, liberal oder konservativ, unparteiisch oder gefälscht sein, – sie lassen alle über das Eine keinen Zweifel obwalten, dass die menschliche Gesellschaft seit undenklichen Zeiten in einem Kampfe sich befindet, bei welchem die Einen um Macht und Gewalt über die Volksmassen, die Andern um allgemeine Freiheit, also um den Gegensatz einer solchen Herrschbegier gerungen haben.

Archisten und Anarchisten reiben sich demnach schon während der ganzen historischen Epoche. Und die Anarchisten – Jene, welche Freiheit für Alle erstreben – wären wohl schon längst bei ihrem Ziele angekommen, wenn sich nicht immer und immer wieder Gelegenheiten geboten hätten, aus dem Schiffbruche einer gestürzten Herrschaftskaste oder Aristokratie eine neue zu retten.

Die Geschichte zeigt uns auch, wieso derartige Gelegenheiten sich ergaben und wem dieser Tanz um die Misere insbesondere zu verdanken ist.

Diese Gelegenheit, aus den Trümmern alter Herrlichkeiten neue Gewalten hervorzuzaubern, hat sich stets in dem kritischen Augenblicke ergeben, wo das Volk alle Ketten und Banden zerbrochen hatte und dabei vor seiner eigenen Freiheit verrückter Weise erschrak und deshalb geneigt war, Denjenigen ein offenes Ohr zu leihen, welche von der Notwendigkeit der Errichtung einer neuen – versteht sich »guten« – Regierung faselten.

Diese Kurzsichtigkeit erklärt sich durch die den betreffenden Kämpfen vorangegangene langwierige und totale Versklavung der Volksmassen, womit auch die Unmöglichkeit gegeben war, dass eben diese Sklaven-Mengen, oder auch nur beträchtlichere Theile derselben, ein bestimmtes antiautoritäres und unerschütterliches Prinzip von vornherein haben konnten. Immerhin ist das Volk, wie die Geschichte zeigt, selbst niemals auf den Einfall gekommen, neue Regierungen und Machtinstitutionen an die Stelle der gestürzten zu setzen; immer waren es solche Leute, welche hoffen durften, an der neuen Herrschaft theilnehmen zu können. Die Masse hatte sich einfach von diesen Schuften bethören lassen oder wurde bei der ganzen Transaktion überhaupt gar nicht in Betracht gezogen und nahm die fertigen Bescheerungen wie Selbstverständlichkeiten hin.

Wenn dies Alles die Geschichte, weil sie eben bisher nur von Parteigängern der regierenden Klassen geschrieben wurde, nicht ausdrücklich in oben angedeuteter Weise hervorhebt, so genügen doch die in ihren Blättern verzeichneten Thatsachen an und für sich schon, solche Konsequenzen daraus zu ziehen,

Indem wir Anarchisten aus den historischen Ereignissen die richtigen Schlüsse folgern, verleihen wir der Geschichte erst jenes Moment, welches ihr bisher fehlte, um sie als eine wirkliche Wissenschaft erscheinen zu lassen. Gleichzeitig aber schöpfen wir so aus der Geschichte die mächtigsten Argumente für den Anarchismus und gegen den Staat.

Wenn die Geschichte lehrt, dass alle bisherigen Revolutionen in dem Augenblicke wesentlich in sich zusammenbrechen, wo neue Regierungen, resp. Staatsgewalten sich daraus erheben, so ist nichts logischer, als der Schluss, dass demgemäss die nächste Revolution ebenfalls fruchtlos für das Volk bliebe, wenn es neuerdings sich eine Regierung, einen Staat, kurz eine Gewalts-Organisation (Autorität) aufhalsen liesse. Mit dieser Logik operiren die Anarchisten, mithin wenden sie gegen den Staat die Lehre der Geschichte ebenso wissenschaftlich an, wie sie wider die Kirche die Lehren der Philosophie und Naturwissenschaft ausspielen.

Was die Nationalökonomie anbetrifft, so ist dieselbe zwar ein wahres Chaos vermischter Gedankenspähne – von der metzenhaftesten Kapitalisten-Anbeterei bis zum pessimistischen Weltenfluch, – allein im Ganzen zeigt sie eben, wenn auch noch so widerstrebsam, doch, dass der Kapitalismus ein infames Ungeheuer mit goldenem Kopf und papierenen Beinen ist, das schliesslich vor Schreck über seine eigenen Zahlen (Worte kennt er ja überhaupt nicht) vollständig das Gleichgewicht verlieren muss.

Nationalökonomische Schönfärber mögen die Risse und Spalten am ökonomischen Körper, wie sie die periodischen Börsen- und anderen Krachereien hervorzubringen pflegen, mit philanthropischen Vorschlägen oder sophistischen Redensarten zu verhüllen suchen, sie können trotz alledem nicht über das Faktum hinweggaukeln, dass die Menschheit desto armseliger sich in ihrer DurchschnittsSituation gestaltet, je reicher die Welt an Gütern wird und je rascher solche hervorgebracht werden können. Direkt oder hinter zaudernden Phrasen versteckt, findet sich in der Nationalökonomie die grausame Wahrheit vor, dass der Kulturfortschritt, welchen bisher die Menschen gemacht, für die meisten derselben nur von sehr problematischer Natur ist, und dass gerade das kapitalistische Zeitalter, weit entfernt, in dieser Hinsicht eine Wendung zum Bessern herbeizuführen, diesen Uebelstand krasser, als irgend ein früheres System zur Anschauung gebracht hat.

Die Nationalökonomie und mehr noch die dazu gehörige Eigenthums- und Einkommens-Statistik hat die Unhaltbarkeit des Privateigenthums festgestellt und damit die Nothwendigkeit des Kommunismus für die künftige Gesellschaft zugegeben.

Die Wissenschaft, welche ursprünglich den Zweck haben sollte, dem Kapitalismus Weihrauch zu streuen, hat denselben durch ihre Untersuchungen theoretisch untergraben. Wir

Anarchisten, die wir den historischen Beruf in uns fühlen, dem Kapitalismus praktisch den Todesstoss zu versetzen, wüssten nicht, wie wir dazu kämen, den Nationalökonomen für diese ihre Liebesdienste nicht dankbar zu sein.

Was fehlt noch? Die Kriegswissenschaft. Nun, wir haben dieselbe längst ins Revolutionäre übersetzt und suchen sie in dieser neuen Gestalt des Weiteren zu entwickeln.

Der Anarchismus ist also nicht nur kein Feind der Wissenschaft, sondern geradezu die rationell kombinirte Wissenschaftlichkeit. Realisirt, wird er eine Gesellschaft wissender Menschen bedeuten.

Indem die Anarchisten die scharfsinnigsten Darlegungen, welche die wissenschaftlichsten, (weisesten) Köpfe zu Tage gefördert haben, zur Richtschnur ihres Thun und Lassens machen, sind sie davor gefeit, von der unter der Masse der Durchschnittsmenschen grassirenden Verrücktheit angesteckt zu werden.

Die anarchistische Weltanschauung ist frei von aller Utopisterei, rein realistisch, und birgt selbst hinsichtlich der anzustrebenden Zukunftsgesellschaft keinen im voraus ausgeklügelten Idealismus in sich, indem sie nur solche Gestaltungen im Auge hat, wie sie auf Grund der bisher gemachten historischen Erfahrung und materiellen Entwickelung der Dinge gefolgert werden können, ohne dass dabei vorausgesetzt würde, dass damit das Ende aller Dinge erreicht wäre, weil der Anarchismus nicht ein Ziel der menschheitlichen Kulturentwickelung ist und sein kann, sondern nur ein Zustand, unter dessen Vorhandensein ein stetiger, ungestörter Fortgang der zivilisatorischen Vervollkommnung denkbar ist, deren Konsequenzen natürlich unmöglich vorausgesehen werden können.

Mancher Leser wird bei Betonung der Wissenschaftlichkeit des Anarchismus und insbesondere bei Aufzählung der Fachwissenschaften, aus denen der Anarchismus seine Nahrung zieht, und welche demgemäss von den Verfechtern dieser Weltanschauung eigentlich studirt werden sollten, einen gelinden Schreck empfunden haben und, indem er seine eigenen geistigen Fähigkeiten prüfte, zu der Meinung gelangt sein, dass es ihm unmöglich sei, jene Höhen zu erklimmen, die sich da vor seinen Augen thürmen. Wir werden aber gleich sehen, dass solche Schwierigkeiten nicht existiren.

Die Wissenschaften unserer Tage sind für das Volk nur deshalb ein Buch mit sieben Siegeln, weil die meisten Gelehrten sich durchschnittlich darin gefallen, ihre Darlegungen in Formen zu kleiden, welche von einem Menschen mit blosser Elementarbildung schwer oder gar nicht verstanden werden können. Es ist dies eine Manier, welche vielleicht auf jene Grundsätze zurückzuführen ist, die in den älteren Zeiten zu dem ausgesprochenen Zwecke praktizirt wurden, die Volksmassen von der Wissenschaft fernzuhalten und dieselbe als Privilegium eines eng begrenzten Zirkels – der Gelehrtenkaste – zu behaupten und so das geistige Uebergewicht der Wissenden über die ununterrichtete Menge zu sichern und damit gleichzeitig deren Autorität als HerrschaftsMoment zu verewigen.

An und für sich hat die Wissenschaft nichts Geheimnissvolles aufzuweisen. Ihre Wahrheiten sind, wenn popularisirt, ganz einfach und keineswegs so massenhaft, dass nicht schliesslich Jeder sie begreifen könnte, dem sie ohne alle Ueberschwänglichkeiten logisch vorgetragen werden. Alles, was nöthig ist, das Volk dafür empfänglich zu machen, ist die Ertödtung jener Verrücktheiten, an denen, wie gezeigt wurde, im Grossen und Ganzen die Menschheit krankt, und die Wiederherstellung des von Natur aus gegebenen »gesunden Menschenverstandes«, des unverdorbenen Denkvermögens der menschlichen Gehirne.

Aus diesem Grunde beginnen die wahren Lehrer des Volkes, die Anarchisten und sonstigen Sozialisten, in Ausübung ihrer emanzipatorischen Mission stets mit der rücksichtslosesten und systematischen Kritik aller jener Missverhältnisse, aus denen der menschliche Wahnsinn entspringt. Wer daher nicht unheilbar verrückt ist und in Gehörweite dieser Pionire der gesunden Vernunft kommt, wird sicherlich früher oder später von seinen Vorurtheilen etc. genugsam kurirt werden, um für populärwissenschaftliche Lehren empfänglich zu sein.

Darum lautet die Parole der Anarchisten in dieser Hinsicht: Krieg dem Wahnsinn in jeder Gestalt und Bahn frei für den gesunden Menschenverstand!

John Most.

Der Stimmkasten

Wilhelm Liebknecht hat im Jahre 1869 über dieses Thema zu Berlin eine Rede gehalten, welche verdient, der Vergessenheit entrissen zu werden. Vor uns liegt eine Broschüre aus dem Jahre 1874, welche eine Reproduktion dieses Vertrages enthält und worin Liebknecht sagt, dass ein fünfjähriges Nachdenken ihn nicht veranlassen konnte, seine Ansichten über diesen Gegenstand zu ändern. Er bemerkt in dieser Beziehung:

»Zu widerrufen habe ich nichts, ebensowenig etwas zu mildern. Am wenigsten an meiner Kritik des Bismarck'schen Parlamentarismus, der sich im ›Deutschen Reichstag‹ nicht minder glorreich bethätigt, als weiland im ›Norddeutschen Reichstag‹.

»Wohl aber hätte ich die Verurtheilung dieses spezifischen Auswuchses auf den *Parlamentarismus überhaupt* ausdehnen sollen, der, wenn auch nirgends – selbst nicht im Bas-Empire des Bonaparte – zu einer so traurigen Rolle berufen, wie im Preussischen Deutschland, doch in *allen* Staaten, wo er grassirt, zur Täuschung und Knechtung des Volkes dient, – ein mit dem Schaumgold der Phrase beklebter Theatermantel, hinter dem der Absolutismus und die Klassenherrschaft ihre hässlichen Glieder und ihre Mordwaffen verstecken.«

Nach dieser ausdrücklichen Betonung Liebknechts, dass seine Ausführungen nicht etwa übereilt und unüberlegt gemacht wurden, sondern das Resultat reiflicher Erwägungen waren, zitiren wir im Folgenden alles Hauptsächliche. Liebknecht hat das Wort! Er sagt:

»Ob wählen oder nicht wählen, ist bei allgemeinem Stimmrecht nur eine Frage der Nützlichkeit, nicht eine Prinzipienfrage. Wir haben ein Recht zu wählen – der Umstand, dass das Recht oktroyirt worden, beraubt uns nicht unseres natürlichen Rechts – und wenn wir einen Vortheil dabei sehen, so wählen wir. Von diesem Gesichtspunkt aus fassten wir in Sachsen bei Berufung des ›Reichstags‹ die Sache auf.

»Ein Theil war aus Nützlichkeitsgründen gegen, ein anderer für das Wählen. Für das Nichtwählen wurde geltend gemacht, dass es dem Volk die Rechtlosigkeit klarer zum Bewusstsein bringe, für das Wählen, dass bei Enthaltung der Demokratie die Gegner in den alleinigen Besitz der Rednerbühne gelangen, allein das Wort haben würden und so leichter das Rechtsgefühl des Volks verwirren könnten. Diese Erwägung schlug durch – man entschied für das Wählen. Meine persönliche Ansicht ging dahin, dass die von uns gewählten Vertreter mit einem Protest in den ›Reichstag‹ eintreten und ihn dann sofort wieder verlassen sollten, ohne jedoch ihr Mandat niederzulegen. Mit dieser Ansicht blieb ich in der Minorität; es wurde beschlossen, dass die Vertreter der Demokratie jede ihnen passend dünkende Gelegenheit benützen könnten, um im ›Reichstag‹ ihren negirenden und protestirenden Standpunkt geltend zu machen, dass sie sich aber von den eigentlichen parlamentarischen Verhandlungen fern zu halten hätten, weil dies eine Anerkennung des Nordbunds und der Bismarck'schen Politik einschliesst und das Volk nur über die Thatsache täuschen kann, dass der Kampf im ›Reichstag‹ blos ein Schaukampf, blos eine Komödie ist. An dieser Richtschnur haben wir in der ersten und zweiten Session des ›Reichstags‹ festgehalten. Bei Berathung der Gewerbeordnung, welche den Hauptgegenstand der gegenwärtigen Session bildete, glaubten einige meiner Parteigenossen im Interesse der Arbeiter und zu propagandistischen Zwecken eine Ausnahme machen zu müssen. Ich war dagegen. Die Sozialdemokratie darf unter keinen Umständen und auf keinem Gebiet mit den Gegnern verhandeln. Verhandeln kann man nur, wo eine gemeinsame Grundlage besteht. Mit prinzipiellen Gegnern verhandeln, heisst *sein Prinzip opfern*. Prinzipien sind untheilbar, sie werden entweder *ganz bewahrt oder ganz geopfert*. Die geringste prinzipielle Konzession ist die Aufgebung des Prinzips. **Wer mit Feinden parlamentelt, parlamentirt; wer parlamentirt, paktirt.**

»Wir haben ein lehrreiches und warnendes Exempel an der Fortschrittspartei. Zur Zeit des sogenannten preussischen Verfassungskonflikts liess sie es nicht an schönen und auch kräftigen Reden fehlen. Mit welcher Energie protestirte sie nicht gegen die Reorganisation – *in Worten!* Mit welcher ›Gesinnungstüchtigkeit‹ und welchem ›Talent‹ befürwortete sie nicht die Rechte des Volks – *in Worten!* Aber die Regierung kümmerte sich nicht um die Rechtsdeduktionen. Sie liess der Fortschrittspartei das Recht, und behielt und übte die *Gewalt*. Und die Fortschrittspartei? Statt auf den parlamentarischen Kampf zu verzichten, der unter solchen Umständen eine *schädliche Albernheit* geworden war, statt von der Rednertribühne abzutreten, die Regierung zum nackten Absolutismus zu zwingen und an das *Volk* zu appelliren – fuhr sie, in den eigenen Phrasen Befriedigung findend, unverdrossen fort, Proteste und Rechtsdeduktionen in die leere Luft zu hauchen und Beschlüsse zu fassen, von denen Jedermann wusste, dass sie wirkungslos sein würden. So ward das Abgeordnetenhaus aus einer politischen Arena in ein Komödienhaus verwandelt. Das Volk hörte stets dieselben Reden, sah stets dieselbe Resultatlosigkeit und es wandte sich ab, erst mit Gleichmütigkeit, dann mit Ekel. Das Jahr 1866 wurde möglich. Die ›schönen‹, ›kräftigen‹ Oppositionsreden der preussischen Fortschrittspartei haben der Blut- und Eisenpolitik den Boden geschaffen, – sie waren die Grabreden der Fortschrittspartei selbst. Im eigentlichsten Sinne des Worts hat die Fortschrittspartei sich todt geredet.

»Lassalle verurtheilte auf das entschiedenste die Verfahrungsweise der Fortschrittspartei, und sagte die Folgen voraus. Er rieth den Abgeordneten, vom parlamentarischen Schauplatz zurückzutreten und ihre Mandate niederzulegen.

»Jedenfalls stellte Lassalle das Verkehrte und Verderbliche der parlamentarischen Schönrednerei, des Redens um des Redens Willen, ins rechte Licht.

»Wenn die Demokratie jetzt denselben Fehler begeht, wie vor sechs Jahren die Fortschrittspartei, dann wird die gleiche Ursache die gleiche Wirkung hervorbringen.«

»Doch auch ganz abgesehen von dem eigentlich politischen Standpunkt hat eine Betheiligung unserer Partei an den Parlamentsdebatten nicht den mindesten praktischen Nutzen.

»Dass bei der Zusammensetzung des ›Reichstags‹ nicht daran zu denken ist, prinzipiell wichtige Anträge in unserem Sinne durchzusetzen, das wird mir von vornherein zugestanden werden.

»Aber«, meint der Eine oder Andere, »im Reichstag haben wir die beste Gelegenheit, die Prinzipien der Sozialdemokratie zu entwickeln«. Gelegenheit dazu haben wir, allein sicherlich nicht die beste, nicht einmal eine gute.

»Glauben Sie, dass der ›Reichstag‹ seine Rednerbühne als Katheder gebrauchen lässt? Nehmen Sie an, ein Marx wollte den Abgeordneten eine Reihe theoretischer Vorträge halten, wie lange, wie oft würde man ihn anhören? Vielleicht einmal aus Neugierde, aber dann nicht mehr.

»An eine gesetzgeberische Einwirkung, wie gesagt, ist nicht zu denken; – welchen Zweck soll aber dann um Himmels Willen, die Darlegung unserer Prinzipien im ›Reichstag‹ haben? Etwa die Bekehrung der Mitglieder? Diese Möglichkeit ins Auge zu fassen, wäre mehr als kindlich, wäre kindisch.

»Ebenso praktisch würde es sein, unsere Prinzipien den Meereswogen vorzuplaudern – und nicht so lächerlich. Die Braune und Konsorten wissen sehr gut, was wir wollen. Ihnen gegenüber, wie überhaupt den im Reichstag fast ausschliesslich vertretenen herrschenden Klassen gegenüber ist der Sozialismus keine Frage der Theorie mehr, sondern einfach eine Machtfrage, die in keinem Parlament, die *nur auf der Strasse*, auf dem *Schlachtfelde* zu lösen ist, gleich jeder anderen Machtfrage.

»Ja, an eine Einwirkung auf den ›Reichstag‹ selbst denken wir auch nicht; was wir wollen, ist, dass die Tribüne des Reichstages dazu benutzt werde, um zu dem Volk da draussen zu reden.

»Allein ist sie denn der geeignete Ort für theoretische Entwickelungen? Das Ablesen ist im ›Reichstag‹ verboten, und Sie werden mir Alle zugeben, dass der geübteste Redner – vorausgesetzt, was im ›Reichstag‹ nicht der Fall ist, man höre ihn ruhig an – nicht im Stande ist, eine wissenschaftliche Arbeit so vollendet aus dem Kopfe vorzutragen und den Stenographen zu diktiren, als er sie daheim an seinem Pulte schreiben kann.«

»Aber im ›Reichstag‹ kann er Manches aussprechen, was sonst verpönt ist.

»Das leugne ich. Ich kann im ›Reichstag‹ Angriffe auf die jetzige politische Ordnung der Dinge machen, die in keiner anderen preussischen Versammlung straflos bleiben würden, doch in sozialer Beziehung, namentlich auf theoretischem Gebiete, gibt es nichts, was nicht anderwärts mit der nämlichen Straflosigkeit gesagt werden könnte. Und sollen wir denn auch den Kampf mit den Gesetzen fürchten? Thatsache ist, dass jeden Tag ungehindert in Preussen weit

Revolutionäreres geschrieben und gesprochen wird, als sämmtliche Reichstagsreden über die soziale Frage enthalten haben.

»Doch angenommen, es gelänge, irgend eine sonst unaussprechbare Wahrheit in den ›Reichstag‹ einzuschmuggeln – was wäre damit erreicht? Das Gesetz erlaubt unzweifelhaft den freien Abdruck der betreffenden Rede; allein das Gesetz macht auch die Presse, wenn sie bloss Auszüge aus einer Rede, oder eine einzelne Rede anstatt der ganzen Debatte bringt, für jedes Wort der vollständig oder auszüglich abgedruckten Rede verantwortlich. Und die ganzen Debatten nach dem allein berechtigten stenographischen Bericht mitzutheilen, ist selbst den grössten Zeitungen aus räumlichen Gründen unmöglich, geschweige denn den kleinen sozialdemokratischen Blättern.«

»Um die pfiffig in den ›Reichstag‹ eingeschmuggelten Wahrheiten wieder aus dem ›Reichstag‹ in’s Volk herauszuschmuggeln, bleibt demnach kein anderes Mittel, als der amtliche stenographische Bericht, der aber wegen seines Umfanges und seines Preises den Massen nicht zugänglich ist.

»Was die Arbeiter von Debatten über die soziale Frage erfahren, erfahren sie durch die Arbeiterblätter, und was diese in der Form von Parlamentsberichten bringen, können sie weit besser, viel sorgfältiger ausgearbeitet, in Form von selbstständigen Leitartikeln und Abhandlungen bringen.«

Fassen wir zusammen:

»Einen direkten Einfluss auf die Gesetzgebung kann unser Reden nicht ausüben.

»Den ›Reichstag‹ können wir durch Reden nicht bekehren.«

»Durch unser Reden können wir unter die Massen keine Wahrheiten werfen, die wir anderweitig nicht viel besser verbreiten könnten.

»Welchen ›praktischen‹ Zweck hat also das Reden im ›Reichstag‹? Keinen! Und zwecklos reden ist Thoren Vergnügen.

»*Nicht Ein Vortheil!* Und nun auf der anderen Seite die *Nachtheile*: das Prinzip geopfert, der erste politische Kampf zur parlamentarischen Spiegelfechterei herabgewürdigt, das Volk zu dem Wahne verführt, der Bismarck’sche ›Reichstag‹ sei zur Lösung der sozialen Frage berufen. – – – Und wir sollen aus ›praktischen Gründen‹ parlamenteln? Nur der Verrath und die Kurzsicht kann es uns zumuthen.

»Was prinzipiell das Richtige, ist auch praktisch das Beste, Prinzipientreue ist die beste Politik.

»Ich unterschätze nicht die Bedeutung des mündlichen Wortes. Allein in Zeiten der Krise, in Zeiten, wo eine Welt im Absterben, eine andere im Entstehen ist, gehören die Vertreter des Volks unter das Volk. Ich für meinen Theil halte es nicht blos für ehrenvoller, sondern auch für erspriesslicher, in einer Versammlung rechtschaffener Arbeiter zu reden, als in jener auf den Wink eines Recht und Menschen verachtenden Staatsmannes zusammengelaufenen Gesellschaft von Junkern, Apostaten und Nullen, die Norddeutscher ›Reichstag‹ genannt wird.

»Aber der ›Reichstag‹ ist das Kind des allgemeinen Stimmrechts. Das allgemeine Stimmrecht ist der Wille des Volkes, und als Demokraten müssen wir den Willen des Volkes, folglich den ›Reichstag‹ achten.

»In diesem Raisonnement, das ziemlich gewöhnlich ist, begegnet uns jene unverständige Ueberschätzung des allgemeinen Stimmrechts, die, hauptsächlich auf Lasalle’s Autorität sich stützend, zu einem förmlichen Götzendienst geworden ist. Namentlich in Norddeutschland halten Viele das allgemeine Stimmrecht für die wunderthätige Springwurzel, welche den ›Enterbten‹ die Pforten der Staatsgewalt öffnet; sie leben in dem Wahne, sich mitten im Polizei- und Militärstaat an dem allgemeinen Stimmrecht, wie weiland Münchhausen an seinem Zopf, aus dem Sumpf des sozialen Elends herausheben zu können. Münchhausens Zopf sollte ihr Hinterhaupt schmücken.

»Als Bonaparte die Republik gemeuchelt hatte, proklamirte er das allgemeine Stimmrecht.

»Als Graf Bismarck dem preussischen Junkerpartikularismus den Sieg verschafft, als er durch seine 1866er ›Erfolge‹ das liberale Bürgerthum in Preussen überwunden und Deutschland zerrissen hatte, that er, was sein Vorbild 15 Jahr vorher gethan, – er proklamirte das allgemeine Stimmrecht.

»Bei beiden Gelegenheiten besiegelte die Proklamirung, die Oktroyirung des allgemeinen Stimmrechts den Triumph des Despotismus. Das allein müsste den naiven Schwärmern des Evangeliums vom allgemeinen Stimmrecht die Augen öffnen.

»Auf die Motive Bonapartes einzugehen, ist hier nicht der Ort. Was den Grafen Bismarck anbelangt, so liegen seine Beweggründe klar zu Tage.

»Das Dreiklassenwahlsystem, undemokratisch und antidemokratisch wie es ist, hat doch zugleich einen antifeudalen Charakter, weil es den Schwerpunkt der parlamentarischen Vertretung in die besitzenden Klassen verlegt, die, wenn auch stets bereit, mit dem Absolutismus Front zu machen gegen die Arbeiter, gegen die Demokratie, dennoch, mit Ausnahme der Grossgrundbesitzer, Feinde des absolutistischen Staats, und bis zu einem gewissen Punkt ›liberal‹ sind. Das liberale Abgeordnetenhaus, das Produkt des Dreiklassensystems war der Junkerregierung unbequem. Es galt ein Gegengewicht zu schaffen, und dies fand sich im allgemeinen, direkten und gleichen Wahlrecht.

»Wie Wenige sind in dem heutigen Polizeistaat, in dem Staat der geistigen und der militärischen Dressur geistig und materiell unabhängig? Macht doch die Bauernbevölkerung allein, die hier zu Lande dem Wink der Behörden willenlos gehorcht und gehorchen muss, zwei volle Drittel der gesammten Einwohnerzahl aus.

»Dies berechnete Graf Bismarck, und er verrechnete sich nicht. Durch das allgemeine Stimmrecht fegte er die Opposition der besitzenden Klassen aus dem Weg und erlangte eine fügsame Reichstagsmajorität, wie sie das Dreiklassenwahlsystem ihm nimmermehr gegeben hätte.

»Also nicht als Hebel der Demokratie, sondern als Waffe der Reaktion wurde das allgemeine Stimmrecht oktroyirt.

»Es steht unter der vollständigsten Controle der Regierung – hier noch viel mehr als in Frankreich, wo das Volk politisch mehr geschult ist, wo es drei Revolutionen hinter sich hat und die vierte vor sich. Man kann mit Sicherheit behaupten, dass in Preussen kein Abgeordneter in den ›Reichstag‹ gewählt werden kann, dessen Kandidatur die Regierung ernsthaft bekämpft. Ich erinnere an die letzte Wahl in Hannover, wie man die Aufrufe der Opposition konfiszirte, ihr tausenderlei Hindernisse in den Weg legte. Und hier handelte es sich nur um einen unbequemen, nicht um einen gefährlichen Kandidaten. Hätte die Regierung von ihrer ganzen Macht Gebrauch machen wollen – ich meine gesetzlichen Gebrauch, denn der ›intelligente‹ Absolutismus kleidet sich meist in den Mantel des Gesetzes –, sie hätte die Wahl Ewald's mit Leichtigkeit hintertrieben. Nehmen wir an, es tritt ein Kandidat auf, den die Regierung durchaus nicht in dem ›Reichstag‹ haben will: sie konfiszirt die Zeitungen, die seine Wahl empfehlen – gesetzlich; sie konfiszirt die Wahlaufrufe – gesetzlich; sie verbietet die Wählerversammlungen – gesetzlich; oder sie erlaubt die Wählerversammlungen und löst sie dann auf – gesetzlich; sie verhaftet die Fürsprecher des Kandidaten – gesetzlich; sie verhaftet sogar den Kandidaten selbst – gesetzlich. Verhaftete man doch neulich sogar einen ›Reichstagsabgeordneten‹, und würde doch derselbe noch heute im Gefängniss sitzen, wenn die Nationalliberalen nicht durch ein Lächeln Bismarcks von der Harmlosigkeit des ›Märtyrers‹ überzeugt worden wären.

»Aber angenommen, die Regierung mache von ihrer Macht aus Kraftgefühl oder Berechnung keinen Gebrauch, und es gelinge, wie das der Traum einiger sozialistischen Phantasiepolitiker ist, eine sozialdemokratische Majorität in den Reichstag zu wählen – was sollte die Majorität thun? *Hic Rhodus hic salta.* Jetzt ist der Moment, die Gesellschaft umzugestalten und den Staat. Die Majorität fasst einen weltgeschichtlichen Beschluss, die neue Zeit wird geboren – ach nein, eine Kompagnie Soldaten jagt die sozialdemokratische Majorität zum Tempel hinaus, und lassen die Herren sich das nicht ruhig gefallen, so werden sie von ein paar Schutzleuten in die Stadtvogtei abgeführt und haben dort Zeit, über ihr donquixotisches Treiben nachzudenken.

»Revolutionen werden nicht mit hoher obrigkeitlicher Erlaubniss gemacht; die sozialistische Idee kann nicht innerhalb des heutigen Staates verwirklicht werden; sie muß ihn stürzen, um ins Leben treten zu können.

»Kein Friede mit dem heutigen Staat!

»Und weg mit dem Kultus des allgemeinen und direkten Wahlrechts!

»Die Gewalt erkennen wir wohl an, aber nur als eine Thatsache, nicht als Recht – als eine Thatsache, die wir so lange ertragen, bis die Gewalt nicht mehr die Gewalt hat, d.h. bis ihr eine grössere Gewalt entgegengesetzt werden kann. Wir legen die Hände nicht ruhig in den Schooss, sondern benutzen alle Waffen, welche die herrsehende Gewalt uns gelassen hat, zur Bekämpfung der herrschenden Gewalt. Und so ›tragen auch wir den Verhältnissen Rechnung‹ – in der einzigen Weise, die sich mit dem Prinzip und mit der Klugheit verträgt.

»Von dem Moment an, wo jeder Zweifel in Bezug auf die politische Stellung der Sozialdemokratie beseitigt ist, wo die Sozialdemokratie, ohne den Klassenkampf gegen die Bourgeoisie zu vernachlässigen; auch den politischen Vorkampf führt, haben wir die Massen der Arbeiter hinter uns, können wir sagen: ›Berlin gehört uns‹. Und dann gehört uns Deutschland; denn hier in Berlin sitzt der Hauptfeind, hier wird die Entscheidungsschlacht geschlagen. Von Berlin aus wurde Deutschland geknechtet; in Berlin muss Deutschland befreit werden.

So weit *Liebknecht*. Wir stimmen seinen Ausführungen vollkommen bei. Besonders betonen wir, dass wir mit Liebknecht übereinstimmen, wenn er seinen einleitenden Worten das betreffs des Norddeutschen Reichstags Gesagte auf den Parlamentarismus *überhaupt* angewendet wissen will.

In den Vereinigten Staaten von Nordamerika wird mehr gewählt, als in irgend einem anderen Lande; und gerade hier ist der Stimmkasten zum wüstesten Auswuchs der Volksbeschwindelung geworden.

Wenn die Despoten Europa's nicht ganz vernagelte, eigensinnige Tröpfe wären, und wenn die Parlamente der »alten Welt« nicht gleichfalls bis zur Blindheit im Herkommensdusel befangen sein würden, so hätten sie sich längst sammt und sonders die Massen-Stimmkästnerei nach amerikanischem Schnitt zugelegt. Denn ein besseres System, die Volksmassen wie Tanzbären an der Nase herumzuziehen und denselben obendrein gleichzeitig alle Verantwortlichkeit für jede Schandthat und jeden Wahnwitz der Regierer höhnend aufzubürden, hätte der denkbar boshafteste Dämon auch nicht erfinden können.

Wer da glaubt, dass wir übertreiben, den machen wir auf folgende Punkte aufmerksam.

1. Je öfter gewählt wird und je zahlreicher die zu wählenden Funktionäre sind, desto weniger sind die Wähler im Stande, die zu Wählenden auch nur dem Namen nach zu kennen.
2. Je entschiedener das allgemeine Stimmrecht bei den Besetzungen aller erdenklichen Aemter etc. in Frage kommt, ein desto zahlreicheres und geriebeneres Demagogenthum von Aemterjägern beherrscht mehr und mehr das ganze öffentliche Leben.
3. Bei solcher Sachlage kann es nicht ausbleiben, dass nicht nur in den Reihen der Gewählten, sondern auch in denen der Wähler eine unausrottbare Korruptheit und damit eine allgemeine Charakterlosigkeit des Volkes einreisst.

Diese drei Punkte sollten allein schon genügen, alle edel denkenden Menschen, insbesondere aber die Widersacher der heutigen Gesellschaft – in allererster Linie jedoch die konsequenten Revolutionäre, die Anarchisten, von der Theilnahme an der Wählerei fernzuhalten.

Allein für diese, wie überhaupt für alle organisirten Arbeiter kommen noch ganz andere Bedenken in Betracht.

Bei der Massenhaftigkeit der Kandidaten und der damit verknüpften herkömmlichen Nothwhendigkeit, dieselben durch lauter redefähige Menschen, die obendrein eine Art »Berühmtheit« aufzuweisen haben sollen, zu besetzen, kommen Arbeiterparteien selten in die Lage, aus ihrer Mitte heraus so viele dermassen qualifizirte Personen herauszugreifen, als nothwendig ist, um die üblichen »Tickets« auch nur einigermassen annähernd auszufüllen. Es kann also selbstverständlich nicht ausbleiben, dass anderweite Personen als Kandidaten aufgestellt werden, was schon von vornherein eine prinzipgemässe Repräsentanz der betreffenden Wählerschaft mehr oder weniger ausschließt. Und da bei solcher Sachlage überhaupt in der Regel die Aemterjäger gar nicht erst gesucht zu werden brauchen, weil sich solche in grosser Menge zu dem ausgesprochenen Zwecke, öffentliche Anstellungen zu erobern, in die Arbeiterparteien einschleichen und dieselben durch allen erdenklichen Schwindel über kurz oder lang total korrumpiren, so leidet das Proletariat nicht nur unter den eigentlichen Wahlkonsequenzen (Ausverkauf, Verrath etc.), sondern überhaupt, indem jene Kreaturen alle erdenklichen Kniffe in Anwendung bringen, um das ganze Parteileben in den engen Zirkel der Wahlwühlerei zu bannen und jedes weitergehende Streben auf Tritt und Schritt zu beeinträchtigen, wenn nicht gar gänzlich zu hintertreiben.

Wenn man das Geheimniss, weshalb die Arbeiterbewegung in Amerika so sehr im Argen liegt, zu ergründen sucht, so stösst man im Wesentlichen auf die vorbemerkten Umstände. Weil die an der Spitze von Arbeitervereinigungen stehenden sogenannten »Führer« vermöge der Wahlpolitik leicht in der Lage sind, gelegentlich jeder Wahl beträchtliche Bestechungsgelder einzuheimsen, schlagen diese jämmerlichen Burschen nicht nur Jahr aus, Jahr ein die Wahlpauke, sondern sorgen auch dafür, dass etwaige anderweite Agitationen alsbald unterdrückt werden, so dass sozusagen eine prinzipielle Entwickelung dieser Arbeiterverbände gar nicht stattfindet und ein wahrhaft chinesischer Konservatismus sich ausbreitet.

Denkt man vollends daran, was da in Amerika Alles gewählt wird, so steht einem ohnehin schon der Verstand still, falls man sich daneben vorstellen muss, dass sonst aufgeklärte Arbeiter sich dazu hergeben sollen, zur Einsetzung der betreffenden Personagen ihre Zustimmung zu geben.

Richter, Staatsanwälte, Henker, Polizisten etc. – solche Kerle, die unter allen Umständen nur den Zweck haben, die Menschheit zu schuhriegeln, soll ein revolutionärer Arbeiter sich aufs Genick setzen? Er könnte sich ebenso gut selber ohrfeigen.

Freilich redet man uns vor, dass eben die besten Menschen zu wählen seien. Aber ach! Etwas Solches existirt ja gar nicht. Wirklich gute Menschen verzichten auf solche »Ehren« und halb und halb verdorbene Naturen werden im Amt vollends zu abgefeimten Schurken. Ich sollte denken, es gibt in dieser Beziehung Beispiele genug, welche beweisen, dass selbst in den Parlamenten Europas wo die Versuchung nicht in *solchem* Massstabe an die Erwählten herantritt, wie in den Verwaltungsämtern, sogar von Hause aus edel veranlagte Menschen mehr und mehr verlumpt sind. Was soll man erst in Amerika erwarten – oder vielmehr, was hat man schon Alles in Amerika in diesen Beziehungen erlebt?

Sind nicht im Laufe der letzten zehn Jahre in Amerika seitens der Arbeiterparteien schon mindestens 500 Arbeiter-Kandidaten für die verschiedenartigsten Verwaltungs- und Gesetzgebungsposten gewählt worden? Wie viele waren aber darunter, welche nicht eine ganz infame Rolle spielten? – Sollen solche üble Erfahrungen immer und immer wiederholt werden? – –

Hier stocken unsere Widersacher, die Stimmkästner, mit der Antwort. Aber sie lassen doch nicht locker und behaupten, man könne doch wenigstens in den Legislaturen manches schlechte Gesetz, das sonst zu Stande kommen würde, hintertreiben. Wir bestreiten das auch. Denn selbst in Europa ist man in dieser Beziehung über blosse Einbildungen und Behauptungen nicht hinausgekommen. Ein stichhaltiger Beweis ist für die Richtigkeit dieser Behauptung nicht zu erbringen, wie schon ein Blick auf die nummerische Ohnmacht der sogenannten Arbeitervertreter in allen Gesetzgebungskörpern, wo sich solche bisher versuchten, hinlänglich darthut.

Ebenso steht es mit der stimmkastenmässigen und repräsentativen Protestlrerei der Arbeiter, von welcher neuerdings so viel gefackelt wird. Wer jemals in einer legislativen Quatschbude aus- und eingegangen ist, wird sich davon hinlänglich überzeugt haben, dass solche Protestereien in den Wind hinein gesprochen sind.

Bleibt noch die angebliche Agitation, welche in Wahlzeiten angeblich getrieben werden kann. Damit ist es erst recht Essig.

Handelt es sich denn bei den Wahlklopffechtereien etwa um grosse gesellschaftliche Fragen, oder wird nicht vielmehr über allen erdenklichen ungeordneten Mist gequatscht, wie er gerade die Schädel der Pfahlbürger durchstinkt?

Ja, schon des unvermeidlichen Stimmenfanges wegen werden alle Kandidaten und deren Mitschwätzer – selbst wenn sie an und für sich keine Demagogen wären – veranlasst, sich durch möglichst flaches Geschwätz in die Denkweise der Spiesser hineinzuarbeiten und durch allerlei Kleinigkeitskrämereien deren Beifall zu erwerben. Von solchem saft- und kraftlosen Gegackel bis zu allen erdenklichen Kompromisslereien mit anderen Parteien ist nur ein kleiner Schritt – besonders in Amerika, wo die Versuchung in dieser Beziehung nahezu immer unwiderstehlich ist.

Statt eine revolutionäre Agitation in Wahlzeiten und vor Stimmnullen betreiben zu können, verwickelt man sich also nur immer entschiedener in Prinzipienwidrigkeiten; und ehe es sich eine Arbeiterpartei, welche sich auf dieses Gebiet begibt, versieht, verwandelt sie sich unter solchen schlechten Einflüssen in eine breiige Masse, welche bald dieser, bald jener politischen Lumpazius in beliebige Formen knetet. Die besseren Elemente scheiden sich schließlich aus und verzweifeln, angeekelt von solchen Verhältnissen, oft ganz und gar an der Menschheit; der Rest ist und bleibt gedankenloses Stimmvieh. Wir danken für solche Agitations-Resultate.

Bisher hat es in den Vereinigten Staaten wesentlich nur solche Bestrebungen des Proletariats gegeben, welche in der Hauptsache konservativ-gewerkschaftlicher Natur waren oder daneben allenfalls noch auf Bildungsmeierei und Produktivgenossenschaften durch Sparen hinausliefen.

Jetzt auf einmal scheinen die amerikanischen Arbeiter zu merken, dass es damit noch lange nicht abgethan sein kann, zumal ihnen die öffentliche und private Gewalt der Kapitalisten auf Tritt und Schritt begegnet und ihre Anstrengungen im Lohnkampfe etc. vereitelt.

Man hätte nun denken sollen, dass die üblen Erfahrungen, welche in diesen Beziehungen gemacht wurde, von revolutionärer Wirkung sein müssten, allein die Thatsachen zeigen die Dinge in einem anderen Lichte.

Der »**Volksstaat**«, welcher nun schon 100 Jahre lang existirt und nicht eine einzige Schattenseite der bürgerlichen Gesellschaft hintanzuhalten vermochte, ja, der sogar die Klassenherrschaft der Reichen über die Armen gerade am allerschärfsten entwickelte, soll nun plötzlich das geeignete Instrument der Unterdrückten geworden sein. Man stimmt hartnäckiger als je. Was soll wohl dabei herauskommen?

Nehmen wir einmal an, die Wahl-Enthusiasten hätten in den nächsten Jahren eine beträchtliche Anzahl von siegreichen Abstimmungen zu verzeichnen, was würde das bedeuten?

Die sogenannten Führer der organisirten Arbeiter kämen einfach nach und nach zu fetten Aemtern und Würden; und die Qualität dieser Leute bürgt dafür, dass damit lediglich für sie etwas gewonnen wäre.

Wir hatten oft genug Gelegenheit, darauf hinzuweisen, dass die meisten Arbeiterführer Amerika's entweder Konfusionsräthe oder geradezu Schurken sind. Was soll man wohl von solchen Burschen erwarten? – –

Da in Amerika wohl an 100 000 Wahlposten existiren, so ist die Möglichkeit, dass die Arbeiter-Vertreter in irgend einem Repräsentativkörper die Mehrheit erlangen, von vornherein ausgeschlossen; und die Minoritäten haben zu ihrer Entschuldigung natürlich die bequeme Ausrede, dass sie nichts machen können. Exekutiv-Beamte vollends vermögen schon gleich gar nichts zu reformiren, weil sie ja unter der Legislatur stehen. Von einem positiven Resultate kann also für das Proletariat bei der ganzen Geschichte auf keinen Fall die Rede sein.

Auf der anderen Seite dürfte es leicht vorkommen, dass sich im einen oder im anderen Staate, in dieser oder jener Kommune, die beiden alten Parteien ziemlich gleich stark gegenüber stehen, und dass die Arbeitervertreter in Folge dessen die sogenannte Balanz in Händen haben. Wo dies der Fall ist, da steht der schmutzigsten Korruption nichts mehr im Wege. Nach etlichem Spreitzen und Demagogisiren werden sich die edlen Seelen mit Haut und Haaren schliesslich an die Meistbietenden verkaufen.

Gehen wir aber noch weiter! Nehmen wir an, es käme zu Arbeiter-Majoritäten in einzelnen Repräsentativ-Körpern und es sei jeder Erwählte des Proletariats ein strikter Karakter und ein verständiger Mensch.

Wir brauchen nicht gleichzeitig zu denken, dass die Betreffenden bis zum Begreifen des modernen Sozialismus gelangt seien, und dass sie die Absicht hätten, der Etablirung desselben gesetzgeberisch energisch Vorschub zu leisten. Es genügt, wenn wir uns vorstellen, dass die zu politischer Macht gelangten Arbeitervertreter dieselbe zur Einführung von solchen Reformen benützen, wie sie innerhalb der jetzigen Gesellschaft immerhin denkbar wären. Glaubt irgend Jemand, der seine fünf Sinne beisammen hat, dass Kapitalisten mit stoischem Fatalismus diese Dinge über sich ergehen lassen würden, und dass dieselben vor jedem neuen Gesetze, wie sehr es auch ihren Interessen zuwider sein mag, respektvoll und gehorsam in den Staub sich beugen werden, wie das bisher das Volk zu thun gewohnt war, wenn ihm von den kapitalistischen Gesetzgebern irgend welche reaktionäre Gesetze um die Ohren geschlagen wurden?

Niemand, der ernst genommen sein will, besitzt die Naivität eines solchen Aberglaubens. Jeder hält es für selbstverständlich, dass die Kapitalisten auf alle Arbeitergesetze pfeifen werden.

Soll damit einfach die Trommel ein Loch haben? Ist es denkbar, dass die Arbeiter ihre Schafsgeduld so weit treiben, allen ihren Stimmanstrengungen ungeachtet, sich dermassen verhöhnen zu lassen? Die Proletarier werden ob der kapitalistischen Unverschämtheiten fuchsteufelswild werden. Erst wird es verdammt laute Debatten und hernach allgemeine Keilereien setzen. Mit anderen Worten: Selbst die zahmste Gesetzgeberei, wenn gegen die kapitalistische Klasse gerichtet, muss mit Naturnothwendigkeit zur sozialen Revolution führen. Das, was man durch langwierige Zickzackbestrebungen vermeiden wollte, wird also trotz alledem mit unabweisbarer Wucht in Erscheinung treten; und Alles, was bei der langwierigen Stimmkästnerei herauskam, war nur eine Verschleppung der Sachlage und mithin eine Verlängerung der Leiden des Volkes.

Der von uns zuletzt angenommene Fall ist aber noch der denkbar günstigste. Leider wird derselbe indessen kaum zu Tage treten; denn eine Klasse, welche nicht blos alle materiellen Güter besitzt, sondern auch sämmtliche Bildungsanstalten, resp. Verdummungsinstitute (Kirche, Schule, Presse etc.) kontrollirt, und von welcher obendrein die Masse des Volkes ökonomisch vollständig abhängig ist, hat es geradezu in der Hand, den Stimmkasten in letzter Instanz zu »reguliren«.

Alles, was bei der ganzen Wählerei herauskommen kann, ist da und dort ein Scheinerfolg. Man vertröstet sich dann immer auf »das nächste Mal«, bis man die Geschichte endlich satt bekommt und unter die Pessimisten geht. Das ist dann der »moralische Effekt« des Stimm-Unfugs.

Man mag es drehen und wenden wie man will, das Wählen bringt nur Nachtheile. Wie daher die Dinge in Amerika sich immer entwickeln mögen, auf uns haben die Stimmutopisten niemals zu rechnen. Den Volksstaat belachen wir, an's Wählen glauben wir nicht und unser Prinzip ist uns heilig.

In Amerika ist das allgemeine Stimmrecht kein Spielzeug, welches, wie in Europa, wo eine wohlgeordnete Bureaukratie antiparlamentarisch regiert, den grossen Kindern behufs unfruchtbarer Schwätzerei überlassen wurde, sondern seit hundert Jahren die feste Basis, auf welcher – nicht die vielgepriesene Volksherrschaft, sondern die Macht der Bourgeoisie ruht.

Hier hat sich im Laufe der Zeit eine Maschinerie um den Stimmkasten gruppiert, welche sicher in den Händen der besitzenden Klassen sich befindet, und die nicht gebrochen werden kann durch Errichtung einer ähnlichen, aber nur mit den winzigen Mitteln der Armen ausgestatteten Mechanik.

Presse, Kanzel, Katheder, Wirthshaus, Lodginghaus und Lumpenproletariats-Herberge – sie alle stehen unter den Hebeln und Kurbeln dieser Maschinerie. Sämmtliche Beamte und Solche, die es werden wollen, nebst ganzen Schwärmen politischer Loafers beherrschen die Wahlagitation vollständig und werden zum schwunghaften Betriebe derselben von Denen, zu deren Gunsten sie ihre Aemter missbrauchen oder Wühlerei treiben – von den kapitalistischen Korporationen und sonstigen Galgenvögeln – reichlich mit Geld dazu versehen.

Der Einfluss, den diese ganzen Gimpelfang-Institution auf das Volk hinsichtlich der Stimmerei ausübt, ist so ungeheuer, dass es geradezu lächerlich erscheint, wenn man hört, dass derselbe mittelst proletarischer Rednerei gebrochen« werden sollte.

Selbst wenn man daher nicht einmal auf unserem Standpunkt der völligen Negation aller Majoritäts-Michelei und Abstimmungs-Kastrationen steht und wenn man glaubt, dass die Menschheit zu ihrer Hebung nicht eines Systems, sondern nur eines Personal-Wechsels bedürfe, muss man unter solchen Umständen doch wenigstens begreifen, dass weder die eingebildeten praktischen, noch auch nur moralische Erfolge für die Arbeiter auf dem Wege der Wahlhuberei zu erzielen sind.

Das ist aber noch immer nicht Alles, was ganz besonders in Amerika die Theilnahme der nach vorwärts strebenden, organisirten Proletarier am Abstimmungs-Unfug verbietet. Hier kommt noch das demoralisirende Element in Betracht, welches in dem Mitmachen der Wahlzauberei für die Arbeiter gegeben ist.

Erstens wird in Amerika nicht bloss sehr oft, sondern auch schubweise gestimmt. Man wirft sogenannte Tickets – ganze Litaneien von Kandidaten-Namen in die Urne. Kleinere Parteien, die ausserhalb der grossen Drahtzieherei wirken, werden da, ob sie ursprünglich wollen oder nicht, zum Ausverkauf verlockt, welcher am geschicktesten auf dem Wege gemischter Tickets (Namen der eigenen und solche einer anderen Partei enthaltend) bewerkstelligt wird. Die verleiteten Arbeiter pflegen solche Tickets unverändert abzugeben – im Glauben, dass die Partei, mit welcher Kompromisse abgeschlossen wurden, auch so handeln werde –, die Auskäufer jedoch streichen die Namen der Arbeiter-Kandidaten aus und setzen ihre Leute auf die Listen.

Den Machern der amerikanischen Arbeiterbewegung ist das wohl bekannt, aber gerade deshalb stossen sie erst recht in die Stimmtrompete. Der Ausverkauf fällt ja in ihre Taschen.

Kommt aber wirklich ein Arbeiterkandidat durch, so findet sich bald dessen Preis, wie bei allen früheren Gelegenheiten, wo die Arbeiter »ihre Leute« (?) in Amerika zum Siege brachten, bewiesen wurde.

Endlich ist es, wie gesagt, ein Unsinn, wenn Arbeiter Richter, Staatsanwälte, Henker und dergleichen Menschenschinder überhaupt wählen wollen.

Und gerade darauf, sagen die Betreiber der neuesten Wahlhumbugerei, müsse in erster Linie gesehen werden. Man weiss nicht, soll man die Dummheit Derer, denen solches zugemuthet wird, oder die Frechheit, welche solche Vorschläge geboren hat, mehr anstaunen.

Richter, welche kleine Spitzbuben im Sinne der Arbeiterbewegung verknurren; Staatsanwälte, die Jahr aus, Jahr ein den Pauperismus durch Anklagen wider arme Teufel »arbeiterfreundlich« zu kuriren suchen; Henker, welche ihre Stricke nach den Vorschriften der Trades Unions den Opfern brutaler unsinniger Gesetze um die Hälse schlingen – Mephisto schlägt Purzelbäume vor Vergnügen. – –

Wäre das Alles aber nicht so traurig, wie wir sagen, so wäre dennoch an einer Verbesserung der Lage der arbeitenden Massen durch den Stimmkasten nie und nimmermehr zu denken.

Schon Tiberius und Gajus Gracchus mussten vor mehr als 2000 Jahren erfahren, was es heisst, an die Wunder von Volksabstimmungen zu glauben. Als der römische Senat sah, dass die Wahlmaschinerie nicht mehr zu seinen Gunsten arbeite, setzte er den Stimmzetteln geschwungene Stuhlbeine und gezogene Schwerter gegenüber und korrigirte so die Resultate der Urne. Die amerikanischen Kapitalisten und deren Tross haben bisher nicht gezeigt, dass sie weniger rechthaberisch und gewaltthätig seien, als die Reichen im alten Rom. Andererseits lässt sich in Amerika bekanntlich das Volk alle Augenblicke ganz heillos verknüppeln, ohne dass darob ein rebellischerer Geist entstünde, als er bei den verkommenen römischen Proletariern angetroffen wurde, wie überhaupt das Amerika von heute mit dem Rom der letzten Epoche der Republik eine entsetzliche Aehnlichkeit hat.

Die heiligste Pflicht eines jeden Revolutionärs ist es mithin, das Volk von den Stimmkästen *fern* zu halten und ihm die Vorbereitung zum *gewaltsamen* Umsturz der jetzigen Schand-, Mord- und Raub-Wirthschaft anzurathen.

Hier noch ein anderes Bild! Bereits vor vier Jahren karakterisirten wir den deutschen Parlamentarismus, wie folgt:

Von 42 Millionen Deutschen besitzen ungefähr 8 Millionen das sogenannte »allgemeine Stimmrecht«; hiervon machen etwa drei Millionen durchschnittlich keinen Gebrauch. Zwei

Millionen Stimmen (rund gerechnet) entfallen auf die sitzenbleibenden Kandidaten; mithin gelangen in der Regel die Bevollmächtigten von zirka drei Millionen Einwohnern Deutschlands in den Reichstag; die übrigen 39 Millionen sind von vornherein ohne Vertretung.

Der Reichstag ist beschlussfähig, wenn die Hälfte seiner Mitglieder, also die Repräsentanz von anderthalb Millionen Deutschen, anwesend ist, und selten sind mehr »Volksvertreter« beisammen.

Bei der Abstimmung über ein Gesetz entscheidet wiederum die einfache Majorität, also – gut gerechnet – die Vertreterschaft von 800 000 Stimmen.

41 200 000 Einwohner sind durchschnittlich bei dieser konstitutionellen Gesetzmacherei absolut einflusslos, und nur 800 000 haben – und zwar, wohl gemerkt! *indirekt* – ein wenig dareingeredet.

Dareingeredet? Welche Illusion! Wer diese »glücklichen« 800 000, d. h. die Wähler der *reaktionärsten* Abgeordneten nicht blos zählen, sondern auch wiegen und *messen* könnte, namentlich in der *Schädelgegend*, der würde verdammt überraschende Beweise für die Richtigkeit der Darwinschen Theorie betreffend Herkunft des Menschen geliefert bekommen.

Diese einfachen und doch so deutlichen Zahlen sollten eigentlich schon genügen, den Parlamentarismus in Deutschland (und anderwärts steht es ja geradeso) zu illustriren; und doch zeigen sie lediglich die innere Leere desselben; das Fratzenhafte seiner äusseren Erscheinung kann man nur durch persönliche Anschauung anekeln lernen.

Wenn man den Berichten der Blätter nachgehen könnte, müsste man zu der Meinung verleitet werden: es herrsche da ein gewisser feierlicher, würdiger Ernst in den »heiligen Hallen« der Gesetzgeber; es würden da die verschiedenen Meinungen mit Enthusiasmus vorgetragen und sorgfältig erwogen, bis endlich die vermeintlich gediegenste und durchschlagendste Ansicht Gesetzeskraft erhält.

Wer ein einzige Mal den deutschen Reichstag an der Arbeit gesehen hat, vor dessen Augen sind längst solche Phantastereien wie Schaum zerflossen.

Da liest einer behaglich seine Morgenzeitung; dort plaudern und lachen zwei oder drei Andere über lustige Privaterlebnisse; hier »fixt« ein Zeitungsmensch einige Artikel; da laufen Andere gähnend umher; manchmal schläft auch Dieser oder Jener auf einem der im Hintergrunde stehenden Sophas seinen vornächtlichen Rausch aus; die Meisten aber treiben sich außerhalb des Sitzungssaales umher: in der Bibliothek, im Lese- oder Schreibzimmer, im Rauchsalon, ganz besonders aber in der Restauration, deren Pächter gewiss nicht lügen würde, wenn er den Herren Gesetzgebern das Zeugniss ausstellte, dass ihre Bäuche zehnmal mehr leistungsfähig seien, als ihre Gehirne, denn es wird da unglaublich viel zusammengeschlemmt.

Inzwischen reden die Sprecher zu den leeren Parlamentssesseln, zu den Gallerie-Neugierigen, denen es wohlweislich nicht gestattet ist, sie auszupfeifen, und zu den Journalisten, welche ihre Quaseleien – nachdem dieselben in einen druckfähigen Stil umgewandelt worden – der Welt als staatsmännische Weisheit zu serviren haben.

Die Abstimmung naht heran; der Präsident lässt nach allen Richtungen hin den Haustelegraphen spielen; am allerlautesten schellt es in der Kneipe; die »Volksvertreter« taumeln allmälig herein; die Macher stellen sich an die Spitze ihrer betr. Parteien; die Anderen richten sich nach diesen.

Jetzt ist der feierliche Moment da – Eins-Zwei-Drei – die Abstimmung ist gemacht – das Gesetz ist fertig. – Das klingt recht heiter; es ist aber eine blutigernste Sache, dass die Völker gewöhnlich Jahrzehnte dazu brauchen, um solchermassen zu Stande gekommene Gesetze wieder abzuschaffen. Das ist der Parlamentarismus. –

Was da vom Thun und Lassen der Parlamentarier in Deutschland gesagt wurde, passt genau auf alle übrigen Parlamentarier. Wir beobachteten einmal die Legislatoren von Washington an der »Arbeit«. Sie trieben es ebenso wie ihre Berliner Ebenbilder.

Was aber sollen wir thun? So ruft man uns hämisch zu. Sollen wir vielleicht die Hände in den Schoss legen und mit aufgesperrtem Munde auf den Ausbruch der sozialen Revolution lauern?

Wir haben die Menschen unaufhörlich aufzureizen und sie, während sie unter solchem An-
sporn die bestehenden Verhältnisse immer entschiedener hassen lernen, dahin zu belehren, was
zu thun ist. Nicht Wahlmichel, sondern bewusste, denkende Soldaten der sozialen Revolution
haben wir zu erziehen.

Das ist ein mühsames, aufreibendes Beginnen, sogar mit allen erdenklichen Gefahren verknüpft; allein die Lösung der sozialen Frage ist eben überhaupt kein Kinderspiel. Darum bleibt
es bei unserer Parole:

Nieder mit dem Stimmkasten!

J. M.

Der kommunistische Anarchismus

In jeder Tasche eine Bombe, angefüllt mit Dynamit, den Mordstahl in der einen, die Brandfackel in der anderen Hand - so stellt sich ein Gegner des Anarchismus in der Regel einen Anarchisten vor. Er erblickt in einem solchen einen Menschen, der, halb Narr, halb Verbrecher, nichts weiter im Sinne hat, als die Ermordung eines jeden, der nicht seiner Meinung ist, und dessen Ziel der allgemeine Wirrwarr, das Chaos, ist.

Eine derartige Vorstellung kann nicht Verwunderung erregen, weil ja jahraus, jahrein die Blätter aller nichtanarchistischen Parteien die Anarchisten solchermaßen zeichnen. Selbst in gewissen Arbeiterorganisationen wird die Sache so dargestellt, als ob ein Anarchist nichts weiter sei, als ein Gewaltmensch ohne jedes edle Streben; und die aller absurdesten Angaben über die Ziele der Anarchisten finden sich gerade in diesen Blättern.

...Ganz abgesehen von dem Dynamit- und Revolutions-Tatterich, die da zu hellem Zeter und Mordio wider die Gewalttaktik der Anarchisten führten, wird hinsichtlich der anarchistischen Prinzipien in diesen Zeitungen gelogen. Denn was kann es anderes sein als Lüge, wenn behauptet wird, daß der jetzige Kapitalismus identisch sei mit Anarchismus, oder wenn man gar den Anarchisten nach zureden sucht, daß sie die Rückkehr zur Kleinbürgerei erstreben?

Was zunächst die Gewalttäterei betrifft, von welcher man behauptet, daß sie das Streben der Anarchisten decke, so kann und soll nicht geleugnet werden, dass die meisten Anarchisten allerdings die Überzeugung hegen, die heutige Gesellschaft sei nicht durch friedliches Beginnen zu Fall zu bringen; allein diese ihre taktische Stellung hat, wie wir später sehen werden, an und für sich mit dem Anarchismus nicht mehr zu schaffen, als irgend eine Taktik mit irgend einem Prinzip.

Der Anarchismus ist vielmehr zunächst der Inbegriff einer bestimmten Weltanschauung, einer speziellen Gesellschaftsphilosophie; denn ja, man kann geradezu sagen der Gesellschaftsphilosophie, denn wer die Welt und das menschliche Leben in ihrer ganzen Tiefe und bisherigen Entwicklung betrachtet und hinsichtlich der wünschenswerten Gestaltungen der menschlichen Gesellschaft konsequente Schlüsse zieht, der kann auch nicht verfehlen, einen Ruhepunkt für seine Folgerungen in nichts Anderem zu finden, als in der Anarchie, weil jeder sonstige Begriff nur eine Halbheit, Flick- und Stückwerk wäre. Anarchie heißt Herrschaftslosigkeit, mithin ist im Anarchismus ein Streben gegeben, das darauf hinausläuft, einen solchen Zustand herbeizuführen, bei welchem keinerlei Beherrschung der einen Menschen durch die anderen mehr stattfindet, so daß also von einem Staat, einer Regierung, von Gesetzen oder anderen Zwangsmitteln keine Rede mehr ist und wirkliche Freiheit für alle waltet.

Es fragt sich nun zunächst: ist ein solches Verhältnis wünschenswert? Wer aber, der nicht etwa die heutigen Zustände für vorzüglich hält (was bei den Angehörigen der herrschenden Klassen mehr oder weniger zutreffen dürfte), möchte wohl behaupten, daß er sich nicht nach Freiheit sehne? Wer, der sich nicht als Knechtsseele deklarieren will, möchte wohl irgend eine Art von Herrschaft als erstrebenswert bezeichnen?

Nun wohl! Alle politischen Kämpfe, die sich im Laufe der Geschichte abspielten, waren Klassenkämpfe. Die einen suchten ihre Herrschaft (Anarchie) über die von ihnen unterjochten und ausgebeuteten Mitmenschen aufrecht zu erhalten, die anderen bemühten sich, das jeweilige System solcher Tyrannei zu zertrümmern. Und ob die Letzteren sich Anarchisten nannten oder nicht, so waren sie es doch, denn die Widersacher der Herrschaft können, wenn sie ohne Hintergedanken handeln, nichts Anderes wollen, als die Herrschaftslosigkeit (die Anarchie).

Schon der Umstand, daß gegenwärtig das Ringen der Völker nach Befreiung ein viel gewaltigeres und klareres ist, als alle früheren derartigen Kämpfe es waren, daß heutzutage ganz andere Vorbedingungen für die Erreichung des diesbezüglichen Zieles gegeben sind als in früheren Zeiten, und daß wir mithin augenblicklich der Anarchie viel näher stehen als man ehedem auch nur zu ahnen vermocht hätte, beweist sonnenklar, daß in dieser Hinsicht eine fortschreitende Entwicklung jener menschheitlichen Strömungen stattgefunden hat, welche offenbar den Beruf haben, alles Unfreie, Herrschaftliche (Anarchistische), vom Erdboden hinwegzuschwemmen und der unbegrenzten Freiheit, der Herrschaftslosigkeit (Anarchie) die Bahn zu ebnen.

Was ist demnach die Anarchie? Etwa eine willkürlich ersonnene Idee, eine Art Utopia? Mit nichten! Wir haben es vielmehr in der Anarchie einfach mit dem vorläufig absehbaren Ideal aller humanitären Bestrebungen, mit dem logisch und konsequent gedachten Ziele kultureller Entwicklung zu tun.

Wenn aber ein menschheitliches Verhältnis wünschenswert ist und gleichzeitig sich logisch aus dem Tun und Lassen der Menschen von Vergangenheit und Gegenwart folgern läßt, so fällt eigentlich die Frage nach der Möglichkeit eines solchen Zustandes, wie sie ja von weniger scharfsinnig Denkenden oft genug gestellt wird, nur noch schwach ins Gewicht.

Aus dem bisher Gesagten ergibt sich bereits, daß die Anarchisten weder 'reaktionär' sind, wie Böswillige behaupten, noch, daß sie im Hintertreffen der Freiheitskämpfer marschieren, sondern geradezu deren Avantgarde bilden. Um so alberner klingt die ewig wiederholt werdende Behauptung, daß der Sozialismus und der Anarchismus unvereinbare Gegensätze seien.

Unter Sozialismus im weiteren Sinne des Wortes versteht man alle jene Lehren und Strebungen, welche sich mit der menschlichen Gesellschaft befassen; im engeren Sinne des Wortes bedeutet Sozialismus ein System der Vergesellschaftung der Menschen. Über die menschliche Gesellschaft denken jetzt aber gar viele Leute nach, und auch in Gesellschafts"Verbesserung" wird allgemein gemacht. Es gibt königliche, aristokratische, christliche, überhaupt alle erdenklichen 'Sozialisten'. Der 'alte Lehmann' floß bekanntlich bei jeder Gelegenheit über von sozialen 'Reformbestrebungen', wie er sie meinte. Bismarck nannte sich nicht minder zuweilen 'Sozialist', und der Pfaffe Stöcker hat ebenfalls schon verschiedene Rezepte zur Lösung der sozialen Frage aufgezeigt. Das ist nachgerade eine sehr gemischte Gesellschaft geworden. Deshalb haben auch die meisten Sozialisten ernsterer Art längst das Bedürfnis empfunden, sich eine Bezeichnung beizulegen, welche hinsichtlich der Grundlage der von ihnen erstrebten zukünftigen Gesellschaft keine Mißdeutungen mehr zuläßt. Sie nennen sich bekanntlich Kommunisten.

Damit deuten sie an, daß ihr Strebeziel die Gütergemeinschaft sei, der gemeinsame Besitz des Grund und Bodens mit allem, was drum und dran ist. Sie werden bei dieser ihrer Forderung nicht geleitet von frommen Wünschen oder willkürlich ersonnenen spekulativen Plänen, sondern von der Erkenntnis der gegenwärtigen wirtschaftlichen Verhältnisse, deren Konsequenzen förmlich zu einer Umgestaltung der Gesellschaft im Sinne des Kommunismus herausfordern.

Die augenblicklich herrschende Klasse, die Bourgeoisie, organisiert willkürlich das ganze Gütererzeugungs- und Verkehrswesen. Die einzelnen Kapitalisten verdrängen die selbständigen Handwerker und werden ihrerseits wiederum von Aktiengesellschaften aufgesaugt. In weiterer Folge entstehen Monopole, Trusts, Pools usw., und man spricht sogar schon von einer wirtschaftlichen Generalisierung nicht nur einzelner Gewerbszweige, sondern ganzer Gruppen von Wirtschaftsunternehmungen. Gleichen Schritt mit dieser Entwicklung der Dinge, welche doch an und für sich den Zweck haben soll, alle erdenklichen Gebrauchsgegenstände bei immer geringfügigerer Anstrengung der menschlichen Arbeitskräfte in schwellendem Überfluß zu erzeugen, hält die Verelendigung der Volksmassen. Solch ein Zustand, der, wenn er noch lange andauern würde, den physischen und moralischen Untergang des Menschengeschlechts inmitten einer Welt von Reichtümern, also den hellen Wahnsinn bedeutete, fordert, wie gesagt, ganz von selbst zu einer totalen Umgestaltung der Gesellschaft, zur Errichtung eines neuen sozialen Systems heraus. Und da man doch füglich nicht auf die Kleinbürgerei zurückgreifen kann, weil die Vorteile der Großproduktion und Bestätigung der organisierten Arbeit überhaupt für jedermann viel zu auffällig sind, als daß sie auch nur einen Augenblick mißkannt oder unterschätzt werden könnte, so bleibt offenbar nichts anderes übrig, als daß all dasjenige, was zur Gütererzeugung und zur Befriedigung menschlicher Bedürfhisse notwendig ist, zum Gemeingut aller gemacht, als daß – mit anderen Worten - der Kommunismus proklamiert wird.

Wenn sich alle jene, die mit dem Bestehenden unzufrieden sind, und welche einen Zustand erstreben, bei welchem alle gleich und frei und mithin glücklich sein könnten, in diesen Stücken klar und einig sind wie kämen da gerade die Anarchisten dazu, diejenigen, welche bisher bei allen Freiheitskämpfen im Vordertreffen standen, in diesen Beziehungen eine gegensätzliche Stellung einzunehmen? Nur Bosheit oder Unverstand können ihnen solches anzudichten suchen.

Die Anarchisten sind Sozialisten, indem sie eine Gesellschaftsverbesserung erstreben; sie sind Kommunisten, indem sie überzeugt sind, daß eine solche Umgestaltung nur in der Etablierung allgemeiner Gütergemeinschaft gipfeln kann. Weshalb aber begnügen sie sich nicht damit, die Sozialisten oder Kommunisten zu nennen? Weil sie nicht verwechselt sein wollen mit solchen, die Mißbrauch mit diesen Worten treiben, und weil sie dafür halten, daß auch das System des Kommunismus ein unvollkommenes wäre, wenn dasselbe nicht getragen würde vom Geiste der Anarchie. Sie können umsoweniger darauf verzichten, ihre Ideale auch in ihrer Beziehung anzudeuten, als es merkwürdigerweise zahlreiche (wirkliche oder angebliche) Kommunisten gibt, welche sich nicht entblöden, die zukünftige Gesellschaft sich als 'Volksstaat', 'Zukunftsstaat' usw vorzustellen und für die kommunistische Gesellschaft - gerade, als wollten sie damit jedem wirklichen Freiheitsfreunde einen abschreckenden Dämpfer aufsetzen - eine Regiererei ohne gleichen, den reinsten Mandarinismus, Hundertausende von Gesetzen und Verordnungen, kurz eine Allerwelts-Vormundschaft einerseits und allgemeine Nullenhaftigkeit andererseits zu prophezeien.

Hiervon wollen die konsequenten Sozialisten und Kommunisten nichts wissen. Sie machen darauf aufmerksam, daß der Staat nie etwas anderes war, noch ist, als ein Zuchtruten- und Unterjochungsinstitut, dessen sich die jeweilig herrschende Klasse bediente, ihre Privilegien zu schützen und die Volksmassen in der Knechtschaft zu erhalten, wie jeder sich überzeugen kann, der nur einige Augenblicke über die einzelnen Staatszwecke nachdenkt.

Was soll nun ein solches Tyrannisierungs-Instrument in einer freien Gesellschaft für einen Sinn haben? Welche Privilegien sollen da noch beschützt, weshalb sollen da irgend welche Volkskreise unterjocht werden? Die Etablierung des Kommunismus ist doch nur denkbar, wenn die heutige Sklaverei aufgehoben wird. Soll da etwa eine neue Knechtschaft eingeführt werden? Wenn nicht, so hat auch eine Herrschaft keinen Sinn, denn eine Herrschaft, die niemanden beherrscht, d. h. knechtet, ist ein Messer ohne Klinge, an welchem das Heft fehlt.

Ist aber jegliche Herrschaft beim Kommunismus abwesend, existiert da völlige Freiheit und Gleichheit, so waltet eben die Anarchie (Herrschaftslosigkeit). Mit dem Staat und der Regierung fallen aber auch die Gesetze hin. Die Gesetze in der kommunistischen Gesellschaft, nimmt man vielleicht an, werden nur allgemeine Humanitäts- und Ordnungsgrundsätze enthalten, die jeder gern befolgt. In diesem Falle bediente man sich einer falschen Bezeichnung für die Prinzipien eines vernünftigen und edelsinnigen Handelns, die überhaupt unmöglich paragraphiert werden könnten. Sobald man jedoch unter Gesetzen irgend etwas zwingendes versteht, kann man sich dieselben Zwangs-Apparate vorstellen, und vor unseren Augen tauchen Polizisten, Richter, Kerkermeister und Henker auf- kurz die alten Büttel in neuer Uniform. Wer hat Lust, solches zu erstreben?

Wenn die Anarchisten den Staat als solchen und nicht nur diesen oder jenen Staat für die kommunistische Gesellschaft als rein außer dem Bereich der Möglichkeit und Notwendigkeit liegend ansehen, so schwebt ihnen dabei nicht bloß vor Augen, daß mit den Ursachen der Laster und Verbrechen, wie sie im heutigen Gesellschaftssystem gegeben sind, auch die Wirkungen fortfallen müssen, derenthalben vor allem die Staatsmaschine bisher in Bewegung erhalten wurde, sondern auch die Überzeugung, daß im Zeitalter des Kommunismus allen Menschen hinlänglich Zeit und Gelegenheit gegeben sein wird, sich gründlich auszubilden und zu veredeln, so daß jedem seinem Tun und Lassen von einer gesunden Vernunft und nicht von starren Buchstaben-Satzungen und Machtgeboten geleitet wird.

Was aber die wirtschaftlichen Bestätigungen der Kommunisten in einer freien Gesellschaft anlangt, so brauchen sie dazu weder eine Regierung, noch könnten solche das in dieser Hinsicht Nötige besorgen. Die sich geltend machenden allgemeinen Bedürfnisse, die Nützlichkeit, die Notwendigkeit, die Erfahrung und dgl. werden stärkere Triebfedern sein, allseitig das Richtige bei dem diesbezüglichen Handeln zu suchen und zu finden, als irgend welche Zwangsgesetze.

Die mitten im wirtschaftlichen Leben Befindlichen werden es besser verstehen, was und wie gearbeitet werden muß, als eine über dem ganzen sozialen Getriebe schwebende Bürokratie.

Wenn man sich überhaupt vorstellt, daß im Zeitalter des Kommunismus die Menschen nur durch eine Art Zwangssystem angehalten werden können, das Rechte zu tun und das Schlechte zu lassen, und dass die Masse des Volkes für ewige Zeiten durch eine ausgesuchte Schar von Pfiffikussen bemuttert und bevormundet werden müsse, wenn nicht alles aus Rand und Band gehen soll, dann allerdings - ja dann ist es besser, man verzweifelt an der Menschheit und schlägt sich allen und jeden Kommunismus gänzlich aus dem Kopfe.

So aber liegt die Sache nicht. Man kommt überhaupt nur zu solchen Vermutungen, wenn man die Menschen von heute mit denen in der Zukunft identifiziert, was doch ein ganz einfältiges Beginnen ist. Wir brauchen nicht einmal zu reden von späteren Generationen. Selbst jene Menschen, welche auf dem Boden der heutigen Gesellschaft aufgewachsen sind, werden nach völliger Umgestaltung der sozialen Verhältnisse wie verwandelt sein. Außerordentliche Ereignisse haben noch stets auf die dabei aktiv oder passiv beteiligten Menschen einen modifizierenden Einfluß ausgeübt. Man nehme den Menschen das Joch der Knechtschaft ab und versetze sie in die Sphäre der Freiheit, und sie werden nicht lange dazu brauchen, um zu lernen, sich brüderlich aufzuführen. Der Mensch ist ja an und für sich ein ganz gutmütiges Wesen, nur als Eigentumsegoist, als Glied einer Gesellschaft, wo jeder für sich und niemand für alle einsteht, konnte er zu dem werden, was er heute ist.

Mit der Institution des Privateigentums stehen und fallen alle jene schlechten Eigenschaften des Menschen, welche ihn heute verunzieren. Neid, Mißgunst, Habgier, Herrschsucht usw. haben bei kommunistischen Verhältnissen keinen Sinn, anderseits sind da Brüderlichkeit, Solidaritätsgefühl und Wetteifer im Interesse des Gemeinwohls Selbstverständlichkeiten. Deshalb wird und kann das Leben in der kommunistischen Gesellschaft nur ein völlig ungezwungenes und doch harmonisches sein. Und ein solcher Zustand paßt nicht in den Rahmen eines Staates, sondern nur in den der Anarchie.

Die ganze Staatlerei, wie sie in manchen Kreisen kommunistischer Parteien noch gepflegt wird, ist überhaupt nur auf Denkfaulheit, Herkommens-Schlendrian und Vorurteile zurückzuführen. Zum Teil hervorgegangen aus den Reihen der bürgerlichen Demokratie trägt eben mancher noch die Eierschalen seiner Herkunft mit sich herum und hängt sich an althergebrachte politische Formen. Es ist aber an der Zeit, daß dieselben abgestreift werden. Viele haben sich auch bereits in dieser Hinsicht so weit emanzipiert, daß sie gegen das Wesen des Anarchismus wenig mehr einzuwenden haben, nur das Wort wollen sie noch nicht verschlucken. Die reinste Gespensterfurcht!

Schließlich ist auch hinsichtlich der Taktik der Anarchisten gegenüber anderen Kommunisten eigentlich kein rechter Grund zum Hadern gegeben. Wer immer die heutige Gesellschaft negiert und die Einrichtung eines auf Gütergemeinschaft beruhenden sozialen Verhältnisses erstrebt, ist im Grunde seines Herzens Revolutionär. Der Unterschied zwischen den Anarchisten und den etwas zurückgebliebenen Mitstreitern derselben besteht in dieser Hinsicht hauptsächlich darin, daß die Letzteren sogenannte Opportunitätspolitik betreiben, während die Anarchisten eine solche Heuchelei verschmähen. So wenig dieselben betreffs ihrer Bestrebungen irgend etwas hinter dem Berge halten, so wenig verheimlichen sie die Mittel, welche sie zur Erreichung ihrer Ziele in Anwendung zu bringen für notwendig erachten. Sie sind keine Bluthunde, welche aus Lust an Mord, Brand der Revolution das Wort zu reden pflegen, sondern sie treiben revolutionäre Propaganda, weil sie wissen, daß noch niemals eine privilegierte Klasse auf friedlichem Wege gestürzt werden konnte, und weil sie fest überzeugt sind, daß die Bourgeoisie gleichfalls nur mittelst Gewalt wegzufegen ist.

Deren Gebaren gegenüber allem und jedem Streben des Proletariats beweist das zu Genüge. Und täuschen kann man dieselbe keineswegs. Was soll da noch das Versteckspielen nützen? Den Gegner stimmt man damit nicht milder, die Arbeiter aber demoralisiert man, indem man ihnen falsche Hoffnungen hinsichtlich der Wirkung von friedlichen und gesetzlichen Agitationen erweckt, denen eine Enttäuschung nach der anderen auf dem Fuße folgen muß.

Die Anarchisten halten es daher für absolut notwendig, das Proletariat stets und ständig darauf hinzuweisen, daß es einen Riesenkampf zu bestehen haben wird, ehe es an die Realisierung seiner Bestrebungen denken kann. Sie spornen zur Vorbereitung auf die soziale Revolution an und suchen mit allen Mitteln - durch Wort, Schrift oder Tat -, wie sie gerade da oder dort am zweckmäßigsten erscheinen mögen, die revolutionäre Entwicklung zu beschleunigen. Wer, der es ehrlich meint mit der Sache des Volkes, kann sie darob tadeln?

Was man immer heute noch sagen mag, so viel steht jetzt doch schon fest: das Heil der Menschheit, wie es die Zukunft bringen wird und muß, liegt im Kommunismus. Dieses System schließt logischer Weise jede Herr- und Knechtschaft aus und bedeutet mithin Anarchie. Der Weg zu diesem Ziele führt durch die soziale Revolution.

***

Daß uns Kapitalisten, Polizisten, Presse und Kanzelaffen, Mucker und Philister von ganzem Herzen, von ganzer Seele, von ganzem Gemüte und mit allen ihren Kräften hassen - das können wir nur höchst begreiflich finden; und weil wir uns mit dieser sozialen, politischen und 'himmlischen' Klerisei ohnehin das ganze Jahr herumschlagen, so brauchen wir hier in dieser Beziehung keine Extrapeitsche zu schwingen. Unnatürlich aber kommt es uns vor, daß wir auch innerhalb der Arbeiterbewegung auf Tritt und Schritt Feindseligkeiten begegnen, die oftmals von einer unglaublichen Bosheit, mitunter von vernageltem Fanatismus und in der Regel von mehr als bemitleidenswertem, geradezu verstocktem Unverstand getragen sind. Und weil der Kampf, welcher von dieser Seite aus gegen die Anarchisten geführt wird unnatürlich ist, so muß selbstverständlich auch mancher Widerspruch dabei zu Tage kommen, übrigens ein Umstand, der die weniger in Voreingenommenheit Befangenen unter den Zuhörern der ganzen anti-anarchistischen Sophisterei gegenüber zum Zweifel verleiten und mithin mehr oder weniger mit Sympathie für die Anarchisten beseelen dürfte.

So oft wir uns durch Wort und Schrift über den Anarchismus moderner, d.h. kommunistischer Art eingelassen haben, wurde uns zugerufen, das sei nicht Anarchismus, sondern Sozialismus. Zeigen wir wie wir bei jeder Gelegenheit getan, daß dieses 'sondern' die reinste Eselsbrücke für Sophisten sei, weil ja der Anarchismus nichts weiter ist als der Inbegriff eines herrschaftslosen sozialen Zustandes, wie er doch jedem wirklichem Sozialisten, der nach Freiheit und Gleichheit strebt, vor Augen schweben müsse, so wird dieses unser Argument einfach unterdrückt und die Behauptung aufgestellt, Anarchismus und Sozialismus seien einmal zwei unversöhnliche und strikte Gegensätze; deshalb müsse auch jeder Sozialist die Anarchisten auf das Schärfste bekämpfen. Ist da auch noch ein Funken von Logik vorhanden?

Andererseits wird uns heute nachgesagt, unsere Bestrebungen seien total reaktionärer Natur, weil wir dem Phantom eines kleinbürgerlichen Individualismus nachjagten, während man uns morgen zum Vorwurfmacht, wir gingen in unseren Bestrebungen 'zu weit', Übergangsstufen in der gesellschaftlichen Entwicklung, seien nicht zu vermeiden usw. Wie wir nun das Kunststück fertig bringen sollen, einerseits der vorsintflutlichen Kleinbürgerei mit vollen Segeln zuzusteuern (theoretisch natürlich, da ja praktisch derartiges überhaupt ausgeschlossen wäre), und andererseits gleichzeitig solch' weitgehenden Zukunftsidealen nachzujagen, wie sie ein minder entwickelter Sozialist, wenn auch für wünschenswert, so doch für vorerst unrealisierbar hält - diesen Zwiespalt der Natur wünschten wir wahrhaftig gern einmal von irgend einem 'wissenschaftlichen' Graf Oerindur uns erklären zu lassen.

Tatsächlich liegt nun die Sache so: Daß wir keine Kleinbürgerei treiben, das wissen unsere stiefbrüderlichen Widersacher ganz genau. Sie suchen lediglich ihren Anhängern das Gegenteil vorzulügen, und das ist jedenfalls kein rechtschaffendes Kampfmittel. Halten wir ihnen diese ihre - gelinde gesagt - Jesuiterei vor, so grinsen sie uns höhnisch an und deuten mit den Fingern auf - Benjamin Tucker. Sie tun das, obgleich sie wissen, daß dieser Mann ganz und gar außerhalb der modernen Klassenbewegung des Proletariats steht, daß derselbe weiter nichts ist, als ein verspätet erschienener Ideal-Manchestermann...

Zuweilen wird uns auch Kropotkin als 'echter' Anarchist (im Gegensatz zu uns, die wir zur Abwechslung wieder einmal 'unecht' sein sollen) vorgehalten, versteht sich mit der Voraussetzung, daß auch dieser Mann, gleich Tucker, nichts vom Kommunismus dem angeblichen Gegensatz des Anarchismus, wissen wolle. In dieser Beziehung scheint uns nun allerdings mehr Unwissenheit als Bosheit obwaltend zu sein, allein damit gestaltet sich die Situation für unsere Widersacher nicht besser. Denn wer so Ignorant ist nicht zu wissen, welcher An die Bestrebungen eines Mannes wie Kropotkin sind, und der gleichwohl das große Wort im Kampfe zwischen den Anarchisten und sonstigen Sozialisten führt, der gibt sich als dummdreist und muß beschulmeistert werden, wie sogleich geschehen soll.

Kropotkin ist nämlich nicht bloß ein Kommunist schlechthin, sondern geradezu der aller überschwänglichste Kommunist, welcher je existiert hat. Ihm ist es auch zuzuschreiben, daß in verschiedenen Ländern - so namentlich in Frankreich, Italien, Spanien und Belgien - die Anarchisten ihren kommunistischen Standpunkt ostentativ bei jeder Gelegenheit hervorgekehrt haben. Da ihm der Kommunismus die Hauptsache ist und daß er, gleich uns im Anarchismus nur ein notwendiges Ergänzungsmoment der kommunistischen Gesellschaftsauffassung erblickt, geht schon aus der Tatsache hervor, daß er bereits vor Jahren auf dem Anarchisten-Kongreß der Juraförderation, welcher in St. Imier tagte, den Antrag stellte, man möge den bestehenden Vorurteilen insofern ein Opfer bringen, als man sich künftighin nicht mehr Anarchisten, sondern 'freiheitliche Kommunisten' benenne. Der Antrag fiel durch, ist aber doch wohl unzweifelhaft als Beweis dafür stehen geblieben, daß Kropotkin vor allem Kommunist ist.

Ja, von dem soeben erwähnten Kongreß ging auch die Anregung dazu aus, daß sich fortab alle Anarchisten, die Anspruch darauf machten, auf der Höhe ihrer Zeit und innerhalb der Kreise des revolutionären Proletariats zu stehen, kommunistische Anarchisten nannten. Kropotkin ist also - weit entfernt, in Opposition zu den kommunistischen Anarchisten zu stehen (die ja 'nicht Anarchisten sondern Sozialisten' sein sollen), geradezu als deren Vater anzusehen. So ist also die Stellung, welche unsere Gegner innerhalb der Arbeiterbewegung wider uns einnehmen, buchstäblich eine bodenlose, teils auf ganz direkten Lügen, teils auf Ignoranz beruhend, jedenfalls auf die Dauer nicht haltbar.

Unsere feindlichen Brüder sollten einmal ernstlich alle diese Dinge in Erwägung ziehen; und wenn sie, was ja nicht ausbleiben kann, nach ruhigem aber eingehenden Studium der Sachlage herausgefunden haben, daß wir in allen diesen Beziehungen recht haben, dann sollte sie kein falsches Schamgefühl bewegen, wider besseres Wissen am Althergebrachten festzuhalten. Sie sollten vielmehr bereit sein, vereint mit uns, frisch und froh in den Krieg zu ziehen wider Kirche, Staat und Börse, jene heilige Dreieinigkeit, welche entthront werden muß, wenn für Freiheit, Gleichheit und Brudersinn der Weg geebnet werden soll.

***

Den größten Stein des Anstoßes der anarchistischen Doktrin bildet bei den nicht-anarchistischen Sozialisten der 'freie Vertrag'. Weil die Anarchisten der Ansicht sind, daß in einer freien Gesellschaft die Menschen ihre Beziehungen zu einander auf Grund unauferzwungener Vereinbarungen regeln werden, glauben ihre Widersacher darob Ursache zum Lachein zu haben. Die Letzteren stellen sich aber damit nur auf den Standpunkt sozialer Gewalttäterei und sind mithin von irgend einem freiheitlichen System so weit wie irgend denkbar entfernt. Sie können höchstens behaupten, das ihr Zwangs- und Zuchtsystem auf allen gleichmäßig laste und mithin von keinem besonders empfindlich verspürt werden dürfte; allein das ist eine sinnlose Phraseologie, denn ein allgemeiner und auf Gegenseitigkeit beruhender Zwang hebt sich auf und ist mithin null und nichtig. Ist wirklich etwas derartiges unseren missverständnisvollen Freunden vor Augen schwebend, so erstreben sie, genau wie wir, die Zwanglosigkeit, und sie müssen mit uns schließlich im 'freien Vertrag' als gesellschaftlichem Regulator einen Ruhepunkt finden. Wenn nicht, so bleibt der Vorwurf auf ihnen lasten, daß sie höchstens dem bestehenden System politischer Herrscherei und sozialer Vormundschaft der einen über die anderen eine milde Form zu geben bemüht seien.

Im Übrigen braucht man sich gar nicht erst in das Bereich einer noch unbekannten neuen Welt zu versetzen - weder auf den Mars, noch in ein sonstiges Utopia - um sich zu veranschaulichen, wie freie Verträge wirken.

Da ist z.B. der Weltpostverein. Die einzelnen Postorganisationen treten demselben ganz nach freiem Ermessen bei und können auch wieder ihren Rücktritt bewerkstelligen. Diese Kontrahenten vereinbaren gegenseitig, welche Dienste sie einander leisten wollen, um einen möglichst praktischen und wohlfeilen Postverkehr zu erzielen. Es gibt da keine internationale Rechtsinstanz, bei welcher ein Vertragsbrüchiger eingeklagt oder exekutorisch zur Pflichterfüllung gepreßt werden könnte. Dennoch wird da der 'freie Vertrag' eingehalten - einfach deshalb, weil jeder Vertragsbruch mit einer Selbstschädigung verknüpft wäre, und weil es mithin das Interesse einer jeden der vertragschließenden Parteien erheischt, nicht kontraktbrüchig zu werden. Stellen sich doch Unregelmäßigkeiten oder sonstige unvorhergesehene Übelstände ein, so finden Konferenzen statt, und es werden die nötigen Verbesserungen frei vereinbart.

Diese Institution, welche allein schon ein Musterbild für die künftigen freien Gruppierungen der Menschen zu den verschiedenartigsten Lebenszwecken abzugeben geeignet ist, steht indessen in dieser Beziehung nicht isoliert da. Die Trust- und Poolbildungen kommen z.B. zwischen Leuten zustande, welche im allgemeinen mit verteufelt wenig Gemeinsinn ausgestattet sind; sie sind fast in allen Ländern sogar gesetzwidriger Natur, und es können mithin die einzelnen Kontrahenten, falls sie die eingegangenen Verpflichtungen nicht erfüllen sollten, rechtlich nicht dazu gepreßt werden. Alles, was da im Sinne des geschlossenen Vertrages geschieht, passiert nur unter dem Sporn der damit verknüpften Vorteilhaftigkeit.

Überhaupt gibt es ja hunderterlei Dinge, die heutzutage schon auf Grund freier Verträge, hinter denen keine Gesetze und keine Regierungen stehen, welche deren Einhaltung erzwingen könnten, ins Werk gesetzt und durchgeführt werden. Gesang-, Turn-, Schützen-, Bildungs- und politische Vereine, Parteiorganisationen, Verbände zur Hebung von Kunst und Wissenschaft etc. sind überall vorhanden, und oftmals schließen die betreffenden lokalen Verbindungen solcher Art untereinander freie Verträge ab, denen zufolge hunderte, ja tausende von solchen Korporationen national und sogar international behufs Erreichung gemeinsamer Zwecke zusammen wirken. Nirgends macht sich aber ein anderer als ein rein moralischer Zwang geltend, um die Einhaltung der fraglichen Verträge herbeizuführen. Und absurd würde man es finden, wen jemand behaupten wollte, daß diese ganze Maschinerie ohne Einmischung einer höheren Gewalt, einer staatlichen oder sonstigen gesetzlichen Autorität nicht zu arbeiten vermöchte. Im Gegenteil hat es sich von jeher und überall gezeigt, daß jede Einmischung in diese Dinge, welche sich da oder dort die Staatsgewalt vermittelst ihrer Gesetzgebung und Exekutive anmaßte, nur störend und hemmend gewirkt hat, und allenthalben, wo derartiges im Gange ist, agitieren die davon betroffenen Organisationen ganz energisch für Abschaffung der staatlichen Bevormundung.

Wenn sich nun aber solches schon in der heutigen Gesellschaft zeigt, in einer Welt voll Egoisten, um wie viel leichter muß sich das Organisationswesen zu allen erdenklichen menschlichen Zwecken auf Grund freier Vereinbarungen in einer Gesellschaft regeln, wie wir sie anstreben, in einer Gesellschaft, die auf Gütergemeinschaft basiert ist, und bei welcher mithin alle jene erbärmlichen Eigenschaften in Wegfall kommen, die mit der Institution des Privateigentums aufs engste verknüpft sind. In einer Gesellschaft von Freien und Gleichen kann es nichts weiter geben als den freien Vertrag; denn ein zwangsweises Zusammenwirken verstieße ja geradezu gegen die Grundbegriffe von Freiheit und Gleichheit.

Kurzsichtige Leute wenden mitunter ein, in wirtschaftlicher Beziehung walte ja heutzutage auch eine gewisse Freiheit, indem sich keine Staatsgewalt in das Geschäftsgebaren der Produzenten mische, man könnte aber doch bemerken, zu welch heillosen Verhältnissen diese Regellosigkeit geführt habe. Wir greifen dieses Argument unserer Widersacher auf und belehren die letzteren eines Besseren. Wenn nämlich das freie Walten auf ökonomischem Gebiete innerhalb der heutigen Gesellschaft dahin geführt hat, daß wir jetzt vor einer sozialen Frage stehen, die kategorisch auf ihre Lösung dringt, so hat das mit dem wirtschaftlichen Gehen- und Machenlassen an und für sich nichts zu tun, sondern einzig und alleine mit dem Institut des Privateigentums, hinter welchem der Staat als Schutzpatron steht. Das Privateigentum hat es mit sich gebracht, daß die Armen zu Sklaven der Reichen wurden, daß die ersteren von den letzteren einer immer schärferen Ausbeutung unterzogen werden konnten, und daß dieserhalb die Volksmassen immer weniger in die Lage kamen, das von ihnen Erzeugte zu verbrauchen. Würde nicht die Staatsgewalt alles aufbieten, dieses Verhältnis aufrecht zuerhalten - das Volk ließe es sich gewiß nicht lange gefallen. Wir haben es eben da nur scheinbar mit einer ökonomischen Freiheit zu tun, in der Tat liegt die Einmischung des Staates klar zu Tage. Ja, der Staat ist gar nichts anderes als die organisierte Macht der Eigentümer, welche die Habenichtse unter der Botmäßigkeit der ersteren zu halten bestrebt ist. Aus diesem Grunde sind auch die besitzlosen Volksmassen gezwungen die Staatsmaschine zu zertrümmern, wenn sie das Institut des Privateigentums aufheben und die Gütergemeinschaft an dessen Stelle setzen wollen.

Die Gegenwart kennt nur Menschen mit Interessenverschiedenheiten, die Zukunft hingegen, welcher wir zusteuern, kennt nur Menschen mit gleichmäßigen Interessen. Wo solche obwalten, hört die Solidarität auf, eine soziale Tugend zu sein, sie versteht sich geradezu von selbst. Welch ein Grund läge da noch vor, die menschheitlichen Zwecke durch ein System der Unter- und Überordnung, also der Unfreiheit auf der einen und der Überhebung und des Vorrechts auf der anderen Seite, erzwingen zu wollen, statt alle diese Dinge der freien Vereinbarung, wie sie die Notwendigkeit, die Nützlichkeit und das Gemeinwohl, welches in einem solchen Zustande gleichzeitig auch das Wohl jedes Einzelnen bedeutet, provozieren müssen, zu überlassen? Nur derjenige, welcher in die Zukunft blickt und dabei sich von dem Bestehenden nicht gänzlich emanzipieren kann und infolgedessen den künftigen Menschen alle jene schlechten Eigenschaften andichtet, welche dieselben unter dem Einfluß jetzt bestehender Verhältnisse notwendigerweise erlangen mußten, kann zu der Annahme gelangen, daß auch die kommunistische Gesellschaft der Gesetzgeberei, Regiererei, also Staatlerei und Zwängerei nicht entbehren könne. Hält man sich vollends noch vor Augen, daß in einer kommunistischen Gesellschaft jedem nur eine sehr geringe Arbeitslast zufällt, weil kein Arbeitsfähiger sich des Tadels der öffentlichen Meinung - der einzig denkbaren moralischen Gewalt, die wider etwaige Unholde in das Spiel kommen mag - wegen hartnäckiger Verweigerung der Erfüllung allgemeiner Arbeitspflicht aussetzen würde, daß also jedem ungemein viel Zeit und Gelegenheit zur Erweiterung seines Wissens und zur Veredelung seines Charakters zur Disposition steht, so wird man begreifen, daß die Kommunisten der Zukunft vernünftig genug sein werden, um allgemein und von Fall zu Fall auszufinden, was zu tun und was zu lassen ist, ohne daß sie irgend ein staatlicher Weltweiser am Leitseil des Gesetzes von der Wiege bis zum Grabe durch das Leben schleift.

***

Wer sich überhaupt über das ganze Wesen aller bisherigen Gesetzgeberei bisher noch nicht klar gewesen ist, der sollte sich doch einmal die absolut unbestreitbare Tatsache vor Augen halten, daß jede Generation die Gesetzgeber der ihr vorangegangenen Generation mindestens für verrückt, wenn nicht für schlimmeres gehalten hat. Die Geschichte der Gesetzgeberei darf mit Fug und Recht als die Geschichte des schauderhaftesten Wahnwitzes bezeichnet werden. Oder halten wir etwa die Gesetze wider Hexerei und Ketzerei, die Gesetze gegen alle erdenklichen Dinge, welche seiner Zeit mit raffinierter Grausamkeit bestraft wurden und welche heute für straflos angesehen werden, nicht für Wahnwitz? War es keine Verrücktheit, die Menschen Feuer-, Wasser- usw. Proben machen oder foltern zu lassen, um deren Schuld oder Unschuld auszufinden? Nun wohl! Ein späteres Geschlecht wird die Gesetze unserer Tage mit ihren Galgen, Henkerbeilen, Kerkern und Ketten für nicht minder unsinnig halten, als wir dies gegenüber den Gesetzen vergangener Jahrhunderte als ausgemacht ansehen. Wer objektiv, d. h. ohne Vorurteil und Aberglauben, an das Wesen aller und jeder Legislatur herantritt, der kommt mit dem Kulturhistoriker Buckle zur Überzeugung, daß die besten Gesetze diejenigen waren und sind, vermöge welcher frühere Gesetze abgeschafft wurden.

Und da sollten wir uns noch lange betreffs einer Zukunftsgesetzgebung die Köpfe zerbrechen? Es gehört ein gut Teil Naivität dazu, uns solches zuzumuten.

Was nun noch als Gegenstand des Disputes zwischen uns und unseren Widersachern bleibt, das ist die Frage, ob die verschiedenen (auf Grund freier Verträge zu Stande zu bringenden) Organisationen in der künftigen Gesellschaft 'zentralistischer oder förderalistischer' Natur sein sollen. Wir halten dafür, daß das letztere der Fall sein werde und müsse - nicht weil wir uns um 'ungelegte Eier' bekümmern, sondern weil uns die Erfahrung gelehrt hat, daß der Zentralismus unter allen Umständen früher oder später in einer ungeheuren Vollmachtsanhäufung in wenigen Händen, damit im Mißbrauch der Macht, also in Herrschaft einerseits und Unfreiheit andererseits enden muß. Außerdem sehen wir nicht ein, warum und wieso eine Zentralisation ökonomischer Organisationen oder gar der ganzen menschlichen Gesellschaft an sich nötig oder dienlich sein solle.

Wenn wir annehmen und sogar hoffen, daß die soziale Frage im kommunistischen Sinne schließlich nicht nur in diesem oder jenem Lande, sondern in der ganzen Welt gelöst werden wird, so wird jeder Gedanke an Zentralismus ganz von selbst zur reinsten Monstrosität. Man denke sich eine in Washington tagende Zentralkommission von Generalbäckern, die den Gewerksgenossen von Peking oder Melbourne vorschreibt, in welcher Fasson oder Menge sie Semmeln backen sollen! - Dieses Bild des weiteren auf die verschiedenartigsten Gewerke angewendet, gibt das wird kein Mensch bestreiten können – die schönste Chineserei, welche je ein Mandarin ersonnen hat. Und da die Menschen der Zukunft höchstwahrscheinlich keine Zopfmichel sind, so werden sie auf einen solchen Unsinn nicht verfallen. Sie werden einfach ihre verschiedenartigen Verhältnisse so regeln, wie das die Bedürfnisse und die Notwendigkeiten, dieselben zu befriedigen, mit sich bringen. Praxis und Erfahrung regulieren das alles ganz von selber.

Ein solches Verhältnis nennen wir aber das System der Herrschaftslosigkeit oder Anarchie. Darum, ihr feindlichen Brüder: hinweg mit allen Vorurteilen, mit allem Dogmenglauben! Studiert die anarchistischen Prinzipien und helft mit, dieselben zu verwirklichen. Es lebe die soziale Revolution!

***

Die Erörterungen, welche wir hinsichtlich der kommunistischen Anarchisten angestellt haben, sollen keineswegs bezwecken, daß die Kluft, welche zwischen denselben und den mehr nach rechts hinneigenden Arbeiterparteien gähnt, erweitert wird, wie manche vorurteilsvollerweise annehmen mochten, sondern sie sind im Gegenteil der Absicht entsprungen, diesen Riß im Boden der sozialen Revolution zu überbrücken. Um dies zu erzielen, mußten zu allernächst die landläufigen Konfusionen, die über Anarchismus und Kommunismus bisher kursierten, einer entsprechenden Kritik unterzogen und durch klare und objektive Definitionen dieser beiden Begriffe ersetzt werden.

Den Kommunismus stellte man sich gewöhnlich als ein System vor, bei welchem die Individuen in der Gesamtheit völlig aufgehen und mithin gar kein eigenartiges Dasein führen - ein Gedanke, der nur zu sehr geeignet war, nicht nur originellere Charaktere förmlich zurückzuschrecken, sondern selbst ganz gewöhnliche Spießer, welche überhaupt keine Individualität zu verlieren hatten, ins Bockshorn zu jagen.

Umgekehrt wurde dem Anarchismus untergeschoben, daß er die Menschen isolieren resp. die ganze menschliche Gesellschaft "auflösen" würde. Unsere Erörterungen deuteten indessen an, daß das System der Gütergemeinschaft keineswegs die einzelnen Menschen zum bloßen subjektiven Anhängsel der stofflichen Welt degradiere, sondern vielmehr dazu geeignet sein werde, jede einzelne Individualität vollkommen frei zur Geltung zu bringen. Ebenso haben wir auseinandergesetzt, daß und wieso die Anarchie (Herrschaftslosigkeit) das Zusammenwirken mehrerer, vieler oder aller - je nachdem sich das als wünschenswert erweisen mag - zur Erreichung gemeinsamer Zwecke keineswegs ausschließe.

Wir haben die Streitpunkte, welche zwischen den sozialdemokratischen und anarchistischen Kommunisten existieren, auf ihren wahren Wert zurückgeführt, indem wir zeigten, daß die Differenzen großenteils auf Zukunftsspekulationen beruhen, welche in den Bereich der Philosophie gehören … Und um dazutun, wie wenig Ursache selbst diese Sphäre unter denkenden Sozialisten (Sozialdemokraten wie Anarchisten) Anlaß zu größeren Streitigkeiten geben sollte, zergliederten wir die falschen Voraussetzungen, unter welchen es einzig und allein möglich war, daß solche Zwistigkeiten ausbrachen, wie sie nun schon seit vielen Jahren gerade denjenigen Teil der Albeiterbewegung verunzieren, welcher die fortgeschrittensten, intelligentesten und energischen Proletarier umfaßt.

Wir haben denen, welche unter dem Einfluß bürgerlich-liberaler Traditionen noch immer an die Staatsidee - auch im Hinblick auf eine kommunistische Gesellschaft - festhielten, nachgewiesen, daß der Kommunismus zur Durchführung und Aufrechterhaltung seines freiheitlichen Grundprinzips nicht nur keiner Staatsgewalt bedarf, sondern auch, daß eine solche gegenüber dem Kommunismus nur störend und hemmend wirken könne. Ja, wir haben dargetan, daß der Staat ("Volksstaat", "Zukunftsstaat" usw.), von welchem in kommunistischen Kreisen sozialdemokratischer Art noch häufig die Rede ist, eigentlich gar kein Staat ist, und mit F. Engels kamen wir zu dem Schluss, daß der Staat in der Zukunft neben das Spinnrad und die Streitaxt in das Antiquitätenkabinett verwiesen werden müsse.

Es blieb nach unserer Darlegung höchstens noch die Frage offen, ob die Menschen der Zukunft den Organisationen, die sie zur Erreichung ihrer verschiedenen Lebenszwecke ins Werk setzen dürften, eine zentralistische oder eine föderalistische Gestalt geben werden. In dieser Beziehung glauben wir bewiesen zu haben, daß die Zentralisationsidee gleichfalls nur der angeborenen Vorliebe für das Hergebrachte geschuldet sei, während eine vorurteilsfreie Betrachtung gerade des bisher üblich gewesenen Zentralismus denselben für die Zwecke einer freien Gesellschaft als untauglich erscheinen lasse, also das föderalistische System zu einem erstrebenswerten stempele.

Nach solcher Feststellung wird es einleuchten, dass eine schließlich prinzipielle Verständigung zwischen den sozialdemokratischen und den anarchistischen Kommunisten kein Ding der Unmöglichkeit ist. Unsere Stellung gegenüber den ersteren kann also keine feindliche sein, ja, sie ist es gar nie gewesen, obgleich es den Anschein haben mag, als hätte man es bisher mit dem strikten Gegenteil zu tun gehabt. Diese letztere, sehr beklagenswerte Auffassung der Dinge verdankt man wesentlich dem Umstand, daß die Streitigkeiten, welche zwischen diversen Personen innerhalb der fortgeschrittenen Arbeiterbewegung sich entwickeln, wie das ja im öffentlichen Leben niemals ganz vermeidlich ist, viel zu sehr zur Parteisache auffaßte und in der Masse dementsprechend behandelte. Verschärft wurde dieses Missverhältnis noch dadurch, daß sich innerhalb der kommunistischen Parteien, wie bei jedem Parteileben, allerlei Demagogen einzunisten wußten, die es verstanden, förmliche Verderber der ganzen Bewegung zu werden, und die infolgedessen wohl oder übel von den einsichtigeren Elementen auf das Entschiedenste bekämpft werden mußten, welchen Kampf jedoch die Massen leider nicht immer sogleich verstanden und zu würdigen wußten. Durch teilweise falsche Stellungnahme der letzteren wurde unsäglich viel Unheil angerichtet und heute noch ist diese Misere da und dort in vollem Gange. Aber, um zur Hauptsache zurückzukommen - mit den eigentlich prinzipiellen Streitpunkten der verschiedenen Spielarten des Kommunismus haben alle diese Dinge wenig oder gar nichts zu schaffen.

Hinsichtlich der Taktik, welche die verschiedenen kommunistischen Parteien in Anwendung bringen zu müssen glauben, um zum Ziele zu gelangen, scheint es stärker zu hapern. Da wird von Friede und Gesetz auf der einen und von Revolution auf der anderen Seite - vom Stimmkasten als Erlösungsmittel hier und von der Propaganda der Tat da gesprochen; und ein hitziges

Gefecht ist unter den feindlichen Brüdern wegen dieser Kampfesmethoden beständig in vollem Gange.

In dieser Beziehung haben wir gezeigt, daß der Streit, ob Revolution oder nicht, eigentlich ein recht kindischer sei, indem nicht nur die Logik der Geschichte, sondern mehr noch die Haltung der herrschenden Klassen gegenüber allen und jeden Bestrebungen der Arbeiter eine friedliche Lösung der sozialen Frage völlig ausschließe. Der ganze diesbezügliche Streit ist daher opportunistischer Natur; und weil sich die Bourgeoisie keineswegs durch irgend welche Vorstellungen und sanfte Redensarten über die Natur der proletarischen Klassenbewegung täuschen läßt, so ist auch die ganze Opportunitätspolitik innerhalb der Arbeiterbewegung bereits zu Schanden geworden. Sie wird früher oder später aufgegeben werden müssen, und was zurückbleibt, das ist selbstverständlich die revolutionäre Taktik.

Was speziell die Stimmkästnerei (Wahlbeteiligung, Anm.)anbelangt, so kann man dieselbe von vornherein nur als ein agitatorisches Experiment auffassen. Dasselbe hat sich nicht bewährt. Es führte die Massen auf Abwege der Nebensächlichkeit und Oberflächlichkeit und viele gute Kräfte in allerlei Versuchungen, denen sie nicht immer zu widerstehen vermochten. Mancher gute Revolutionär ist durch seine Teilnahme am Parlamentarismus und durch seine Berührung mit den Parlamentariern total verdorben worden. Wir Anarchisten sind daher dafür, daß man sich mit der Wählerei nicht befasse, sondern stets und ständig rein prinzipielle Propaganda mache und dabei gerade Wege wandele.

Wenn wir auf der anderen Seite die Überzeugung hegen, daß durch eine revolutionäre Tat mitunter mehr Propaganda gemacht werden kann, wie durch hunderte von Agitationsreden und tausende von Broschüren oder Zeitungen, so sind wir noch lange nicht der Meinung, daß jede beliebige Gewalttat, verübt an irgend einem Repräsentanten oder Beschützer der herrschenden Klasse, eine solche Wirkung haben werde. Wir werden vielmehr nie müde, zu erklären, daß nur die richtige Tat am rechten Ort und zur passenden Zeit einen solchen Effekt haben könne; und es fällt uns gar nicht ein, die nächsten besten dummen Streiche, wenn sie auch in guter Absicht von revolutionär gesinnten Leuten ausgeführt wurden, unbesehen gutzuheißen.

Im übrigen ist ja die Propaganda der Tat ohnehin keineswegs ein ausschließliches Steckenpferd für uns geworden, das wir beständig reiten und über welchem wir jede sonstige Propaganda vergessen. Wir wirken durch Wort und Schrift, wo und wie wir nur immer können. Wenn wir uns einerseits nicht der Illusion hingeben, daß man erst das ganze Proletariat aufklären müsse, ehe es berufen sei, die Schlachten der sozialen Revolution zu schlagen, so mißkennen wir andererseits nicht im geringsten, daß man wenigstens in Bezug auf mündliche und Drucksachenagitation tun müsse, was nur irgend möglich ist. Gleich unseren sozialdemokratischen Parteiverwandten betreiben wir also Aufklärung so gut wir können, wenn wir uns auch dabei nicht verhehlen, daß ein möglichst kräftiger Ton angeschlagen und das Salz der Aufreizung beigemischt, die Verwässerung der Abwiegelung vermieden werden müsse, wenn der gewünschte Erfolg erzielt werden soll. Haben unsere Stiefbrüder in dieser Beziehung mitunter allerlei 'wissenschaftliche' Seitensprünge und Einschläferungen sich zu Schulden kommen lassen, so wird sie der dabei erzielte Mißerfolg alsbald wieder zum richtigen Takt veranlassen, wie er in allen sozialistischen, resp. kommunistischen Bewegungen von Hause aus angeschlagen wurde.

Unter allen diesen Umständen scheint uns zwar keine augenblickliche Verschmelzung, wohl aber eine Art Aneinander-Gliederung der sozialdemokratischen und anarchistischen Kommunisten denkbar und möglich zu sein. Eine solche müßte in der Bekämpfung des gemeinsamen Feindes ausgezeichnete Früchte tragen. Ist der gute Wille beiderseitig zu einer solchen Vereinbarung da, so wird sie auch bald genug ins Leben treten. Solange freilich von der einen, wie von der anderen Seite ein förmlicher Parteibeitritt mit dazu gehöriger Programmunterzeichnung verlangt wird, kann in dieser Beziehung nichts erreicht werden. Eine Notwendigkeit zu solcher Dogmenreiterei existiert nicht, vielmehr muß sie gerade vor allem aufhören, wenn es in der angedeuteten Richtung besser werden soll.

- "Zerstörung der bestehenden Klassenherrschaft mit allen Mitfein, d.h. durch energisches, revolutionäres und internationales Handeln."

- "Errichtung einer auf genossenschaftlicher Organisation der Produktion beruhenden freien Gesellschaft."

So oder ähnlich sollte die Devise lauten, unter welcher die Sozialdemokraten und Anarchisten gemeinsam kämpfen. Alles Übrige besorgen jene, welche als siegreiche Revolutionäre an den Aufbau der freien Gesellschaft gehen können.

Johann Most

Es lebe der Tyrannenmord!

«Fasse diesen, fasse jenen; Einer wird dich doch erreichen.» C. Beck

Triumph! Triumph! Das Wort des Dichters hat sich erfüllt. Einer der scheußlichsten Tyrannen Europas, dem längst der Untergang geschworen worden und der deshalb in wüstem Racheschnauben unzählige Helden und Heldinnen des russischen Volkes vernichten oder einkerkern liess - der Kaiser von Rußland ist nicht mehr.

Am vergangenen Sonntag mittags, als das Ungeheuer gerade von einer jener Belustigungen zurückkehrte, die in einer Augenweide an wohlgedrillten Herden stupider Blut- und Eisensklaven zu bestehen pflegen, und die man militärische Revuen nennt, hat die Bestie der Richter des Volkes, das deren Todesurteil längst gesprochen, ereilt und mit kräftiger Hand abgetan.

Fünfmal war es dieser Kanaille geglückt, den Grenzstein zwischen Diesseits und Jenseits mit dem Rockärmel zu streifen; und schon war er diesmal abermals im Begriffe, von dem «Finger Gottes» zu faseln, der sein vermaledeites Leben neuerdings gerettet habe, als die Faust des Volkes ihm für immer den Mund stopfte.

Einer jener kühnen jungen Männer, die die Sozialrevolutionäre Bewegung Rußlands hervorbrachte, Rousakoff - mit Ehrfurcht sprechen wir seinen Namen aus -, hatte unter den Wagen des Despoten eine Dynamitbombe geworfen, die zwar am Gefährt und der nächsten Umgebung desselben eine große Verwüstung anrichtete, den gekrönten Raubmörder jedoch unversehrt ließ.

Michaelewitch, ein prinzlicher General, und andere fallen sogleich über den edlen Vollstrecker des Volks willens her, dieser aber zückt mit der einen Hand einen Dolch gegen das Gesicht des Autokraten und lenkt den Lauf eines Revolvers mit der anderen Hand gegen die Brust desselben. Er wird im Nu entwaffnet; und die betreßte, bezopfte und von Korruption durch und durch zerfressene Umgebung des Kaisers atmet auf ob der vermeintlich beseitigten Gefahr. Da fliegt eine neue Bombe heran; diesmal fällt sie zu Füssen des Despoten nieder, zerschmettert ihm die Beine, reißt ihm den Bauch auf und verursacht unter den umstehenden Militär- und Zivilkosaken zahlreiche Verwundungen und Vernichtungen.

Die Personen der Szene sind wie gelähmt, nur der energische Bombenwerfer verliert seine Fassung nicht und vermag glücklich zu flüchten. Der Kaiser aber wird nach seinem Palast geschleppt, wo er noch ein und eine halbe Stunde lang unter gräßlichen Schmerzen über sein Leben voller Verbrechen nachzudenken vermag. Endlich krepiert er. Dies zunächst der einfache Sachverhalt.

Augenblicklich spielten die Telegraphendrähte bis nach den entlegensten Winkeln der Erde hin, um das Ergebnis in der ganzen Welt bekannt zu machen. Die Wirkung dieser Publikation war ebenso mannigfaltig wie drastisch. Wie ein Donnerschlag drang sie in die Fürstenschlösser, wo jene schuldbeladenen Ausgeburten aller Ruchlosigkeit hausen, die längst ein ähnliches Schicksal tausendfach verdient haben.

Seit drei Jahren ist manches Geschoß gleichsam an den Ohren dieser Scheusale vorbeigesaust, ohne daß ihnen - vom Nobilingschen Schrotschuß abgesehen - auch nur ein Haar gekrümmt worden wäre. Immer und immer wieder konnten sie sich für den ausgestandenen Schrecken durch Hinrichtungen und Massenmaßregelungen aller Art «fürstlich» entschädigen. Ja, sie raunten sich gerade in der jüngsten Zeit schon mit Behagen in die Ohren, daß alle Gefahr vorbei sei, weil es gelungen wäre, die energischsten aller Tyrannenhasser, die russischen «Nihilisten», bis zum letzten Glied auszurotten. Da kommt ein solcher Treffer!

Wilhelm, weiland Kartätschenprinz von Preussen, der jetzige Protestantenpapst und Soldatenkaiser von Deutschland, bekam förmlich Krämpfe vor Aufregung. An anderen Höfen passierten ähnliche Dinge. Heulen und Zähneklappern herrschte in jedem Residenznest.

Aber auch das sonstige Gesindel, das in den verschiedenen Ländern die Drähte des Regierungsmechanismus der herrschenden Klassen zieht, verspürte einen gewaltigen «moralischen» Katzenjammer und zerfloß in Beileidstränen - mochte es nun aus einfachen Oberlakeien an den Stufen eines Kaiserthrones oder aus «republikanischen» Ordnungsbanditen erster Klasse bestehen.

Das Geflenne war in Frankreich, der Schweiz und Amerika nicht geringer als in Montenegro oder Griechenland.

Ein Gambetta setzte die Vertagung der Kammern durch und tat so Frankreich eine Schmach an, vor der sogar Österreich durch den derzeitigen Reichsratspräsidenten bewahrt wurde.

Die öffentliche Meinung stutzt und sucht vergebens nach Gründen einer solchen elenden Haltung. Man denkt an diplomatische Motive und ähnliches; allein man geht fehl.

Es mag wohl manches hier und da mitgespielt haben, was wie einfache politische Heuchelei aussieht; in der Hauptsache liegen die Gründe tiefer.

Die Träger der herrschenden Klassen erblicken eben in dem stattgehabten Vernichten eines Autokraten mehr als den bloßen Tötungsakt an sich. Sie stehen vor einem erfolgreichen Angriff auf die Autorität als solche. Gleichzeitig wissen sie alle, daß jeder Erfolg die wunderbare Kraft hat, nicht allein Respekt einzuflößen, sondern auch zur Nachahmung anzueifern. Da zittern sie denn einfach von Konstantinopel bis nach Washington um ihre längst verwirkten Köpfe.

Uns ist dieser Schrecken ein Hochgenuß, gleichwie wir mit den freudigsten Gefühlen die Heldentat jener Sozialrevolutionäre von St. Petersburg vernommen haben, welche am letzten Sonntag einen Tyrannen schlachteten.

In dieser Zeit der allgemeinsten De- und Wehmütelei; in einer Periode, wo in vielen Ländern nur noch alte Weiber und Kinder, mit Tränen in den Augen, die ekelhafteste Furcht vor der Zuchtrute der Staatsnachtwächter im Leibe, auf der politischen Bühne umherhumpeln; jetzt, wo die echten Helden so selten geworden sind, wirkt eine solche Brutustat auf bessere Naturen wie ein erfrischendes Gewitter.

Mögen uns die einen nachsagen, wir trieben ein «Spiel mit Nihilisten», mögen die anderen uns Zyniker oder brutal schelten; wir wissen doch, daß wir, indem wir unsere Freude über die geglückte Tat ausdrückten, nicht nur unsere eigenen Gefühle an den Tag legten, sondern aussprachen, was mit uns Millionen gedrückter und tyrannisierter Menschen dachten, als sie von der Hinrichtung Alexanders lasen.

Freilich wird es wieder einmal passieren, daß da und dort sogar Sozialisten auftauchen, die, ohne daß sie jemand befragt, versichern, sie für ihren Teil verabscheuten schon deshalb den Königsmord, weil ein solcher ja doch nichts nütze und weil sie nicht Personen, sondern Einrichtungen bekämpften.

Diese Sophistik ist so plump, daß sie mit einem einzigen Satz zu Schanden gemacht werden kann. Es liegt nämlich selbst für einen politischen ABC-Schützen auf der Hand, daß Staats- und Gesellschaftseinrichtungen nicht eher beseitigt werden können, als bis man die Personen besiegt hat, welche dieselben aufrechterhalten wollen. Mit bloßer Philosophie verjagt man nicht einmal einen Spatzen vom Kirschbaum, so wenig wie die Bienen ihre Drohnen durch einfaches Summen loswerden. Andererseits ist es durchaus falsch, daß die Vernichtung eines Fürsten ganz ohne Wert sei, weil ja sofort ein im voraus bestimmter Stellvertreter an dessen Platz komme.

Was man allenfalls beklagen könnte, das ist nur die Seltenheit des sogenannten Tyrannenmordes. Würde nur alle Monate ein einziger Kronenschuft abgetan: In kurzer Zeit sollte es keinem mehr behagen, noch fernerhin einen Monarchen zu spielen.

Ferner ist es sicher eine Genugtuung für jeden gerecht denkenden Menschen, wenn so ein Kapitalverbrecher abgetan, d.h. entsprechend seinen Untaten gezüchtigt wird. Es fällt ja auch den Juristen der bürgerlichen Gesellschaft nicht ein, keinen Mörder zu hängen oder keinen Dieb einzusperren, weil es erwiesen ist, daß diese Strafe Mord und Diebstahl (auch Institutionen dieser Gesellschaft) nicht aus der Welt schaffen. Wenn man es vollends mit einem Subjekt zu tun hat, wie [es] Alexander Romanow war, so muß man dessen Vernichtung mit doppelter Befriedigung hinnehmen.

Würde man den Zeitungsschreibern glauben können, so müßte man nach deren Geschwätz annehmen, der abgetane Zar sei ein wahres Muster von Herzensgüte gewesen. Die Tatsachen beweisen, daß er zu den ärgsten Greueltätern gehörte, die je die Menschheit geschändet haben. Gegen 100.000 Menschen sind während seiner Regierungszeit nach Sibirien verbannt worden, Dutzende wurden gehängt, nachdem sie zuvor die gräßlichsten Folterungen erduldet hatten.

Alle diese Opfer forderte der russische Kronmoloch ein, nur weil die Betreffenden eine Gesellschaftsverbesserung anstrebten, das allgemeine Beste wünschten - vielleicht nur ein einzelnes verbotenes Buch weitergegeben oder einen Brief geschrieben haben, in dem ein Tadel gegen die Regierung ausgesprochen war.

Von den Kriegsgreueln, die dieser Tyrann herauf beschworen, greifen wir nur eine Szene aus dem letzten Türkenkrieg heraus. Alexander feierte seinen Namenstag und wünschte ein kriegerisches Schauspiel. Er befahl einen Sturm auf Plewna; die Generäle wagten es, darauf aufmerksam zu machen, daß ein solcher nicht allein mißglücken, sondern auch eine Unmasse Menschen kosten werde. Umsonst! Es blieb bei dem Befehl; und um die Schlächterei mit mehr Behagen betrachten zu können, ließ sich der Tyrann eine eigene Bühne mit einer Art Kaiserloge bauen, von wo aus er den Sturm beobachten konnte, ohne selbst in Gefahr zu geraten. Das Resultat entsprach den Vorhersagen der Generäle. Der Sturm wurde abgeschlagen, und 8.000 Tote und Verwundete bedeckten das Terrain außerhalb der Wälle von Plewna. Das «Väterchen» aber, wie sich der Despot mit Vorliebe nennen ließ, hatte sich kannibalisch amüsiert.

Alle Bitten, alle Wünsche auf Einführung noch so geringfügiger Reformen, die fast täglich zu seinen Füßen niedergelegt wurden, beantwortete er nur durch neue Gemeinheiten eines asiatischen Regierungsbarbarismus. Jeder Warnung oder Drohung folgten wahre Dragonaden. Versuchte, aber mißglückte Angriffe auf seine Person steigerten seine Niedertracht ins Ungeheuerliche.

Wer ist Halunke genug, den Tod einer solchen Bestie wirklich zu beklagen? Aber man sagt: Wird es der Nachfolger des Zerschmetterten besser treiben als dieser? Wir wissen es nicht. Das aber wissen wir, daß derselbe kaum lange regieren dürfte, wenn er nur in die Fußstapfen seines Vaters tritt.

Ja, wir möchten geradezu wünschen, daß es so kommt, denn wir hassen die heuchlerischen, scheinliberalen Monarchen nicht weniger als die Despoten sans phrase, weil die ersteren die Kulturentwicklung vielleicht noch ärger hintenanzuhalten vermögen als die letzteren. Zudem muß das Verharren des neuen Zaren beim alten Regierungsprinzip sofort die Feinde desselben verdoppeln und verdreifachen, weil es in Rußland eine Menge Leute von jener Sorte gibt, die an die in allen Ländern und zu allen Zeiten üblich gewesene Kronprinzenlegende geglaubt hat, wonach der betreffende Thronfolger nur auf den Moment lauert, wo er ein ganzes Füllhorn voll Glückseligkeiten über das Volk zu ergießen vermag. Alle diese Schwärmer sind sofort bekehrt, wenn sie sehen, daß die neuen Ukase ebensosehr nach Juchten riechen wie die alten.

Indessen, wie dem auch immer sein mag: Der Wurf war gut! Und wir hoffen, daß es nicht der letzte war.

Möge die kühne Tat, die - wir wiederholen es - unsere volle Sympathie hat, die Revolutionäre weit und breit mit neuem Mut beseelen. Gedenke jeder der Worte Herweghs:

> *«Und wo es noch Tyrannen gibt,*
> *Die laßt uns keck erfassen;*
> *Wir haben lang genug geliebt,*
> *Und wollen endlich hassen!»*

Erste Erfahrungen in der Arbeiterbewegung

Ähnlich Bebel kommt der spätere Anarchist Most mit der Arbeiterbewegung zu einem Zeitpunkt in Berührung, als diese selbst noch in sich widersprüchlich ist und unter dem Einfluss bildungsbürgerlicher Ideologie steht. In einer Schweizer Sektion der Internationalen Arbeiter-Assoziation schließlich merkt Most, dass auch er Sozialist ist, «längst zuvor war, ohne es zu wissen.»

Situation No. 2 fand sich für mich in Bornheim, jetzt zu Frankfurt gehörig, bei einem Contractor eines amerikanischen Exporteurs von Leder-Galanteriewaaren. Auch damit war Naturalverpflegung verknüpft, doch erwies sich deren Qualität als etwas besser. Der Geldlohn betrug anderthalb Gulden per Woche, die tägliche Arbeitszeit 12 Stunden. Auch war die Arbeitsart, weil für mich neu und mannigfaltig, reizvoller. Im Ganzen waren da 18 Arbeiter beschäftigt und setzte es alltäglich viel unterhaltliches Geschwätz, das freilich häufig in blossen Quatsch ausartete, wie es leider auch heutzutage noch bei der Werkstatt-Conversation oft vorkommt.

Die deutsche Arbeiterbewegung steckte damals noch nicht einmal in den Kinderschuhen, sondern lag in Windeln, importirt aus der Schweiz und Frankreich. Es gab ausser katholischen Gesellenvereinen und evangelischen Jünglingsbünden nur Organisationen sogenannter «fortschrittlicher» Tendenz, welche sich an der Krone des «Königs im sozialen Reich», wie Schultze-Delitzsch genannt wurde, sonnten: Arbeiterbildungs-, Spar-, Konsumvereine und dgl. Über die daraus erspießende Phraseologie ging demgemäß auch die Weisheit der meisten Handwerksburschen nicht hinaus, wenn sie auch Buchbinder waren, welche sich, nebenbei bemerkt, einredeten, was «Bildung» betraf, Anderen «über» zu sein.

Ich war natürlich keine Ausnahme. Zwar hatte ich keine Achtung vor Gott und keine Furcht vor dem Teufel, schwärmte für die Republik (obgleich mir die von Frankfurt wahrlich keineswegs Respekt einflößte) und haßte alle Spieß- und Mastbürger, die ich Gesellenschinder nannte; aber der eigentliche Sozialismus war mir eben doch nur ein spanisches Dorf.

Selbst die Agitationen Lassalle's, welche damals sich abzuspielen begannen und sogar zum Theil im nahen Frankfurt in Szene gingen, ließen mich kalt, zumal ich sie nur aus den bürgerlichen Blättern kannte, welche so irreleitend wie möglich wirkten. Ich fand zwar aus, daß die Geschichte auf Errichtung von Produktivgenossenschaften durch Staatshülfe, erzielt durch das allgemeine Wahlrecht, hinauslaufen sollte, hielt aber dafür, daß das eine mattherzige Illusion sei, was ich übrigens später erst recht glaubte.

Immerhin besuchte ich öfters die Versammlungen eines Arbeiterbildungsvereins und entnahm Bücher aus der Bibliothek desselben; aber die Vorträge, welche ich da genoß, konnten mir durchaus nicht imponiren. Allerhand Professoren, Schulmeister, Zeitungsschreiber und dergl. fackelten bald von der «Freiheit durch Einheit», bald von der «Freiheit durch Bildung», dann wieder vom Sparen (siehe die bereits charakterisirten Lohnverhältnisse); dann und wann malträtirte Einer populäre Astronomie, die alten Griechen oder den «gesunden und kranken Menschen». Das Resultat war meist ein sachter Gähnkrampf oder sanfter Schlummer.

Eigentliche Gewerkschaften gab es, abgesehen von diversen Gesellenzünften, die sich später zu solchen entwickelten, in jener Zeit noch nicht in Deutschland, doch fehlte es nicht an gelegentlichen Reibungen zwischen Meistern und Gesellen, bei welchen aber in der Regel die Letzteren zu kurz kamen und polizeilich gemaßregelt wurden. Auch ich erlebte eines Tages einen solchen Rummel, meinen ersten «Strike».

Es war sehr heißes Wetter und jeder hatte starken Durst. Der Prinzipal war «liefern» gegangen. Die «Disciplin» war lax. Da kam Einer auf den Einfall, daß die vier jüngsten im Geschäft einem damals herrschenden Unfug entsprechend, ihren «Einstand» bezahlen sollten. Jedem wurden vier große Krüge voll Apfelwein abverlangt. Alsbald war das edle Naß von der unterhalb der Werkstatt gelegenen Wirthschaft herauf geholt und die Becher machten die Runde. Rasch zeigte sich die Wirkung, mehr und mehr wurden Alle «angeraucht». Da erschien der «Alte», selber gehörig «geladen». Er protestirte gegen das Zechgelage, wurde aber ausgezischt und sandte nach der Polizei. Das war das Signal zur allgemeinen Arbeitseinstellung.

Ein reitender Schandarm und ein Dorfpolizist, bekannt unter dem Spitznamen «der dicke Simon», erschienen auf der Bildfläche, wurden aber mit Hohngelächter empfangen. Das Ende vom Liede war, daß sich die ganze Gesellschaft nach der Kneipe vertagte, die beiden Ordnungswächter ebenfalls zur «Sitzung» heranzog und dieselben nicht eher von dannen gehen ließ, als bis sie sternhagelvoll und raportunfähig waren. Beschlossen wurde ein dreitägiger «Blauer», um dem «Alten» seinen Ruf nach Polizei gehörig einzutränken. Auch wurde demselben kund und zu wissen gethan, daß er dafür keinen Lohnabzug machen dürfe, widrigenfalls überhaupt nicht mehr geschafft werde. Da gerade Arbeitermangel in der Portefeuiller-Branche herrschte, blieb ihm nichts Anderes übrig, als in den sauren Apfel zu beißen.

Ähnliche Affairen spielten sich auch anderwärts oft genug zu jener Zeit ab. Namentlich leisteten die Hutmacher, Handschuhmacher, Schneider und Schuster «Einiges» in diesem Genre; aber der Ausgang der betreffenden Meister-Zwiebelungen war nicht immer von solch gemüthlicher Art. Gewöhnlich griff sich die Polizei den einen oder anderen «Rädelsführer» heraus und transportirte ihn per Schub nach seiner Heimath, wo es ihm, namentlich im Widerholungsfalle, passiren konnte, daß man ihn in ein Korrektionshaus sperrte.

Zehn Monate lang hielt ich's in Bornheim aus; dann aber packte mich wieder der Wandertrieb, der von da ab sich mehr und mehr zu einer förmlichen Vagabundir-Manie entwickelte, was allerdings allerlei spezielle Gründe hatte. [...]

Neuerdings zog es mich nach der Schweiz und nach diversen Umhertreibereien trat ich zu Locle, Kanton Neufchatel, bei einem gewissen Rothfuß als Etuimacher (in der dortigen Gegend florirt die Uhrenindustrie) in Arbeit. Das war im März 1867. An diesem Orte sollte sich mit mir insofern eine bedeutende Wendung zum Besseren vollziehen, als ich daselbst meinen ersten Schritt in die Arbeiterbewegung hineinthat, indem ich mich dem am Platze existiren den «Deutschen Arbeiter-Bildungsverein, kurzweg «Deutscher Verein» genannt, anschloß und alsbald eine Art agitatorische Wirksamkeit darin entfaltete.

Solche Vereine existirten zu jener Zeit in der Schweiz fast an allen halbwegs bedeutenderen Orten; sie waren in einem Landesverband föderirt und besaßen ein Monatsblatt als Organ, das obligatorisch eingeführt war und den bezeichnenden Titel «Felleisen» führte. Die Tendenz dieser Gesellschaften war eine ziemlich verschwommene. Schultze-Delitzsch war vom ganzen Verband zum «Ehrenmitglied» eines jeden einzelnen Vereins gemacht worden und ein diesbezügliches mit Porträt versehenes Dokument prangte in jedem Versammlungslokal unter Glas und Rahmen.

Beigefügt mag hier werden, daß kurze Zeit darnach dieser Götze mehr und mehr in Verschiß erklärt wurde und daß man dann die betreffenden Ehrenmitgliedstafeln umgekehrt an den Wänden der Vereinsräume hängen sah. Oberflächliche Bildungsmeierei, Geschwärme für deutsche Einigkeit, Lirumlarum-Singsang und «Fragekasten» bildeten das Durcheinander-Programm des Vereins. Namentlich förderte das letztgenannte «Aufklärungs»-Instrument die schönsten moralischen Häringssalate und kautschuckmännischen Verrenkungen seelischer Gymnastik ans Lampenlicht.

Fragen, durch welche Auskunft über die Entstehung der Filzläuse, das Ziel der großdeutschen Partei, die wohlfeilste Kurirung von Tripper-Behafteten, Deutschlands unmittelbare Zukunft, die Beseitigung von Hühneraugen, den Nutzen kommunistischer Colonieen, die Zubereitung von Kleiderreinigungs-Essenzen, Lassalle's Leben, Streben und Ende, die Gründe der Brechruhr, die Bedeutung der damaligen Pariser Weltausstellung, das Hornberger Schießen oder den augenblicklichen Stand der naturwissenschaftlichen Forschung geheischt wurde, purzelten kalaidoskopisch daher und fanden häufig Beantwortungen, welche jeden Hartleibigen ohne Bittersalzeinguß von seinem Leiden befreien konnte.

Ich war den Übrigen an Mutterwitz auch nicht gerade besonders überlegen; aber so viel hatte ich in der Daseins-Schule doch schon aufgeschnappt, daß ich solche Quatschologie für äußerst beschämend halten mußte und daraus auch ganz und gar kein Hehl machte. Ebensowenig vermochte ich dem üblichen Gesinge einen besonderen Haut-gout abzugewinnen. Man hörte fortwährend von der «lieben Heimath», in der es «schön» sein sollte, von einem «Brunnen vor dem Thore», von der «heiligen Nacht», vom «lieben Gott», der edurch den Wald» geht, und ähnlichem Schnickschnack dermaßen gröhlen, daß man leicht begreifen konnte, warum und wieso sich die Vereine gegen Thierquälerei rapid vermehrten. Ich fühlte instinktiv, daß ein Arbeiter-Verein einen ganz anderen Beruf haben sollte, als die Pflege von geleiertem Gefasel und gefaseltem Geleier; ich deutete das auch an, wußte aber selbst nichts Rechtes vorzuschlagen bis ich vermöge eines zu La Cbaux de Fonds, einem etwa eine Wegsstunde von Locle entfernten Großdorf von damals 40.000 Einwohnern, stattgehabten großen Arbeiterfeste, zu dem auch viele Auswärtige, so z.B. die Mitglieder des Locler Vereins, erschienen waren, den richtigen Pusch ins correkte Fahrwasser erhielt.

In La Chaux de Fonds war einige Zeit zuvor eine Sektion der Internationalen Arbeiter-Association» entstanden und zwar jene, welche später den Kern der anarchistischen «Jura-Föderation» bildete. Aus derselben gingen alsbald diverse feurige Redner hervor, welche es verstanden die moderne Gesellschaft drastisch zu geißeln und mit Begeisterung die soziale Revolution zu herolden. Dieselben benützten auch den guten Besuch des obgedachten Arbeiterfestes dazu, gehörig die Pauke zu schlagen, was Manchen zum Denken, mich zur Selbsterkenntniß brachte.

Was ich da hörte, vermochte ich ohne Weiteres zu indossiren. Das war ja Alles ganz logisch, das stimmte auffallend, paßte klipp und klar in einander. So oder ähnlich fuhren mir zuvor schon gar manche Gedanken durch den Kopf; ich wußte sie nur nicht in correkten Zusammenhang zu bringen, zu systematisiren. Und diese einfache Lehre nannten die Redner Sozialismus. Mir wurde es auf der Stelle einleuchtend, daß auch ich Sozialist sei, längst zuvor war, ohne es zu wissen. Immerhin kaufte ich mir diverse Broschüren, deren Inhalt ich alsbald verschlang und daraus erst recht die Überzeugung schöpfte, daß der Gedankengang der Sozialisten in der Hauptsache mir zuvor schon kein fremder war.

Die Art und Weise, wie derselbe vorgetragen wurde, berauschte mich aber - namentlich wurde ich bei der Lektüre diverser Lassalle'scher Broschüren förmlich begeistert, obwohl sie mich heute, wo diese Schriften veraltet sind, schwerlich erwärmen könnten. Ich fühlte mich angespornt, nicht nur ein Anhänger dieser Lehren zu werden, resp. zu bleiben, sondern Propaganda dafür zu machen.

Im Verein wurde ich lauter und lauter; den seichten Schwätzereien in den Discussionsstunden machte ich mehr und mehr ein Ende. Ich wühlte auch außerhalb des Vereins, zog neue Mitglieder heran und brachte binnen sechs Monaten die Zahl derselben von 17 auf 72. Bald wurde ich zum Sekretär ernannt und setzte mich als solcher mit auswärtigen Gleichgesinnten brieflich in Verbindung, was wiederum zu weiterer Schärfung der Argumentations-Fähigkeit und des Agitations-Eifers führte.

Von da ab fühlte ich mich eigentlich erst als Mensch; es schwebte mir endlich ein Lebenszweck vor Augen, der über den bloßen Kampf ums Dasein und die Befriedigung augenblicklicher individueller Bedürfnisse hinaus ging; ich lebte mich ins Reich der Ideale hinein. Es beseelte mich ein gewisser Drang nach Erfüllung einer höheren Mission. Der Privatmensch schrumpfte sozusagen graduell in mir zusammen; was noch von einer Philister-Seele in mir gewohnt haben mochte - es vertrocknete. Die Sache der Menschheit war fortan meine Sache. Jeder Fortschritt, den dieselbe zu verzeichnen hatte, erfüllte mich auch persönlich mit hoher Freude; jedes Hinderniß, das ihm reaktionäre Gewalten bereiteten, erregte in mir bitteren Haß gegen die Schuldigen und die von denselben repräsentirten Institutionen.

Eine feministische Kritik

Der viel gepriesene Johann Most stellte und stellt noch immer das Idealbild eines konsequenten Anarchisten, Idealisten und Kämpfer dar, ein Vorbild, das durch seine Tätigkeiten in Deutschland, England und den Vereinigten Staaten die anarchistischen Bewegungen stark beeinflusste und viele Menschen für die Idee des libertären Sozialismus begeisterte. Doch gerade die Person Most sollte aus feministischer Sicht kritisch hinterfragt werden, denn eben an seinen Genossinnen hatte Most viel auszusetzen, da er u.a. die politische Tätigkeit der (wenigen) Frauen in seiner Umgebung für überflüssig und lächerlich hielt und ihnen die eigenständige politische Arbeit nicht zutraute.

Der am 5. Februar 1846 in Deutschland geborene Most, seines Zeichen sozialdemokratischer Revolutionär, später dann in den Vereinigten Staaten Anarchist und Herausgeber der Zeitschrift ‚Freiheit' war ein genialer Redner und beeindruckte so auch Emma Goldman, die ihn 1888 in New York zum ersten Mal sprechen hörte. Fasziniert von der Idee des Anarchismus wurde Most ihr Lehrer und Freund, der sie dazu ermutigte, ins ‚kalte Wasser zu springen': ‚Der Pfad des Anarchismus ist steil und beschwerlich, viele haben schon versucht hinaufzusteigen und sind zurückgefallen. Der Preis ist erheblich. Wenige Männer sind bereit ihn zu zahlen – die meisten Frauen nicht.'

Most fiel an Emma ihre imponierende Sprachgewandtheit auf, mit der es ihr gelang, Gefühle wiederzugeben und die/den GesprächspartnerIn zu fesseln; er bezeichnete sie als die geborene Rednerin und beschloss, ihr Talent für sich zu nutzen und sie zur Verbreitung seiner Ideen auf ihre erste Vortragsreihe 1890 zu schicken bzw. ließ er sie als attraktive Rednerin aus seinen Manuskripten vor ihm sprechen.

Auf die Frage, ob es denn viele Frauen in der amerikanischen anarchistischen Bewegung gäbe, antwortete Most: ‚Nein, keine, nur Dummköpfe. Die meisten Mädchen kommen zu den Treffen, um sich einen Mann zu angeln; dann verschwinden sie beide – wie der dumme Fischer, als er die Loreley sah.' Most sah also in den Anarchistinnen nichts weiter als heiratswillige Frauen, die sich auf Partnersuche in ihren Kreisen bewegten, ein eigenes Interesse an der sozialrevolutionären Phase konnten diese Frauen seiner Meinung nach nicht haben, da ja deren primäres Bewegungsfeld in der Familie läge .

Goldman war anfangs begeistert von der Bestätigung, die sie vom ‚großartigen Most' erhielt, empfand allerdings die Vortragsreise für sich persönlich nicht gerade gelungen, auch deshalb, weil sie bloß die Ideen Mosts nachplapperte und sich kritische Bemerkungen nicht verkneifen konnte, was ihr wiederum das Publikum übel nahm. Nach und nach begann sie, sich eigenständige Überlegungen zu machen, insbesondere legte sie viel mehr Wert auf die Freiheit des Individuums und die Autonomie der einzelnen Gruppen, was Most nicht nur missfiel, sondern was er auch nicht tolerieren wollte: ‚(...) auf der Straße brach er in wüste Beschimpfungen aus. Er hätte eine Viper herangezüchtet, eine Schlange, (...) Er hätte mich hinausgeschickt, um seine Sache zu vertreten und ich hätte ihn betrogen. (...)'

Schon Monate vorher war die mehr als freundschaftliche Beziehung zwischen Most und Goldman von Alexander Berkman (‚Sascha') heftig kritisiert worden, insbesondere Most war wegen seinem verschwenderischen Lebensstil Auslöser zahlreicher Streiterein zwischen Sascha und Emma gewesen. Berkman, ein enger, lebenslanger Freund und später auch Geliebter Goldmans, ebenfalls aus Russland in die Vereinigten Staaten emigriert, war neben Most eine weitere schillernde Figur der anarchistischen Bewegung der USA und schrieb unter anderen das ‚ABC des Anarchismus'.

Nun begann auch Emma Mosts politische Ansichten gründlicher zu hinterfragen, hatte sie sich doch von der jungen Bewunderin zur eigenständigen Denkerin verwandelt, keine Frau (mehr), die Most für sich beanspruchen konnte, sei es in der Politik oder im Privatleben. Spätestens als sich herausstellte, dass Most in Emma nur die Mütter seiner Kinder und die Stütze seines Lebens bzw. ein frei verfügbares Sexobjekt sah und ihre politische Tätigkeit nicht ernst nahm, konnte sie seine traditionellen Rollenbilder nicht mehr ertragen und sie emanzipierte sich erfolgreich von Johann Most. Eifersüchtig warf er ihr vor, dass er schon immer gewusst hätte, dass sie diesen ‚arroganten russischen Juden' (d.h. Berkman) ihm vorziehe, was für Emma Berkmans Kritik an Most bestätigte, der ihm vorwarf, mehr Antisemit als Anarchist zu sein und unter dem Deckmantel Anarchismus als Tyrann regieren wolle.

Gerade die Erfahrungen mit Most hatten Emma gezeigt, dass Anarchismus und Patriarchat sich nicht unbedingt widersprechen müssen und dass die größten Kämpfer die schlimmsten Unterdrücker sein können. Ihre Beziehung zu Most und die Lehren, die sie daraus zog, war der Beginn ihres Kampfes gegen jegliche Form der Unterdrückung, insbesondere aber für die Rechte der Frauen und gegen die Bevormundung durch die Männer.

Als dann auch noch Most keinerlei Solidarität gegenüber Berkman zeigte, der nach einem Attentat auf den Industriellen Friek, inspiriert durch Mosts ‚Wissenschaft der revolutionären Kriegsführung', zu lebenslanger Haft verurteilt wurde, ja Berkman sogar jede politische Motivation absprach und ihn als Verrückten diffamierte, standen Goldman und Most sich mehr als feindlich gegenüber. In der ‚Freiheit' wurden Emma und Sascha immer wieder beschimpft und verleumdet, so dass Emma beschlossen hatte, Most öffentlich zur Rede zu stellen. Für diesen Zweck kaufte sie sich eine Pferdepeitsche, mit der sie bei Mosts nächsten Vortrag auf ihn losging; die wütende Menge konnte knapp daran gehindert werden, sie zu verprügeln, sie wurde aus dem Saal geworfen und Mosts Hasstiraden auf sie und Sascha gingen ohne Einschränkung weiter.

Später, als Most wieder einmal mit Gefängnisstrafe bedroht war, setzte sich Emma ohne nachtragend zu sein für seine sofortige Freilassung ein, sie begegneten sich ein paar mal wieder, es kam aber nie mehr zu einem Gespräch zwischen ihnen, Most hatte Goldman nie für ihr Benehmen verziehen. Er starb während einer Vortragsreise in New York 1906.

Da auch heute noch die Bestrebung, Sexismus als Nebenwiderspruch zu sehen, existiert, kann gerade am Beispiel Most aufgezeigt werden, dass die großen Anarchisten, die für die Gleichberechtigung aller Menschen kämpften, nicht unbedingt die Frauen in ihre Überlegungen miteinbezogen. Teilweise verlieren sie kein Wort darüber, wie in einer befreiten Gesellschaft die Stellung der Frau gebessert werden soll oder wie gleich denn die Frauen nun wirklich sein werden. Sie verlassen sich nur allzu oft darauf, dass mit dem Hauptunterdrückungsmechanismus Staat die Nebenunterdrückung der Frauen durch die Männer ‚von selbst' verschwindet, was weder logisch ist noch irgendwie prognostiziert werden kann. Tatsache ist, dass Johann Most in Emma Goldman und vermutlich auch in allen anderen Frauen seiner Umgebung nichts anderes sah als putzige Sekretärinnen, hilfsbereite nachsichtige Weibchen und dienende Hausfrauen. Diesem Frauenbild hat Emma Goldman nicht entsprochen, hat ihre eigenen Träume und Ideen entwickelt und sich nicht in den Schatten des großen Theoretiker Most als ‚Groupie' gestellt. Sie ist aus dessen Schatten herausgetreten und hat eigenständig und eigenwillig das getan, was auch wir schleunigst tun sollten: große Theorien kritisch zu hinterfragen und unsere ureigenen Ideen in praktischer Arbeit zu verwirklichen.

Die Vegetarianer

Eine kleine Sekte komischer Schwärmer läßt hie und da ihr Lichtlein leuchten, um der armen verirrten Menschheit den Weg zu zeigen, der dahin führt, wo Kulis und Hindus schon lange angekommen sind; und um der Sache auch einen gelehrten Anstrich zu geben, nennen sich ihre Gläubigen "Vegetarianer".

Es fällt mir nun durchaus nicht ein, diese sonderbaren Kostgänger eines Besseren belehren zu wollen, denn dies ist ganz unmöglich, weil Leute, welche solch naturwidrigen Extravaganzen huldigen, unstreitig an einer unheilbaren fixen Idee leiden; was ich beabsichtige, ist lediglich präventiver Natur, läuft auf eine Warnung an all diejenigen hinaus, welche von der Krankheit der freiwilligen Asketik noch nicht erfaßt, wohl aber der Gefahr ausgesetzt sind, dieselbe eingeimpft zu bekommen.

Manche der Herren Pflanzenesser betreiben die Sache mehr oder weniger als Spielerei und wissen ihre fleischlose Tafel recht mannigfaltig und einladend mit anderweiten Leckereien auszustatten. Wer mit der höheren Gastronomie vertraut ist, weiß, daß die Zahl der feinen Mehlspeisen und Bäckereien Legion ist, daß sich aus den verschiedenen einheimischen und fremden Obstarten eine Anzahl schmackhafter Gerichte bereiten läßt, wie auch, daß es der edleren Gemüsesorten gleichfalls nicht wenige gibt.

Zudem verachten solche, die nicht gerade zu den orthodoxen Vegetarianern gehören, auch Milch- und Eierspeisen nicht. Ein derartiger Vegetarianismus ginge am Ende - wenn man lediglich den Genuß im Auge hat - noch an; nur schade, daß Leute mit kurzem Geldbeutel nicht mittun können.

Andere Fleischverächter aber treiben den Pflanzenfraß dagegen sehr ernst. Sie verdammen auch Eier, Milch und Fett und lassen nur die in Wasser gekochte oder roh aufgetischte Pflanzenkost gelten, ja, man kann gar nicht wissen, ob diese Leute nicht bald bei der reinen Wurzel- und Kräuterfütterung der mythischen Waldmenschen anlangen werden. Solange es nun diese Sonderlinge bei der Fröhnung ihres an sich höchst unschuldigen Hanges bewenden lassen, hat man sich in diese ihre Privatangelegenheit auch nicht einzumischen, sobald sie jedoch das Wurzel- und Kräuterevangelium förmlich predigen oder sich gar vermessen, den Vegetariarrismus als Mittel zur Lösung der sozialen Frage in Vorschlag zu bringen, muß ihnen kräftigst entgegengetreten werden.

Bisher haben sich zwar im allgemeinen die Arbeiter den Vegetarianismus - soweit ihnen nicht die Not denselben aufzwang - standhaft vom Leibe gehalten, jedoch ist die Möglichkeit immerhin nicht ausgeschlossen, daß am Ende aus der Not eine Tugend und die Wassersuppe zur obligatorischen Arbeiterspeise gemacht wird. Dies ist eine Gefahr, die von ihrer Größe nichts verliert, wenn sie auch noch so fern liegt, und die man deshalb bekämpfen muß, wo sie sich immer zeigen mag. Und sie zeigt sich da und dort; hat mir doch erst vor kurzem ein (wie er glaubt, sozialistisch gesinnter) Arbeiter allen Ernstes zu beweisen gesucht, daß es die größte Torheit sei, etwas anderes als in Wasser gekochte Pflanzen genießen zu wollen, daß man auch recht wohl von Wasser und Brot leben könne und daß der Genuß von Fleischspeisen, geistigen Getränken u.dgl. ebenso unnütz und sogar schädlich sei wie das Tabakrauchen. Was will man mehr?

Um das Irrige solcher Anschauungen zu beweisen, will ich mich nicht auf weitläufige chemische Deduktionen einlassen, vielmehr halte ich es für ausreichend, wenn ich auf die Natur selbst verweise. In tropischen Gegenden benötigt der Mensch nur eines kleinen Quantums Kohlenstoff, braucht also nur wenige fetthaltige Substanzen zu genießen, weil es die dortigen klimatischen Verhältnisse gar nicht erheischen, daß die durch Kohlenstoff erzeugt werdende animalische Wärme in bedeutenderem Maßstabe stetig erneuert wird. Aus diesem Grunde ist daselbst in der Regel die vegetabilische Nahrung die beliebtere, obgleich daneben (von den Vegetarianern aus Religiosität abgesehen) auch dort Fleischspeisen nicht verschmäht werden. Im hohen Norden hingegen spielt das Fett die Hauptrolle unter den Nahrungsmitteln, weil hier die Körperwärme durch Zuführung von Kohlenstoff fortwährend erneuert werden muß, will der Mensch den Einflüssen des kalten Klimas nicht erliegen.

In den gemäßigten Zonen wird demnach die Nahrungsweise der Menschen den Mittelweg zu gehen haben, und sie hat auch in der Tat von jeher diesen Mittelweg eingehalten, ohne daß irgendwelche Vegetarianer oder Animalisten (Fleischesser) oder sonstwer denselben angebahnt hätte. Je südlicher ein Volk wohnt, desto mehr hält es sich an die Pflanzenkost, je nördlicher es seinen Sitz hat, desto mehr hat es ein Bedürfnis nach Fleischspeisen. Es handelt sich da nicht, wie die Vegetarianer sich ausdrücken, um ein althergebrachtes Vorurteil, um einen blinden Glauben, sondern einfach um ein Befolgen der Naturgebote, denen man sich auf die Dauer nicht ungestraft widersetzen kann.

Ventiliert man aber die wirtschaftliche Seite der Vegetarianismusfrage, dann stößt man noch auf ganz andere Dinge. Angenommen, die Arbeiter gewönnen eines schönen Tages die Überzeugung, daß all ihr bisheriges Ringen nach Freiheit und Gleicheit ein vergebliches war und daß nur der Vegetarianismus zum Ziele führen könne - wie lange glaubt wohl der eingefleischte Vegetarianer, daß diese Illusion vorhielte? Doch wir wollen keinem großes Kopfzerbrechen verursachen, sondern gleich ganz kurz und glatt die Antwort beifügen. Diese Illusion könnte nicht länger anhalten, als bis die Arbeiter am ökonomischen Lohngesetze sich die Köpfe anstießen; und dies müßte gar bald geschehen. Können die Arbeiter billiger leben als bisher, so muß auch ihr Lohn gerade um den Differenzialbetrag sinken. Wer dies nicht sofort an den fünf Fingern sich abzählen kann, trotzdem er in einer Gesellschaft mit freier Konkurrenz lebt, der lasse sich die Wirkung dieser Konkurrenz und überhaupt das Wesen des wirtschaftlichen Gesetzes, durch welches sich der Lohn bestimmt, von irgendeinem halbwegs vernünftigen Arbeiter erklären, denn so lange man darüber nicht im klaren ist, muß man über Dinge, welche die soziale Frage berühren, gar nicht reden wollen. Übrigens wäre die Folge eines - glücklicherweise nur fingierten - Zukunftsvegetarianismus der Arbeiter für diese auch noch aus anderen Gründen von der heillosesten Natur. Das wirtschaftliche Lohngesetz würde nicht bloß einfach, sondern doppelt und dreifach sich zur Geltung bringen.

Verzichten die Arbeiter auf jeden Fleischgenuß, auf alle geistigen Getränke, aufs Tabakrauchen, kurzum auf alles, was in den Augen der Vegetarianer ein Greuel ist, so muß notwendigerweise ein großer Teil derjenigen, welche sich bislang mit der Produktion obgedachter Artikel beschäftigten, "überflüssig" werden, Angebot von Arbeitskräften muß innerhalb der noch verbleibenden Geschäftszweige die Nachfrage bei weitem übersteigen und sonach der Arbeitslohn im allgemeinen sinken, so lange sinken, bis er bei jenem Betrage angelangt ist, der gerade hinreicht, um ein Vegetarianerdasein zu fristen. Mit der Lösung der sozialen Frage ist es also "Essig"!

Es sollte den Vegetarianern doch auffallen, daß die Kapitalisten den Arbeitern ganz ähnliche Ratschläge erteilen wie sie, nämlich, daß dieselben stets das Sparen im Munde führen, das Sparen, welches den Arbeitern ja doch nur möglich wäre, wenn sie dem Vegetariarrismus und ähnlichen Bedürfnislosigkeitsschrullen huldigten. Könnten sich auf diesem Wege die Arbeiter Kapitalien ansammeln, so wären sie ja in der Lage, sich - in Genossenschaften organisiert - mit Arbeitsmitteln zu versehen und selbständig zu produzieren; die Kapitalisten aber vermöchten keine Unternehmerrollen mehr zu spielen, ihr Eigentumsmonopol verwandelte sich in eine taube Nuß, und ihre Taler würden keine Eier mehr legen. Daß die Konsequenzen des Sparens aber ganz entgegengesetzter Natur sein müßten (von der oben schon angedeuteten Rückwirkung des Sparens abgesehen, ist noch zu bemerken, daß jedes Sparen, das auf eine Verminderung der Konsumtion und gleichzeitige Anhäufung der Kapitalien hinausläuft, zwar den Anschein hat, als fördere es die Produktion, in Wirklichkeit aber die Produktion beeinträchtigen muß, da man doch wahrhaftig nicht mehr produzieren kann, wenn weniger konsumiert wird), daß die ganze Spartheorie eitles Geflunker ist, wissen die Herren Sparapostel ganz genau, und darum predigen sie darüber, und darum schwärmen sie für Volksküchen usw.

Daß der Vegetarianismus die Lage der Arbeiter nicht zu bessern vermag, ist aber noch nicht das Schlimmste, denn derselbe müßte eine wesentliche Verschlechterung der Arbeiterverhältnisse im Gefolge haben, eine Verschlechterung nicht nur in materieller, sondern ganz besonders auch in geistiger Hinsicht. Pflanzenkost trägt zwar zur Stärkung der Knochen bei, weshalb z.B. die Bergleute Perus zum Genuß von Brot, das eine starke Mischung von Bohnenmehl enthält, eifrigst angespornt werden, allein der Ersatz des verbrauchten Gehirns wird z.B. bei ausschließlicher Pflanzennahrung - namentlich qualitativ - bedeutend beeinträchtigt, weil zu wenig Phosphor in den Vegetabilien enthalten ist.

Besehen wir uns einmal solche Volksstämme, welche mehr oder weniger dem Vegetarianismus huldigen, so Enden wir, daß sie total unfähig sind, sich der ärgsten Bedrückungen zu erwehren. Ohne Energie, ohne geistige Spannkraft, mit völliger Apathie gegen jeden höheren Aufschwung, sind sie stumpfsinnig ihrem Geschick ergeben. Schon die Zufriedenheit mit einem kläglich einförmigen genußlosen Dasein muß ja bewirken, daß man eine angenehmere Existenz gar nicht für erstrebenswert hält. Das Nähere kann man in Ostasien erfahren, wo der Vegetarianismus die kräftigste Säule des Despotismus ist und von wo aus mit den pflanzenessenden Kulis zum Schrecken der amerikanischen Arbeiter Zufriedenheitsdusel und Knechtschaftssinn über das große Weltmeer verschifft werden.

Einzelne Personen, die, trotzdem sie Vegetarianer sind, große Energie, ja selbst Leidenschaftlichkeit an den Tag legen, können nicht als Gegenbeispiele angeführt werden, denn große Ursachen und große Wirkungen im Volksleben kann man nicht an einzelnen Individuen beobachten.

Oben erwähnter Arbeiter hat mich auf den französischen Revolutionär Blanqui aufmerksam gemacht und darauf hingewiesen, daß derselbe trotz seiner "spartanischen" (das wäre eigentlich nicht treffend, da die Spartaner wohl einfach, aber nicht vegetarianisch lebten) Lebensweise wahrlich voll Energie und Tatkraft sei; aber diesen Hinweis kann ich schon gleich gar nicht als passend anerkennen. Blanqui wurde unter der Regierung Louis Philipps im Fort Michel neun Jahre lang derart mißhandelt, daß sein Körper dadurch für immer gebrochen wurde, kein Wunder daher, daß seine Natur nur noch ganz leichte Speisen vertragen kann. Und daß sein Geist trotz alledem und alledem gesund und frisch geblieben, kommt daher, weil er - nun, weil er Blanqui ist. Es ist, als ob sich zuweilen ein Prinzip in irgendeiner Person verkörpern wollte, und solch eine Person scheint Blanqui zu sein, wenigstens hält man ihn oft für die Inkarnation der revolutionären Idee. (Ich persönlich bin indes nicht allzu begeistert für Blanqui, weil ich seine Putschmachertaktik nicht für praktisch halte und weil er trotz seines sonstigen Radikalismus kein Verständnis für den modernen Sozialismus hat, will mich aber angesichts des Umstandes, daß Blanqui ein ehrlicher Mann ist, und namentlich, weil er sich im Gefängnis befindet, weiterer Kritik über ihn enthalten.) Sei es nun wie es wolle: Jedenfalls ist Blanqui nicht geeignet, als Speck zum Einfangen von - Vegetarianern benützt zu werden.

Schließlich erlaube ich mir noch die Frage aufzuwerfen, wie sich eine Gesellschaft, welche ausschließlich dem Vegetarianismus huldigt, der Tierwelt gegenüber verhalten soll? Das Leben könnte man den Tieren doch nicht durchgängig schenken, da sie sonst bald so zahlreich würden, daß kaum genug Pflanzen zu deren Nahrung wüchsen und den Herren Vegetarianern demnach eine unliebsame Konkurrenz bereitet würde. Ausrotten könnte man die Tiere aber auch nicht, weil man deren Dünger, Felle usw. nicht zu entbehren vermöchte. Nach wie vor hätte man also Viehzucht zu treiben, der Unterschied wäre nur der, daß man im vegetarianischen Zeitalter nicht mehr wie jetzt das Fleisch äße, sondern wegwerfen würde resp. zu untergeordneten Zwecken verwendete!

Man mag die Sache drehen und wenden wie man will, immer stößt man sofort - mit Verlaub! - auf den krassesten Unsinn, der hoffentlich für immer beredt genug spricht, um die Menschheit davor zu bewahren, daß sie sich in der Sackgasse des Vegetarianismus verrennt.

Fußnoten

1. Bakounin : Gott und der Staat

2. Heinrich Heine: im Nachwort zum »Romanzero.«

3. Corvin: Pfaffenspiegel; historische Denkmale des Fanatismus in der römisch-katholischen Kirche. – Rudolstadt, A. Book.

4. Max Stirner: Der Einzige und sein Eigenthum.

www.ingramcontent.com/pod-product-compliance
Lightning Source LLC
LaVergne TN
LVHW020743200726
843506LV00009B/858